探究！
教育心理学の世界

藤澤伸介 編

新曜社

本書の活用例

- □ 一 般 読 者　⇒自分の学習法を効果的に改善　日本の教育を考える

- □ 学 校 教 師　⇒授業の腕を上げる　児童生徒の理解に　支援法を考える

- □ 公認心理師
　 志 　望　 者　⇒心理的支援の基礎的素養を獲得する　教育事象理解に

- □ 教 職 課 程
　　 学　　　生　⇒教育心理学や方法技術の基礎理論と教育事象の理解に

- □ 研究者・院生　⇒多様な研究テーマから知的刺激を得る機会に

- □ 大学の教員　⇒公認心理師育成や教職課程の授業テキストとして

まえがき

編者

【1】閉ざされた本と開かれた本

　学問の本には閉ざされた本と開かれた本がある。とはいっても表紙の話ではない。中身の話だ。重要事項だけがまとめてある本は、読んでも思考が限定されるので内容が閉ざされている本だ。これに対し、詳しい解説があって色々な問題意識をどんどん広げていける面白い本は、内容が開かれた本である。

　左の表に**公認心理師**とあるから、「資格取得に役立つ教材なら、必要最小限の努力で効率よく記憶できるように、学習項目を簡潔にまとめた受験用指南書だろう」と推測し、本書を閉ざされた本だと誤解した方もあるかもしれない。

　しかし、本書の編集方針はそれと真逆である。意味も十分に理解できないままに断片的知識を機械的に暗記して試験だけ乗り切っても、試験が終わればほとんどの記憶は消失して、暗記に費やした時間とエネルギーがすべて無駄になり、しかも内容が身につかないために、その学問を活用した問題解決ができないという事態になることを、教育心理学者は嫌というほど知っているからである。

　人は、学びたいと思ったことしか学ばない。だから、内容に興味をもつか、その知識を使って問題解決をしたいと思わなければ、ある領域に精通することは不可能である。よって、本書には面白い知識や色々な分野で役立つような知識が、たくさん詰め込んである。順序にとらわれずに興味をもったところから拾い読みをし、気づいたらしっかりと身についていたというような、そういう読者を満足させるように作った書籍が本書である。つまり**開かれた本**なのである。

【2】もし脳細胞の記憶情報がコピーできたら！

　教師の脳細胞に記憶された諸概念を学習者にコピーする技術が開発されたら、学校は不要になるだろうか。筆者はそう思わない。**教育は知識のコピーではない**からだ。人はかけがえのない人生を歩んでいるが、それは各人に個性があるからで、人生観も百人百様だ。学問の内容も、概念が構造化されて人生観や自己像の一部になるわけで、その構造化に個性が出るし、社会現象の理解の仕方もまた各人で異なる。だから、教育は各人が本人らしく個性的に人生を組み立てられるようにしていく営みなのである。

　たいていの読者は富士山を見たことがあるだろうが、富士山のイメージは全員異なっているはずだ。見た方向も、時間も、季節も異なるからだ。で、どれが正解ということはない。ほんものの富士山を見て形成されたイメージである限りす

べてが正しい。

　諸理論の内容も教育現場の事象についても、研究者によって見方は変わる。見方が変われば対処法も変わる。本書ではそのことがわかるように、各執筆者に学問的主張をしていただくようお願いした。だから一つの事象でも理論でも、読者は色々な角度から見られて、実質により迫れるはずだ。例えば、不登校は何回も登場するが、執筆者によってすべて捉え方が異なる。その結果、社会的スキル訓練を重視したり睡眠教育を重視したりと、対策も変わってくることになる。

　これは、読者の認識の深まりを促そうとしたことと同時に、事象の把握、理論の理解、人生観、人間観はそもそも多様だということを読者に伝えたかったからである。たとえ記憶情報のコピーが可能になっても、実施するとたぶん拒絶反応が出るだろう。要点集の機械的暗記をさせられると不快になるのも拒絶反応の一種と考えられる。だから、受験対策の要点集にはしていないのである。

【3】教育心理学は役に立つか？

　教育心理学のテキストは**読者の学習改善**にも役立つはずだというのが、筆者の考えである。したがって、従来の概論書と異なり、特に学習方略をたくさん紹介した。しかも、研究上の文脈よりは方略利用者の便宜を考えて配列した。学習に有害な方略は別として、各人がその効果の程を色々な科目で試してみることが重要だと考えたからである。学習方略を色々試すと、習得活動は楽しくなるに違いない。

　「教育心理学なんて教育現場には役立ちませんよ」と言う教師が時々いるが、役立つかどうかは学問の側の問題ではないので、その人が役立ててこなかったことを表明しているに過ぎない。筆者としては、教育心理学ほど**教育現場**で役立つ学問はないと思っているので、授業実施者の立場からも活用できるようなトピック設定を積極的に行った。授業づくり、教科の心理、黒板、予習、……など現場教師に役立ちそうなトピックも、類書と異なり多く採用してある。

【4】執筆陣をどう集めたか？

　「入門書は読者が素人だから執筆者は専門家でなくてもかまわない」という考えがある。筆者はこの意見に賛成しない。入門書こそ、第一線で活躍している専門家が書くべきだと考えているからだ。

　心理学で確かめられている知見に「最初の印象は強烈」というのがある。人が面接試験では最高の自分を示そうと頑張るのはそのためだ。同様に、その学問を初めて読者に紹介する入門書こそ、その領域に精通している人材が精魂を傾けて執筆すべきなのだ。考えてみてほしい。初めて富士山を訪れる多様な人々皆が満足するガイドができるのは、富士山を知りつくした人だけだ。気楽に登山を楽し

むだけの人も、将来エベレスト登頂を目指すかもしれない人も含まれているからだ。自力登頂できる人はそもそもガイドを雇わない。

したがって、本書の各節はそれぞれの領域に最もふさわしいと考えられる方々に執筆をお願いした。その結果、多様な読者の知的好奇心を十分に刺激できる豪華な書籍に仕上がり、至福の極みである。読者の方々は、順序にとらわれずに興味に任せて好きなところからお読みいただきたい。

【5】なぜ二部構成なのか？

本書の構成は、習得編と探究・活用編から成る。**習得編**は、全国から100大学の教育心理学の授業シラバスをランダムに入手し、その最大公約数的内容を参考に、理論を中心に体系化した。したがって、多くの教育心理学者が基礎知識と考えている内容が習得編に含まれている。

また、**探究・活用編**は、各担当教員が独自に取り上げることによって授業の個性化が図れるようなトピックを、編者の判断で選び、入れるようにした。研究者が注目しているテーマ、社会現象として報道されているような問題、心理的支援の具体的方法、日本のこどもたちの現状や海外の教育事情、各教科の学習改善や教育改善のための知識、データを理解するための統計の基礎知識など、あらゆる内容が含まれている。これだけ多様な内容であれば、将来公認心理師として活躍するための基礎的素養としても、役立てられるに違いない。

このように二部構成にしたのは、大学での授業用テキストとして活用しやすくするためである。授業時間数を考えて書籍の内容を取捨選択するようなことはせず、内容を豊富にすることで、担当教員が各人の専門性に合わせて内容を自由に選択し構成できるので、各担当者の授業内容がテキストに縛られずにすむのである。授業で割愛された部分の内容は、学生が各自の興味に合わせて、発展学習として楽しめばよい。そう考えて、読書ガイドも各項につけるようにした。

以上が本書の特徴である。多様な目的に適った深い読みができるように構成したので、索引なども活用しながら、是非探究の醍醐味を満喫いただきたい。

目　次

まえがき　i

習得編

1　教育心理学とは
1. 教育心理学の定義と課題　2 ……… 藤澤伸介
2. 教育心理学の魅力と方法　6 ……… 無藤　隆

2　発達のメカニズム
1. 教育と遺伝要因　10 ……… 安藤寿康
2. 発達理論と発達段階　14 ……… 中澤　潤
3. 発達研究法　22 ……… 飯高晶子
4. 身体の発達と心への影響　24 ……… 松嵜くみ子
5. 言語と認知の発達　28 ……… 内田伸子
6. 社会性と情緒の発達　34 ……… 大久保智生
7. 道徳性の発達　38 ……… 二宮克美

3　学習のメカニズム
1. 学習とは何か　42 ……… 藤澤伸介
2. 記憶のメカニズム　44 ……… 井上　毅
3. 知識としての記憶　52 ……… 井上　毅
4. 記憶と転移　56 ……… 寺尾　敦
5. 習得のための学習法　60 ……… 藤澤伸介
6. 探究力と創造性の獲得　68 ……… 楠見　孝
7. 態度　72 ……… 犬塚美輪

4　学習を支える教育実践
1. 教授学習の行動主義的基礎　76 ……… 小野浩一
2. 目標・診断・評価　84 ……… 藤澤伸介
3. 学習意欲　88 ……… 鹿毛雅治

④授業づくり　94 .... 鹿毛雅治
⑤学習スタイルと教授スタイル　98 .... 小林寛子

5　「ニーズ」と援助
①学校教育とカウンセリング　102 .... 伊藤亜矢子
②しつけと学習の援助　106 .... 鈴木雅之
③学級風土と学級経営　108 .... 伊藤亜矢子

6　特別支援教育
①教師教育における特別支援　114 .... 小沼　豊
②障碍の理解――通常の学級における特別支援教育　118 .... 小貫　悟
③人権と特別支援教育　122 .... 松田信夫

7　教育とICT
①教育の情報化　126 .... 田中俊也
②情報機器活用の可能性と評価　128 .... 田中俊也
③ネット化浸透の負の側面　132 .... 高比良美詠子

探究・活用編

1　教育
トピック1-1　教育理解の諸アプローチ　136 .... 中澤　潤
トピック1-2　日本の学校教育と心理学　140 .... 市川伸一

2　発達
トピック2-1　ピアジェ理論を考える　142 .... 中澤　潤
トピック2-2　ギリシア神話と心理学　146 .... 小川俊樹
トピック2-3　モンテッソーリ教育を考える　148 ...... 飯高晶子
トピック2-4　エリクソン理論を考える　150 .... 山岸明子
トピック2-5　母語の獲得　154 .... 大津由紀雄
トピック2-6　中高生の社会性　156 .... 大久保智生
トピック2-7　知能について　158 .... 安藤寿康

3　学習

- トピック3-1　日本の学習者の実態
  ——「高水準な義務教育の成果」の裏で　160　　山森光陽
- トピック3-2　ごまかし勉強　164　　藤澤伸介
- トピック3-3　学習観と学習法の選択　168　　吉田寿夫
- トピック3-4　学習習慣　172　　藤澤伸介
- トピック3-5　記憶と学習の意味　174　　前野隆司
- トピック3-6　自己調整学習　178　　篠ヶ谷圭太
- トピック3-7　予習の効果　182　　篠ヶ谷圭太
- トピック3-8　学習方略としての概念形成　184　　藤澤伸介
- トピック3-9　概念受容学習と概念発見学習　186　　工藤与志文
- トピック3-10　学習方略の活用　190　　藤澤伸介
- トピック3-11　ノートの活用　194　　藤澤伸介

4　学習を支える教育実践

- トピック4-1　ガニェの分類と学習指導要領　196　　鈴木克明
- トピック4-2　教師の成長　198　　藤澤伸介
- トピック4-3　学習指導要領と学校現場の乖離　200　　藤澤伸介
- トピック4-4　学力テストの実施法　202　　藤澤伸介
- トピック4-5　指導要録・通知表・内申書　204　　鈴木雅之
- トピック4-6　テストの統計的基礎　206　　村井潤一郎
- トピック4-7　指名と発問　212　　藤澤伸介
- トピック4-8　黒板の活用　214　　藤澤伸介
- トピック4-9　教授の基本原理　216　　藤澤伸介
- トピック4-10　集団思考と単独思考　218　　釘原直樹
- トピック4-11　教えて考えさせる授業
  ——中学の数学を中心に　220　　市川伸一
- トピック4-12　習得の基礎としての「読解力」の指導　222　　犬塚美輪
- トピック4-13　母語獲得と外国語学習の違いから見えてくる
  言語教育のあり方　224　　大津由紀雄
- トピック4-14　英語学習プロセスを探る
  ——中学生の英文主語把握　226　　金谷憲
- トピック4-15　学習指導要領改訂と英語力経年変化　230　　斉田智里
- トピック4-16　理科教育における動機づけの可能性　232　　飯高晶子
- トピック4-17　社会科における誤概念の修正　234　　進藤聡彦
- トピック4-18　学級はどう変化していくか　236　　伊藤亜矢子

トピック4-19	習熟度別少人数学習集団編制 238	山森　光陽
トピック4-20	応用行動分析学の教室での活用 242	平澤　紀子
トピック4-21	居眠り・私語・カンニング 244	釘原　直樹
トピック4-22	学級崩壊 246	小林　正幸

5　「ニーズ」と援助

トピック5-1	認知カウンセリング 248	藤澤　伸介
トピック5-2	TET（教師生徒関係訓練法） ――望ましい教師と生徒関係 250	市川　千秋
トピック5-3	予防的援助に一般意味論の活用を 252	藤澤　伸介
トピック5-4	ブリーフカウンセリング ――解決焦点化アプローチ 254	市川　千秋
トピック5-5	認知行動療法 256	神村　栄一
トピック5-6	中1ギャップ 258	神村　栄一
トピック5-7	構成的エンカウンターグループ 260	野島　一彦
トピック5-8	生理学的病態としての不登校理解 262	三池　輝久
トピック5-9	モンスターペアレント 264	小野田正利

6　これからの教育を考える

トピック6-1	日本の特別支援教育 266	山口　豊一
トピック6-2	フィンランドの教育からの知見 268	福田　誠治
トピック6-3	ニュージーランドの教育からの知見 270	植阪　友理
トピック6-4	21世紀型教育 272	森　　敏昭

あとがき　274

引用文献　276

索引　288

〔付録〕索引活用ガイド　298

著者一覧　300

装幀＝藤澤伸介

凡例
（はんれい）

1．本書の構成
　　本書は、前半が「習得編」、後半が「探究・活用編」になっています。習得編は、教育心理学における各領域の基礎的な概念を網羅し、体系的に解説することを主眼としています。探究・活用編は、各領域における興味深いトピックを厳選し、そのテーマに対する探究例や学問的主張を各著者に御披露いただいています。ここには、基礎研究、実践事例、理論的検討など、様々なものが含まれます。心理的支援についても複数の方法を紹介しました。読者の方々が諸理論を比較検討したり、研究テーマを模索したり、教育場面で理論を応用したり、心理的支援を実践したりするのに役立てていただけると考えます。また、本書は大学での教職課程テキストとしての活用も想定しているため、中学・高校段階での実践事例を多く入れてあります。

2．各項目について
　　中央に本文を、両脇に注釈欄を配置してあります。注釈欄には、✐用語解説、👤人名、📖読書ガイドと共に、本文中に番号をつけた箇所についての補足説明📑があります。用語解説とはいっても事典機能をもたせているわけではなく、そのページが理解できる最小限度の解説のみです。詳しくは事典類を御参照下さい。本文中の引用文献は、巻末にまとめてABC順に配列してあります。著者の簡単な紹介や用語索引は巻末にあります。人名索引はありません。
　　本書では重要語をマークすることはしていません。どの概念が重要であるかは、学習目的によって変わるからです。ところどころゴシックになっている用語がありますが、それは索引からそのページに辿ってきたときに、見つけやすくするためです。
　　漢字熟語の「交ぜ書き」は行わない方針です。（例：うつ病→鬱病　範ちゅう→範疇）
障がいは「障碍」と表記していますが、法令名の「障害」はそのままですので、障碍と障害が本書の中で混在しています。

3．人名表記
　　本文中の外国人名は、出版社の方針に従い片仮名書きにしてあります。仮名書き法が複数ある場合は、『教育心理学ハンドブック』が採用した表記法に合わせました。注釈欄や文献表では、原綴り表記にしてあります。[v]音は「ヴ」になっています。

4．用語表記
　　用語は、日本語訳、英語仮名書き、英文字略記（acronym）が研究者間で不統一気味であるのが、心理学の現状です。片仮名表記も複数通りあったりするので、初学者が困らぬように、本文中はできるだけ日本語訳にして注釈欄に英語の原綴りを入れるようにし、片仮名表記を最小限に抑えました。用語の場合は[v]音がバ行になっています。
　　語尾の長音符「ー」の省略は、原則として文部省（1985）学術用語集の基準に従うものとします。すなわち、
1）英語綴りの終わりの -er、-or、--ar 等を仮名書きする場合、2音節以下なら長音符をつけ、3音節以上のときは長音符をつけない。　　（例：カー、エラー、コンピュータ、オーガナイザ）
ただし、長音符で表す音、撥音、促音、拗音は1音節とみなさない。
　　　　　　　　　　　　　　　　　　（例：リーダー、センター、サッカー、シャワー）
2）英語綴りの語尾の -gy、-py 等は、長音符をつける。　　（例：エネルギー、メモリー）
3）外国の地名・人名にはこの方針を適用しない。　　（例：ミュラー・リヤー、アスペルガー）

5．索引
　　索引は、階層設定型索引になっています。詳しくは、付録の「索引活用ガイド」を御覧下さい。

習得編

1　教育心理学とは

1　教育心理学の定義と課題

藤澤伸介

　ピーマンという緑色の野菜が「光合成をしている」と聞くと、驚く人が多い。chlorophylが含まれて緑色なのであたり前なのだが、chlorophylが「葉緑素」と日本語訳されているから、光合成は葉でしか行われていないはず、と誤解している可能性がある[1]。漢語による翻訳は、一瞬で意味がわかるので日本人にとってはカタカナ語のままよりはるかに便利なのだが、同時に誤解を生みやすくなる。educational psychologyも、教育心理学と翻訳されて欧米から日本に入ってきたので、わかりやすいが誤解も生みやすい。誤解のもとは、education＝教育としているところにあるかもしれない[2]。

【1】教育心理学とは何か

　日本教育心理学会が発行している『教育心理学ハンドブック』には「教育という事象を理論的・実証的に明らかにし、教育の改善に資するための（心理学の一分野としての）学問」という説明が載っている（日本教育心理学会, 2003）。筆者を含めほとんどの教育心理学者は、この説明なら賛同するだろうし、世間一般の人もわかった気になると思われる。

　しかしながら、「効果的な学習法も教育心理学の重要テーマだ」と聞いて驚いたり、「教師にならない私が教育心理学を学んで役立ちますか？」と言う人がいるのは、学習の反対語として日常使われる「教育」という語の、教える育てるという文字に引きずられて、「教師のための心理学」と誤解しているのではないだろうか。

　educateというのは「人間のもっている力を、その人間から導き出す」という意味である。他動詞なので、educate childrenのように言えるだけでなく、educate oneself（自分で教養を深める）とか、He has an educated ear for classical music.（彼はクラシック音楽を聴く耳がある。）のような言い方も可能である。だから、教師が教え育てる場面に限定して考えるのは、誤りである。

　ついでだが、instruction（教示）についても触れておこう。instructは「人間の内側に情報を組み立てる」ことである。誰かに何かをさせる場合、概略を説明したり、やるべきことの手順を説明しなければならないが、そのような行為がinstructionになる。誰かを教

---

[1] 誤解の原因は、葉を使った光合成実験が大きいと考えられる。ただ、常に「葉」という文字とともに「葉緑素」について考えてきたということも無視できないであろう。

[2] どんなところに誤概念が発生するかも、教育心理学の重要テーマである。光合成の誤概念については、工藤（2001）を参照。

educate＝e+duc+ate
ラテン語からの英語
e ＝ex＝out（外に）
duc＝ducere＝lead
ate＝動詞語尾

instruct＝in+struct
in＝in＝内側に
struct＝build/pile up＝組み立てる、積み重ねる

育するときに当然instructionは必要になるが、だからといって常にinstructionがeducationに含まれているとは限らない。奴隷に向かって主人が、人質に向かって犯人がinstructionを行うという場合もあるからである。教示は常に教育的とは限らないのだ。右の図はeducationとinstructionの関係を表している。

「彼はその人達に、舞台の準備の仕方を教えた」は、教師が演劇指導の学生に指示する場合でも、演出家が大道具の業者に指示する場合でも、He instructed them to prepare for the play. と言えるが、「彼は良いワインと悪いのと区別できるよう舌を鍛えた」ならHe educated his tongue to distinguish good wine from bad. のように、educationの語を使う必要が出てくる[3]。

こう考えてくると、educationの語が使えるための必要条件が見えてくるだろう。つまり①成長していく人、②成長を支援する人、③人間の能力を引き出す場面、が条件なのである。これがそのまま教育心理学の研究対象になっている。つまり、教育心理学では人間の発達や、学習のメカニズムが重要なテーマになるし、教師や親がどう支援するかがまた研究のテーマになる。さらにどの社会にもある学校という成長支援組織で発生する、集団特有の問題や個人の問題を、どう解決するかもまたテーマになる。教育心理学の本の中に、発達心理学、認知心理学、教授学習心理学、社会心理学、臨床心理学などのすべての分野が含まれているのは、そのためである。

冒頭で教育心理学を「教師のための心理学」と思いこむのは誤解だと述べた意味が、そろそろおわかりいただけたのではないだろうか。「自分が成長したい」という気持ちは誰にでもあるだろうし、「次の世代の人達の役に立ちたい」と考えたりすれば、「私は教育心理学の世界とは無縁です」という人はあまりいないはずだ。学習により自分の挫折経験を克服する糸口も見えてくるかもしれない。

【2】教育関係の他の学問分野との違い

教育心理学を「教育という事象を理論的・実証的に明らかに…」と説明したが、この中に「**実証的に**」とあるように、実験、調査、**実践**を通して、データによって証明するのが教育心理学の一つの特徴である。思索や歴史的文献を軽視しているわけではないが、思いこみによる誤解を極力排除して、科学的に実証できることを積み重ねていこうとしているわけである。

2番目の特徴は、観察が微視的だということである。心は脳の働

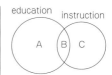

図1 educationと instruction

3) 教育の場面でもinstructionはよく使われる。educationは生徒の知性、道徳性などを大局的に考えるときに使うのに対し、個々の知識や技能を、理解困難度などに細かく配慮しながら教えるときはinstructionを使う。ちなみに、授業の教授目標はinstructional objectivesと表現される。

きであり、短時間に複雑な変化をするので、見出される法則も非常に細かいことになる。社会行動に見られる傾向を明らかにする場合でも、個人内のミクロなプロセスと整合的に理論構築をしていく必要があるので、理論は微視的にならざるをえないのである。

3番目の特徴は、価値を含んでいるという点である。複数の教育法がありその効果に差があれば、優劣をつけざるをえない。そうしなければ、学習者の成長につながらないためである[4]。「いじめ」を抑止する条件が見つかれば、実行を奨励することになる。ただし、人の生き方は自由なので、あくまで「提案」までである。

【3】学校制度を作れば教育は成立するのか

教育制度という語は学校制度のことを意味することが多いが、学校制度を作っただけで教育が成立するという保証はない。なぜなら人には「学びたいことしか学ばない」という特性があるからだ。内田（2005, 2011）は、知識や技能を商品と考えて消費者的意識で授業を受けようとする誤解が世間に広く存在するという仮説を提起している（表1）。この考えに立てば、学習の労力を惜しんだり教師に不快感を示す学生生徒の行動が、値切り行為として説明できることになる[5]。まだ数量的に実証されてはいないが、達見といえるだろう[6]。

【4】教育はしばしば「力」に利用される

これまで見てきたように、教育は各個人から能力を引き出し、各個人が幸せになれるように支援する活動である。教育するには情報を提供し、技能訓練を行って各個人を変容させるので、歴史をふり返ると、力のある組織が教育を宣伝に利用して、自らの力を増強しようとすることがあったことがわかる。現在でも独裁政権が政権維持に都合の良い思想を吹き込んだり、宗教団体が信者を増やそうとし、巨大企業が有利な市場を形成するために学校教育を利用していることに気づくかもしれない。表2は、**教育**と**宣伝**を対照した表（McGuire, 1973）だが、これを見ると自分が感化洗脳されたくなければ、何に注意すると良いかがわかる[7]。教育心理学が価値を含む学問である以上、人々が巧みな宣伝に洗脳されないように、健全な判断力が維持できるための研究活動も必要であろう。

【5】様々な教育言説

教育心理学の本質を考えるには、「教育」とは何かという難問を[8]

---

4) 色々な研究成果を知ると、テレビで宣伝している教材が、効果のほとんどない商品だとわかることもあるだろう。

5) 生徒が教師に不快感を示せば、課題の量と質が調整されて、苦役が減らせると考えているので、値切り行為といえるのである。

6) 単純な原則でたくさんの事象が説明可能な場合、優れた仮説と考えられる。

7) 教育を宣伝に利用する人達は、将来の状況を予測して見せ、それに備えるために行動を起こさせようとする。ただし、その予測は宣伝した人にとって都合の良い将来像でしかなく、確実性は低い。だから、人々を説得して実現性を高めようとしているわけである。

8) ここでいう難問とは、正解がただひとつに決まらない問題ということである。

避けて通れない。そこで本節では、「教育は商取引」とか「教育は宣伝の効果的な手段」という誤解の例を紹介しておいた。これからこの問題を考えていこうという学生の方々が、自分の仮説を精緻なものにしていくには、様々なメディアで発信されている教育言説も検討の対象にする必要があるだろう。歴史的にも無数の教育理論があったが、ギリシア時代からの最も大きな対立は生得論と経験論の対立だった[9]。生得論なら学習者に自由を十分に与えた方が良いし、経験論ならプログラム教育が良いことになる。現実はどちらも極端すぎてうまくいかないので、両者の折り合いが必要だ。そんなときは、各教育言説をこの対立軸の中で位置づけて考えると、色々見えてきて考えることが一層楽しくなるに違いない。

9) 生得論は、人間は生まれながらに好奇心が強いと考え、経験論は、適切な経験を与えないと学習しないと考える。どちらも極端だが、大抵の教育言説はどちらかに近い。

📖 内田樹（2005）．先生はえらい　筑摩書房（ちくまプリマー新書）
📖 内田樹（2011）．最終講義：生き延びるための六講　技術評論社

表1　蔓延する「商取引的教育観」と本来の教育の対比（内田, 2005, 2011をもとに作成）

	商取引的教育観仮説	真正の教育
教授内容	役に立つ必要最低限の知識や技能がある。学習者は、学習する前から学習内容の価値が査定可能。教室は、知識・技能と苦役の等価交換の場。	完璧な知識や技能はない。学習者は、学習中に、知識・技能や訓練課題の価値、意味、有用性が不明。価値査定が不可能である以上、教育は投資にならない。
学習者の変化	授業料の対価として知識・技能は得るが、学習者自体は変化しない。	学習を契機として、学習者が変化する。色々な謎が見つかり、学習の継続意欲が湧く。
優良教師	一定の知識や技術をクライエントに伝授する職業人。	万人向けの最高の教師は存在しない。人は自分の成長を引き出した師に対し尊敬の念を抱く。
教師に対する評価	評判などを手がかりに、学習者は教師のレベルを査定できる。客観的評価は可能。	自分にとっての良い教師は自分で見つけ出すしかない。見つけた教師の価値は自分だけがわかる。客観的評価は不可能。
教育成果	一定量の知識・一定水準の技能の獲得、資格取得、検定合格、生涯賃金によって、教育投資は回収可能。	独創的な研究や作品、独特な技能開発等が成果で、弟子全員の学びは異なる。未熟さの発見や欠点の補正も成果になる。
学習者自己評価	習得レベルの自己評価は可能。	修業達成水準の学習者自己評価は不可能。

表2　教育と宣伝の対照表（McGuire, 1973をもとに作成）

教　育	項　目	宣　伝
認知に働きかける。事実や証明可能な問題について認識を変える。	目的	感情にも働きかけて、行動を起こさせる。好みの問題、証明不可能な問題について認識を変える。
情報発信者はどの問題も公平に見ており、受信者の受容により、利するわけではない。情報発信者には受信者を騙す意図がない。	動機	情報発信者には偏向があり、受信者の賛成で、利益が得られる。情報発信者には受信者を一方向に誘導する意図がある。
正しい情報と合理的な主張	内容	不正確または不確実な情報と感情的な主張
注目と納得を目指して説得し、知識や技能を身につけさせる。	手法	スローガンを繰り返して人々を妥協させ、協調行動を起こさせる。

2 教育心理学の魅力と方法

無藤　隆

【1】教育心理学を規定する枠組みと教育実践を規定する枠組み

　教育心理学は広義にも狭義にも定義できる。広くは、家庭教育を含めたこどもの教育や大人の生涯学習に有益となるであろう心理学の基礎となる知見を提供することである。狭義には、学校教育（幼児教育から大学教育くらいまで）を念頭に置いて、そこで有効となる指導の仕方やそれを深めるための学習者側の学びのあり方を心理学の立場から示すものである。

　だから、それは単なる心理学の解説集ではない。といって、教育実践のノウハウ集でもない。実践を進める際のやり方についての根拠を示すものである。心理学の基礎的知見と実際の例えば学校現場での教師の実践とをつなぐことで教育心理学は成立する。したがって、心理学をわかっていなければならないが、同時に、現場の教育実践について理解している必要もある。

　それは単に心理学の知見をある場面に応用することではない。現場の実践は複雑であり、多数の要因が絡み合っており、一筋の理屈で解き明かせるものではない。そういった複雑さはいつか画期的な理論ができると一気に解明されるということは期待できない。少しずつ解きほぐすしかないのである。

　そのうえ、単に理屈としてわかるだけでは教育心理学の使命は果たせない。どうすればよいかの示唆を教師に提供できねばならない。**学校教育**はそもそも人工的な産物だ（それは家庭での親子関係といういわば自生的で生物学的進化的な基礎をもつものとは異なる）。公教育としての学校は19世紀に成立した歴史的産物である。それを元に、100年以上の時間の中で多くの教師の工夫と、制度の変革を行う国や官僚と、多数の研究者の協働作業として今がある。それを良くしていくとは、歴史のあり方を心得つつ、そして今の複雑さを理解しつつ、そのごく一部にせよ作り替える仕方を示していくことである。

　教育心理学の魅力も挑戦もそこに鍵がある。心理学という躍動して発展していっている学問の面白さと、長い歴史の中でしかし今も絶えず工夫され変革を遂げている**教育実践**を結ぶというワクワクとする仕事なのである。卓越した心理学の研究者たちがいる。その一

方で、見事な実践を進める現場の教師たちがいる。その双方へのリスペクトと、そこから学びながらそれをつなぐ独自の学問を教育心理学は形成してきたのである。

【2】学問としての問いにどのようにして入っていくか

　教育心理学は学問というあり方と現場実践というあり方をつなぐ。そのため、研究領域としては中途半端でもあるが、同時に現実を対象としつつ研究として高め、逆に研究成果という視点を使って現実を深く捉えることができる面白さがある。教育心理学を学ぶとは常にその両面を意識して、つなごうという姿勢に立つことである。

　学校教育を見直してみる必要がある（仮に小中などの学校教育に関心があるとしてだが、他の実践領域に関心があるなら、それでもよい）。実際に**授業**を見に行ったり、あるいはビデオを見たりしてみよう。とりあえず2つのことが大事である。生徒の視点と教師の視点である。生徒の視点とは学ぶ側になってみて、その授業をどう受け取るかを考えてみることである。特に大事なことはその授業を受ける前のおそらく多少何か関連することを知っていて、でもかなりはわかっていない状態を想像しつつ、授業を受ける立場になることである。何がよくわかり、どこにつまずき、どこはぼんやりとした理解状態になるだろうか。教師の視点は特定の指導のやり方をどういう考えから選んでいるかということである。他の通常なされる教え方を勉強して、その教師の独自の工夫を知る必要がある。そのうえで、その手立ては有効だったか、違うとして、どう直せばよかったか。なお、完璧な授業はありえないことに留意する。授業はなまものであり、予定通りにはいかないが、でも準備をして、その都度の新しいことに応じることである。

　もう一つの作業は学問としての知見を学びつつ、それを実際の授業に適用してみることである。授業の複雑さを見定めつつ、いくつもの理論や概念を視点として授業を見直してみる。教育心理学の考え方が実際にはどのように生きるかが次第に見えてくるだろう。一つの考えで割り切ることは避けて、様々な面から分析する。授業の足りなさもわかってくるが、それは必然的に起こる。一つは授業は現実のものとして、不完全でありつつ、進むものだからだ。もう一つは理論が万全ではありえないからだ。そこからこぼれることは常にある。

その2つの面からの作業を交差させる中で、すっきりとわかるばかりではなく、腑に落ちない点も出てくるのではないか。それが学問としての教育心理学の始まりである。それはすでに学問的答えがあるかもしれない。実践としての工夫は定番があるかもしれないが、それが使われていなかったのかもしれない。そうではなく、優れた教師でも難しいことだったのかもしれない。よくあることだが、研究として取り上げてこなかったかもしれない。それを見定めることは研究の専門家にも簡単ではないが、そこを丁寧に吟味することに研究のヒントがある。

【3】学術成果を得る方法とは

さらに勉強を深めていこう。その最初はひととおり勉強をしたら、その新しい理論や概念を使って、再び以前に分析した授業などを思い浮かべて、吟味し直すことである。そこに驚きはないだろうか。そこに気づかなかったとか、言われればあるようには思うが、その分析の仕方には気づかなかったとか。今までの見方がひっくり返るというほどの衝撃はまずないとは思うが、見方がさらに多面的になり、一つの授業をとっても、そこに様々な面があることがわかっていくだろう。

そこから先には例えば3つのことができる。

一つは教育心理学の教科書のみならず、専門書や専門論文を読むことである。そこでは、何もかもがわかっているというわけではなく、新しい研究課題があることが提示される。学問とは未知のことに立ち入り、解答を得ようとすることである。わかることは一層倍のわからないことを見えるようにしてくれる。こういうことがわからないのだとわかるのである。学校の実践を対象とした研究だとすると、実践としてのやり方は見当がついても、その論拠が不明なことがあり、そうだとすると、発展の仕方が捉えにくくなるのである。そういった未知のことに気づき、それを解明していく面白さを知ってほしい。

もう一つは教育心理学はデータに基づく学問領域だということである。実証的なのである。もちろん、教育とはその背景となる思想や理念が重要であり、それは時代を通して生まれ、また思想家などの提唱により革新され、実践の中で具現化され、鍛えられる。だが、時に改めて客観的なデータを実際の授業やそれに近い場面での実験などにより収集し分析することにより、さらに確かなものとなって

いき、また時に有効だとされるものがそうではないことが見いだされる。そういった単に理論としての論拠にとどまらず、実際のデータに基づいて実践を分析し評価し妥当性を高めようとするのである。

　第3は**実践**の広がりに資することである。研究の一つのタイプは現状の分析であり、またそれに近い形での検討であるが、もう一つのタイプは新しい実践の工夫を作り出し、その有効性をデータで示すものである。これは現場の教師と研究者の共同研究を基本とする。学生であっても、教師の仕事の一部を良いものにしていく提案はできるだろう。それが教育心理学の研究となるには、3つの条件がいる。第1はその理論を踏まえて、その枠組みから見て意義のあることを提案することである。第2は実際に試行してみて、その際の有効性を示す客観的なデータを取得することである。単に教師から見て良いと思われるということでは妥当性が乏しい。従来、担当する教師は良いと思っているが、客観的に調べてみると、有効性が否定されるものはいくらでもあるからだ。第3は先行する論文にそれと同じことをやっているものがないことを示し、近いものはおそらくあるので、その関連性と違いを述べることである。そうしてこそ、研究論文といえる。

【4】 教師は自分の実践知から研究を開始する

　実際に教職について、教育心理学はさらに学ぶべきものなのか。そういった研究は自分でも教師としてできることなのか。

　何より現場の実践は独自のやり方をもっていて、それは見よう見まねで伝えられ、それに基づいて初心の教師も授業を行う。そこには学問的知見の入る余地はほとんどないように見える。実際には、現場の実践と学問の知見は相互に連動しつつ、進んできたのであるが、その関連はすぐには見えないだろう。さらに、教師は実践知をもっており、それは先輩の模倣を超えて、自分の実践から省察することで、深まっていく。

　そうであっても、ある時期、教師が実践を総体として振り返り、考え直したい時期が来るだろう。そこで、教師は実践研究を進めるかもしれない。自分の実践を記録し、それに基づいて考えるのである。そこで教育心理学の知見を利用したり、時にその専門研究者と協力して、実証データを集めることもあるかもしれない。現場からの研究がそこから始まるのである。

📖 無藤隆（2007）．現場と学問のふれあうところ：教育実践の現場から立ち上がる心理学　新曜社
📖 秋田喜代美・恒吉僚子・佐藤学（編）（2005）．教育研究のメソドロジー：学校参加型マインドへのいざない　東京大学出版会

2 発達のメカニズム

1 教育と遺伝要因

安藤寿康

教育の世界では、遺伝要因はタブー視されがちである。**遺伝**とは親から強制的に伝えられたもの、生まれつき決まったもの、そして教育の及ばないものという強固な先入観があるからだ。このような身も蓋もない素朴遺伝観のおかげで、遺伝子という生命の基本的な情報源が生み出す現象への科学的な洞察を欠いた教育議論がなされやすくなっているように思われる。本節では、近年分子遺伝学との連携も強まってきた**行動遺伝学**（安藤, 2014）の知見を中心に、教育における遺伝要因のはたらきについて考えてみたい。

【1】遺伝要因とは何か

本節で「遺伝要因」とよぶのは、生命の物質的基盤として様々な機能をもつタンパク質をコードする遺伝子、および遺伝子の本体であるDNAが生み出す現象の総体である。あなたを作る遺伝子のセットは父親と母親の遺伝子のランダムな半分ずつの組み合わせである。同じ両親から生まれうる組み合わせは天文学的な数になるから、あなたがどのような遺伝素因をもつかは、両親を見ただけで予測できるものではない。その遺伝要因は、教育の過程や成果に、果たして影響力をもつのだろうか。

【2】学業成績に及ぼす遺伝の影響

教育の成果を**学業成績**だけで判断してよいものではないが、教育の世界で最初に問題になるのが学業成績の個人差であることも事実である。そして学業成績の個人差に遺伝要因が大きく関わっていることが、数多くの双生児研究から明らかになっている（Bartels et al., 2002；Loehlin & Nichols, 1976；Petrill et al., 2010；Thompson et al., 1991；Walker et al., 2004）。その遺伝率はおおむね50％程度、つまり集団中の学業成績の個人差（分散）の約半分が遺伝要因の分散で説明される。遺伝率の大きさに教科による差は特になく[1]、「できる子はおしなべてどの教科もよくできる」という教科をまたいだ共通因子に大きな遺伝要因が関わっている（Wainwright et al., 2005；要約は安藤, 2007）。

これは学業成績の予測変数である一般**知能**（いわゆるIQ、あるい

1) ただしわが国では算数・数学の遺伝率が他教科より相対的にやや低い傾向がある（Sato et al., 2004）。

はg）の性質と等しい。すなわち様々な**領域固有**の知能因子（言語、空間、記憶、推論など）に共通する一般因子性をもち、学業成績とほぼ等しい50%を越す高い遺伝率をもつ。また一般因子の影響を統計学的に取り除いた領域固有の因子にも、独自の遺伝因子と環境因子（次に述べる共有環境と非共有環境）が関与する。一般知能と学業成績は、その表現型の間の相関以上に、遺伝レベルの相関が高い（Thompson et al., 1991）ことから、学業成績の遺伝・環境構造も一般知能の遺伝・環境構造とほぼ類似すると考えられ、教科ごとに関与する文化領域にも、固有な遺伝要因と**環境要因**とが関わっていることが推察される。英語は得意だが、数学は苦手というような教科ごとに異なる学力の差異も、このような遺伝・環境構造から理解することができるだろう。

注2）小学校低学年では知能より学業成績の遺伝率の方が大きいという報告もある（Kovas et al., 2013）。

　学ばなければ習得されえない教科の様々な具体的知識の記憶、理解、運用の測度としての学業成績に、生得的な遺伝の影響があるということに違和感を抱くかもしれない。日本史の成績に遺伝の影響があるからといって、日本史の知識そのものが遺伝子に組み込まれているはずはない。それは教科の学習に関わる様々な学習適性に遺伝の影響があるからと考えられる。実際、知能以外にも自尊心、パーソナリティ、健康度、幸福感、問題行動を起こさない程度、さらには学校にどの程度積極的に関わるかなどの諸要因への遺伝的影響が総合的に関わっていることが示されている（図1；Krapohl et al., 2014）。

　学習動機は学業成績の重要な要因であるが、ここにも遺伝要因は少なからず関与しており、それと比べて学校環境の差が及ぼす影響はほとんどない（Kovas et al., 2015）。また学業成績への遺伝の影響は、学習を始めるスタートラインの個人差だけでなく、その後の学習曲線の個人差にも関わっている（Johnson et al., 2006）。

【3】双生児法とは

　それにしても、学業成績のような人間の心理的な形質の

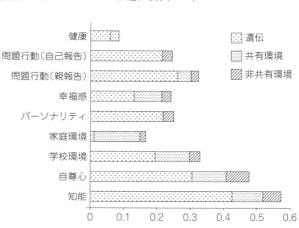

図1　学業成績に関連する変数との遺伝・環境相関
（Krapohl et al., 2014）

遺伝規定性を明らかにできる双生児法とはどのような方法論なのだろうか。

　双生児法は、遺伝子を100%共有する一卵性双生児の類似性を、遺伝子を50%しか共有しないが環境要因は一卵性とほとんど変わらない二卵性双生児と比較し、一卵性の方が類似していれば遺伝の影響があると考え、その差の大きさから遺伝要因の大きさを推定するというものだ。また同じ環境に育つ一卵性でも似ていない程度は、きょうだいでも共有されない一人ひとりに固有な「非共有環境」の推定値となる。さらに遺伝的には一卵性の半分しか似ていない二卵性の類似性が、遺伝要因で予想される一卵性の半分より大きかったときは、そこにきょうだいを類似させる「共有環境」の影響があると推定される。同じ原理を複数の変数（例えば一般知能と学力、4歳、6歳、10歳時の知能など）に適用すれば、双生児きょうだいの一方のある変数と、きょうだいの他方の別の変数との相関を比較し、二卵性より一卵性の方が大きければ、その変数間に共通の遺伝要因に由来する遺伝相関があることが認められ、その大きさを推定できる。同様にして共有環境や非共有環境の相関を推定し、構造方程式モデリングという統計手法によって因子構造をモデル化することができる。こうして、具体的な遺伝子を特定することなく、たくさんの遺伝子（ポリジーン）の総体の効果を推定することができるのである。

　双生児法を用いた行動遺伝学が、分子生物学の時代になって衰えるどころか、ますます発展し、しばしば再現性の低さが問題視される心理学研究の諸領域の中で、頑健な知見を提供し続けている理由は、代表性の高い規模の大きな双生児レジストリが世界各国で作られ、多くの研究者が参入するようになったこと、そして何よりも行動に及ぼす遺伝子の影響力が実質的に大きいことがあげられよう（Plomin et al., 2016）。数多くの行動遺伝学の研究から、あらゆる行動に遺伝の影響が関わっていること、同時に遺伝だけで説明される行動はなく、環境要因もあらゆる行動に大きく関与するが、そのうち特に寄与の大きいのは一般に共有環境ではなく非共有環境であること（Turkheimer, 2000）が明らかにされている。

　知能や学業成績に関与する具体的な遺伝子を特定する試みがなされ（例えばWainwright et al., 2005）、いくつかの候補遺伝子や座位が報告されているが、どの遺伝子の効果量も小さく、安定した知見には至っていない。これは想像以上に数多くの遺伝子が少しずつ寄与し

ているからと考えられる。しかし全ゲノムでの塩基配列の個人差（SNPs）の類似性をもとに遺伝率を推定するGCTAという方法を用いると、双生児法で得られた遺伝率のおよそ半分を分子レベルでも説明できることが示されている（Benyamin et al., 2014）[3]。

【4】教育と環境要因

　行動遺伝学は遺伝要因を統制することによって、純粋な環境の影響を見つけることのできる学問でもある。そして学業成績や知能は、パーソナリティや精神疾患などほかの心理的側面と異なり、共有環境の影響が比較的大きく関わる形質でもある。その大きさはおおむね30％程度であり、とりわけ家の中が秩序立てられ整理整頓されているかどうかが関わることが示されている（Hanscombe et al., 2011）。

　また環境要因は遺伝要因と交互作用して学習のプロセスに影響する。例えば学習動機と学業成績との相関に関わる遺伝要因の強さは、社会経済的地位が高くなるほど大きくなる（Tucker-Drob & Harden, 2012）。また英語を文法訳読式と会話中心式で教えたときに文法の習得に及ぼす学習効果の差は、言語性知能が遺伝的に高い学習者ほど大きく文法訳読式に有利に表れる（Ando, 1992）。読みの学習成果に及ぼす遺伝の影響が、教師の質が良ければ良いほど大きくなる（Taylor et al., 2010）という成果を見ると、教育とは遺伝を克服して外側から知識を注入させる営みではなく、遺伝的素質を顕在化させ増幅させる「あぶりだし作用」を担っているように思われる。

【5】新しい学力観と教育観をめざして

　遺伝要因が教育とは無関係な、あるいは相対する要因であるという考えが誤った偏見（あいたい）であることは、本稿に紹介したいくつかの研究からわかっていただけたであろう。とはいえ行動遺伝学の知見をふまえると、学業成績の個人差の約50％が自分ではどうしようもない遺伝要因、また約30％がやはり自分ではどうしようもない共有環境（家庭環境など）、つまり80％が個人では変えられない要因で説明されるという厳しい現実に直面させられる。だが教育の現場では、こうした知見が知らされることなく、個人の努力でどの教科でも成績をより良くせよと掻き立てられる傾向が強い。もし教育を通じた文化的な自己実現が、本人の生まれ落ちた環境にある資源を利用した遺伝的適応過程だとすれば、それをふまえた新しい学力観や教育観が必要となるのではないだろうか。

GCTA：genome-wide complex trait analysis

3）残る半分は遺伝子・環境間相関や交互作用、遺伝子間交互作用、あるいは稀な遺伝子（レア・バリアント）の影響など、この方法で推定できない要因によると考えられている。

安藤寿康（2016）．日本人の9割が知らない遺伝の真実　SBクリエイティブ（SB新書）

ラター，M. 安藤寿康（訳）（2009）．遺伝子は行動をいかに語るか　培風館

2 発達理論と発達段階

中澤 潤

【1】教育と発達

　教育計画の立案や教育実践において、学習者がどのような認知的、社会的な特性をもっているかを理解することは重要である。学習者の発達水準により、思考の特性や認知的な理解力、学びの意欲、大人や仲間との関係、行動の自律性などは異なる。したがって、学習者の学びを適切なものとするために、教育内容、教材、教育方法は発達水準を考慮しなければならない。その基礎として、人間の発達の理論ならびに発達水準の質的特性を示す発達段階の理解が求められる。

【2】発達理論

　発達理論は人の発達的変化の特徴、またその変化の背景要因やメカニズムを説明する。人の乳児は何でも口に持っていくことが多い。この行動は発達理論により、異なった説明が行われる。ピアジェの認知発達理論によれば感覚運動期の第1次循環反応であり、フロイトの精神分析理論によれば口唇期欲求の充足行動である。このように、発達理論は説明しようとする発達の側面やメカニズムの独自性により特徴づけられる。

　発達理論は、発達の主な要因を生物学的要因（生得的な遺伝や成熟など）に帰すか、環境的要因（出生後の経験や文化）に帰すかにより異なる。生物学的要因を重視する説は**成熟説**や**展開説**とよばれる。巻物が解かれ展開するにつれ、書かれていたものが見えてくるように、成熟に応じて遺伝子の情報が顕在化していくと考えるのである。他方、環境的要因を重視する説は、環境説や造形説とよばれる。この立場は環境が人を作ると考える。宮原・宮原（2004）を基本にしながら、いくつかの発達の理論を位置づけよう。

［1］生物学的側面を重視する理論

　ゲゼルの成熟論　ゲゼルはこどもの発達に関心を寄せ、発達の科学的研究を観察や映画記録の分析により行い、発達の原理を提出した。彼の提唱した発達の原理の一つに、個別化成熟の原理がある。発達は、決定されている系列を通して個別化していく過程であり、一定の順序で現れ、その順序を進む早さは個人の遺伝子により決定

▲ゲゼル
Gesell, Arnold L.: 1880-1961　アメリカの小児医学者。心理学を学んだ後に医学を学び小児科医となった。こどもの発達に関心を寄せ、発達の科学的研究を、観察や映画記録の分析により行い、発達の原理を提出するとともに、発達診断検査を作成した。

され、環境は発達の速さに一時的に影響はしても、最終的には生物学的要因がそれを支配するというものである。この証拠として、ゲゼルは、一卵性双生児の一方の乳児に早期から行った階段登りなどの訓練が、後に訓練をはじめたもう一方の乳児にすぐ追いつかれ差がなくなったことを示した[1]。そして、生物学的成熟が学習に必要なレベル（レディネス）に達する前に訓練などの経験を与えても意味をもたないとしたのである。ただし、この訓練研究では身体的な成熟に密接な運動課題が取り上げられ、また対象が乳児のみであった。したがって、この結論が、運動以外の領域や幼児以降にも一般化できるかは不明である。

近年、進化発達心理学（Bjorklund & Pellegrini, 2002）の研究が発展してきているが、これらは、発達への生物学側面を重視する流れを汲むものといえる。

[２] **生物学的側面と環境的側面双方を考慮する理論**

現代では、発達には生物学的側面と環境的側面双方が相互作用しながら影響すると考える理論が一般的で、**相互作用説**とよばれる。相互作用説は、人間の遺伝的素質の発現は環境との相互作用の過程で生じるものとする。同じ生物学的な能力があっても、豊かな知的環境が与えられればその能力を伸ばせるが、その能力を伸ばせる豊かな環境になければ発達は十分なものとはならない。

ピアジェの構成主義理論　ピアジェ（Piaget, 1952）は、人は環境との相互作用の中で、認知的な行動や思考のシェマを構成すると考えた。そして、認知発達は一定の順で、一定の方向に進むこと、またその発達は年齢時期に応じて質的に変化する段階をたどるとした。ピアジェ理論は、個人がその認知的段階でもつシェマと環境からの情報の認識とのズレが相互作用し、調節の作用により新たなシェマが構成され認知発達を進める[2]という点で、生物学的側面と環境的側面の相互作用説に位置づけられる。またこの理論は「孤独な科学者モデル」といわれ、どちらかといえば個人が事物や現象等の物理的環境と相互作用しながら認知的思考を深めていくことに注目しており、対人的環境との相互作用による学びへの関心は乏しい。

ハントの知的発達理論　ハントはピアジェの提唱する発達の順序性を認め、それをもとに発達を測定する「ウズギリス−ハント発達尺度」を開発した（Užgiris & Hunt, 1975）。しかし、発達への環境の影響を重視し、環境からの積極的な働きかけが認知発達を促すという立場をとる。彼は「レディネスとは、暦年齢に応じて自動的に生

📄1)　トピック1-1「教育理解の諸アプローチ」参照。

📄2)　トピック2-1「ピアジェ理論を考える」参照。

👤ピアジェ
Piaget, Jean: 1896-1980
スイスの発達心理学者。人は環境との相互作用の中で、認識を構成すると考え、多様な観察、実験をもとにその過程を認知発達理論としてまとめた。

👤ハント
Hunt, Joseph M.: 1906-1991　アメリカの発達心理学者。ピアジェを高く評価し、ピアジェをアメリカに紹介した一人である。ヘッドスタート計画を推進した。

ずる単なる成熟の問題ではなく、蓄えられた情報の問題であり、習得された概念・解決法・動機づけの体系等の問題であり、習得された技能の問題である」（Hunt, 1971）とした。つまりこどものレディネスも経験によって習得され開発できるとする。したがって、ピアジェのいう発達段階の順序性はあるものの、各段階は年齢に縛られるのではなく、経験によると考えるのである。ハントはこの立場から教育の機会に恵まれない幼児に積極的に教育を与え、その知的発達をのばそうとした。それがアメリカにおける教育格差解消のための国家事業、**ヘッドスタート計画**[3]である。

現代の相互作用説 現在、生物学的側面と環境との相互作用の効果の検証が、行動遺伝学やエピジェネティクス研究で進められている。行動遺伝学[4]では、双生児を対象に、知能や、様々な性格などの人の多様な側面の行動差異を、遺伝と環境それぞれでどのくらい説明できるかを検討している。また、遺伝子と環境の相互作用も検討されている[5]。さらに**エピジェネティクス**[6]では、遺伝子は環境にかかわらず一定に働くのではなく、遺伝子の機能の発現に環境が役割を果たしていることを明らかにしている。

[3] 環境の役割を重視する理論

ヴィゴツキーの社会的構成主義理論 ヴィゴツキー（Vygotsky, 1934）は、発達は社会的な起源をもつもので、それが個人の中に内化されていく過程であるとした。そして、発達は文化の体現者である大人との共同行為における文化的な道具（ことば、文字、絵本や書物、文房具）に媒介された活動から生まれるとする。

こどもが、課題を独力で解決できる限界の上に、大人の援助を受けることにより解決できる水準（潜在的な可能水準）がある。発達は大人がこどものもつ成熟しつつある領域に働きかけ、潜在的な可能水準を実際の発達水準へと変えること、またそれに伴いさらに新たな可能水準を生み出すことで進む。このように、大人の働きかけが発達に影響するという点で、環境の役割をこの理論は重視する。

また、発達の最近接領域に働きかけるのは大人でなくても、認知的に先行している仲間でもよい。小学校の班学習は、こども同士が自分の得意な領域を教え合い発達を援助し合う場である。生活科や総合科で行うプロジェクトも社会構成主義の考えと共通する。イタリアの**レッジョ・エミリア**市の幼児教育[7]ではグループのプロジェクト活動が積極的に展開されている。プロジェクトのテーマ（影、小鳥、水のような）についてこどもたちはプランを立て、活動してい

---

[3] ヘッドスタート計画は、貧困等による幼児期の教育の格差を解消し、小学校入学時にはすべての子が同じ能力をもってスタートできるようにする事業であった。ヘッドスタート計画のような幼児期の教育の有効性については様々な評価があるが、1962～1967年にミシガン州ペリー郡で行われたペリー就学前プロジェクトの追跡研究では、幼児期に本プロジェクトを受けた人たちは受けなかった人よりも、40歳時点で学歴、収入、持ち家率が高く、生活保護受給率や逮捕者率が低かった（Heckman, 2013）。

[4] 行動遺伝学：人の知能や性格など様々な側面での一卵性双生児同士（遺伝・環境ともにほぼ同一）と二卵性双生児同士（遺伝的には50％共通、環境的にはほぼ同一）の差異をもとに、遺伝的影響と環境的影響の割合を算出する。

[5] 例えば、モノアミンオキシダーゼA遺伝子（MAOA）の活性の高さは高い攻撃性と関連しているが、虐待経験と反社会的行動の関連を見ると、MAOAの活性の低い人では虐待経験があるほど反社会的行動が多かったが、活性が高い人ではそれらの間に関連はなく、全体に反社会的行動が少なかった（Caspi et al., 2002）。虐待という環境要因は、遺伝子という生物学的要因と相互作用し人の行動に影響するといえる。

[6] エピジェネティ

き、それを保育者、美術専門家（アトリエリスタ）が支援する。問題に直面すると、こどもたちは仲間や保育者のアドバイスにより解決していく。アドバイスは発達の最近接領域への働きかけとなる。

チーの領域固有発達理論　ピアジェ理論では、ある認知発達段階にある子はどのような領域の課題にもその段階のレベルで答える普遍性をもつとされる。しかし、チー（Chi, 1978）はこどもの認知機能は発達段階に縛られるのではなく、得意な領域では大人以上に伸ばすことも可能であるとする。例えばチー（Chi, 1978）は大会に出場するくらいチェスの得意なこどもたち（10歳）と、チェスについてはルールを知っている程度の大学生を比較し、数字の記憶は大学生が優れていたが、チェスの駒の配置の記憶はこどもが優れていることを示した。また、恐竜に詳しいある5歳児が、肉食・草食といった食性、外見や防御メカニズム、生息地など大人顔負けの多様な属性から恐竜の知識を構成していることを見いだしている（Chi & Koeske, 1983）。これらの研究から、個人の認知は、認知発達段階に縛られているのではなく、チェスや恐竜というような領域に固有な知識の集合から形成されており、得意な領域の知識は学習を通して、こどもであっても大人以上に伸ばすことができると考えられている。

バンデューラの社会的認知理論　バンデューラ（Bandura, 1986）は、人の認知機能に注目し、知的発達や社会的発達を総合的に説明する社会的認知理論を提唱した。著名なモデリングの研究では、大人が人形に攻撃行動を行う映像を見た幼児が、その後大人と同様な攻撃行動を人形に行うことを報告した（Bandura et al., 1961）。モデリングは、後述する学習論では学習の成立に必須とされる直接経験やそれに伴う強化がなくても、他者の行動を見るだけで成立する。これは人が高い認知機能をもち、他者の行動を観察し、それを通して学ぶ代理学習の能力をもつからである。したがって、人はその学習に周囲の環境の影響を大きく受けるといえる。学習理論が、人と動物に共通する学習原理を解明しようとしたのに対し、バンデューラは、動物と異なる高い認知機能をもつ人独自の学習の様式があることを示し、自律行動や抑制（自己強化）、自己制御学習など、多くの社会的、知的発達や学習を説明している（中澤, 1992）。

学習理論　発達に対する環境の働きを重視する中で、最も極端な立場をとるものが行動主義者による学習論である。この立場では、発達とは環境から働きかけを受け行動が変化することである。発達

ックスとは、遺伝子構造そのものには変化がないにもかかわらず、DNAのメチル化等によりDNAのもつ機能が影響されることで、表現型に変化が生まれる現象をいう。喫煙や化学物質、ストレス等の環境要因が、DNAのメチル化を促す。例えば同じ遺伝子をもつはずの一卵性双生児の外観や行動等にみられる表現型の差異は、エピジェネティックスによるものと考えられる。

👤 **ヴィゴツキー**
Vygotsky, Lev S.: 1896-1934　旧ソヴィエトの発達心理学者。認知発達を社会・文化・歴史的な構成過程と見る社会的構成主義にたつ。「発達の最近接領域」の概念を提唱した。

📖 7）レッジョ・エミリア市の幼児教育にはヴィゴツキーだけでなく、ピアジェ等の影響も大きい。

👤 **チー**
Chi, Michelene T.H.　アメリカの認知心理学者（インドネシア出身）。エキスパートの研究や、能動的学習（active learning）の有効性の研究で知られる。

✏️ 領域固有：domain specific

👤 **バンデューラ**
Bandura, Albert: 1925-　社会的学習理論（後に社会的認知理論と改称）を提唱し、モデリング、自己効力感など多くの革新的概念で人の自己制御を説明している。

は環境がどのような教育経験を与えるかに依存するため、適切な環境・経験を与えることが重要になる。[8]

スキナーの**オペラント条件づけ**によると、こどもが自発的に行った行動に対して環境が与える**強化**（ほめる・しかるなどのフィードバック）は、行動の形成を強めたり弱めたりする。発達の過程で、親や先生や仲間からの称賛や叱責を受ける中で、社会の規範にそった適応的な行動が形成されていく。

【3】発達段階の考え方
[1] 発達観と社会的発達区分

発達は、年齢を基盤に変化していく。知的、社会的行動の特徴が共通する発達状況にある年齢群をまとめ、一つの「**発達段階**」として捉えると、その年齢群の理解、またその理解に基づく適切な教育的対応を創出することが容易となる。

人の発達の区分は、歴史や文化の所産であった。歴史学者アリエス（Aries, 1960）は、ヨーロッパの中世の絵画で、こどもが大人より背が低い以外、大人と何ら変わることなく描かれていることを示し、それまで「こども」は「小さな大人」と見なされていたとする。農業中心の時代には、乳幼児期を脱したこどもは小さな大人としての労働力を求められ、「こども（児童）」という認識は乏しかった。そのため、ヨーロッパでは中世までは、十分に話せない働けない乳幼児と、話せ働くことのできる大人という2つの区分しかなかった。

近代になり産業が発展し、工業化が進むと農民から工場労働者への移行が起こった。農業では労働力となったこどもも、工業化社会では生産に関与しない経済的に負担な存在である。彼らが機械を扱う労働力となるうえで、十分な読み書き算の能力が求められることになり、義務教育が普及する。ここで、生産に関わらず、教育の対象となる「こども」が出現することになった。

工業中心の産業構造はその後さらに、情報技術（IT）やサービス産業へと変化し、社会も複雑化した。そのため、就労するまでに学ばなければならない情報は格段に増え、多くの子が義務教育修了後も、高校や大学に通い多くのことを学ぶことが求められ、就業年齢は遅くなってきた。その結果、大人でもなくこどもでもない「**青年**」という存在が新たに出現することになった。このように、発達の区分も時代の産物といえる。[9]

---

[8] 行動主義者の代表であるワトソン（Watson, 1930）は、特性は遺伝することはないとし、「私に、健康で、いいからだをした一ダースの赤ん坊と、彼らを育てるための私自身の特殊な世界を与えたまえ。そうすれば、私はでたらめにそのうちの一人をとり、その子を訓練して、私が選んだある専門家——医者、法律家、芸術家、大実業家、そうだ、乞食、泥棒さえも——に、その子の祖先の才能、嗜好、傾向、職業がどうだろうと、きっとしてみせよう」と述べた。

▲スキナー
Skinner, Burrhus F.: 1904-1990 アメリカの心理学者。オペラント条件づけを提唱し、その詳細な検討を行った。

▲アリエス
Ariés, Philippe: 1914-1984 フランスの歴史学者。熱帯農業に関する調査機関に勤務しながら日曜歴史学者として、こどもや家族の歴史研究を行った。

[9] さらに、現在では、インターネット等から個人が様々な情報を自由に入手できる。今まで大人の間でだけ共有されていた性的な情報も、こどもも自由に入手できるようになっており、大人とこどもの境界が大きくゆらいでいる。

▲ストラッツ
Stratz, Carl H.: 1858-1924 ドイツの医学者。こどもの体型や身体発達を検討した。

［２］発達理論と発達段階

前述の社会的（歴史・文化的）な発達区分とは別に、発達心理学研究では、人間の発達的変化は量的・連続的なものか、質的・断続的なものかについて古くから論争されてきた。特に後者の質的変化の観点から、発達の把握が試みられた。この質的に区切られた一定の期間を「発達段階」とよぶ。特定の発達段階には、その期間に共通する特徴的な心身の構造が想定される。

発達段階という考え方には、発達には一定の方向と順序があり、前段階の充実が次の段階を生む、段階はスキップできず、いったんある段階に達したらもはや以前の段階には後退できないという前提がある。

実際には人の発達的変化は長期にわたり徐々に生じるので、段階を設定することは難しい。また心身の機能によって発達の速度や変化は異なり、そのすべてをまとめることは難しい。そのため、ここではそれぞれの側面について、身体的側面の発達段階としてストラッツの身体発達段階、知的側面の発達段階としてピアジェの認知発達段階、性格形成の発達段階としてフロイトの心理性的発達段階、自我発達の発達段階としてエリクソンの自我の発達段階を見ることにする（図1）。

ストラッツの身体発達段階　ストラッツ (Stratz, 1922) は、身体発達では体重の増加が目立つ時期（充実期とよぶ）と身長の伸びが目立つ時期（伸張期とよぶ）が交互に現れることを指摘し、これによって第1充実期、第1伸張期、第2充実期、第2伸張期、第3充実期、成熟期に発達段階を分けた。男児と女児ではこの変化の時期が異なり、小学校高学年では女児の身体発達は男児を上回ることになるが、最終的な成熟を迎えるのも男児より早い。

ピアジェ理論における認知発達段階　ピアジェ (Piaget, 1952) は人の認識の発達段階を大きく、乳

基準	社会的・総合的	身体（ストラッツ）	認知（ピアジェ）	心理性（フロイト）	自我（エリクソン）
受精	胎児期				基本的信頼
出生	新生児期		感覚運動期	口唇期	
1カ月	乳児期				
1歳	幼児前期	第1充実期	象徴的思考期	肛門期	自律
2					
3				男根期	
4	幼児後期	第1伸張期	直観的思考期 前操作期		自発性
5					
6	児童前期		具体的操作期	潜伏期	勤勉
7					
8	児童中期	女 第2充実期			
9		男 第2充実期			
10	児童後期				
11		第2伸張期			
12	青年前期		操作期 形式的操作期	性器期	同一性
13					
14		第3充実期			
15		成熟期			
16	青年中期				
17					
18		成熟期			
19	青年後期				
20・25					
25	成人前期				親密
50	成人後期				生殖性
65	老年期				自我の統合

図1　発達段階の区分

児期（0〜1.5・2歳頃まで）の感覚運動期とそれ以降の表象的思考期に分けた。感覚運動期は、行動や感覚によって外界を認識・理解しようとする段階である。例えば、感覚運動期では、外界に働きかけ、それに対する外界からの反応を楽しむようになる（循環反応）。初期の第1次循環反応では、最も身近な自分の体に働きかけ、その反応を楽しむ。指しゃぶりがその例である。この行動は乳児が外界を探索理解しようとする第一歩である。

一方、表象的思考期になると、イメージや言語などの表象を用いて考え理解することができる。表象的思考期は7・8歳を境に**前操作期**と、**操作期**に分かれる。

前操作期はさらに、2〜4歳の象徴的思考期と、4〜7・8歳の直観的思考期に区別される。象徴的思考期ではイメージや言語により見立遊びやごっこ遊びを行う。この時期の概念は上位−下位概念の区別が不十分で、自分の視点からの理解が中心となる。[10] 直観的思考期になると、徐々に世界を概念化し理解することもできるが、対象の目立ちやすい特徴に惹きつけられ、保存課題の解決は難しい。

操作期は、7・8歳〜11・12歳頃までの具体的操作期と、その後の形式的操作期に分かれる。具体的操作期では、物事を論理的に考え結論づけることはできるが、まだそれは具体的・日常的な事柄に限られる。次の形式的操作期では抽象的な記号操作や思考が可能になる。[11]

フロイトの心理性的発達段階　フロイト（Freud, 1905）は行動の基盤に性的欲求（リビドー）を想定し、人は乳幼児期から性的欲求をもち、発達各期での性的欲求の満足が性格形成に影響するとした。[12]

性的欲求満足の対象となる身体部位は、発達により変化する。乳児期（出生〜2歳）は唇が満足の対象となることから、この時期を**口唇期**とよぶ。安定した養育による授乳は口唇欲求の満足をもたらすが、十分な養育を受けられず口唇欲求が満たされなかった場合、不信や攻撃性などの行動をもたらす。この時期への欲求の固着は依存的な性格が形成されるとする。

幼児期前期（2〜3歳）はトイレットトレーニングを受ける時期で、肛門が満足の対象となるとして**肛門期**とよばれる。こどもはトイレでの排泄の快感や達成感を得る。この時期の欲求への固着は、けち（溜め込むことへの快感）、几帳面、あるいはその反動形成としてのだらしなさをもたらすとされる。

幼児期後期（3〜5歳）は**男根期**とよばれる。この時期、こども

---

10) 自分の母を他児が「おばちゃん」と呼ぶと、「お母さんだよ！」と言ったりする。

11) トピック2-1「ピアジェ理論を考える」参照。

フロイト
Freud, Sigmund: 1856-1939　オーストリアの医学者（後にイギリスに亡命）。人の心理や行動の基に性的欲求をおき、その無意識による抑圧が心理的な疾患を引き起こすとする、精神分析学を提唱した。

12) トピック2-2「ギリシア神話と心理学」参照。

は男女の性器の違いに気づき、男児は女児に外性器がないのは父親に去勢されたのだと考える。男児は母親をめぐって無意識に父親をライバル視するが、この父親との争いの罰として去勢されるのではないかという不安をもつ。そこで男児は、父親のような強い男になることで、母親のような魅力的な女性を獲得するという道を選ぶ。そのため、この時期に男性的性役割をとるようになるとされる。

その後の**潜伏期**（6〜12歳）は、性的欲求の活動は低く、他の活動にこどもが関心をもつ時期とされ、**性器期**（13歳以降）は成熟した性器による性的な快を得る時期とされるが、特定の性格傾向との関連は述べられていない。精神分析理論の発達初期の経験が人の性格を形作るという考えは、初期経験の重要性を主張したもので、発達の考えに大きく影響した。しかし理論は思弁的であり、科学的検証は難しい。

エリクソンの自我心理学理論における発達段階 フロイトが性的欲求を重視したのに対し、エリクソン（Erikson, 1963）は、フロイト理論を基盤におきながらも、人の自我は性的欲求に動かされるのではなく、それ自体で自律的に機能すると考え、生涯にわたる自我発達の心理学を提唱した。彼は**自我**の発達を8つの段階で捉え、各段階で達成されることが望ましい自我機能[13]とそれが達成できない状態（危機）[14]を対立的に設定した。各段階で望ましい自我機能が優勢になることで健全な自我が発達し、それが達成されない場合、後の健全な心理社会的発達が阻害される。しかし、危機は転機でもあり、危機の解決によって発達は前進する。

例えば、青年期は、同一性対役割の混乱の段階である。青年は身体の成長や性的成熟を迎え、それまでの安定した斉一性と連続性のある自己像が大きく崩れる。さらに自己の社会的な役割の獲得という課題にも直面し、改めて自分とは何か、どう生きるのかという自己像の再構築・再統合、すなわち同一性の確立が必要となる。この時期、自分自身が分裂するのを恐れるあまり、過度に仲間に同一化したり、異質な存在を排斥したりする。青年期はモラトリアム（執行猶予）の時期であり、この間に様々な混乱や危機を体験することは、最終的な自己同一性の確立に有効に働く。その一方で、この混乱や危機を解決できず自己同一性を確立できないと、その後の大人としての適切な自我の発達や適応的な生活が望めなくなる。

👤エリクソン
Erikson, Erik H.: 1902-1994 アメリカの精神分析家（ドイツ生まれでアメリカは亡命先）。フロイトの精神分析を基盤にしながら、心が現実の周囲の環境に適応する機能を自我の発達という観点から提唱した。自我同一性やモラトリアムの概念で知られる。

📝13）これを「**発達課題**」とよぶ。

📝14）トピック2-4「エリクソン理論を考える」参照。

📖宮原英種・宮原和子（2004）．人間発達論 ナカニシヤ出版
📖東洋・繁多進・田島信元（編）（1992）．発達心理学ハンドブック 福村出版
📖田島信元・岩立志津夫・長崎勤（編）（2016）．新・発達心理学ハンドブック 福村出版

③ 発達研究法

飯高晶子

発達研究は乳幼児から高齢者まで幅広い年齢層を対象としている。そこで、発達研究においては、従来心理学で用いられてきた実験法や質問紙調査法では不十分であり、様々な研究法の工夫がなされてきた。ここでは代表的な発達研究法についてみていく。

【1】縦断的研究法と横断的研究法

心理的特性の発達には時間軸に沿った変化が伴う。まず思いつくのは、ある個体に生じる変化を時間的に追っていくことであろう。同一対象を長期にわたり追跡し、観察・測定を複数時点で繰り返し行いデータを収集する方法は縦断的研究法という。この方法は同一個体の発達的変化や個人差を考慮できるメリットがある。しかし、同じ対象を長期にわたり追跡するのは困難が生じたり、労力や費用が大きくなったりと限界がある。そこで、従来多く用いられてきたのが横断的研究法である。これは、同時期に例えば異なる**年齢集団**を対象にデータを収集して分析するもので、それぞれの年齢集団の特徴や、各年齢間で発達的変化をみていく方法である。この方法であれば、縦断的研究の問題点を軽減でき、多くのデータが短期間に収集可能である。しかし、例えば自分と両親や祖父母の世代を考えてみても、実際には経験してきた社会的状況や教育内容などには大きな差異もみられるだろう。コホートに特異的な事情が結果に影響を与える可能性を考慮することは、発達プロセスをさらに実際に近い形で検証することになろう。そこで、現在ではシャイエの最も効率的な研究デザイン等、新たなデザインが提案されている。

【2】実験的方法と非実験的方法

発達とは様々な要因が絡み合った現象である。その中のある特定の心理発達的要因に与える影響を検討したいならば、その他の要因の影響を極力抑えるようにしなければならない。当該要因以外の他の条件を可能な限り人為的に統制したうえでデータをとっていくことが必要である。これを実験的方法という。例えば、ある教授法の効果を検討したいならば、その教授法を適用したグループと適用しなかったグループに分けたり、興味の対象外の要因（参加者の偏り

コホート：cohort
一定の時期に出生したり、ある社会的経験（戦争や不況等）や人生における共通の経験（結婚や就職等）をしたりする集団をさす。

シャイエ（Schaie）の最も効率的なデザイン
横断法と縦断法を組み合わせた系列法とよばれる研究デザインのこと。同一年に生まれた年齢集団（出生コホート）を対象に、同一の時間間隔で追跡していくが、調査の実施ごとに新たなコホート（初回調査と出生年が同じサンプル集団、あるいは初回調査と同一種のデータが得られるようなサンプル集団）を追加しながら縦断データを積み重ねていく。

1) 近年では、双生児法（twin method）に基づく人間行動遺伝学には、共分散構造分析が用いられる。

観察法
自然にあるがままの状態を観察し、記録する方法。観察者が観察に関与せずに行う方法と

など）の影響を除いたり、条件を統制することが必要である。実験により得られたデータには統計的検定を行う。データが偶然の誤差から生じた結果なのではなく、一般化可能であることを示し、科学的に検討していくことが必要である。

発達研究ではこうした実験的方法に限らない他の方法も多く用いられる。例えば、人間の行動遺伝学において用いられる双生児法[1]は、行動の個体差に及ぼす遺伝子の影響を調べるのに、古典的かつ基本的な方法である。同一の遺伝情報をもつ一卵性双生児と、約50%の遺伝子を共有する二卵性双生児の類似度を比較することで、身体・心理・行動の発達における遺伝と環境の要因を推定する。ヒトでは、出生後の経験を実験的に統制するような遺伝的実験は倫理的に許されないためにとられる方法である。その他、非実験的方法として乳幼児であれば観察法が有効な手法となり、言語が発達していく児童期からは**質問紙法**や**面接法**も用いられるようになる。質問紙法は複数の質問項目に対し、選択肢の中から回答を選ばせる形式[2]が多く用いられ、実施も容易で一度に大量のデータを集められることから主に青年期に広く用いられる。

【3】個性記述的方法と法則定立的方法

オルポート（Allport, 1961）は心理学研究には、法則定立的な研究と、個性記述的な研究の2つがあるとした。前者は研究における客観性や普遍性を示すために、人間の心理についての様々な仮説を、実験・調査や統計的検定を用いて検証する方法である。しかし、こうした検証方法は普遍性を追求することはできても、そこで得られた結果は人工的に加工されてしまい、必ずしも人間の日常の振る舞いにあったものではない。こうした批判に対し、**事例研究法**に代表されるような個別性を尊重する個性記述的な方法が用いられる。事例研究といっても単に具体性を示すだけではなく、最終的にはそこから一般性や法則性を引き出し、発達のメカニズムを明らかにすることを目指すものである。

同じ発達現象であっても、そこで想定される理論や、それを検証する方法によって様々な発達の様相が描かれる。研究の当初は主観的なものである発達に関する仮説を、最も適した方法で検証していくには、各研究方法への理解は不可欠である。さらに、同じ発達現象に対して多様なアプローチで得られた知見を整合的に解釈するという、多角的な視点が必要となろう。

関与して行う方法の大きく2つに分けられる。

面接法
面接法とは、調査者と対象者が対面し、主に言語を介して相互作用をすることで、深く内面を理解していこうとする方法。研究仮説から質問すべき内容や順番、教示等が決められている程度が高いものより順に、構造化面接、半構造化面接、非構造化面接とよばれる。

2）評定尺度法とよばれ、リッカート法、SD法、順位法、多肢選択法などがある。心理学でよく用いられるリッカート法では、ある事柄に対する態度を示す質問項目へ回答者に5段階前後で評定してもらい、各項目への反応を合計して態度を測定する。

オルポート
Allport, Gordon W.: 1897-1967　アメリカの社会心理学者。パーソナリティの研究に尽力し、特性を個別特性と共通特性に分類した。偏見や流言の研究もよく知られる。

法則定立的:
nomothetic
個性記述的:
idiographic

事例研究法
一つ、もしくは少数例の事例を取り上げて詳細に検討していく。

📖中澤潤・大野木裕明・南博文（編著）（1997）．心理学マニュアル観察法　北大路書房
📖大村彰道（編著）（2000）．教育心理学研究の技法　福村出版

4 身体の発達と心への影響

松嵜くみ子

教育心理学の中で「発達」を捉える場合、感覚・知覚、認知、記憶、言語、運動、気質、パーソナリティ、人間関係、自己、遊び、社会性などに重点がおかれてきた。しかし、そのような発達には、身体の「大きさ」「機能」などの量的、質的変化が影響している。

また、近年、神経発達症をはじめとする発達上の特性から生じる困難への対応が求められている。このようなこどもたちと、その家族への適切な支援を提供するためにも、こどもたちの定型発達について、身体面を含めて理解を深めることが必要である。

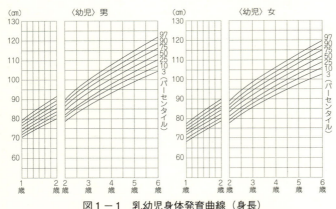

図1-1　乳幼児身体発育曲線（身長）
（「平成22年乳幼児身体発育調査報告書」：厚生労働省, 2011より）

【1】 発達曲線にみる平均的な身体の発達

ヒトは、受精した一つの細胞から、およそ40週間かけて、身長約50cm、体重約3kgに成長し、この世界に生まれてくる。その後、身長、体重は4～5歳で出生時のおよそ2倍に、そして、思春期に増加率が増し、大人としての体型に近づいていく。図1、図2は日本のこどもたちの身長、体重の月齢、年齢ごとの平均値をグラフにした発達曲線（厚生労働省, 2011；文部科学省, 2016）である。その変化の様子は、やせ、肥満、虐待、成長

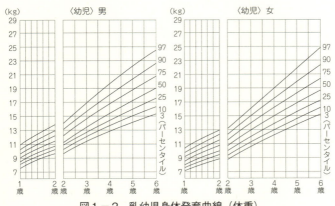

図1-2　乳幼児身体発育曲線（体重）
（「平成22年乳幼児身体発育調査報告書」：厚生労働省, 2011より）

ホルモン分泌不全、脳腫瘍などの早期発見に有用な指標となっている（国立保健医療科学院, 2012）。

また、身長の年間発育量（図3：文部科学省, 2016）は、女子は9〜11歳、男子は11〜13歳に最も増加量が大きくなる。この時期が思春期の開始にあたり、同時に性的な成熟である第二次性徴も現れる。

また、体型のバランスも年齢とともに変化する。胎児は頭部が身長の1/2を占めるが、成人に近づくにつれて比率が小さくなる（図4）。

【2】スキャモンの発達・発育曲線

目に見えて変化する身長・体重だけではなく、こどもの身体発達は目覚ましい。その変化の速度は、臓器・器官によって、また年齢によって異なる。スキャモンは、年齢の増加に伴う心身の発達的変化を、20歳でのレベルを100％として、一般型、生殖型、神経型、リンパ型の4つのパターンに分けてグラフ化した（図5：松尾, 1996）。

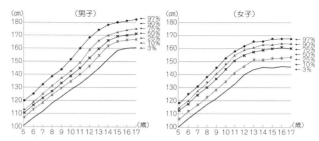

図2-1　身長発育パーセンタイル曲線
（平成27年度学校保健統計：文部科学省, 2016）

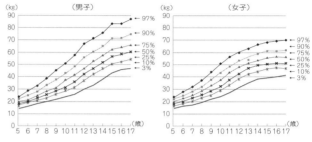

図2-2　体重発育パーセンタイル曲線
（平成27年度学校保健統計：文部科学省, 2016）

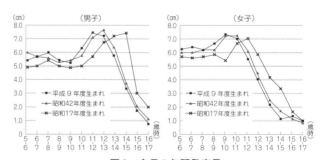

図3　身長の年間発育量
（平成27年度学校保健統計：文部科学省, 2016）

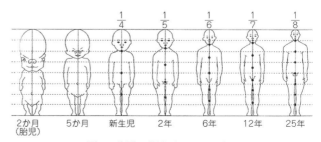

図4　体型の発達（Stratz, 1922）

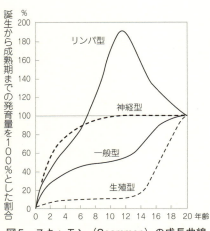

図5　スキャモン（Scammon）の成長曲線
（松尾，1996, p.10 より）

📎 神経細胞：neuron

【3】脳の変化

　脳の形は胎児期に最も大きく変化し、9か月の胎児のときに成人とほぼ同様の形になる。脳の重さは、生まれたときは約400g、約140億個の神経細胞からなる。神経細胞の数は大人になるまで変化することはなく、重さは生後6か月のときにおよそ2倍の800g、1歳でおよそ3倍の1200g、その後も少しずつ変化し、18歳から20歳くらいで完成する。脳の重さの増加は、主に、神経細胞が、樹状突起や軸策を伸ばして他の神経細胞とのネットワークを張り巡らすことによるもので、この神経細胞のネットワークの発達が、脳の発達を支え、人間の発達を支えている。

【4】運動能力の発達

　運動能力も、身体的発達、脳の発達に支えられている。さらに、精神機能とも相関して発達していく（表1）。

　また、運動機能は粗大運動と微細運動に分けることができ、平均的な姿としては表2のように発達していく。

【5】自己概念の芽生えから自己同一性（アイデンティティ）の確立へ

　「自分」についての認識にも身体や運動の発達が関わっている。乳児は、あるとき、視界に入ってくる握りこぶしが「自分であること」に気づき、繰り返し「視界に入れる」ことを試みる（ハンドリガード）。自他未分化な状態から「主体としての自己（自分の行動を調整している源としての自己）」と「客体としての自己（認識の対象としての自己）」が分かれていく。また、視界に入ってくる「養育者（母）」に気づき、自分とは別の「人（対象）」であることを認識していく。さらに、声を出せるようになり、移動が可能になると、外界に働きかけ、期待した結果を得ること（「声を出すと母が来てくれる」など）で「自己効力感」が芽生え、「自尊感情」につながっていく。言葉の獲得に伴って、自分の名前を用いるよ

表1　運動発達の順序（Shirley, 1933）

月齢	発達
1か月	頭をあげる
2か月	肩をあげる
3か月	つかもうとする
4か月	支えれば座る
5か月	膝の上で物をつかむ
6か月	椅子の上で動くものをつかむ
7か月	えんこ
8か月	支えられて立つ
9か月	つかまり立ち
10か月	はいはい
11か月	支えられて歩く
12か月	家具をひっぱって立つ
13か月	階段をのぼる
14か月	ひとり立ち
15か月	ひとり歩き

さらに2歳ころには走れるようになる。

うになり、「他の人」と区別された「○○ちゃん」が「ひとまとまり」として受け止められるようになる。やがて、周りからの「評価」もとりいれ、「自分は○○な人」といった「自己概念」「自己意識」を抱くようになる。社会からも同じように認められているという感覚も加わって「自分は○○である」という感覚が蓄積されていく。

しかし、思春期・青年期には、それまでに築かれた、主に両親や周りの人からの評価、期待、価値観に基づいた「自己」を再評価、再構築し、改めて「自己同一性（アイデンティティ）」を確立することが課題となる。

表2　幼児期の運動機能の発達

月齢	粗大運動	微細運動
18	ひとり歩き	殴り書き　積み木を2個積む
24	走る，階段を登る	積み木を4個積む
30	両足跳び，ボール投げ	真似をして丸を描く
36	片足立ち，三輪車こぎ	ボタンをはめる
42	幅跳び	十字を描く
48	片足跳び	はさみを使う
54		丸を描く，簡単な人物画を描く
60	スキップ	
66		
72		お手本を見て，四角を描く

日本版デンバー式発達スクリーニング検査用紙（上田・Frankenburg, 1983）；遠城寺式乳幼児分析的発達検査法（遠城寺・合屋, 1977）より作成

【6】思春期・青年期

思春期には、急激な身体的変化と内分泌の発達を中心とする生理的変化、「第二次性徴」が出現し、男女の体型、容貌に著しい性差が現れる。

このような、激しい身体・生理的変化を受け入れ、対処することは、この時期の大きな課題である。自分の身体、容姿、を意識し、同世代との比較、劣等感、葛藤、不満、悩みなども体験することになる。

【7】発達加速現象

世代が新しくなるにつれて、ヒトの様々な発達速度が促進される現象をさす。その代表的な現象は身体的発達が促進される成長加速現象（図3）と、初経、精通などの性的成熟の開始年齢が早期化する成熟前傾現象であり年間加速現象として捉えられている。また、同時代における集団差、文化差を捉える発達勾配現象も発達加速現象として捉えられている。

特に、年間加速現象は、より早い時期に、より短時間に、大きな変化を児童期後期と考えられる小学生高学年から体験する可能性を示しており、この時期の心身の混乱に配慮する必要がある。

奈良間美保（2015）．子どもの成長・発達　奈良間美保ほか（編）系統看護学講座 専門分野Ⅱ 小児看護学概論 小児臨床看護総論 小児看護学①（pp.30-51）医学書院
園田雅代（2012）．自己　高橋惠子ほか（編）発達科学入門〔2〕胎児期～児童期（pp.181-195）東京大学出版会
日野林俊彦（2013）．発達加速現象　日本発達心理学会（編）発達心理学事典（pp.426-427）丸善出版

5 言語と認知の発達

内田伸子

【1】言語と認知の連携協働の始まり

言語は物理的世界についての人の認識と生活世界を橋渡しするものである。ことばは記憶を留める「ピン」、記憶を呼び出す「釣り糸」、そして認識や感情に形を与える「彫刻刀」である。このように、言語と認知は深く結びつき連携協働している。では言語と認知はどのようにして発達し、連携協働するのであろうか。

こどもはまわりの大人との社会的やりとりに参加する中で生後5、6年という短期間でことばを習得する。幼児期中期には文を生産する文法規則が習得されると思考、認知、情動などの諸機能と関わり、人の行動を支配するものとなる。幼児期の終わりには**談話文法**（物語文法）が習得されると、こどもは世界について語り、自己を主張し、他人を説得する言語行動に従事するようになる。

人間の言語は複雑で恣意的である。にもかかわらず、世界中のこどもは生後5、6年という短期間のうちに、母語の流暢な話し手になってしまう。複雑な言語の体系をこのような短い期間で獲得してしまうことは驚異である。他の認知技能とは違った、言語獲得に固有な獲得過程なのかもしれない。母語話者になるための特別な訓練はいらない。通常の社会的なやりとりに参加できる環境さえ保証されていれば、どのこどもも一定の順序で、同じような一連の段階を経て言語を獲得していくのである。

文法規則の獲得に限っていえば合理的で一貫した規則を短期間に身につけ、しかもそれらの規則が使えるようになっていく順序はどのこどももだいたい同じである。教科書通りに教師が教えていく場合のように、理想的な順序で言語のモデルを提供する環境に住んでいるとしたら、こどもの**言語獲得**の順序に規則性があるのは環境が提供する言語刺激が一様でこどもの経験が一様であるからだと考えられる。しかし、世界中いたるところで理想的な順に言語刺激が与えられるとは思えない。経験によって獲得できるものには限度がある。そうだとすれば、言語獲得の規則性は、成熟の生物学的な過程が規則的に生ずるためであると推測されよう。**生成文法**論者のチョムスキー（Chomsky, 1972）は貧弱で劣悪な入力から文法獲得ができるためには、あるいはまた、表面的には異なる構造をもつ第二言語

▲チョムスキー
Chomsky, Noam: 1928-
アメリカの言語学者ノーム・チョムスキーは、人間がどのようにして言語の知識や能力を獲得するのかという問いに答える仮説として、「生成文法理論（generative grammar theory）」を提唱した。生成文法理論では、人がどんな母語でも短期間に母語文法を獲得できるのは、環境からの後天的学習に依拠しない「普遍文法（Universal Grammar；UG）」が生得的に備わっているためであると想定している。

の文法を獲得できるのは、人には「**普遍文法**」が生得的に備わっているためだ、という。その普遍文法の特徴として、大津（1989）は「**モジュール性**」をあげる。ある体系が等質的な内部構造をもったいくつかの下位構造（モジュール）に分割可能で、かつその下位構造間に相互作用が存在する性質があると述べている。文法規則の習得過程と認知の階層構造化は軌を一にして進んでいくのである。

言語を使うためには、語彙の目録とそれらに対応する概念や意味、さらに語彙を配列して概念相互の関係をつくりだす文法（統語規則）を獲得しなくてはならない。母親が母国語を流暢に話す場合でも、幼いこどもに文法を説明してやるとは考えられない。こども自身が社会的なやりとりに参加する中で接する複雑であいまいな自然言語から、その背後にある規則性（文法）を自発的に抽出して、文法規則についての仮説を生成し、規則にかなう文を創造して、言語行動を完成させていく。

初めの1年は**コミュニケーション**と発声は別々の経路で進んでいくが、2年目にはいるとこれらの流れは一つになっていく。こどもはコミュニケーションのために発声を協応させることができるようになる。3歳ごろまでに単語をつなげ文をつくる「文法規則」が習得されて言語表現に時間順序が現れる。この段階で言語は会話のための「**外言**」と認識の道具になる「**内言**」が枝分かれし、相互作用しはじめると言語と認知や思考活動の両方の役割が果たせるようになるのである。

3、4歳ごろこどもは遊びながら独語をつぶやく。この独語は頭の中だけで問題を解決できず口に出して考える不完全な内言である。これを「**自己中心語**」とよんでいるが、思考活動が心内化されると自己中心語は消失するのである。

5歳後半すぎからメタ認知やプラン能力や可逆的操作が働き始めると、こどもの行動は、未来への見通しをもって現在の行動を組織化・体制化されるようになる。これと軌を一にして「談話文法」が獲得される。就学前までに、人との会話は生活体験や発話文脈と結びついた幼児期の「一対一」の個人的会話から、文脈独立の「一対多」のコミュニケーションが成立するようになる（内田, 2008）。

【2】論証に向かない日本語談話の構造
[1] 日本語談話と英語談話の特徴

内田（1999a）は、米国スタンフォード大学心理学部附属幼稚園

普遍文法：Universal Grammar；UG
言語学者チョムスキーが想定した生得的な文法獲得装置の仮説である。チョムスキーは「正常な言語使用が可能になるためには、非常に抽象的な性質の精神操作が必要である。複雑な、錯綜した規則体系を話し手、聞き手は駆使できなくてはならない。さらに、言語の知識は劣悪な、制限されたデータを基盤に習得されること、いったん習得された言語の規則性のもつ普遍性は、知能や個人の経験における大幅な差異から独立していることが観察によってわかる」（チョムスキー, 1972）と述べている。

外言：external speech
内言：inner speech

自己中心語：private speech

談話文法：discourse grammar

と附属小学校の幼児・児童を対象にして、第二言語としての英語の習得過程に母語の談話構造がどのように影響するかを明らかにする研究を行った。日本語や韓国語の母語話者と英語・仏語・独語・イタリア語など印欧語を母語とする幼児や児童を対象にして物語産出の実験を行ったところ、日本語や韓国語を母語とするか、印欧語を母語とするかで産出された物語の展開構造が異なることが明らかになった。日本語・韓国語母語話者は「**時系列因果**」；**順向方略**であり、英語・仏語・独語など印欧語を母語とするこどもは「**結論先行の因果律**」；**逆順方略**で物語を展開させた。

🖉**時系列因果；順向方略**：forward reasoning；and-then reasoning

🖉**結論先行の因果律；逆順方略**：backward reasoning；why-because reasoning

例えば、メイヤーの字のない絵本『かえるくんどこにいるの？』（ほるぷ出版）の絵本をこどもに見せて語ってもらったところ、カエルが逃げ出すという「事件」が起こった場面（図1）を日本語・韓国語の母語話者は「男の子と犬が眠っています。<u>そして</u>、カエルはこっそり逃げ出しました。」と語り、印欧語の母語話者は「カエルが夜中に逃げ出しちゃった。<u>だって</u>、男の子と犬がぐっすり眠りこけていたため、カエルが逃げ出す物音に気づかなかった<u>から</u>です」と語るのである（図1；内田、1999a）。

日本語談話は、最後に大事な結論が述べられるため、何が問題になっていたかは最後まで読まないと主張を理解することができない。**英語談話**の特徴は、段落の最初にトピックセンテンスで「問題」を述べ、論拠や根拠を提示して最後に結論でしめくくる。英語談話は読み手に有無を言わさない「剛の論理」である。一方、日本語談話は、最後まで読む人に結論を考える暇を与え、読み手に判断を委ねる「柔の論理」だ。[1)]

📝1）どちらがいいかという価値の違いではない。世界の分toolStripMenuItem仕方、対人関係の準拠枠の違いによってもたらされる違いであり、どっちが上か、どっちが劣るかの「物差し」では測れない。

アメリカ人のコミュニケーションスタイルは「自己主張完結型」であるが、日本人のそれは「相手配慮関係調整型」である。人間観の違いや人間関係の違いが会話の順番取りや会話に参加するときの態度に影響を与えているのである（内田・坂元、2007）。

しかも、欧米では、幼稚園（キンダーガルテン）や小学校

日本語（韓国語）母語話者の語り	英語（独・仏）母語話者の語り
男の子と犬がベッドで眠っていた。<u>そして</u>カエルがこっそり逃げ出した。	カエルがこっそり逃げ出した。<u>どうしてかというと</u>、男の子と犬が眠りこけていて、音に気づかなかった<u>から</u>。

《時系列因果》
そして、それから
〇〇なった

《結論先行の因果律》
〇〇だった。
なぜなら、
どうしてかというと、
〇〇だったから。

2頁；発端
カエルが逃げ出す

図1 日本語母語話者 vs 英語母語話者の談話構造の違い
（内田、1999aより）

1年で、「**言語技術**」の授業を受けパラグラフ構成法や結論先行の因果律表現の仕方を修得する。これに続いて小中学校の教室談話では、結論先行の因果律表現が多用される。小中学校を通じて、論拠を述べて相手を説得したり、仮説をあげて論証過程を述べるための表現形式が強化されていく。[2)](注)

📎言語技術：language arts

［2］結論先行の因果律――「可逆的操作」の発達

論拠をあげて説得するためには「可逆的操作」を必要とする。人は周囲で起こる出来事を理解するとき三段論法推論のような論理的推論を使っているわけではなく、いつも原因と結果の関係を考えている。因果推論の手段として可逆的操作が使われるのである。

原因から結果を推測することは乳児期から可能である。しかし、結果から原因に遡るような可逆的操作を使う推論、すなわち因果推論ができるのは、幼児期の終わりごろになってからである。反抗や異議申し立ての場面でこどもは「だって〇〇だもん」という表現を使っているが、この表現を理由づけの表現として使えるようになるのは5歳後半をすぎてからである。しかし、最初は因果律表現を自発的に使えるわけではなく、「だって〜だもん」「なぜって〇〇だから」というような理由づけの言語形式を自覚化させることが不可欠である（図2、3：内田, 1985）。

このことから考えて、日本語談話の特徴である時系列談話に馴染んでいる日本のこどもたちは検証や証明、交渉の談話スタイルは苦

📖 2) 渡辺（2004）は歴史の授業を観察して教室談話の構造が日米で違うことを見出している。アメリカでは、事実を時系列で説明したあと、南北戦争で北軍が負けたとしたら、黒人への人種差別の意識はどうなったかというように問いかけて因果律談話によるディベートをする。日本では歴史的事実を時系列で丁寧に説明したあと、アチーブメントテストで知識の定着を調べる。このような教室談話の特徴の違いは、こどもが書く作文の談話構造にも反映するのである。

S：「うーん、ほんとうは芽からアサガオになるんだけど…」
E：「そうね、だけどこっち（②を指して）の絵からは作れない？」
S：「うーんと…、アサガオが、小さくなって、芽になった」
　　　　　　　　　　　　　　（T. I. 年中組 5歳5か月）
S：「こっちから？…」（①を指す）
E：「こっち（②を指す）からお話してみて」
S：「うーんと…、（②を見て）アサガオが咲きました。アサガオが咲いて　種ができたので、種をまいたら、また（①を見て）芽がでました。」（S. T. 年長組 5歳10か月）

図2　逆向条件⇒時系列因果に修正して語る
　　　（内田, 1985 より）

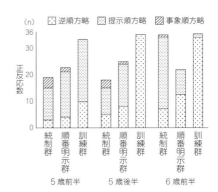

言語技術＜段落構成法、論拠や根拠をあげて説明（「だって〇〇だもん」）の教育は年長組から可能！⇒「論理科」

図3　可逆的操作の成立 ⇔「結論先行の因果律表現」（内田, 1985 より）

側注

認知革命：cognitive revolution
内田（2008）は認知発達の劇的な変化を認知革命とよんでいる。生後10か月の「第一次認知革命」では大脳辺縁系の海馬（hippocampus）と扁桃体（amygdala）のシナプスが形成され記憶機能が働き表象活動が開始される。幼児期の終わり5歳後半以降に、前頭連合野の作動記憶（working memory）が海馬や扁桃体とネットワーク化されると、プラン能力やメタ認知、可逆的操作（可逆的因果推論の手段）が連携協働するようになる。この時期に時間概念、素朴物理学、素朴生理学、素朴心理学などが成立し、談話文法も獲得されるため、こどもは意味世界へと歩みを進める。児童期中期（9、10歳ごろ）には、前頭連合野（前頭前野）のシナプスが形成され、「第三次認知革命」が起こる。抽象的記号操作やメタ言語意識が高まり、自我同一性や倫理意識や情緒が育まれる（図4）。

日常的エキスパート：routine expert
一通り手続きを理解していて、こういうときにはこうすれば良いということがわかり無難に課題を解決できるエキスパート；覚えた手順を正確に使って仕事をする場合。

適応的エキスパート：adaptive expert
単に手続きがわかるだけではなく、いろいろな場面に活用・応用で

本文

手である。前にも述べたように（p.30）、日本語は時系列因果律で、欧米では結論先行の因果律で論証を進める（内田、1999b）。

科学論文や説明文は因果律による論証が求められる。小学校低学年のこどもたちの書く作文は、既有知識や語彙知識が乏しいうえに、因果律の談話構成に慣れていないため、「そして」という順接の接続詞や接続助詞を用いて文を列挙していくことが多い。しかも、事実と意見をきちんと区別して書き分ける作文教育もなされていない（内田、1990）。

事実と意見を書き分け、結論先行で仮説を述べて検証するような作文教育がなされることが必要である。このような作文教育は、単に言語表現を整えるための教育ではなく、妥当な論拠や証拠をあげて検証する思考過程を先導する「認知的枠組み」として働く。結論先行型作文の教育は表現形式を習得させることではなく、論理的な考え方を育てる教育なのである。考える力を育てる新カリキュラムとして『メタ認知を活用した授業デザイン―「論理科」』が開発された（鶴田・河野、2014a、2014b；内田、2016、2017；内田他、2012）。

【3】言語と認知の「コンコース」──交叉と互恵

［１］論理科の原理

広島県や熊本県では、「論理科」の実践に取り組む小中学校が増えている（井上他、2008；内田他、2012）。論理科では結論先行型で理由づけ・論拠づけの表現形式の訓練を行い、日常授業でも妥当な論拠を述べて説明・説得する授業を実践する。特に、隣同士の対話、4〜6人グループの討論、教室全体の討論など、多様な対話学習の形態を組み込んで、自己内対話と他者との対話を繰り返しながら自分の考えをはっきりさせる。教室では「3点セット」〔①根拠 ⇔ ②理由づけ ⇔ ③主張〕を意識した言語活動に取り組むことになる（内田他、2012）。

［２］論理科実践校と非実践校の比較による効果測定

内田（2012、2016、2017）は論理科実践の効果測定を行った。論理科実践校（実験群）と非実践校（対照群）の3年生・5年生を対象にして4コマ漫画について作文を書いてもらい、談話構造の特徴を比較した。その結果、第1に、論理科実践校は〈対照群〉の論理科非実践校に比べて、妥当な論拠をあげての理由づけ表現が増加した。特に、5年生の理由づけの得点が高く、妥当な論拠をあげる理由づけ表現が非実践校に比べて有意に多かった。同じ原理の論理科

の授業を週2時間受けたとしても、5年生が3年生よりも効果が大きく、こどもの適性に応じて授業効果が異なる「適性処遇交互作用」（例：Cronbach, 1957）が検出された。こどもは9歳ごろに、「第三次認知革命」（図4）により、抽象的な思考段階（形式的な操作段階）に入る。この段階に、メタ言語意識が急速に高まる。メタ言語意識の高まり

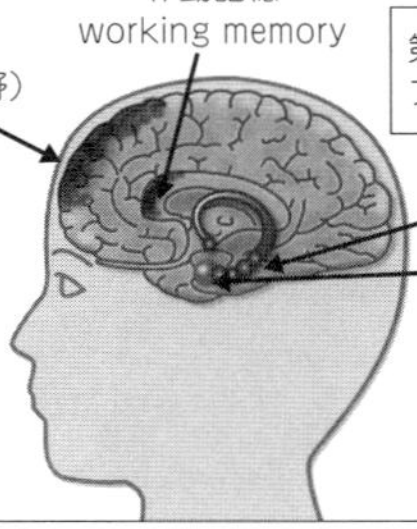

図4 「3つの認知革命」の神経学的基盤（内田, 2017より作成）

作動記憶 working memory
前頭連合野（前野）第二の誕生期
第二次認知革命【5歳後半】プラン・メタ認知・可逆的操作
海馬 hippocampus
扁桃体 amygdala
第一次認知革命【10か月】イメージの誕生 個性：「図鑑型」・「物語型」
第三次認知革命【9歳〜10歳】意志力・判断力・モラル・情緒・メタ言語意識の高まり 自我同一性・人間としての豊かさ

と軌を一にして（言語と認知の交叉と互恵の開始）、結論先行の因果律が「心的モデル」として昇華され、言語表現を産出する認知的枠組みとして機能するようになる。論拠をあげて問題状況を説明・説得する表現の生成が促進されるのであろう。第2に、論理科実践校では、非実践校の作文に比べて、結論を先に述べてから原因に遡って論拠づける構造の「結論先行型作文」が増加した。第3に、論理科実践校では、口頭作文や文字作文による表現力が向上した。こどもが主体的・積極的に論理科の授業に参加することによって、外言による表現（口頭表現）だけではなく、ジャンルに応じて適応的な作文が書けるようになった（内田, 2016）。

[3] 学力格差を是正する鍵

論理科の授業において、こどもは論理的に説明・説得するための手続きがわかるレベルに留まらず、どんな場面、どんな状況にも柔軟に対応できる「**適応的エキスパート**」にまで成長を遂げた。

ことばは理性や内省の手段である。「権威」のことばを黙って鵜呑みにして受け入れるという受身的な知の受容者の立場に甘んじていては何も新しいものは生み出せない。論理科では、偏差値主義教育でめざした「誰が一番か」を競う「序列」を大事にする「学び文化」から脱却し、こどもが自ら考え工夫し判断することが奨励され、どの子も主人公になれる、「多様性」が大事にされる「学び文化」への移行が迫られる。教師とこどもの関係を、「教え－教えられる関係」から「共に学び・考え・対話する関係」へと移行させることによって、序列重視の学びの文化の中ではわき役だったこどもでも輝くチャンスが与えられるのである。

きる「心的モデル」を創り上げていて、臨機応変にさまざまな状況や課題に対応できるエキスパート；自分の考えを口で説明したり、自分のしていることをはっきりと言語化でき、自分の能力の限界や欠点までも評価したり、状況に応じて手持ちの手続きを修正し、より適応的なものに変えることができる場合。(Hatano & Inagaki, 1986)

📖内田伸子（2017）．発達の心理：ことばの獲得と教育 サイエンス社（ことばと認識の起源をはじめ、ことばの獲得と教育のかかわりについて、発達心理学や脳科学の最新の知見を踏まえて解説した発達心理学への入門書。）

📖内田伸子・浜野隆（共編著）（2012）．世界の子育て格差：子どもの貧困は超えられるか 金子書房（日韓中越蒙の幼児と保護者・保育者を対象に短期縦断追跡研究に基づき格差が生じる構造を明らかにし、世代間連鎖を断ち切る方策を提言した啓蒙書。）

6 社会性と情緒の発達

大久保智生

人は他者との関係の中で社会性や情緒を発達させていく。出生後は親などの養育者との関係が発達に重要な役割を果たすが、次第に仲間との関係など様々な他者との関係が重要になってくる。ここでは、就学前期と児童期、青年期における社会性と情緒の発達について論じていく。

【1】就学前期と児童期

生まれてから最初にもつ人間関係は、多くの場合、母親など養育者との関係である。就学前のこどもにとって、養育者との関係が重要なのは、20世紀初頭からの**施設病**に関する研究からも明白である。当初の関心は発育不良や死亡率の高さ等の身体症状が中心であったが、その後、精神発達遅滞や習癖異常等の精神症状が中心となっていった。やがて、施設病の問題は、ボウルビィ（Bowlby, 1951）が提案した「母性愛の剥奪」などと訳される概念の中に包含されるようになっていき、養育者による施設児への愛情の必要性が広く浸透していった。さらに、ボウルビィ（Bowlby, 1969）は、母親など特定の養育者とこどもの間の情緒的な絆を**愛着**と名づけ、これがこどもの発達に重要な役割を果たすと主張した。愛着は、養育者以外にも関心を示す段階、養育者に関心が向くようになる段階、養育者の後追いをし、探索行動をする際に養育者を安全基地とする段階を経て、養育者の感情や意図を洞察できるようになる段階へと発達していくのである。

愛着理論に基づき、分離と再会場面を作り出し、行動パターンからこどもを3つの群に分類するストレンジ・シチュエーション法が考案された（Ainsworth et al., 1978）。A群（不安定－回避型）は再会時だけでなく、実験の間中、母親を避けるこどもであり、B群（安定型）は再会時に接触を求め、快感情を示すこどもであり、C群（不安定－アンビバレント型）は、再会時に接触を求めるが、怒りを表すなど快感情を示せないこどもである。こうした愛着のパターンはその後の発達にも影響すると考えられている。

心理学では、愛着理論のように、乳児期からの主要な養育者との関係が人間の社会性や情緒の発達に強く影響すると考えることが多

施設病：hospitalism
母親と離れて施設で暮らすこどもの病気についてフォン・ファントラー（Pfaundler, M. von）が名づけ、愛情豊かな養護の必要性を説いた（金子, 1994）。

ボウルビィ
Bowlby, John: 1907-1999 イギリスの心理学者、精神分析学者。愛着理論などを提唱した。

母性愛の剥奪：maternal deprivation

愛着：attachment

ストレンジ・シチュエーション法
ストレンジ・シチュエーション法は以下のような分離と再会場面を作り出し、こどもと主要な養育者の関係における個人差を測定する。
①実験者が母子をプレイルーム（実験室）へ案内し、母親にこどもをおろす位置を指示して退室する。
②母親は椅子にすわり、こどもに働きかけない。

いが、発達は人生の初期に規定されるようなやり直しのきかないものではないとも考えられる。主要な養育者との関係は重要であるが、適切な環境があれば発達の機能は自己修復する傾向もあることが指摘されている。

　こどもが成長してくると、親子関係だけでなく、仲間関係も重要になる。仲間関係については、親子関係のような縦の関係とは異なり、横の関係といえる。就学前のこどもは仲間関係、特に遊びの中で大きく成長していく。こどもの遊びは「何もしない行動」「一人遊び」「傍観者行動」「平行遊び」「連合遊び」「協同遊び」の6つに分類され、順を追って遊びが発達していくと論じられている（Parten, 1932）。つまり、年齢とともに一人で遊ぶことから仲間と協力して集団として遊ぶようになっていくのである。こうした仲間との遊びの中では、けんかやいざこざなどの葛藤も生じうる。こどもはけんかやいざこざなどの葛藤を調整していく中で、仲間関係の中で適切に行動する社会性などを発達させていくのである。

　児童期中期になると、4〜8名の同性のメンバーで閉鎖的で凝集性の強い仲間集団をつくるようになる。このような集団はギャング集団とよばれ、この時期はギャング・エイジとよばれる。ギャング集団では、同一の行動をとることを前提とし、仲間集団のルールに従うことで集団の結束力を高めるが、他の集団に対しては排他的になるという特徴がある。こうした仲間集団での「ルールを守る」「自分の感情を抑える」などの経験は、こどもの発達に重要な役割を果たすのである。

【2】青年期

　青年期でも特に思春期は、大人でもなく、こどもでもない時期である。この時期の特徴としては、こども扱いされることも嫌うが、大人扱いされるのも受け入れられないというようなことが挙げられる。また、この時期は社会性や情緒の面でも不安定な時期である。ただし、こうした不安定さを経験することもその後の発達において重要になってくるのである。

　青年期は特に、同調圧力、つまり仲間の影響を受けやすい時期である。仲間から自分がどう見られているかが気になるために仲間への同調行動も増え、仲間に認められるために、やってはいけないことはわかっていても問題行動をしたりするのである。青年期において大人の価値観に反抗することは、仲間からの受容につながる場合

③ストレンジャーが入室し、その後、母親が退室する。
④1回目の母子分離。ストレンジャーはこどもの反応にあわせた働きかけをする。
⑤1回目の母子再会。母親が入室し、ストレンジャーは退室する。
⑥2回目の母子分離。
⑦ストレンジャーが入室し、こどもの反応にあわせた働きかけをする。
⑧2回目の母子再会。母親が入室し、ストレンジャーは退室する。

もある。青年の問題行動の多くは、罪悪感や規範意識が欠如して起きているのではなく、悪いことはわかっているが仲間の規範などのほうが重要であるために起きているといえる。つまり、青年は実は大人の価値観がわかっているのであり、それゆえ問題行動を正当化するのである。問題行動の正当化の仕方については**中和化の技術**という概念が提示されている（Sykes & Matza, 1957）。中和化の技術では、①責任の否定、②加害の否定、③被害者の否定、④非難者への非難、⑤高度の忠誠への訴えの5つの正当化があげられている。この見方によれば、青年は罪悪感や規範意識を仲間のためなどと中和化することで、問題行動を正当化し、問題行動を起こすのである。

また、青年期は**環境移行**における影響も受けやすい時期である。環境が変わることは大きなストレスを伴うが、新たな環境への期待も生じるものであり、そこで新たな人間関係などを築いて適応していくことは青年の社会性や情緒の発達に大きな影響を与えるといえる。新しい環境に適応するために求められる社会性が、これまでに育まれた社会性と一致しない場合には、新たな環境に合わせ、修正していくことが必要になる。例えば、中学校や高校で求められる社会性と大学で求められる社会性は異なるが、多くの青年は新たな環境に適応していき、そこで新たな社会性を育んでいくのである。このように環境の変化は、社会性や情緒の発達の契機になるとも考えられるのである。

環境移行時には当然のことながら、これまでの環境と新しい環境との間にギャップが生じるため、問題行動が生じやすくなるといわれている。例えば、中学校1年生で問題行動が増加すると考えられ、現在、ギャップを埋めるために小中一貫教育が推進されている。ただし、中1ギャップでいわれているように中学校に入学して問題行動が増えているとは一概にはいえないため、現在では、『「中1ギャップ」の真実』という生徒指導リーフも発行され、根拠のない議論とされている（生徒指導・進路指導研究センター, 2014）。さらに、これまでの研究から、小学校と中学校のギャップをなくした小中一貫校の適応が特に良いわけではないこと（都筑, 2016）が明らかになっていることからも、単純にギャップをなくせば、適応が良くなるというわけではないのである。

環境移行におけるギャップは悪影響を与えるばかりではない。ギャップには区切りとしての意味もある。最上級生という扱いはその責任感をこどもに自覚させるし、新たな環境で一から人間関係

📌**中和化の技術**
①責任の否定とは、自らの責任を回避・否定する正当化であり、②加害の否定とは、危害・加害を否定する正当化であり、③被害者の否定とは、被害者を否定する正当化であり、④非難者への非難とは、大人などの第三者である非難者を非難する正当化であり、⑤高度の忠誠への訴えとは、仲間に対する忠誠心による正当化である。

📌**環境移行**
環境移行の問題は、こどもにとって様々な転機となる。小学校への移行や中学校への移行、高等学校への移行の際の適応の問題は、「小1プロブレム」や「中1ギャップ」、「高1クライシス」などとよばれる。

を作っていくことはこれまでとは異なる自分に変化する契機でもある。新たな環境に移行する際の不安や戸惑い、自覚が発達の契機になることからも、環境移行時には不安や戸惑いを感じさせないようにするのではなく、どう対応していくかが重要となる（都筑, 2011）。

【3】 実体論と関係論からみる社会性や情緒の発達

ここまで見てきたこどもの社会性や情緒の発達は、実体論と関係論という観点から捉えることが可能である。実体論では、こどもの社会性や情緒をそのこどもに備わっている特性や能力と考えるが、関係論では、特性や能力は状況や環境の中で、実践活動をとおして可視化されると考えるのである（伊藤, 2013）。従来では、実体論の観点から、こどもの**社会的スキル**や情動特性の個人差に焦点を当てる研究が多く、こうしたものをどのように育むかに焦点が当てられることが多かったといえる。

しかし、関係論のように、こどもの社会性を固定化された個人差として扱うのではなく、能力や特性が様々な人やもの、目的の中で人が行う実践活動をとおして可視化されると捉える研究も、近年行われるようになってきている（伊藤, 2013）。例えば、刑部（1998）は、気になるこどもの観察から、気になるこどもの変容はこどもの認知能力や社会的スキルの変化ではなく、**共同体の変容**によるものであることを示している。また、大久保（2010）は、関係論の視点から、適応するのに望ましい個人の能力や特性が前提としてあるのではなく、社会環境との関係の中で望ましい個人の能力や特性という価値が付与されることを指摘している。

このようにこどもの社会性や情緒の発達は、誰がどのような関係の中で捉えるのかといった問題とも関連しており、単純に個人差としての社会的スキルや情動特性が高まれば良いというものではない。したがって、こどもの日々の営みを考慮し、関係論的視点から、社会性や情緒の発達について捉えなおすことも必要である。

その一方で、実体論の立場から個人差として捉えることも制度改革が叫ばれる現在では重要である。教師や保護者など大人目線での主観や思い込みで新たな制度が設計されていく現代では、こどもの社会性を個人差として測定し、こども目線の数値に基づいて、新たな制度が実際に効果があるのかどうかを検討していくことも必要である。

📖 青柳肇・野田満（編）(2007). ヒューマン・ディベロップメント　ナカニシヤ出版
📖 都筑学（編）(2008). やさしい発達心理学：乳児から青年までの発達プロセス　ナカニシヤ出版

7 道徳性の発達

二宮克美

【1】道徳性

　道徳性の本質は、究極的には行為の質である。それが認知に裏づけられていようが、感情に動機づけられていようが、行為の質が問われるのである（二宮, 2016）。

　ピアジェ（Piaget, 1932）の研究以前は、道徳性の発達とは社会規範に同調させ、社会的権威の受容を目標とする考え方が主流であった。ピアジェはそうした考えを批判し、道徳性の発達を、他律的で大人からの拘束による道徳観から自律的で仲間との協同による道徳観への変化、一方的尊敬から相互的尊敬への変化として捉えた。大人の価値観を一方的に押しつけるだけでは他律的な道徳性しか育たない。こどもが仲間や社会に働きかけることによって、何が善であり何が悪なのかを、自らが考え、判断し、実行するという自律的な道徳性が大切なのである。

【2】社会的領域理論

　チュリエル（Turiel, 1983）の社会的領域理論によれば、社会的知識は、道徳・慣習・個人の3つの領域に分かれている。最近では、個人領域は自己管理を含め、心理領域とよんでいる（表1）。

　道徳領域は、公平・平等・正義・権利・他者の福祉などに関連す

👤**チュリエル**
Turiel, Elliot: 1938- アメリカの発達心理学者。社会的知識は、道徳・慣習・個人の3領域からなるとする社会的領域理論を提唱した。

表1　社会的領域の定義と基準（首藤・二宮, 2003）

	領　　域		
	道　徳	慣　習	心理（個人／自己管理）
知識の基盤	正義（公正）や福祉や権利といった価値概念	社会システム（社会の成り立ち、機能など）に関する概念	個人の自由や意志に関する概念および自己概念
社会的文脈	行為に内在する情報（行為が他者の身体、福祉、権利に与える直接的な影響）	社会的関係を調整するための、恣意的ながらも意見の一致による行動上の取り決め	行為が行為者自身に与える影響
基準	規則の有無とは無関係 権威とは独立 一般性あり 自由裁量なし	規則の有無に随伴 権威に依存 一般性なし 自由裁量なし	規則の有無とは無関係 権威とは独立 一般性なし 自由裁量あり
典型的な場面例	盗み、殺人、詐欺、緊急場面での援助、いじめなど	挨拶、呼称、生活習慣、宗教儀式、テーブルマナー、校則など	趣味、遊びの選択、友だちの選択など

表2 道徳性の発達段階 (Kohlberg, 1969)

水　準	段　階
Ⅰ. 前慣習的(preconventional)水準	1. 服従と罰への志向 2. 道具的功利的相対的志向
Ⅱ. 慣習的(conventional)水準	3. 対人的一致、良い子への志向 4. 社会システム・社会の秩序維持への志向
Ⅲ. 後慣習的(postconventional) あるいは原理的(principled)水準	5. 社会契約の遵法の志向 6. 普遍的な倫理的原理への志向

る社会的な出来事についての個人の評価や解釈によって明らかにされる。**コールバーグ**（Kohlberg, 1969）は、**正義**の枠組みは発達とともに質的に変化するとし、3水準6段階の発達段階説を提唱した（表2）。一方ギリガン（Gilligan, 1982）は、女性は人間関係・気くばり・共感などを主要原理とする「**配慮と責任性の道徳性**」を発達させるとし、コールバーグの男性による「正義の道徳性」とは異なる発達段階を提起した（表3）。

表3 「配慮と責任性の道徳性」の発達段階 (Gilligan, 1982)

レベル	段　階
レベルⅠ	個人的生存への志向
移行期Ⅰ	利己主義から責任性へ
レベルⅡ	自己犠牲としての善良さ
移行期Ⅱ	善良さから真実へ
レベルⅢ	非暴力の道徳性

慣習領域とは、慣習・集団の働き・社会制度・集団規範・伝統・文化的儀式などについての関心である。**社会的慣習**とは「ある社会の人々が慣習について共有している知識であり、その社会の中で個々人が社会的相互作用をうまく営むことができるような行動の統一的様式」である。挨拶の仕方や行儀作法、エチケットは、その場面でお互いが何を期待しているかを知る機会を提供し、それによって社会的相互作用が円滑に営まれることを可能にしている。

心理領域とは、個人的目標・自律・アイデンティティ・個人的特権に対する判断であり、趣味や遊びの選択、歯磨きや手洗いなど個人的な自己管理なども含まれる。

首藤・二宮（2003）は、日本でもこの社会的領域理論の妥当性を検証し、こどもの道徳的自律の発達を明らかにしている。

【3】道徳的直観モデル

ハイト（Haidt, 2001）は、道徳性の中心は理性ではなく情動であり、道徳的直観が重要であると述べた。誘発状況⇒直観⇒判断⇒推論というモデルを提案し、直観が先で戦略的推論はその後という考えを示した。ハイト（Haidt, 2012）は、道徳的基盤に関して、6つのモジュールがあると論じている。仲間や大人との相互作用をとおして、子どもたちの道徳的基盤はその文化に特有な価値に調整されるのである（Haidt & Bjorklund, 2008）。

▶コールバーグ
Kohlberg, Lawrence: 1927-1987 アメリカの発達心理学者。男性における道徳性の発達について、3水準6段階からなる発達段階説を提唱した。

▶正義：justice

▶社会的慣習：social convention

▶道徳的直観：moral intuition

▶6つのモジュールとは、
①配慮／危害（care/harm）、
②公正さ／だまし（fairness/cheating）、
③自由／抑圧（liberty/oppression）、
④忠誠／裏切（loyalty/betrayal）、
⑤権威／打倒（authority/subversion）、
⑥神聖／堕落（sanctity/degradation）
である。

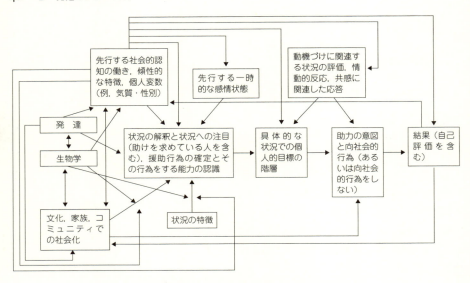

図1　向社会的行動の発見的モデル（Eisenberg et al., 2015）

【4】向社会性の発達

　私たちが他者と関わりあう行動の中で、相手にとってプラスになる行動全般が向社会的行動である。アイゼンバーグ（Eisenberg, 1986）によれば、こうした**向社会的行動**には次の4つの特徴がある。①他人あるいは他の人々についての援助行動であること、②外的な報酬を期待しないこと、③何らかの損失がともなうこと、④自発的になされること。アイゼンバーグほか（Eisenberg et al., 2015）は、向社会的行動が生ずるまでのモデルを提起している（図1）。このモデルは、大きく3つのステップからなっている。最初のステップは「他者の要求への注目」である。社会化経験と認知機能が行為者の個人的な変数を介して、他者の要求に関する状況を解釈し、他者の要求に気づく過程である。第2のステップは「動機づけと助力の意図」である。他者の要求に気づいてから、助けるかどうかを決意するまでの過程である。最後のステップは「意図と行動のリンク」である。助けるかどうかの意思決定が行為に移される過程、および行為の結果がフィードバックされる過程を含んでいる。図中の個人的目標の階層に関わる向社会性の判断は、自分の快楽に結びつく考え方から、相手の立場に立った共感的な理由を経て、強く内面化された価値にもとづく判断へと6つのレベルを経て発達していく。

　利他性については、バトソン（Batson, 2011）による実験社会心

👤アイゼンバーグ
Eisenberg, Nancy: 1950-
アメリカの発達心理学者。向社会的行動の発達について、発見的モデルを提唱した。また、向社会的行動の道徳的理由づけについて、5つのレベルを提案した。

🔑向社会的行動：
prosocial behavior

🔑利他性：altruism

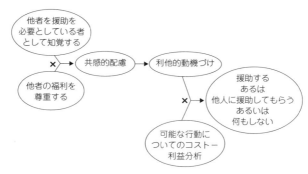

図2 共感によって誘発された利他的動機づけ理論の全体図 (Batson, 2011)

表4 罪悪感の発達 (Hoffman, 2000)

段階1：他者の痛みの原因が自分によるものであるという認識はないが、自己の行為と他者の苦しみが時空的に接近しているために、初歩的な罪悪感が生じる。
段階2：自分とは異なった身体的存在である他者の痛みの原因が自分にあるという認識により、共感的苦痛反応が罪悪感を引き起こす。
段階3：自分とは異なる内的状態をもつ他者の痛みの原因が自分にあるという認識により、罪悪感が生じる。
段階4：状況を超え、アイデンティティをもった他者の痛みの原因が自分によるものであるという認識により、罪悪感が生じる。
段階5：他者が置かれている状態よりも自己が恵まれた状態にあると自覚したときに罪悪感が生じる。

学からの研究によって、共感的配慮が利他的動機づけとなり援助行動を生起させるという「共感−利他性仮説」が検証されている（図2）。

【5】罪悪感などの発達

罪悪感については、①無為についての傍観者、②違背、③関係、④責任、⑤発達的、⑥生存、⑦相対的に有利な立場、⑧道徳的違反といった様々な定義がなされている（Hoffman, 2000）。共感にもとづく罪悪感は、他人に身体的損傷を与えたり、痛みを引き起こしたりしたことへの罪悪感から、他人の感情を傷つけたことについての罪悪感へと発達する。さらには、その場の状況を超えて他人に危害を与えたことについての罪悪感へと発達していくという5段階を提起した（表4）。こうした罪悪感が、向社会的行動の動機として働くと述べている。

なお、品格教育という枠組みで、道徳性や向社会性の教育に関する研究への取り組みがなされている（青木, 2011；Lickona, 1992；Narvaez, 2006）。

品格教育：character education

バトソン, C. D. 菊池章夫・二宮克美（訳）（2012）. 利他性の人間学：実験社会心理学からの回答 新曜社

ホフマン, M. L. 菊池章夫・二宮克美（訳）（2001）. 共感と道徳性の発達心理学：思いやりと正義とのかかわり 川島書店

3 学習のメカニズム

1 学習とは何か

藤澤伸介

🖉学習：learning
習得：acquisition

📝1)「勉強」という語は嫌なことを我慢して行うことで、日常ではしばしば「学習」と同義で使われる。しかしながら、義務感から知識や問題解法を記憶しても、深い理解に至らずすぐに忘れてしまうので、どちらの学習観に依拠しても「勉強＝学習」とはならないのである。

📝2) 行動主義時代は心をブラックボックスと考え、直接観察可能な行動のみを分析するのが科学的だと考えた。その後心の働きも観察できる手法が色々と開発され、主流が認知心理学に移った。下のベクトル図のように学習は行動の変化と認知の変化を伴うので、どちらかの考え方を無視すべきではない。

📝3) スキーマ（枠組み）について、詳しくは習得編3-③「知識としての記憶」を参照。

📝4) 探究とは、本来は、自分の問題意識に基づき、真実を知るための探索活動を指し、自分で一次情報を生産する研究（research）と、誰かが生産した二次以降の情報調査

【1】学習の定義

心理学で「学習」という語が使われるとき、そこには大きく異なった2つの見解がある。一つは**行動主義的学習観**、もう一つは**認知主義的学習観**である。[1]

行動主義の考え方では、①経験によって、②行動が変化し、③それが永続する、という条件が満たされたときに「学習」が成立する。①の条件は、遺伝の影響を受ける「成熟」と区別して、行動の獲得に注目しているためで、③の条件は、一時的変化を含まないためである。この考え方は行動の変化が学習の目標になるので、「できるようになる」ことが教育場面でも重視される。

認知主義的考え方では、人が自ら環境に働きかけ、心の中に表象を構成していく過程を「学習」とよぶ。この考え方によって、理解のプロセスとメカニズムがわかるようになり、浅い理解によって得られた知識は剥落しやすいが、深い理解に支えられた知識は問題解決に役立つことがわかってきて、教育場面では「**深い理解**」が重視されるようになってきた。

行動主義全盛時代は1960年代までで、1970年代以降は人間を情報処理系と見る認知心理学が主流になっており、本書にも認知心理学の成果がたくさん紹介されているが、教育活動の中で「学習者の行動を変化させる」ということが主要な営みに含まれることは確かなので、どちらの学習観も理解しておく必要がある。[2]

【2】学習の構造

学習の中心的活動は「**習得**」である。習得とは、意味理解を伴う知識を**スキーマ**[3]と共に記憶することと、ある技能に習熟することである。歴史年表を暗記しても、時代変化の様子がつかめないことからわかるように、断片的知識を機械的に暗記しても習得にはならない。したがって、問題解決のために必要な知識の習得を始めると、スキーマを構築するために、さらに新しい知識が必要になってくる。その新しい知識を獲得するための活動を「**探究**」という。探究は、参考資料を調べたり、観察、実験、調査などでも可能である。[4]

習得や探究によって、ある分野の知識システムが記憶内に構築さ

れ、問題解決が円滑にできるようになる過程を、熟達化という。

【3】学業としての学習

人間社会は、成員のこどもに学習機会を与えるために学校という仕組みを作っている。そこでの学習を学業という。人生に必要な知識を習得させる目的もあるが、習得体験をさせることで将来必要分野を自力習得できるようにする目的もある。[5]

ある単元を習得するために学習者がすべき活動は、**深化学習**と、**発展学習**と、**定着作業**である。深化学習は、概念の意味理解、概念構造の把握、既有知識との関連づけを行うことで、発展学習は、さらに詳しい知識の探究や、日常生活との関連づけを行うことである。用語を記憶したり技能を反復練習したりするのは定着作業という。

【4】学習成果のカテゴリー

ガニェ（Gagné, 1970）によれば、学習の成果には5つのカテゴリーがあるという。

[1] **言語的情報** 新しい分野で学習する**概念**のこと。概念には、用語（名称）としての概念（命名の知識）と、定理や法則としての概念（事実の知識）がある。日本の場合、これまでの理科社会の定期試験では、言語的情報の習得を確認する出題が重視されていた。

[2] **知的技能** 因数分解をする（数学）、単語を配列して文を作る（英語）、文節の修飾関係を見極める（国語）、化学式から反応を予測する（理科）、地形図を読み取る（社会）など領域固有の技能もあれば、概念形成、帰納と演繹、階層性の認識などの一般的技能もある。

[3] **運動技能** 文字を書く（国語）、発音する（英語）、楽器を演奏する（音楽）、円をかく（数学）、裁縫する（家庭）など筋肉の活動を伴う技能すべてで、体育に限定しているわけではない。

[4] **認知的方略** 認知的過程[6]を促進する方略のこと。メタ認知の働きに支えられている。忘れない工夫、ミス防止法、適切な質問法など多岐にわたり、学習法に特化した「学習方略」を含む。[7]

[5] **態度** いくつかの行動選択肢があったときに、どれを選びやすいかという傾向を態度という。異質な考え方や人々を受け入れるのか、身体的運動を好むか、新しい学習をしたがるか、市民としての義務を快諾するか、などがその例である。言葉による態度教育は不可能で、教師が範を示したり、成功体験をさせたりするのが効果的であるということがわかっている。

（inquiry）を両方含むが、学校段階では、発展学習、または課題学習としての調べ学習とほぼ同義で使われる。

📝5）定期試験の出題箇所の定着作業だけを行って、学業をこなすやり方を「ごまかし勉強」という。その試験が高得点になり、習得不十分の点が見逃されるためである。詳しくはトピック3-2「ごまかし勉強」参照。

🖉**言語的情報**：verbal information
「言語情報」「言語的知識」という訳語もある。

🖉**概念**：concept
ものを考えるときの単位を概念という。

🖉**知的技能**：intellectual skills
辞書活用、計画立案、図解分析なども知的技能が必要。

🖉**運動技能**：motor skills

🖉**認知的方略**：cognitive strategies

📝6）認知的過程とは、知覚・記憶・思考・問題解決などの情報処理過程のことである。

📝7）記憶方略：習得編3-[5]「習得のための学習法」、学習方略：トピック3-4「学習習慣」、トピック3-10「学習方略の活用」参照。

🖉**態度**：attitudes
日常語文「あの生徒は態度が悪い」の態度は、心理学では行動（behavior）という。

📖今井むつみ（2016）．学びとは何か：〈探究人〉になるために 岩波書店（岩波新書）

2 記憶のメカニズム

井上 毅

記憶とは、直感的には「何かを覚えること」と考える人が多いと思われるが、この記憶するという働きは、実は3つの操作から成り立つ過程である。まず第1の操作は「覚える」ことであり、**記銘**とよばれる。第2の操作は、「覚え続ける」ことであり、**保持**とよばれる。第3の操作は、「思い出す」ことであり、**想起**とよばれる。情報を記憶し活用するためには、この3つの操作がすべてうまく働くことが必要なのである。

人間の**記憶過程**は、認知心理学では、情報処理の考え方にもとづいて説明されている。自分の経験した事象は、外界からの情報の入力とみなされる。そして、生体内に入力された情報は、記銘の段階として、覚えるための適切な情報の形式に変換されて保存される。この過程は、情報処理の用語で符号化とよばれている。次に、保持の段階として、その情報が適切な場所に保存され続ける過程は、貯蔵とよばれている。さらに、想起の段階として、保存されている情報の中から必要な情報が必要なときに見つけて取り出される過程が、検索とよばれている（図1）。

【1】記憶の情報処理モデル

現在の認知心理学においては、人間は一種の情報処理モデルと考えられており、記憶の過程もその観点からモデル化して説明されている。それによると、記憶システムは、**感覚記憶**、**短期記憶**、**長期記憶**の3つの記憶システムから形成されている（Atkinson & Shiffrin, 1971：図2）。

外界から人間が受け取る情報は、感覚器官（目、耳、鼻、舌、皮膚）を通して生体内に取り入れられ、まずは感覚記憶に保持されると考えられている。感覚記憶は、感覚器官ごとに存在し、入力された情報をそのままの形で（加工することなく）ごく短い時間保持するところである。保持時間は、視覚の感覚記憶では1秒以内、聴覚の感覚記憶では数秒以内とされている。感覚記憶に入った情報のほとんどはそのまま消失するが、必要とされる情報は、**パターン認知**を経て短期記憶へと転送される。

図1 記憶の過程（井上, 1997）

パターン認知は、外界から入ってきたパターンの情報に対して、記憶の中にすでに貯蔵している情報と照合することによって、意味づけを行う過程である。例えば、本に印刷された活字をみて、それがどういう文字かを認識する過程なのである。パターン認知がうまく完了した情報に対しては、それ以降は意味的処理が可能となる。

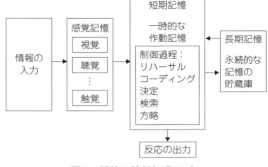

図2　記憶の情報処理モデル
（Atkinson & Shiffrin, 1971 を一部改変）

パターン認知のあと、情報は短期記憶に入る。短期記憶は、いま現在意識している内容が保持されているところである。ここに情報が保持される時間は、何も特別な操作をしなければ、30秒程度といわれている。ここに保持された情報の多くは、ここから消失していくが、どうしても覚えておかないといけない情報は、長期記憶へと移されることになる。

長期記憶は、長い期間にわたって覚えておくべき情報が保持されるところである。ここに保持されている情報は、ふだんは意識されないが、思い出さなければならないときは、そこから探して取り出してきて、短期記憶に戻すことにより、再び意識されることになる。

以上が記憶の情報処理モデルの概要であるが、次に、短期記憶、長期記憶の順に、詳しく解説する。

【2】短期記憶・作動記憶

パターン認知を経て、意識されるようになった情報が保持されているところが短期記憶である。短期記憶では、特に何もしなければ、情報は30秒程度の間保持され、その後消失する。しかしながら、「繰り返す」という操作（**リハーサル**とよばれる）をすれば、その操作を続けている間は情報が保持され続ける。このリハーサルは、声を出して繰り返しても、声を出さずに心の中だけで繰り返しても、有効である。ただし、リハーサルを行うのを止めたら、その後30秒程度で情報は消失する。この短期記憶に情報を保持し続けるための、情報を復唱するだけのリハーサルは、とくに**維持リハーサル**とよばれる。

短期記憶に保持できる情報の量には限界があり、7±2項目といわれている（Miller, 1956）。ただし、この7という限界は、単に7個

というのではなく、情報の意味のあるまとまりが7つということである。この意味のあるまとまりのことは、**チャンク**とよばれる。

短期記憶は、情報を短時間保持する貯蔵庫という特性に焦点を当てて概念化されたものである。これに対して、認知心理学の最近の考え方によれば、情報の保持だけではなく、情報の処理の側面にも注目して、作動記憶という概念を用いることが多くなってきている。私たちが計算や思考を行うときには、情報を一時的に保持しながら、情報の加工を行っている。この情報加工のための作業の場、情報処理のための作業台という側面が、短期記憶のもつもう一つの特性であり、保持と処理という2つの特性を合わせもつシステムとして、作動記憶とよばれている。

*作動記憶：working memory

図3は、作動記憶のモデルを示しており (Baddeley, 2000)。音韻ループ、視空間スケッチパッド、エピソード・バッファー、中央実行系という4つのサブシステムから構成されている。音韻ループは、言語的情報を音韻的リハーサルによって一時的に保持するところである。視空間スケッチパッドは、視覚的情報、空間的情報を一時的に保持するところで、視覚イメージもここに保持される。エピソード・バッファーは、長期記憶から検索されてくる情報との相互作用を担うところである。そして、中央実行系は、作動記憶システム全体の制御を行っている。

私たちが、話を聞いたり本を読んだりするときには、新しく受け取った情報を単に保持するだけではなく、それを理解しようとしたり考えたりしている。すなわち、保持と処理を同時に行っているのであるが、そのような場合に保持できる情報量は、7項目よりも少なくなる。そのような保持量を測定するものとして、リーディングスパンテストというものが考案されており、文章を理解しながら保持できる単語の平均の数は、7歳児で2.0、10歳児で2.82、成人学生で3.45と報告されている（苧阪, 2002）。このことは、教育の場で授業がなされるときに、教師が心得ておかねばならない、重要な示唆を含んでいる。

授業で、先生の話を聞いて、理解しながら覚えておけるのは、小学校低学年では2項目程度、高学年でも3項目以下であるから、藤田 (2007a) も指摘しているように、一度に新しい情報をたく

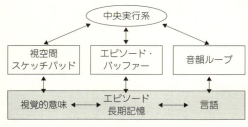

図3　Baddeley (2000) の作動記憶のモデル
(苧阪, 2011)

さん提示しても、一時的な保持さえできないということを、教師は知っておく必要がある。また、作業をさせながら同時に説明をするということも避けた方がよいだろう。例えば、板書を書きながら同時にその内容を説明しても、こどもたちは板書をノートに書き写すことだけで精一杯で、説明を理解することはあまり期待できない。授業の残り時間のことが気になって、つい板書をしながら解説をしてしまいがちであるが、板書をこどもたちが写し終わった頃を見計らって、説明を行う方が効果的であろうと思われる。

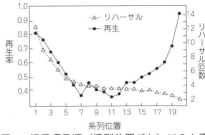

図4　提示項目順（系列位置ごと）にみた正再生率（系列位置曲線）とリハーサル回数
（Rundus, 1971；伊東, 2011より引用）
初めの方に提示された数項目に対するリハーサル回数が、中間部以降に提示された項目のリハーサル回数よりも多くなっており、それに対応して初めの部分の記憶成績も高くなっていることがわかる。

　長期にわたって記憶しておかねばならない事項は、短期記憶（作動記憶）から長期記憶へと移されることになる。このためには、精緻化リハーサルという操作が行われる。**精緻化リハーサル**は、情報を単に繰り返すだけではなく、情報を意味的に関連づけたり、情報のイメージ化や連想を行ったりする操作を含むリハーサルである。このような操作によって、情報は長期記憶の構造の中に組み込まれていくのである。なお、リハーサルの回数と記憶成績の関連をみた研究として、自由再生を用いた実験がある（Rundus, 1971）。自由再生は、単語を1語ずつ順に10数語提示して覚えてもらい、その後順不同でそれらの単語を思い出してもらう実験である。うまく思い出せた割合を示す正再生率を、提示された順に並べた単語ごとに示したグラフが**系列位置曲線**であり、典型的な結果として、U字形の曲線となることが見いだされている[1]（図4）。

【3】長期記憶

　長期記憶は、情報を長期にわたって貯蔵するシステムである。ここに一度しっかりと貯蔵された情報は、物理的に脳が壊れない限りほぼ半永久的に保持されると思われている（ただし、情報は保持されていても、検索がうまくいかなくて、思い出せない場合はしばしば存在する）。また、ここに保持される情報の量には、ほとんど限界はないと考えられている。保持される情報は、主に意味的情報の形式で表される場合が多く、うまく整理された形で貯蔵されている。ここに貯蔵される情報は、普段は意識されることはないが、必要に応じて、検索されて短期記憶に移され、思い出されて意識されることになる。

[1] 初めの部分で提示された数項目の再生率が高くなる現象は初頭効果とよばれ、覚えるときになされるリハーサル回数が中間部で提示される項目の場合よりも多くなることの影響と考えられている。終末部の数項目の再生率が高くなる現象は新近効果とよばれ、短期記憶からの想起の影響と考えられている。

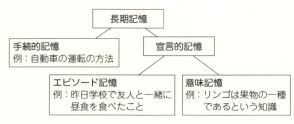

図5　長期記憶の区分（井上，1997）

長期記憶は、保持する情報の内容によって、いくつかに区分される（図5）。まずは、**宣言的記憶**と**手続的記憶**の区分である。宣言的記憶は、言葉によって記述できる事実に関する情報が貯蔵されるところである。それに対して、手続的記憶は、パソコンの使い方のような、何かを行う手続きに関する情報が貯蔵される。次に、**エピソード記憶**と**意味記憶**の区分である。この区分は、宣言的記憶がさらに2つに分けられているものであり、エピソード記憶は、「いつ」「どこで」という情報を伴う出来事に関する記憶である。一方、意味記憶は、もはやいつ覚えたのかがわからなくなっている、一般的知識の記憶である。

【4】想起のメカニズム

　覚えた内容を思い出すときには、どのように情報が処理されているのであろうか。これは、長期記憶からの検索の過程に関するものであるが、再生の2段階説とよばれる考え方を中心に説明する。

　記憶の実験において、主な測定法として再生と再認という2つの方法がある。**再生法**は、覚える際に見た材料がどのようなものであったのかを、直接答えさせる方法である。**再認法**は、覚える際に見た材料とそうではない新しい材料とを後に混ぜて示し、以前に見たものと新しいものとの区別をさせる方法である。一般に、再生を求めたときの方が、再認の場合よりも、難しいことが知られている。

　再生法と再認法は、学校で実施されるテストにも使われている。「次の文章中の空欄に当てはまる単語を記入せよ」という問題は、再生法を用いたものである。教科書の文章や授業時に示された語を、テスト時に思い出して、直接答えるというものである。一方、「次の文章中の空欄に当てはまる単語を選択肢の中から1つ選びなさい」という問題は、再認法を用いたものである。

　長期記憶から情報を検索する際には、再生の2段階説によると、まず記憶の中を探索して候補となる情報が選び出され、次にその選び出された情報が求めている情報に間違いないかどうかの照合（確認）が行われると考えている（図6）。そして、再生を求められたときには、この2つの過程が実行されるのである。しかしながら、再

認を求められた場合には、答えの候補が示されるわけであるから、探索過程は不要で、2番目の照合過程だけが実行されることになる。たとえば、「江戸幕府を開いた将軍は誰か？」と問われたときは（再生課題）、まず長期記憶の中を探して「徳川家康」という答えの候補の名前を選び出す。そして、その人物の名前が江戸幕府を開いた人物と一致するのかを照合（確認）する。その結果、確かに間違いないとなれば、「徳川家康」と答えるのである。一方、「江戸幕府を開いた将軍は、徳川家光、徳川吉宗、徳川家康のうちの誰か？」と問われたときは（再認

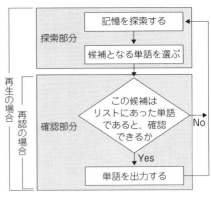

図6　再生および再認に含まれる過程
（Loftus & Loftus, 1976を一部改変）

課題）、3つの候補の名前が示されているため、2番目の照合過程で各候補名の確認が行われて、「徳川家康」が選択されることになる。以上の説明から明らかなように、再生の場合は探索と照合という2つの過程の処理が必要なのに対して、再認の場合には、2番目の照合過程の処理だけがなされればよいため、再認の方が再生の場合よりも平易に感じられるのだと説明される。

【5】忘却の原因

　一度しっかりと覚えたことであっても、しばしばそれを忘れてしまうことがある。この忘れるという現象は忘却とよばれ、記憶研究の初期から注目されており、エビングハウスの**忘却曲線**（Ebbinghaus, 1885）として、忘却は急速に生じることが示されている（図7）。忘却の原因は、いくつかの立場から説明がなされている。

［1］減衰

　何かを覚えたら、そのことによって脳に記憶痕跡が残るが、もしその記憶を用いることがなければ、時間の経過とともに**記憶痕跡**が弱まっていき、やがて思い出せなくなってしまうという考え方である。この考え方は古典的な考え方であり、忘れて思い出せなかったことがあとで再び思い出せるようになる場合がある、という　ような現象を説明することはできない。

［2］干渉

　記憶された内容が他の記憶の内容によって

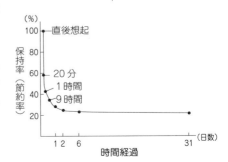

図7　エビングハウスの忘却曲線
（Ebbinghaus, 1885；森, 1995より引用）

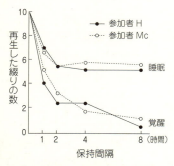

図8 覚醒時と睡眠時の忘却曲線
（Jenkins & Dallenbach, 1924）

干渉を受けて、そのために忘却が生じるという考え方である。たとえば、少し古い研究であるが、大学生2人を参加者として、10個の無意味綴りを完全に暗唱できるまで学習させたあと、一定の時間起きていた場合と眠っていた場合の記憶成績を比較した研究がある（Jenkins & Dallenbach, 1924）。その結果は、起きていた場合よりも眠っていた場合の方が、記憶成績はすぐれていた（図8）。このような結果は、起きているときの方が眠っているときよりも精神活動が活発なため、起きているときの方がより多くの干渉が生じ、忘却の量が多くなったと考えられた[2]。

2）睡眠が記憶痕跡を固定する過程を促進し、それによって脳にある記憶表象がより強く確立されたものになるという、記憶の固定説による説明も可能ではある（Baddeley, 2015）。

順向干渉：proactive interference
逆向干渉：retroactive interference
それぞれ、順向抑制：proactive inhibition、逆向抑制：retroactive inhibition ともいう。

干渉には、**順向干渉**と**逆向干渉**がある。順向干渉は、前に記憶した内容がその後新たに記憶した内容の想起を妨げるものであり、逆向干渉は、新たに記憶した内容がそれ以前の記憶の内容の想起を妨げるものである。いずれの場合も、2つの記憶内容の類似度が高いほど、干渉量は多くなることが知られている。

［3］検索の失敗

覚えた情報は記憶の中に貯蔵されているけれども、その情報を検索するために用いる適切な手がかりが存在しないため、その情報を見つけることができず、思い出せないという考え方である。

この考え方によれば、忘れて思い出せない場合でも、適切な検索手がかりが得られると、それを用いた検索が可能になって、思い出せるようになる場合があると思われる。たとえば、テストで空欄にあてはまる単語を記入する問題で、試験中には思い出すことができずに空欄のままで提出し、終了後に廊下で友人とそのテストのことをいろいろと話していたら、急に答えがひらめいた、というような経験も、うまく説明できるのである。試験中には適切な検索手がかりがなかったが、終了後の友人との会話の中で有効な検索手がかりが得られたことで、答えが思い出せたという状況である。

以上のような考え方のほかに、私たちが忘れたいと思うエピソードを意図的にある程度忘却することができるという現象も見出されている。積極的忘却とか指示忘却とよばれるもので、実験的な検討がいろいろと行われている（伊東, 2011）。

【6】画像的記憶

私たちが目にしている様々な光景や場面のような視覚的刺激の記憶は、画像的記憶とよばれている。画像的記憶には、単語のような

言語材料の記憶とは少し異なった性質がみられ、一般に、大きな記憶容量をもち、また持続時間も長いといわれている。例えば、次のような実験がある（Shepard, 1967）。日常的な事物の写真612枚を1枚ずつ実験参加者に示して学習させた。そしてそのあと、そのうちの68枚を取り出し、それぞれの写真1枚ずつを未学習の新しい写真1枚と対にして実験参加者に提示して、どちらが以前に見た写真なのかを判断する再認テストを行った。写真を覚えた1週間後に実施された再認テストの結果では、正答率が87％という高い成績であった。

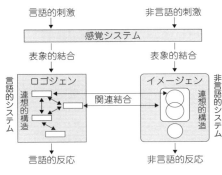

図9　二重符号化説の主な構成要素の図式的表現
（Paivio, 1986）

　画像的記憶は、どのくらいの見る時間があればしっかりした記憶が形成されるのであろうか。提示時間が長くなるほど記憶成績が高くなり、2秒もあれば安定した画像的記憶が得られることが示されている（Potter & Levy, 1969）。

　次に、画像の細部に関する情報は記憶成績に影響するのであろうか。また、画像の記憶と言語材料の記憶は、どちらがすぐれているのか。これらの点を検討したのが、以下の実験である（Nelson et al., 1974）。そこでは、(a) 写真、(b) 写真の主題を線画で表したもの、(c) 主題の線画に主題以外の細部情報を付加したもの、(d) 写真の主題の言語的記述、の4タイプの刺激に対する記憶成績が比較された。刺激を学習したあと、7分後と7週間後の2回の再認テストの結果は、どちらも言語記述条件のみが他の3条件よりも正答率が低くなっていた。画像提示の3条件の間には、有意差は認められなかった。このような結果は、画像的記憶の言語材料の記憶に対する優位性を示したが、画像的刺激の詳細さの程度は記憶成績に影響を及ぼさないことを示している。

　画像的情報の記憶に関する代表的な理論として、ペイヴィオ（Paivio, 1971）の**二重符号化説**がある（図9）。この理論は、言語的情報と非言語的情報とが異なった形で、言語的システムと非言語的システムにそれぞれ貯蔵されていると考えている。

　20世紀の後半以降、教育の現場では視聴覚教育の有用性が指摘されてきたが、言語材料よりも容易に記憶されやすく、記憶容量も大きく、持続時間も長いという画像的記憶の特徴を、教授・学習時に積極的に活用することも有益であろうと思われる。

📖 高野陽太郎（編）(1995). 認知心理学2 記憶　東京大学出版会
📖 太田信夫・厳島行雄（編）(2011). 現代の認知心理学2 記憶と日常　北大路書房

③ 知識としての記憶

井上 毅

　日常生活や学校での学習を通して、私たちは生まれてからずっと知識を獲得し続けている。そして、その膨大な知識は長期記憶に貯蔵されている。記憶の研究は、心理学が成立した19世紀後半からすぐに始まっているが、この知識の記憶に関する研究が本格的に始められたのは、1960年代の後半になってからである。それを受けて、タルヴィング（Tulving, 1972）は、従来から行われてきたエピソードに関する記憶の研究と知識に関する記憶の研究の違いに注目し、エピソード記憶と意味記憶との区分をまとめている（表1）。

【1】意味記憶 ── 一般的知識の記憶

　意味記憶は、一般的知識の記憶であり、概念や言語や記号、自然現象や法則や事実などに関する情報が貯蔵されている。例えば、「ミカンは果物である」とか、「机は英語ではdeskである」というような知識であり、"知っている"情報である。意味記憶に保持される情報は、意味的・概念的関係にもとづいて整理され構造化されていて、もはやそれが学習された時や場所の情報には依存しないものになっていると考えられている。一方、エピソード記憶は、個人的な経験に関連する情報の記憶であり、自分の経験と何らかの関わりのある情報が貯蔵されている。それらは、特定の出来事や事物や人などに関する"覚えている"情報であり、覚えた時や場所の情報と強く関連している。

　意味記憶において、情報がどのように構造化されて貯蔵されているのかという点に関しては、有力な考え方として、**ネットワークモデル**とよばれるものが提案されている。これは、互いに関連のある概念と概念の間に結合を考え、網の目のような概念間の結合の全体構造によって知識が表されているとする考え方である。

　意味記憶の研究の初期において提起されたのは、**階層的ネットワークモデル**（Collins

表1　タルヴィング（1972）によるエピソード記憶と意味記憶の区分（Cohen, 1989）

	エピソード記憶	意味記憶
表現される情報のタイプ	特定の出来事，事物，人	世界についての一般的知識や事実
記憶の体制化のタイプ	時系列的（時間に基づく）空間的（場所に基づく）	スキーマまたはカテゴリーによる
情報源	個人的経験	繰り返された経験からの抽象化 他者から学習したことの一般化
焦点	主観的現実性：自己	客観的現実性：世界

& Quillian, 1969）である。このモデルでは、各概念が1つのノードで表され、それぞれの概念ノードは、カテゴリーの包含関係にもとづいて階層的に体制化され、リンクで結合してネットワークを形成していると仮定されている（図1）。たとえば、魚という基礎水準の概念は、サメやサケといった下位水準の概念と結びついている。一方で、魚という概念は、動物という上位水準の概念とも結びついていると考えられている。さらに、各概念は、その属性とも結びついていると仮定されている。このモデルは、文の真偽判断課題（例えば「カナリアは鳥である」というような文を提示して、その文の内容が正しいかどうかの判断を求め、その判断に要する時間を測定する）を用いて検証されている。

図1　階層的ネットワークモデル（Collins & Quillian, 1969）

このモデルは意味記憶の構造を詳しく示したものとして評価されたが、その後のいろいろな研究で問題点も指摘され、後に大きく修正されて、**活性化拡散モデル**（Collins & Loftus, 1975）が提案された（図2）。このモデルでは、各概念がそれぞれ1つのノードで表され、意味的に関連のある概念ノードどうしがリンクで結びついて、意味的関連性にもとづくネットワーク構造をなしていると考えられている。そこには、もはやカテゴリーの包含関係は直接には反映されていなくて、概念間の結びつきは、その2つの概念の間の意味的関連が強いほど密接なものになっている。また、概念のもつ属性はその概念と直接結びついていると仮定されており、概念と同様に1つの属性が1つのノードで表されていると考えられている。

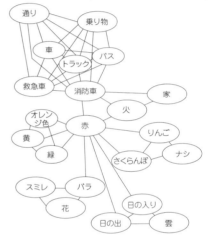

図2　活性化拡散モデルにもとづく意味的ネットワーク（Collins & Loftus, 1975）

🔖 ノード：node
結節点

【2】スキーマ理論

意味記憶の研究とは別の流れの知識研究として、スキーマ理論という考え方も提案されている。スキーマとは、何らかの意味的なま

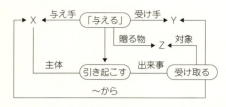

図3 「与える」というスキーマの図解表現
(Rumelhart & Ortony, 1977)

表2 レストランスキーマの例
(Bower et al., 1979；御領他，1993 より引用)

名　　前：	レストラン
道　　具：	テーブル，メニュー，料理，勘定書，金，チップ
登場人物：	客，ウェイトレス，コック，会計係，経営者
入場条件：	客は空腹，客は金がある．
結　　果：	客の金が減る，経営者がもうかる，客は満足する．

場面1：入場
客がレストランに入る． 客がテーブルを探す． 客はどこに座るかを決める． 客がテーブルの所まで行く． 客は座る．
場面2：注文
客がメニューをとりあげる． 客はメニューを見る． 客が料理を決める． 客がウェイトレスに合図する． ウェイトレスがテーブルに来る． 客が料理を注文する． ウェイトレスがコックの所に行く． ウェイトレスがコックに注文の料理を伝える． コックが料理を用意する．
場面3：食事
コックが料理をウェイトレスに渡す． ウェイトレスが客に料理を運ぶ． 客が料理を食べる．
場面4：退場
ウェイトレスが勘定書を書く． ウェイトレスが客に読み上げる． ウェイトレスが勘定書を客に渡す． 客がチップをウェイトレスに渡す． 客が会計係の所へ行く． 客が会計係に金を渡す． 客がレストランを出る．

とまりをもって構造化された知識の単位と考えられている。例えば、読むという行為に関する知識は一つの**スキーマ**であるし、人に何かを与えるということに関する知識もまたスキーマである（図3）。レストランに食事に行くとどのような流れで事態が進行するのかについての知識も私たちはもっているが、これも一つのスキーマである（表2）。

スキーマの特性として、次のような点が指摘されている（Rumelhart, 1980）。①変数をもち、変数の値が指定されてスキーマが使用される。また変数の値が指定されなかったときに与えられるデフォルト値ももつ。②様々な抽象度のレベルで知識を表すことができる。③スキーマは、その中に別のスキーマをはめ込むことが可能である（例えば、レストラン・スキーマにレジでの支払いスキーマが組み込まれている。レジでの支払いスキーマは、買い物スキーマにも含まれている）。

スキーマは、外界のさまざまな事物や出来事を認知する際や、文章を理解したり問題を解く際などにも、大きな役割を果たすことが実験的に示されている。

【3】理解と知識

新しく得た情報が知識として貯蔵されるためには、どのような処理がなされることが必要であろうか。知識の記憶である意味記憶は、意味的関係によって関連する概念が結びつき合っている。新しく入ってきた情報が安定的に保持されるためには、この記憶構造の中に適切に組み込まれること、すなわち、すでにもっている知識（既有知識）と関連づけられて結合することが必要である。この関連づけがなされないと、たとえ覚えたとしても、それは既有知識とは関係のない、孤立した情報であり、いわば丸暗記の状態といえるだろう。この丸暗記された情報は、その後様々な場面で活用することは難しく、あまり役に立たない。

新たに得た情報を、既有の知識構造の枠組みの中に、矛盾することなく適切に位置づけることができて、既有知識との関連づけができたとき、その情報は「理解された」と

いえるのだろう。そして、その情報がそのまま適切な位置に関連づけをもったまま組み入れられたときに、知識の一部となるのだろうと思われる。したがって、新たな情報を知識として獲得するためには、まずその情報を理解することが大前提となる。

教育の場面で、教師がこどもたちに新たに獲得してほしい新しい概念を説明する際には、理解を促進するために、まずは関連する既有知識を活性化させておくことが有用である。関連する既有のスキーマの活性化をはかるといってもよく、**オーズベル**（Ausubel, 1960）のいう**先行オーガナイザ**を活用することに深く関連している。たとえば、授業の開始時に、「今日は○○○について勉強するけど、これは、昨年勉強した△△△にとても関係のあることです」と言うだけでも、こどもの理解は促進される可能性があるのである。

【4】宣言的知識と手続的知識

事実や概念に関することなど、宣言的記憶に貯蔵されている知識のことは、宣言的知識とよばれる。それに対して、コンピュータの操作の仕方など、手続的記憶に貯蔵されている知識のことは、手続的知識とよばれる（表3）。市川（1995）のいうように、学校教育では「わかること」と「できること」の両方が求められるが、前者が宣言的知識、後者が手続的知識にだいたい対応している。

宣言的知識の獲得には、前述したように理解が前提であり、また習得編3-5で示されるような種々の記銘方略が有効であると考えられる。一方、手続的知識の獲得には、学習者自身の直接的な反復体験による学習が不可欠である（藤田, 2007a）。例えば、数学の問題の解き方の学習で、「教師が例題を解くのを見せて説明した」だけでは、生徒がその種の問題の解き方を修得できたかどうかはわからない。説明後の生徒自身の十分な問題の解答の練習が必要であろうと思われる。

教育の場で授業を行う際には、教師がこどもたちに教えようとしている内容が、宣言的知識に関するものなのか手続的知識に関するものなのか、どちらなのかを把握して、それに適した教授方法を実施することが必要であると考えられる（藤田, 2007b）。

表3　太田（1992）による手続的知識の分類
（藤田, 2007a）

種類	関与している情報処理の内容	例
行動レベルⅠ	動作・運動過程	パソコンのキー操作 漢字の書き取り
行動レベルⅡ	日常生活行動過程	授業の進め方 ディスカッションの仕方
認知レベルⅠ	感覚・知覚過程	LとRの発音の聞き分け 古文・漢文の読み
認知レベルⅡ	記憶・思考過程	文章題の解き方・九九 長文の要約の仕方

●オーズベル
Ausubel, David: 1918-2008　トピック3-9参照。

🖉先行オーガナイザ：advance organizer
学習内容に関連する抽象的・概念的な枠組みとなる情報を、先行して与えておくと学習が促進される。この先行して与える情報のことをいう。

📖高野陽太郎（編）（1995）．認知心理学2 記憶　東京大学出版会
📖太田信夫・厳島行雄（編）（2011）．現代の認知心理学2　記憶と日常　北大路書房

4 記憶と転移

寺尾　敦

　かなり前のことだが、1982年3月6日の *The New York Times* に、ラテン語とギリシア語を高校生に教えることを勧める記事が掲載された（Costa, 1982）。その根拠は、これらの言語を高校で学習している生徒は、そうでない高校生に比べて、SAT（アメリカ合衆国での大学進学適性試験）の言語テストのスコアが100点高いということであった。ラテン語やギリシア語は日常で直接には役に立たないが、それを学ぶことは知性の訓練になっているというわけである。

　これを聞いて、「もともとよくできる生徒がラテン語やギリシア語を学習しているだけだろう」と考えた人はするどい。おそらく、それが真実だろう。一般に、2つのことがら（ここでは、生徒の履修科目とSATの点数）に**相関関係**があるからといって、特定の**因果関係**を即断してはいけない。

　相関の解釈の誤りということの他に、心理学者はこの記事を疑う理由をもうひとつもっている（Lehman et al., 1988）。それは、この新聞記事が推奨する学習は、ある領域での訓練がその領域を超えて役立つという形式陶冶の考えに基づいているからである。20世紀の心理学は形式陶冶に否定的な証拠を積み重ねてきた。ある領域での学習は、他の領域ではそれほど簡単には役立たない。ラテン語やギリシア語の学習が、語彙や文法において類似した言語の習得を促進することはありうる[1]。しかし、SATやその他のテストのスコアを上昇させる効果は疑問である。

【1】形式陶冶と実質陶冶

　先行する学習で獲得された「記憶」が、後続の学習あるいは問題解決に影響を及ぼすことを、学習の転移あるいは単に転移とよぶ。20世紀中ごろに成立した認知心理学では、先行する学習で獲得される記憶として、宣言的記憶と手続的記憶を区別する。宣言的記憶とは、単語の意味や歴史上のできごとのような、事実に関する記憶である。手続的記憶とは、方程式の解き方のような、物事のやり方に関する記憶である。それぞれ、宣言的知識、手続的知識ともよばれる。

　形式陶冶の立場では、ある領域での学習で獲得されるのは「能

形式陶冶：formal discipline

1) 複雑さが同程度の、異なった領域あるいは状況間での転移のことを、**水平転移**（lateral transfer）とよぶ。例えば、英語を学習したことがフランス語の学習に役立つ場合がこれにあたる。

学習の転移：transfer of learning

宣言的記憶：declarative knowledge
手続的記憶：procedural knowledge

力」であると考える。領域が異なっていても、共通の能力が使われるのであれば、領域間で転移が生じると主張する。ここで能力とは、記憶能力や推論能力といった、一般的な心的機能を意味する。例えば、将棋や囲碁で推論の訓練を行えば、鍛えられた推論能力はコンピュータのプログラミングでも発揮されると考える。

形式陶冶の起源は非常に古く、紀元前のギリシア哲学の時代まで遡ることができる。その後何百年にもわたって、語学、数学、論理学が、形式陶冶の科目として教えられてきた。

形式陶冶の考え方は現在でも生き残っている。数学を学ぶ目的を論理的思考力の育成であると説明するのは、その一例である。脳を鍛えるという「脳トレ」も形式陶冶の立場だといえるであろう。

形式陶冶とは対照的に、ある領域での実学的教養を重視する立場を実質陶冶とよぶ。社会的に価値のある知識やスキルを直接に学習することが推奨される。この立場では、形式陶冶のように領域を超えた学習の転移は期待しない。

【2】形式／実質陶冶と学校教育

学校で習う知識が日常生活において直接に役立つことは少ない。特に中学校以降の教育ではそうである。日常生活において、方程式の文章題を解いたり、図形の合同を証明したりする機会はまずない。

なぜ直接に役立たないことを学校で教えるのだろうか？　形式陶冶の立場では、学校場面で訓練された一般的能力が日常場面に転移することを期待するからである。数学が直接の役に立たなくても、数学の学習によって得た論理的思考力は日常で役に立つと考える。

実質陶冶の立場を支持するならば、学校教育で教えることはもっと限定するか、あるいは、学習内容をもっと自由に選択できるようにしてよいはずである。例えば、多くの人が日常的に使わない数学は、技術者や科学者になりたい人だけが学ぶことになるだろう。

【3】形式陶冶に対する否定的証拠

20世紀の初め、心理学者ソーンダイクは、領域に依存しない一般的能力の訓練が可能であるとする、形式陶冶の主張を否定する実験的証拠を提出した（Thorndike & Woodworth, 1901）。ソーンダイクが実験で取り上げた能力のひとつは感覚的な弁別能力であった。ワインの買い付けを行う人は、素人ではわからないようなワインの違

能力：faculty

実質陶冶：material discipline

ソーンダイク
Thorndike, Edward L.: 1874-1949　アメリカの心理学者・教育学者。動物および人間の学習について多くの研究を行い、初期の動物心理学、学習心理学、教育心理学において重要な業績を残した。大正時代の末に、東京都小石川にあった「モナス」という出版社から、数学教育に関する彼の著作の翻訳が出版されている。これはどれほどの人に読まれたのだろうか？

い（香りや味）を見分けることができる。こうした感覚の鋭さはワインの品定め以外でも発揮されるというのが、形式陶冶の主張である。

弁別能力についてのソーンダイクの実験では、図形の面積を推量する課題が用いられた。実験への参加者は、最初に、様々な形の紙片の面積を当てる事前テストを受ける。次に、長方形の紙片を用いて、面積を当てる訓練を受ける。訓練に用いた図形において判断の正確さが十分に向上したところで、事前テストと同じ紙片を用いた事後テストを受ける。形式陶冶の主張に従えば、長方形での紙片を用いて鍛えられた感覚の鋭さは、図形の形が変わっても発揮されるはずである。

形式陶冶の主張に反して、長方形での紙片を用いて鍛えられた感覚の鋭さは、図形の形が変わると、たとえ面積は類似していてもほとんど発揮されなかった。事前テストと事後テストを比較すると、面積の判断能力に明確な改善が認められなかった。

ソーンダイクの研究以降、20世紀の心理学は形式陶冶に否定的であった。領域間での一般的能力の転移どころか、かなり似た問題であっても転移は簡単には成立しないという実験結果が多く報告された（Gick & Holyoak, 1980；Reed et al., 1985）。数学の学習で、例題から少しだけ変化した問題がうまく解けないという経験をした人はかなりいるだろう。[2]

領域に依存しない一般的な能力を鍛えるという形式陶冶の考えが誤りであるとすれば、ある領域の学習では何を獲得しているのだろうか？　認知心理学では、領域固有の宣言的記憶あるいは手続的記憶が獲得されると考える。数学の学習で獲得されるのは、領域に依存しない論理的思考力ではなく、基本的には数学という領域だけで役立つ知識だということである。これは実質陶冶の主張と重なっている。知識の獲得と利用がその知識を学習した領域に固有であることを、知識の**領域固有性**とよぶ。

【4】学び方を学ぶ

形式陶冶に対する多くの否定的証拠はあるが、この考え方は完全に誤っているわけではない。特定領域の訓練によって、推論能力のような一般的能力は鍛えられないかもしれない。しかし、特定領域の学習において獲得されるのは、領域固有の知識に限定されない。特定領域での学習から獲得可能な、領域に依存しない一般的なス

---

2) 例題で学習した知識を活用して、それよりも難しい「応用問題」を解決するのは、**垂直転移**（vertical transfer）の一例である。これは、同じ領域内での、要求されるスキルの水準が異なる課題間での転移である。例題は、応用問題の一部であったり、応用問題を解くための前提であったりする。水平転移は垂直転移の対概念である。

領域固有性：domain specificity

キルとして、「学び方」が挙げられる。心理学では**学習方略**とよぶ。特定領域に固有の学習方略もあるが、多くの学習方略は領域を超えて使用可能である。たとえば、「語呂合わせ」という記憶方略は、暗記を必要とするどの科目でも用いることができる。

　日常では直接に役立たない知識を学校で学ぶことは、学習方略を学ぶためであると考えれば正当化される。数学や理科の学習は、理系の人材育成における基礎教育という実質陶冶の目標とともに、学び方を学ぶという形式陶冶に近い目標の下で行われてよい。

　これからの学校教育では、一人で行う学習での学習方略だけでなく、複数人で協力して課題を解決する**協調的問題解決**のスキルを獲得することも教育目標となるだろう。「21世紀型スキルの学びと評価プロジェクト（ATC21S）」という国際的プロジェクト（http://www.atc21s.org/）では、学びと評価においてこれまで深く検討されてこなかった領域として、「デジタルネットワークを使った学習」と「協調的問題解決」を重視している（Griffin et al., 2012）。教科の具体的内容を題材として、協調的問題解決のスキルをどのように育成できるのか、まだ研究は始まったばかりである。

【5】転移の新しい捉え方

　協調的問題解決が行われるときの学習の転移は、従来の転移研究が「転移」と考えてきたものとは異なっている。ソーンダイクによる研究から現在に至るまで、転移の研究は学習者に独力での学習と課題解決を要求してきた。最初に訓練を受けるときも、そこで学習したことを適用する課題（転移課題とよぶ）を解決するときも、学習者はすべて自力で学習と問題解決を行っていた。しかし、協調的な問題解決においては、他者と協調して課題解決にあたることができる。必要に応じて書籍などのリソースを参照してもよい。

　他者や文献などのリソースを十分に利用できる状況では、最初の学習で完全な知識を獲得する必要はなく、その学習が「**未来の学習への準備**」となっていればよい（Schwartz & Martin, 2004）。こうした状況では、問題解決のために新たな知識を獲得したり、これまでに獲得していた知識をもう一度吟味したりすることが、最終的な課題（転移課題）の解決をもたらす。協調的問題解決のスキルを育成するための学校教育では、未来の学習への準備という観点から、学習の質を評価する必要がある。

学習方略：learning strategy

協調的問題解決：collaborative problem solving

未来の学習への準備：preparation for future learning

📖 安西祐一郎（1985）. 問題解決の心理学：人間の時代への発想　中央公論社（中公新書）
📖 鈴木宏昭（1996）. 類似と思考　共立出版

5 習得のための学習法

藤澤伸介

【1】学習と主体

　趣味でも仕事でも、ある領域にやたらに詳しい人がいる。ほとんどの場合、自分一人で興味をもって調べることで知識を得ている。人からの強制でなく、自発的で自己決定的な、このような学習姿勢を**主体的学習**という。これに対し、学習を「教師に指示された作業をすること」と考えている場合「主体的」とはいえない。他人からやらされても学習作業は可能だが、本人の興味関心に合致するとは限らないので、どこまで習得できるかは保証の限りではない。しかしながらある程度強制的な制度にしておかないと、人生で必要な知識を各人が自然に習得することはありえないので、人間は学校というしくみを作って、文化の継承ができるようにしている。

　雛鳥は親から餌を貰って成長するが、やがては餌の獲得の仕方を学習して親から独立する。人間の学習も同じで、自立的に学習できるように、徐々に教育していかなければならない。換言すれば、教師なしで独力で学習できるようにすることが学校の目標である。

　学校の授業を前提とした独力の学習といえば、**家庭学習**だ。これが**予習**と**復習**である。ただ、突然予習復習を指示してもこどもは何をすべきか判断がつかないので、**宿題**として教師が内容を指示するところから始めざるをえない。中学生にもなれば、自分の学習状態をかなり客観視できるようになるので、教師は強制的な宿題を徐々に減らして、内容、材料、量、進度などは本人の裁量を認めるように配慮した方がよいし、高校生になれば教師が教材の途中まで面倒を見て、残りの習得は本人に任せるような指導も可能になる。

　学習に対する主体性を育てようと思ったら、参考書や問題集の選定をはじめとして、家庭学習の計画立案をすべて学習者本人に任せるようにしないとうまくいかない[1]。人は、自分の立てた計画で失敗すると改善のための努力をするが、他人の計画で失敗しても立案者の責任にして、改善の努力をしないからである[2]。

【2】予習と復習

　予習と復習は一括して語られることが多いが、目的も方法も全く異なるし、教師によっては授業がやりにくいと言って生徒の予習を

📌 **主体性**
「自分の問題なのだから、自分の歩む道筋は自分で決める」というのが、主体的な取組姿勢である。学習に関していえば、教材も進度も学習量もすべて自分で細かく判断して決めれば主体的学習になるが、判断を教師に委ねている場合は、主体が教師にあることになってしまう。

📝 1）学習者に自己調整学習をさせるには、繰り返される定期試験が絶好の機会である。
　自己調整学習についてはトピック3-6「自己調整学習」を参照。

📝 2）学習者が自分で計画を立てるためには、どうすればある範囲の内容が習得できるのか、予め知っている必要がある。

📝 3）宿題とは、教師が生徒に授業外でやらせる課題のことなので、予習課題、復習課題のいずれもありうる。また多くの生徒が、一斉授業の学習塾を予習に利用しているといわれている。

📝 4）学習内容の消化と吸収のためには、授業を受けるだけは不十分で、授業後の主体的学習が不可欠である。

📌 **発展学習**については習得編3-1「学習とは

好まない者もいる。予習復習と宿題は不可分の関係にあるため、厳密な調査はほとんどないが、予習中心の中学生（12.7%）より、復習中心の中学生（81.3%）の方がはるかに多いというベネッセ（2015）の調査結果は、ほぼ実態を表しているといってよいだろう。ここでは、学習者による学校授業の自発的予習復習を取り上げる。

復習の目的は、授業で学習したことを確実に身につけることである。授業中の教師の解説だけで理解不十分の点があれば、自分で調べて理解を確実にする必要がある。記憶すべき用語が多ければ記憶を確実にすべきだし、円滑な定型処理が必要な技能がある場合にはその練習をする必要があるだろう。内容の理解、知識の記憶、技能の訓練が十分になされたかどうかの確認は、問題集を使えば、点検が可能である。また、復習として発展学習をするのも望ましい。

ちなみに、教科書準拠ワークブックは、復習としてやるべきことを教材側が指定しているので、教師が横にいて作業を細かく指示しているのと同じになってしまい、習得法を自分で考えなくなる危険性がある。自立した学習者を目指すのであれば、**ワークブック**による復習は中学生以降は徐々に控えていくことが望ましい。

予習の目的は、授業の効果的活用にある。問題意識をもって授業に臨めるように準備するためには、教科書の該当箇所を読んで疑問点を抜き出しておくことが、最低限必要である。一度でも教科書が読んであればその単元のスキーマが把握できるので、それが先行オーガナイザとして機能し、授業での内容理解が容易になる。また、疑問点が抜き出してあれば、それを解決するために授業を受けることになり、より積極的な姿勢で授業に集中できるようになる。苦手な教科の場合は予め下調べができるので、得意な学習者と同じような気持ちで、ゆとりをもって授業を受けることができる。

【3】計画立案指導

計画立案は高度な知的技能であるが、やり方を知らない生徒が多いので、教科ごとに教師の指導が必要不可欠である。

①目標と期限と方針を決める。
②目標達成に必要なことを列挙し、必要時間を計算する。
③融通可能な時間を捻出し、②を調整し、学習材料を決める。
④実行する順序と進度を決め、遅滞予防策も考える。
⑤実行の都度、進度を記録し、結果で次の計画を改善する。

この5項目のうち、特に①は専門的知識を必要とする。例えば英

「何か」を参照のこと。

📝5）ワークブックに依存したままで大学進学し、試験準備がうまくできない大学生が増加している。トピック3-2「ごまかし勉強」を参照のこと。

🔖**先行オーガナイザ**：advance organizer
習得編3-③「知識としての記憶」参照。

📝6）ある教科の苦手意識を克服するのには、予習に重点をおくのが効果的である。復習から始めると、いつまでも追いつかず、克服意欲を失うことがある。

📝7）学習者がある課題を解決するには、その基礎となる下位課題が解決できなければならない。この下位課題が何であるかを見極める作業を課題分析という。課題分析には教科の専門的知識が必要なので、学習者に判断を委ねるのは無理がある。教師は授業時に既習事項の復習を入れるようにして、基礎知識との関連を生徒に伝えるようにしたほうがよい。

🔖**学習材料**
学習者が自作するカード、ファイル等のこと。教師が作成するテキスト、プリント類は**教材**（教授材料）という。授業用の教科書やワークブックは、通常教材に含め、学習者が自発的に選ぶテキスト類（解説参考書や問題集）は**学参**（学習参考書）とよぶ。学習者の利用する教材、学参、学習教材をすべてまとめて「学習材」とよぶこともある。

単語を記憶するという目標のとき、初心者は「英単語に日本語訳を対応させて終わり」というようなことをやりかねない。誤った習得法が後の習得を妨害する場合もあるので、必ず教科担当の教師が習得法を指導すべきである。[8]

つまり、学習者にPDCAサイクルで学習させたいからといって、「計画的にやりましょう」などと標語だけ掲げても無意味で、各教科の教員が学校をあげて協力する体制が必要なことでもある。また、学習には記憶の要素も大きいので、学習法を決めていく際には、心理学の知識も必要である。以下には、心理学の知見に基づく**学習方略**をできるだけ多く紹介していくことにする。

【4】機械的学習か有意味学習か[9]

習得編3－[2]「記憶のメカニズム」で見たように、無意味な内容を機械的に暗記しても記憶はすぐに消失し、有意味内容のみが長期記憶に残る。したがって、教科書の読み方を変えただけで、記憶の成果は異なる。

①内容をすべて暗記するつもりか、理解しようとするのか。
②細部まで暗記するのか、重要度を考えるのか。
③読む回数が重要なのか、理解できるまで読むのか。

多くの場合は、機械的暗記より有意味学習を目指すべきである。[10]
有意味化するための方略には、精緻化方略と体制化方略がある。

【5】様々な精緻化方略

記銘材料に何らかの情報を付加することにより、覚えやすくする方法を精緻化という。以下に様々な精緻化方略を紹介する。[11]

[1]**イメージ化** 単語にイメージを付加すると、その単語が憶えやすくなる。単語が指し示す実体（appleなら、実物のりんご）を結びつけるのである。テキスト中の写真も利用できる。

[2]**エピソード化** 自分が体験した場面とつながりがあると、視覚、聴覚、嗅覚情報が加わるので、鮮明に記憶される。

[3]**実生活との関連づけ** 学習内容の実生活での応用事例と関連づけられれば、学習の意義もわかり、さらに記憶しやすくなる。

[4]**他教科の知識との関連づけ** 歴史上の事件と地理的状況、化学反応と医学的治療など、結びつくことは非常に多い。

[5]**学校外での知識活用** 報道内容の理解や、科学的新発見など学習内容が学校外事象の理解に使えたりすると、印象に残る。

📝8)「be動詞＝です」と暗記したことが原因で英語がわからなくなる中学生が、後を絶たない。このように思いこんでしまうと、「私は猫が好きです」の英訳がI like cats.であって、be動詞が含まれないということが、理解できなくなるのである。

🖋PDCAサイクル：plan-do-check-act cycle 計画－実行－評価－改善の4段階を繰り返すことで作業を改善していくやり方のこと。PDSA、OPDCAなど、さまざまな亜型もある。

📝9) 本書の他の部分で、「深化学習」とか「深い処理」といわれている学習の方法は、この節の【4】から【7】までの内容を指している。

📝10) 語学教材で本文暗唱が必要になることもあるが、その場合でも実際場面をイメージ化することが効果を高める。

🖋精緻化：elaboration

📝11) 以下に紹介しているのは、ガニェの分類ではすべて認知的方略になる。ただし、メタ認知方略以外の方略を狭義の認知的方略とよぶ場合もある。

［6］**言語的符号化** 用語は、命名の由来を調べると憶えやすくなることが多い。個人的命名により、思い出しやすくする工夫もある。

【6】様々な体制化方略

　学習内容の多くは概念が構造化されて提示される。その構造をスキーマにすると知識が整理され、領域内の問題が考えやすくなる。

［1］**階層構造** 個別の諸概念は似たものが集められ、群化され命名されて類概念が作られる。**類概念**どうしはさらに一般化されて階層構造ができあがる。このような体制化を**一般化**という。逆に、**一般概念**は目的別に**範疇化**され分類される。各領域の知識はこのような階層構造をもっているが、記憶するときも、樹状構造に**体制化**した方が記銘しやすいことがわかっている（Bower et al., 1969）ので、学習時には積極的に階層構造を活用すべきである。[12]

［2］**法則や定理** 概念どうしがいつも同じ関係になっていたり、特定の現象がたびたび発生したりすると、そこに規則性を見いだして、**命題**の形で記述することがある。このような一般化の方法を**帰納**とよび、できあがった命題を法則または定理とよぶ。帰納は、記憶の負担を減らす思考の働きである。法則や定理が新しい場面で適用できれば、予測が可能になる。このように、一般法則にあてはめて個別事例を考えることを**演繹**とよぶ。帰納や演繹は、人間の思考方略がそのまま科学の方法論になっている例である。

［3］**包含関係** 人工的な概念は、すべてが整然と分類できるが、自然発生的な現象の概念は、包含関係しかわからないことが多い。外国語の学習は、文化による概念の範囲の違いに気づける絶好の機会である。「花＝flower」と記憶してしまうと、桜の花までflowerだと勘違いすることが発生する。概念の範囲に注目すると、背景のスキーマが獲得されやすくなるので、習得が容易になる。

［4］**その他の関係** 各教科には、その他の関係も登場する。歴史的な事象には因果関係があるし、諸制度を比較するときは対比関係で見ると、その差が記憶に残りやすい。新しい単元に入るたびに、そこにはどのような構造が登場するかを見極めて、それに合わせて記憶を体制化していくことが、効果的な学習方略といえるだろう。[13]

【7】処理水準効果と生成効果

　情報は、表面的、形式的な浅い処理がなされたときに比べ、意味を理解し、多角的に分析し、スキーマの中に位置づけるような深い

📝12）国語の品詞分類、数学の数の分類、生物での動植物の分類、地理での気候区分、英語の文型等、学習時に各教科で紹介される分類体系は、各学習者がもともともつ素朴概念とは一致していない場合もあるが、その教科での事象について最も考えやすいように組み立てられているので、その枠組みで学習を進めるべきである。

　類概念の理解を助けるために、同じ類概念は同じ色で着色するという「色分け方略」というのもある。例えば英文の成分を、主語：赤、述語動詞：黄、目的語：青、補語：緑、修飾語：黒、のように色分けしていくと、英文の特徴や文の成分の判別に、早く習熟するようになる。

📝13）長文読解において、段落分けは文構造を把握するための方略である。構造把握力をつけるには、ただ区切りを見つけるだけでなく、段落どうしの関係を言語化する（一般論と実例など）ことを、同時に行っていくとよい。

処理がなされたときに、鮮明に記銘され、保持期間も長くなる。これを処理水準効果という（Craik & Tulving, 1975）。

単語の記憶をするときに、綴りだけに注意を払うより、発音、基本的な意味、文脈に応じた訳語、品詞、用法、語源、同義語との意味の違い、反意語、よく使われる文脈、まで理解した方が処理が深くなるので、憶えやすくなるということである（Ormrod, 1990）。

生成効果とは、他者から与えられた情報より、自分自身が生成した情報の方が、記憶成績が良くなることをいう。単語であれば、聞くだけよりは発音した方が憶えやすいし、読むだけよりは書いた方が憶えやすいということである。

ただ、お手本そのままを写すだけの生成は、必ずしも効果があるときばかりではないことがわかっており、自分の頭を働かせて生成するようにしないと、大きな効果は期待できない。例えば、各単元の概要をまとめた要点集が市販されており、要点がうまくまとまっているので、ノートにそのまま写すと学習効率が良さそうだが、それよりは教科書を読んで自分で要点をまとめた方が、はるかに記憶しやすく、理解の程度も深まることがわかっている（石田他, 1982）。

説明活動も、記憶の効果を劇的に増進させる。不十分な理解では説明できないため理解が確実になるし、相手にわかりやすく説明するためには、聞き手の理解状態まで把握せねばならないので、処理が深くなるためである。小学5年生対象に行った5進法習得実験でも、**相互説明学習**と**独学**を比較したところ、相互説明学習群の方が成績が良かった（杉江・梶田, 1989）。

【8】リハーサル方略

できるだけ多くの内容を有意味学習できれば、学習上の困難が減らせるが、学習にはどうしても機械的に記憶せざるをえない内容も存在する。その場合に用いるのがリハーサル方略である。これは、短期記憶内の保持と長期記憶への転送という2つの働きがある。単調で、かなりの反復量が必要なため、苦痛を伴うことが多い。

［1］**暗唱** 単語または短文を、繰り返し言ったり書いたりすること。その単語だけは記憶できても、全体構造の中に位置づけられていないため、適切な場面で再生できないことが多い。

［2］**書写** 教科書の文章をそのまま写し取ること。多少の効果はあるものの、時間がかかり過ぎるのが欠点（Arkes et al., 1976）。

［3］**聞き取りノート** 書き取った内容は記憶に残りやすいが、

---

*リハーサル：
rehearsal
復唱のこと。声に出す外言リハーサルと、声に出さない内言リハーサルがある。

書き損なった内容は記憶にも残らない。これは、書くときに有意味学習と内容選択が同時に働いている可能性を示している（Lin & Bigenho, 2011）。

[4] **アンダーライン** 重要部分に下線を引く方略。下線を引かないよりは注目しやすいが、重要度の判定がよくできない場合には、ページが下線だらけになるだけで、記憶にはあまり効果がない。[14]

[5] **暗記マーカー** 教材の重要部分にマーカーで印をつけ、ページに色シートをのせてその単語自体を読めなくして、単語が再生できるかを試しながら暗記する方法。教科書と同一文脈の空所補充問題の対策にはなるが、意味理解を伴っていないので、試験で応用問題が解けるようにはならない。すべての重要語をマークで消すと文脈上に判定の手がかりがなくなるし、一部を選べばノーマーク語が発生してそれが記憶されないので、効率の悪い暗記法といえる。

[6] **掲示** 重要語を壁に貼る方法。掲示直後は反復確認が可能だが、すぐに見慣れてしまい、反復の効果が期待できない。

14) アンダーライン方略については、様々な角度から徹底的に調べた、魚崎(2016)が興味深い。

【9】学習過程での自己管理方略（メタ認知方略）

人間の認知過程には、認知活動を円滑に進めるために、監視と制御の仕組みが備わっている。この仕組みをメタ認知という。下の図1は、記憶過程や学習過程で**メタ認知**がどのように働くかを示している。[15] ここでは学習過程が効果的に働くための方略を紹介する。

[1] **学習目標の確認** 学習するときには、学習すべきことが何であるかを正確に理解してから始めるべきである。そうしないと、ただ机の前に座って教科書を広げているだけで、学習したつもりになってしまうことがある。だからたえず目的を明確にする必要がある。例えば、問題集は記憶や技能習得を点検して弱点を発見するためのものだが、そのことがわからず、解答後に答え合わせをしない学習者がいる。これでは弱点発見ができないので

15) （学習過程と学習前後の）メタ認知と学習方略の関係については、深谷(2016)が興味深い。

✏ 既知感：feeling of knowing
「あ、それ知ってる」という感覚。

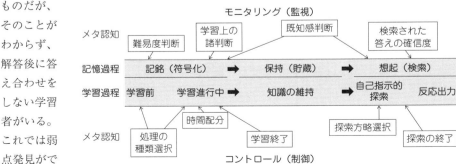

図1　記憶学習過程とメタ認知の構成要素（Nelson & Narens, 1994をもとに作成）

ある。

[2] **注意持続** 集中して課題に取り組んでいるかをモニターし、気が散りそうな場合には音読をするなど工夫をして、課題を続行するように努力することである。「**ながら勉強**」は避ける。

[3] **理解監視** 学習中に、順調に理解が進んでいるかを点検して把握し、わからないところを確認することである（Ormrod, 1990）。

[4] **探索制御** つまずいたときには、理解できるための対策（参考書調べ、質問行動など）を実行することである。

[5] **過剰学習** 「憶えられた」と思った時点で反復を終了するのでなく、確実さのために反復を追加すること。50%の過剰学習が最も効率的であるといわれている（Krueger, 1929）。

[6] **完全習得学習（進度）** 基礎事項が十分に習得できていないまま新しい内容に学習を進めると、それがつまずきの原因となることがある。学習したところまでは納得できたのか確認が必要だ。

[7] **完全習得学習（範囲）** 教科書に書かれている重要事項は、すべて必ず覚えるようにする。過去分詞の記憶がなければ受動態の文は作れない。基礎事項は100%習得を目指す必要がある。

[8] **学習内容の焦点化** 知識や技能の習得には練習が必要になるが、反復回数固定法はかなりの時間を要する。そこで、習得困難な内容には時間をかける一方で、たやすく習得できた内容は練習量を減らす工夫が必要になる。練習内容をカード化し、習得できた内容をカードから外していくと、効率よく練習を焦点化できる。また、問題集の問題番号に誤りのたびにマークをつけていくと、苦手な内容はマークが多い問題だとわかり、集中的に練習ができる。

[9] **学習材料のランダム化** 記銘すべき内容を一覧表にして記憶したり、リングでまとめたカードで記憶すると、記憶順序が固定されて系列位置効果が生じる。名刺サイズ大のカードを利用して、シャフルしながら記憶すると、短時間で満遍なく憶えられる。

[10] **問題解決の視覚化** 図で考えたり、色で区別したりすると、問題解決がしやすくなる。実物写真も理解の助けになる。

[11] **教訓帰納** 問題集やテストで不正解になったとき、正解と解法を知るだけでなく、自分はなぜ誤答になったのかを考えると同時に、思考法または学習法の問題点を見つけ出し、それを教訓の形で一般化し、記録しておくと、失敗の経験が生かされて、失敗を劇的に減らすことができる。これを教訓帰納という。教訓は分類してファイルしておき、たびたび見直すとさらに有効である。

---

16) 問題集については、トピック3-4「学習習慣」（注2）を参照のこと。

◆**完全習得学習**：mastery learning
全員が100%習得しない間は、次の単元に進まない指導方法。ブルームが提唱した。ここでは、階層構造をもつ内容を学習するときに、基礎事項については100%習得しようとする態度のこと。

◆系列位置効果については習得編3-[2]「記憶のメカニズム」【2】を参照。

【10】学習前後の自己管理方略（メタ認知方略）

事前に学習環境を整えたり、計画を立てたり、事後分析をして、学習がうまくいくようにする方略を紹介する。

[1] **必要な睡眠はとる** 習得編3-③「知識としての記憶」で学んだように、記憶は睡眠時間に定着するので、試験直前の睡眠を削るのは賢明ではない。記銘内容がたくさんあるときは、必要な睡眠がとれるように計画すべきだ。[17]

[2] **学習場所の選定（学習環境の整備）** 一人で静かに学習できる場所、気が散る要素の排除、必要な道具、などの環境を用意し、いつも同じ場所で学習することが大切だといわれている。

[3] **学習仲間の活用** 調べる量が多いときに分担する、わからない内容を教え合う、学習が終了した時点で問題を出し合う、など仲間で学習すると効率が上がる場合がある。[18]

[4] **学習時間の配分** ある一定時間の学習をするとき、連続して学習することを**集中学習**といい、いくつかに区切って断続的に行うことを**分散学習**という。3時間／週の学習が必要なとき、どこかの日にまとめて行えば集中学習になるし、毎日30分ずつ6日に分ければ分散学習をしたことになる。学校の時間割は、通常分散学習を前提に組まれている。両者を比較する研究は数多く行われてきているが、言語的情報、知的技能、運動技能のいずれにおいても、分散学習の方が有効性が高いという点で一致している。

分散学習の方が有効性が高いのは、疲労回復効果、**潜在学習**効果、**レミニッセンス**、など様々な説明が試みられてきているが、言語的情報の記憶の場合は、スキーマが反復して活性化されている要因も見逃せないだろう。

[5] **学習材料の配分** 学習材料を細かい部分に分けて、少しずつ学習する方法を**部分学習**、全体をまとめて一気に学習する方法を**全体学習**という。ピアノ曲を練習するときに、フレーズごとに練習するのが部分学習、1曲全体をまとめて練習するのが全体学習である。

初心者、若年者、難解な内容、学習初期には部分学習が向いており、熟達者、高年齢、平易な内容、学習後期には全体学習が向いているといわれている。したがって、学習を計画するときは、部分学習から開始して全体学習に至るように構成することが多い。

[6] **学習進度記録** 学習進度を記録していくと、実行度が視覚化され進捗状況が正確に把握できると同時に、計画の順調度がわかるので、軌道修正がやりやすくなる。学習行動の自己強化にもなる。

---

17) 試験前の**一夜漬け**で失敗した経験をおもちの読者も多いのではないだろうか。

18) 学習のために集まったはずが、遊び目的に変質する危険性もある。

集中学習：
massed practice

分散学習：
distributed practice

潜在学習：
implicit learning
学習意図がないにもかかわらず、学習が成立する現象。

レミニッセンス：
reminiscence
記憶実験における再生成績や運動学習の遂行成績が、学習直後より一定時間後のほうが向上することがありその現象をいう。

部分学習：
part method（分習法）

全体学習：
whole method（全習法）

佐藤浩一（2014）．学習支援のツボ：認知心理学者が教室で考えたこと　北大路書房
安藤輝次（2004）．絶対評価と連動する発展的な学習　黎明書房
辰野千壽（2010）．学習方略の心理学：賢い学習者の育て方（第2版）　図書文化社

6 探究力と創造性の獲得

楠見 孝

【1】探究力の獲得

探究とは、①自ら問題を発見し、②調査・観察・実験などによって事実を明らかにし、③事実に基づいて、論理的・批判的な思考・判断を行い、④導いた結論を表現したり、問題を解決したりする学習活動である。これを支える知的能力である探究力には、問題発見・解決能力、リサーチ能力、思考力・判断力、そして表現力が含まれる。これらの能力は独立して働くのではなく、統合的に働く。学習指導要領においては、「思考力・判断力・表現力」は、各教科で習得した知識・技能を活用して課題を解決するために必要な能力として位置づけられている。一方、問題発見・解決能力は、総合的な学習の時間等で行われる探究学習活動を通して育成される。

探究学習は、「アクティブ・ラーニング」の形態の一つであり、深化学習に到達することを目指す。そして、大学における学問や研究、仕事の実践の土台となる。

【2】批判的思考

批判的思考とは、証拠に基づく論理的で、偏りのない思考である。これは、客観（外在）的な事実を確認しながら命題の正しさを吟味する外在的思考である。さらに、自分や他者の思考を意識的に吟味するメタ認知に基づく内省的思考である。

批判的思考は、**探究**や問題解決のプロセスにおいても重要な役割を果たしており、大きく次の4つの段階に分かれる（図1）。

[1] 情報の明確化——問題発見　情報の明確化は、報道、発言、書籍などから、情報を抽出し、主張とそれを支える根拠を正しく理解する段階である。ここでは、能動的に聞く、読む、観察することが重要である。例えば、あいまいな言葉の定義は何か、言いたいこと（結論）は何か、理由（事実、証拠）は何かといった問いを立てて明らかにすることである。

探究学習は日常生活や社会に目を向け、現在の状況から問題を発見すること、オリジナリティの高い問いを出すことが重要である。ここでは問題状況を正確に理解するために、明示されている事柄だけではなく、隠れた前提、問題の背後にある条件や規則、制約を明

📎**アクティブ・ラーニング**：active learning
学習者が教員による講義を一方向的に聞くのではなく、学習者による討論、グループワークなどの能動的な活動が中心となる学習の形態。トピック1-2「日本の学校教育と心理学」も参照。

📎**深化学習**：deep learning
学習者が単に知識を暗記するのではなく、既有知識や経験を結びつける、批判的に吟味するなどの質の高い学習。

📎**批判的思考**：critical thinking

📎**外在的思考**：extensional orientation
外在（客観）的な事実に依拠した思考。内在（内包）的な意味や信念に基づく内在的思考と対比される（トピック5-3「予防的援助に一般意味論の活用を」参照）。

らかにすることが必要である。

[2] 情報の収集——推論の土台の検討　探究学習においては、信頼できる情報源から情報を集め、多くの情報を評価して、推論に必要な情報を選択することが重要である。具体的には、適切な一次資料（統計データ、研究論文・資料など）を見つけ調査をする。さらに、異なる情報源で一致しているか、相違点は何かを比較し整理する。また、実験や調査の結果は、科学的方法に基づいているか（サンプル数は十分か、比較のための対照群はあるか、査読付きの学術雑誌に掲載されているかなど）を評価するための科学**リテラシー**が重要である（楠見, 2014）。

[3] 推論——結論の導出　この段階では、[2] において評価した情報に基づいて、仮説を形成し、データを分析して検証したり、外在的事実を確認しながら推論の適切さを吟味し、正しい結論を導くことである。とくに、**帰納**（一般化）判断では、事例から過剰一般化をしないこと、**演繹**判断では、前提から結論を導く際に、論理的な正しさと、信念や期待に合致するかは分けて捉えること、価値判断においては、多面的に考えることが大切である。

[4] 行動決定——問題解決と表現　問題を解決するために、[3] の推論によって導いた結論に基づいて、意思決定を行い、計画を立案し実行する。ここでは、目標、状況や相手に応じた意思決定が重要である。そして、思考の過程や結論を言語表現（作文、発表など）することによって、他者に伝え、フィードバックをもらうなどのコミュニケーションや、他者との**協働**（コラボレーション）が重要である。さらに、結果の評価やフィードバックに基づいて、振り返りを行い、[1] − [3] の段階に戻ったり、新たな問いを発見することもある。

◎批判的思考態度　[1] − [4] のプロセスは、時間がかかり認知的努力が必要なため、意識的に考えようとする態度が重要である。主な態度としては、以下の5つがある。探究学習に最も関わるのは、①探究心であり、様々

📌**科学リテラシー**：scientific literacy
科学に関する情報を理解し、判断するために、科学的概念と方法論等の知識を活用する能力。

📌**帰納**：induction
既知の前提や事実から一般化された結論を導く推論。ここでは、事例を収集し、事例を一般化して規則やパターンを導出する。概念形成や規仮説の生成と検証、因果推論も含まれる。

📌**演繹**：deduction
複数の前提を正しいと仮定したときに、必ず論理的に正しい結論を導く推論。ここでは、前提条件を確認し、規則を適用し、結論を論理的に導出する。

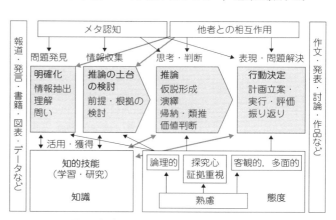

図1　探究における批判的思考のプロセス

な情報や知識を求めようとする態度である。そのほか、②論理的に考えようとする態度、③主観にとらわれず客観的にものごとをみようとする客観性、④証拠に基づいた判断を行おうとする態度がある。そしてこれらすべてに関わる態度が⑤熟慮的態度である（図1 右下）。

【3】知的技能

探究学習において活用され、また、学習を通して獲得される主な知的技能には、学習技能と研究（リサーチ）技能がある（図1 左下）。

第1の学習技能は、学習のために必要な読み書きやコミュニケーションに関わる教科を越えた汎用的技能である。探究学習を支える技能としては、読解、情報収集とレポートライティング、傾聴、討論とプレゼンテーションなどに関わる技能がある。

第2は、研究（リサーチ）技能である。研究を進めるために必要であり、学習技能を基盤にしている。発想する、先行研究を調べる、仮説を立てる、帰納・演繹する、研究を計画し、観察や実験、調査を実行する、データを分析したり読み解く、論文を執筆する、発表・討論するなどが含まれる。

そのほかの知的技能としては、認知過程をモニターし、コントロールするためのメタ認知技能がある（図1 左上）。

【4】問題発見・解決能力

問題発見・解決能力とは、解決の道筋が直ちに明らかにされない問題状況を見つけて、理解し解決するための認知プロセスを支える個人的な能力である。それは、建設的で内省的な市民としての自分自身の可能性を実現するために、そのような状況に関与する意欲を含んでいる（PISA2012の定義：OECD, 2013）。これは、大学教育、研究、職業、市民生活に必要な汎用能力であり、とくに、変化する社会、イノベーションにおいて重要である。そのステップは、図1の批判的思考と一部重なり、大きく次の4つに分けることができる（例えば、OECD, 2013；Polya, 1957）。

［1］**問題の発見・理解と構成** 問題状況を発見して、観察し、情報を探究して、条件や制約または障壁を見つけ出す。見つけ出した情報を理解する。そして、問題状況の各側面を定式化して表現するために、表やグラフ、記号、言語を用いる。さらに、関連要素とその相互関係に関する仮説を立てる。

［2］**計画を立案し解決方法を探索** 目標およびそれに向けての下

🔖 **概念：concept**
概念とは、知識や思考、「理論」という説明構造の構成要素である。語の意味、一組の事物・事象やカテゴリーに関する情報であ

位目標を設定し、目標に到達するための解決方法を探索して、問題解決のための計画や方法を決定する。

［3］**計画を実行**　計画を実行しつつ、モニタリングと内省によって、問題解決へと至るそれぞれの段階・過程を観察する。途中経過を確認し、想定していない出来事と遭遇した場合、必要な処置を行う。

［4］**振り返りと次の問題発見**　結果と解決に至る方法を様々な観点から熟考し、想定や別の解決策を批判的に評価し、追加情報や明確化の必要性を認識し、次の問題を発見する。

【5】概念形成

批判的思考や問題解決のプロセスにおいては、①関連する既有の知識を検索し、②既有の知識における概念と、新たに収集した情報と推論に基づいて導出した結論との類似点・相違点を整理する。そして、③新たな情報と既有の知識における概念が類似している場合には、既有の概念に同化する。相違点がある場合には、新たな情報を既有の概念に適合するように調整したり、既有の概念を変化させ、修正したうえで統合する。特に、既有の知識が、誤概念に基づく信念体系によって一貫性をもつときには、知識の**再構造化**による概念変化が必要である（例えば、Piaget, 1970）[1]。

【6】創造性の獲得

創造性とは、独自のアイディア、行為、成果、知識、理論、技術を生み出すこと、およびその能力（創造力）を指す。

創造性の獲得には、探究学習、**プロジェクトベース学習**において、個人や社会の直面する問題に取り組み、新たな解決策やアイディアを生み出す経験が必要である。ここには、創造のプロセスが含まれており、大きく4段階に分けることができる。①**準備期**には、問題状況や制約条件の明確化や定式化が試みられるが完全には行われない。そして②**孵化期**において、無意識下でアイディアが検討される。③**洞察期**において、アイディアがひらめく。そして④**検証期**において、アイディアが意識的に批判的に吟味される（例えば、Wallace, 1926）。これらのプロセスを促進するための知的技法として発想支援技法がある。例えば、個人のアイディアを図解化、外在化する。これらを協働して行うための**ブレーンストーミング**がある。探究学習やプロジェクトベース学習では、これらの技法を身につけることによって、創造性の獲得を目指している。

例えば理科の学習において、学習者は「密度」「進化」といった概念を形成する（トピック3-8「学習方略としての概念形成」、トピック4-17「社会科における誤概念の修正」参照）。

📎**誤概念：misconception**
科学的概念とは異なる日常生活に基づいて形成された素朴概念（トピック4-17参照）。

📖 1）トピック2-1「ピアジェ理論を考える」参照。

📎**洞察：insight**
創造のプロセスにおいて、問題の性質の深い理解やヒントによって、誤った前提（制約条件）を棄却したり、新たな手段を発見したりして、問題の新たな解釈、再体制化を行い、解決が導かれること。難問や行き詰まりが突然、明快に解決されると感情的反応であるアハー体験を伴う。

📎**ブレーンストーミング：brain storming**
小グループで、メンバーが思いついたアイディアを自由に次々出していく創造技法。アイディアに対してはすぐに評価をしないことが重要である。

📚 山田剛史・林創 (2011). 大学生のためのリサーチリテラシー入門：研究のための8つの力　ミネルヴァ書房

📚 楠見孝・道田泰司（編）(2015). ワードマップ 批判的思考：21世紀を生きぬくリテラシーの基盤　新曜社

7 態度

犬塚美輪

【1】態度とは

「態度」という語は、人の振る舞いや様子を示すことばとして一般に用いられているが、心理学では、「ある対象・人・事象に対する個人的行為の選択に影響を及ぼす内的状態」（Gagné, 1985）と定義されている。態度は、①認知的成分、②感情的成分、③行動的成分の3つの構成成分を含んでいる（安藤, 2008）。つまり、特定の人やモノ、事柄に対する私たちの行動の背後には、それを方向づける心理的状態があり、それを態度とよぶのである。例えば、未知のものや新しいものを肯定的に評価し、新しいものが好きだ、面白いと感じ、接近しようとする態度を有している人は、そうでない人と比べて、旅行に行くことや新人作家の本を読むこと、知らない人と話をすることに対してより積極的な行動をとることが予想できる。

学習者が自らの知識や経験に根ざして理解を構築していくという**構成主義**的な知識観においても、その前提には経験に向き合う学習者の態度があるだろう。したがって、学習態度の涵養は、学習者の主体的な学習活動を考えるうえで重要なテーマである。

ガニェ（Gagné et al., 2005）は、教育の文脈における態度にはいくつかの種類があることを示している。本稿では、それらのうち「学習に関する態度」に焦点化して論じる。このように焦点化する理由は次の2点である。第1に、より広い視野から見た態度は**教育目標**としてすでに教育の場で意識されている一方で、学習に関する態度、特に学ぶこと自体への態度は十分に注目されていないと考えられるためである。指導要領においても、教育目標として広い視野における態度を取り上げる一方で、学習を促進するための態度を育てることについてはほとんど記述がないといってよい。第2に、学習者が自立して学び続けるためには、より適切な学習行動に結びつく態度を涵養することが重要だからである。指導者のいない場面でも学習者がより促進的な学習行動をとるためには、学習に関する態度の涵養が重要だといえる。

【2】学習を促進する態度

教育心理学の研究知見からは、より良い学習行動が提案されてお

---

*態度：attitude

*構成主義：
constructivism
理解することを、単なる情報の受容ではなく、自分の認知構造を使って能動的に選択や解釈を行うことで意味を作り上げていくことだと考える立場。

*ガニェ
Gagné, Robert M.: 1916-2002　トピック4-1「ガニェの分類と学習指導要領」参照。

り、それらの行動に対する肯定的態度は学習をより高めることに寄与するだろう。たとえば、何かを覚えるときには無精緻化リハーサルより精緻化リハーサルのほうを好むことや、わかったつもりにならずに自己テストをしようとすること、などが例として挙げられる。このような認知的方略あるいはメタ認知的方略の価値に対する信念は態度の重要な一側面を形成すると考えられる。

　自律的な学習という観点からは、**自己調整学習**理論が提案されており、自分の学習プロセスにおける認知的、情動的プロセスの調整が重視されている。優秀な学業成績を修めている学習者は、そうでない学習者と比較してより自己調整的な学習行動をとることが示されており（Zimmerman & Martinez-Pons, 1990）、学習に困難をもつ児童生徒に対して自己調整学習の指導をすることが効果的であることもよく知られている（Schunk & Zimmerman, 1998）。自己調整的な学習行動の実践には、認知的・メタ認知的方略だけでなく、情動も含めた学習全体について主体的に関わる態度をもつことが重要だといえる。

　ここで、表面的な自己調整学習と自律的な態度を伴った自己調整学習の違いを考える必要がある。全く他律的に自己調整学習的な振る舞いをすることも可能だからだ。例えば、教師が「このような目標を立てなさい」「こうやって勉強しなさい」と指示し、その指示通りに行動すれば、表面的には自己調整学習がなされているように見えるだろう。しかし、こうした行動の背後にあるのは、自律的に学ぼうとする態度ではなく、むしろ指示通りの学習行動をとろうとする態度である。表面的に自己調整的な振る舞いをさせることを目的とするのではなく、深層において自律的に学ぼうとする態度を育てることが必要である。そうでなければ、むしろ学習者の他律的な学習態度、指導者依存の学習態度につながる恐れもあるだろう。

　また、「なんとなく」「習慣的に」学習行動を選択している学習者の学習に関する態度にも注意が必要である。現状では学習に問題を抱えていなくても、困難にぶつかったときにどうしてよいのかわからず、成績や意欲を低下させてしまう可能性が高いためである。こうした学習者は、「学習行動を自分で選択する」という態度をもっていないという点では他律的な態度の学習者と同じだといえるだろう。自己調整学習のためには、学習者自身がより良い学習行動を理解し、意識的に自分の学習プロセスを調整することが大切である。

　このように考えると、適切な学習行動をとるよう促すだけでなく、

🖉 精緻化リハーサル：elaborative rehearsal 情報を加工して覚えやすくすること（例：情報を意味あるまとまりに分割する、イメージする、など）。

🖉 無精緻化リハーサル：non-elaborative rehearsal 特に情報を加工せず、そのまま繰り返して覚えようとすること。

🖉 自己調整学習についてはトピック3-6「自己調整学習」参照。

📝 1）学習の計画を適切に立て、遂行状況をモニタリングし、学習の成果を振り返って次の学習につなげる。

そうした行動を自発的かつ意識的に選択しようとする態度を涵養することが重要だといえる。しかし、実際の学習指導では、学習態度を涵養するための働きかけが十分でない場合も多い。例えば、教科書準拠ワークはよく用いられる**習得教材**だが、自律的な学習態度の涵養にはつながらない。準拠ワークでは、教科書に沿って学習のポイントを提示し、覚えるべき個所を指摘するため、学習者が自律的に目標を立てたり、認知的方略を用いたりする必要がなくなってしまうからである。[2] 指導者や教材によって学習をおぜん立てするのではなく、能動的に学習に向き合う態度を涵養する方策を考える必要がある。

【3】態度を涵養するための指導

能動的に学習に向き合うためには、まず、学習者が自分の行動を意識的に選択する前提として、学習行動に関する知識とメタ認知が必要である。何を用いてどのように学習することができるか、その選択肢についての知識がなければ、その行動を選択することはできない。自分のとりうる行動についての知識をもち、現状の学習プロセスを把握したうえで、態度に後押しされた行動選択がなされるのである。

次に、学習態度をどのように変容させるかについて考えてみよう。態度は、基本的に学習者の経験から形成されていくと考えられる。態度に関する古典的研究（McGuire, 1969）からは、言語的説得による態度変容が困難なことが指摘されている。教師が自発的な学習の重要性を一生懸命に説明しても、それだけでは学習者の態度を変容させることはかなり難しいと考えられる。学習に促進的な態度を形成するためには直接的経験と間接的経験に注目する必要がある。つまり、ある学習行動をとることが良い結果につながるということを、自分自身が経験したり、他の人が経験しているところを見たりすることによって、**態度の変容**を促すことができると考えられる。

直接的経験は、学習者自身が特定の行動をとることで「うまくできた」「良い成績がとれた」というような成功体験をすることである。例えば、認知的方略を使ったら良い成績がとれた、問題集を解いたあとで自分の間違いを明確にしたら先生にほめられた、という経験の蓄積が、特定の行動に対する肯定的な態度につながるだろう。一方、間違いが笑われるような経験は、間違いが知られることに対する否定的態度やそうした事態を避けようとする態度に結びつ

2) 学習者にとっては便利な習得教材であるように見えるが、これらの態度の観点からは問題があるといえるだろう。習得編3-[5]「習得のための学習法」参照。

くだろう。このように、学習者の行動とその結果、あるいは結果に対する認知が、学習者の態度に影響すると考えられる。

　一方、間接的経験は、ほかの人が特定の行動によって成功するようすを観察することである。つまり、態度の変容には**モデリング**（Bandura, 1969）が有効なのだ。モデルが適切な学習行動をとって成功する様子を見ることで、学習者がその学習行動に対して肯定的な態度をもつようになるのである。

　このとき、学習者が尊敬でき一体感を感じられる人物がモデルであることが望ましい（Gagné et al., 2005）。年上のきょうだいや仲の良い友人、あこがれの先輩などは良いモデルとなるし、もちろん教師も有力なモデルである。直接の知り合いだけでなく、テレビタレントや有名なスポーツ選手、科学者など、「あの人のようになりたい」という存在が有効なモデルになることもある。こうしたモデルの態度や、特定の行動が賞賛を受けたり優れた成績を上げたりしているのを見たとき、学習者はその人の行動に対して肯定的な態度をもつようになる。つまり、モデルがどのように学習に取り組んでいるか、そしてそれがどのような成果を生んでいるかを通して、学習者の態度が変容するのである。モデルの自己調整的な学習行動が賞賛されていれば、学習者の望ましい態度が促進されるし、モデルが他律的な学習で成功していれば、学習者も他律的学習を肯定する態度をもつようになる。また、尊敬できるモデルに対するあこがれは、「その人のようになりたい」という気持ちから、より高い目標に向かう達成動機を促進することにもつながるだろう。

　直接的経験やモデリングによる態度変容のためには、どのような行動が成果に結びついたかを把握しなくてはならない。そのため、学習者自身のメタ認知、もしくは、指導者による明確化が必要である。多くの学習行動は文脈に埋め込まれているし、行動と結果の結びつきも不明確なことが多い。学習者が不適切な行動と成功を結びつける可能性もあるため、指導者は、学習者のどのような行動が賞賛され、成功に結びついているのかを示す必要がある。

　以上述べてきたことから、学校での学習に関する態度の涵養において教師が果たす役割の重大さもわかるだろう。教師は有効なモデルとなることを期待されると同時に、学習者が意識して捉えていない行動の意味づけを行うことが求められる。教師は自身の行動が、学習者のどのような学習態度に結びついているのか考えなくてはならないだろう。

🖉モデリング
他者の行動の観察を通して行動を学習すること。手本を示す他者をモデルとよぶ。

📖ガニェ, R. M.・ウェイジャー, W. W.・ゴラス, K. C.・ケラー, J. M.　鈴木克明・岩崎信（監訳）（2007）. インストラクショナルデザインの原理　北大路書房

4 学習を支える教育実践

1 教授行動の行動主義的基礎

小野浩一

【1】行動主義理論

[1] 行動主義とは何か

　心理学の研究対象は大きく、「こころ」や「意識」という言葉に代表される「**内的事象**」と、「反射」や「行動」という言葉に代表される「**外的事象**」に分けることができる。19世紀後半に登場した科学的心理学は主に「内的事象」を対象としたものであったが、1913年、ワトソンの「行動主義」宣言を契機として、科学的心理学の対象は客観的な観察が可能な「外的事象」としての「行動」とすべきであるとする「行動主義」が登場した。

　ワトソンの行動主義はその後、新行動主義者とよばれる研究者に引き継がれたが、行動をその主な研究対象としながらも「内的事象」の取り扱い方によって、「内的事象」と「外的事象」を区別し、行動を内的事象探求のための手段として利用する「方法論的行動主義」と、「内的事象」をも行動としてその体系の中に取り込んだ「徹底的行動主義」とに分かれていった。

　方法論的行動主義は20世紀後半には、その役目を果たしたのち認知心理学や神経科学など「内的事象」に焦点をあてた学問領域に組み込まれていったが、スキナーの提唱した「徹底的行動主義」は、その後も実験的行動分析学あるいは**応用行動分析学**として現在まで発展を続けている。したがって本項で述べる「行動主義」は行動分析学に立脚したものである。

[2] 行動主義的人間観

　行動主義的な人間観にはいくつかの大きな特徴がある。その第1は進化論的立場をとることである。**進化論**は1859年に出版されたダーウィンの『種の起源』によって提唱されたもので、現在地球上に存在する様々な生物種は環境による自然選択によって分岐進化してきたと考える。したがって、動物と人間の間には生理的、形態的、機能的な連続性があると考える。ただし、連続性があるということは動物種間の相違を否定するものではない。

　この進化のプロセスは系統発生的な遺伝的要因として個々の生物体の行動を制限するものである。ヒトもその一つである様々な生物種は、その行動が「生物学的制約」という種の遺伝要因によって強

行動主義:
behaviorism
アメリカの心理学者ワトソンによって提唱された、科学としての心理学は客観的な観察が可能な行動をその対象とすべきであるとする考え方。

ワトソン
Watson, John B.: 1878-1958　行動主義の提唱者。1907年から20年までアメリカのジョンズホプキンス大学の教授、1915年にはアメリカ心理学会の会長を務めた。

スキナー
Skinner, Burrhus F.: 1904-1990　アメリカの心理学者で行動分析学の創始者。ミネソタ大学からインディアナ大学を経てハーバード大学の教授となり、オペラント条件づけの研究を発展させて行動分析学を築いた。

ダーウィン
Darwin, Charles R.: 1809-1882　イギリスの博物学者で進化論の提唱者。1859年に『自然選択による種の起源』を出版した。

く特徴づけられるだけでなく、さらに同一種内においてもその遺伝形質は大きく異なっていることは事実が示すとおりである。

行動主義的な人間観の第2の特徴は、**経験論**的な立場をとるということである。経験論は人間が生まれてから発達にしたがって社会化し、知識を獲得し、文化的な生活をするようになるためには、経験による学習が多くの役割を果たすという考え方である。経験による変化は、系統発生的な遺伝要因に対して個体発生的な変化とよばれている。

行動分析学もこの経験論的立場に立つが、ヒトの行動や学習は経験のみによって成り立っているとは考えない。スキナー（Skinner, 1990）は、人間の行動は、系統発生的遺伝要因、個体発生的学習要因、社会文化的要因、そして現在の環境の状態などの輻輳によって決定されると述べている。社会文化的要因の多くは、ことばで示すこと、見本を示すこと、教えることなどの基本的行動によって成り立っている。

行動主義的な人間観の第3の特徴は、人間が示す内的事象と外的事象を環境との相互作用として一元論的に扱うということである。例えば、内的事象としての「学習意欲（やる気）」と外的事象としての「課題への取り組み（勉強）」は、やる気があるから勉強する、あるいはよく勉強しているのでやる気がある、のように二者を因果関係として捉えるのではなく、やる気と勉強は、その人と環境（周りの人や状況）との相互作用の中で生じる身体的現象の異なる側面と考えるのである。

[3] 2種類の行動と3つの事象レベル

それでは行動とは何であろうか。スキナーは、行動は生体がすること、つまり外界と交流する生体の働きであるとしている（Skinner, 1938）が、これをさらに一般的に述べるならば「身体の変化」ということができる。

人間の生命維持活動は、2種類の器官系によって成り立っている。一つは植物性器官で代謝、免疫、再生など生命維持に直接かかわるものである。主に自律神経系によって支配され、その多くは内臓反応などの不随意反応である。もう一つは動物性器官で主に脳脊髄神経系によって支配され、感覚、運動など環境との交流を行うものである。

この2種類の器官系の働きは、それぞれの器官系に基づく2種類のタイプの行動とその学習のプロセスとして研究されてきた。主と

📄 1) 経験論的考え方はフランシス・ベーコン、ホッブス、ロック、ヒュームなどのイギリス経験論哲学を経て心理学における行動主義に反映された。知識の生得的な側面を重視するデカルトなどの大陸合理論と対比的な考え方である。

🖉 イギリス経験論
17世紀後半にイギリスで興った、すべての知識の起源を経験におく考え方。

🖉 系統発生
生物の種の進化を示す言葉で、ドイツの動物学者ヘッケルは、個体発生における変化は系統発生の繰り返しであると主張した。遺伝と関連している。

🖉 個体発生
生物の個体が受精卵から成体になるまでの過程。発達と関連している。

🖉 ことばで示すこと：telling
見本を示すこと：showing
教えること：teaching

🖉 生体：an organism

> **レスポンデント行動：**
> respondent behavior
> スキナーによることばで、行動に先立つ刺激によって誘発される行動のこと。主として植物性器官における身体反応で、代表的なものは唾液分泌反応や瞬目反射。

> **オペラント行動：**
> operant behavior
> これもスキナーによることばで、行動のあとの環境変化によってその自発頻度が変化する行動。移動や物を掴むといった骨格筋を用いて環境に働きかける行動。

> 2)　例えば、「口喧嘩」はオペラントとしての言語行動のやりとりであるが、そのときには同時に相手の言葉を刺激として、「怒り」「恐れ」などのレスポンデント情動反応が生じているはずである。

> **パヴロフ**
> Pavlov, Ivan P.: 1849-1936　旧ロシアの生理学者。1904年に「消化腺の働き」の研究によりノーベル賞を受けた。イヌを被験体とした条件反射の研究を発展させ、レスポンデント条件づけ研究の基礎を築いた。

して植物性器官による身体変化が**レスポンデント行動**、一方、動物性器官による身体変化が**オペラント行動**にあたる。

この2種類の行動は、すでに述べたように関係する器官や神経系、身体変化としての様態なども異なっているが、決定的な違いはその行動が生起する原因である。すなわち、レスポンデント行動は、行動に先立つ環境変化によって誘発される行動であり、オペラント行動は、行動の後の環境変化によってその自発頻度が変化する行動ということである。さらにレスポンデント行動は、その多くが皮膚や内臓器官に現れる身体「反応」であり、**生得性**のレスポンデント行動と**学習性**のレスポンデント行動があるが、オペラント行動はすべて学習性である。

このようにレスポンデント行動は発汗や痛みのように刺激によって身体上に現れる反応であり、オペラント行動は歩く、手をあげる、文字を書くなど必要に応じて環境に働きかける行動である。心理学の教科書などでは説明をわかりやすくするために、この2つの行動がそれぞれ異なる学習プロセスとして記述されることが多いが、実際は、同時に起きている。[2)]

この身体に生じる2つの行動を事象（出来事）として考えると、それぞれにおいて行動レベル、生理レベル、意識レベルの3つの事象レベルがある。行動レベルは身体諸器官の活動そのもので、オペラントでは手をあげる、文字を書く、レスポンデントでは汗をかく、瞳孔が拡大するなどであり、生理レベルは身体諸器官の働きを支えている細胞や組織の生化学的な変化や電気生理的な変化である。意識レベルは身体諸器官の活動についての生体の意識的変化で例えば胃の痛みや空腹感、嘔吐感などの内臓感覚、筋肉が動いているなどの運動感覚、暑さや寒さの皮膚の感覚、「見ている」「聞いている」「臭う」などの感覚、イメージの意識、「考えている」等の意識など、私たちが経験しているすべての意識的事象である。

すでに述べた「外的事象」「内的事象」の括りで考えると、行動レベルが「外的事象」、生理レベルと意識レベルが「内的事象」に対応するものである。

［4］レスポンデント行動の学習

特定の誘発刺激によって生得的に生じるレスポンデント行動が、本来は無関係な他の刺激により生じるようになる学習である。パヴロフによる「条件反射」の研究においては、生得的に唾液分泌反応（UR）を引き起こす無条件刺激（US）としての食物と、メトロノー

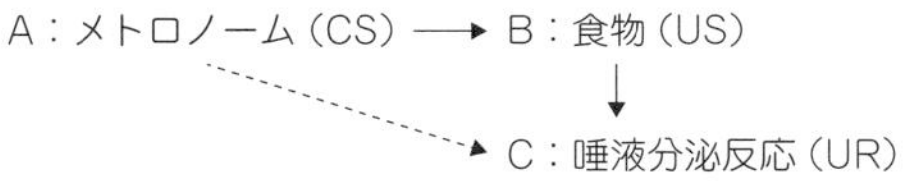

図1　レスポンデント条件づけの仕組み

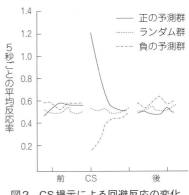

図2　CS提示による回避反応の変化
(Rescorla, 1966)

ムの音を数十回時間的に接近させて提示することによって、やがてメトロノーム（条件刺激：CS）だけでも唾液分泌反応（条件反応：CR）が出現するようになった（図1参照）。

このようにレスポンデント条件づけは、初期においては経験によって刺激（A）と反応（C）の新たな連合が確立することと見なされていたが、1960年代以降の研究によって、レスポンデント条件づけの手続きは、刺激と反応の連合という枠にとらわれず、事象（A）と事象（B）との関係の学習であると考えられるようになった。つまり、Cのような反応がなくてもレスポンデント条件づけは可能であるということである。

例えば、図1のように2つの刺激A、BにおいてAがやや先行して対提示されると、A→B、つまり「Aの後にBが来る」という学習が成立する。一方、AとBが対提示されずに、常に時間的に離れて提示されるならば「Aの後にBは来ない」ということを学習し、さらにAとBとの出現の仕方がランダムであるときは「AとBとは関係ない」ことを学習する（Rescorla, 1966の実験を参照[3]）。このようにレスポンデント条件づけの手続きは、事象間の関係の学習を通して人間が様々な知識を獲得してゆくプロセスであるということができる。

[5] オペラント行動の学習

人間は生まれた直後は一人で生きることもおぼつかない状態であるが、やがて養育者や周囲の人たちの影響を受けて、基本的生活動作を学び、ことばを覚えて社会に適応し、人間らしい文化的な生活をするようになる。その過程で大きな役割を果たしているのがオペラント条件づけである。人間のオペラント行動は、歩く、ボタンを押すなどの非言語行動と、話す、書くなどの言語行動に大きく分けることができるが、**オペラント条件づけ**はこの両者の行動の獲得や維持、そして消失のプロセスに密接に関わっている。

オペラント条件づけの基本的枠組みは生体の行動と3種類の環境変化によって成り立っている（図3参照）。第1は、生体の状態を変

[3] Rescorla（1966）の実験では18匹のイヌを3群に分けて、異なるタイプのレスポンデント条件づけ手続きを実施した。CSは5秒間の400ヘルツの音、USは実験箱の床に提示される0.25秒間の電気刺激である。条件づけの前にすべてのイヌは、シャトル箱という2部屋の高さ30cm程度の仕切り板で区切られた実験箱で、一つの部屋に30秒以上留まっていると電気刺激を受けるが、その前に部屋を移動すれば電気刺激を回避できるという行動を学習していた。

3群の条件づけ手続きは以下のとおりである。まず正の予測群は通常の手続きでCSとUSが時間的に接近した（30秒以内）。負の予測群はCSとUSは常に時間的に離れていた（30秒以上）。そしてランダム群は、CSとUSはランダムかつ独立に生起した。したがって、偶然に音のあとに接近して電気刺激が提示されることもあるが、全く離れていることもあった。どの

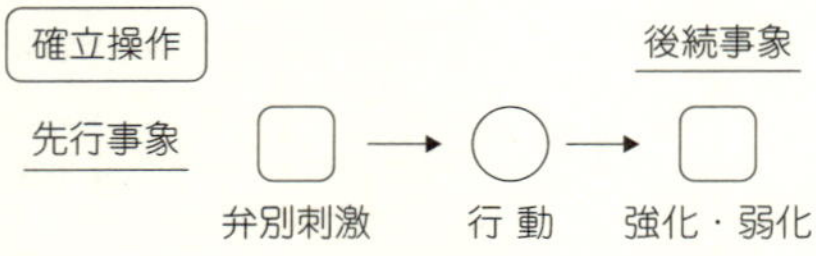

```
┌──────┐       ┌──────┐
│確立操作│       │後続事象│
└──────┘       └──────┘
┌──────┐   ┌─┐   ┌─┐   ┌─┐
│先行事象│   │ │ → │ │ → │ │
└──────┘   └─┘   └─┘   └─┘
           弁別刺激  行動  強化・弱化
```
図3　オペラント条件づけの仕組み

える環境変化で、専門用語では**確立操作**という。第2は、行動のきっかけとなる環境変化で、**弁別刺激**である。第3は、行動のあとに生じる環境変化、すなわち**強化**、**弱化**などの行動**随伴性**である。第1と第2の環境変化は特定の行動の前に生じる環境変化（先行事象という）であり、第3は行動のあとに生じる環境変化（後続事象あるいは随伴操作ともいう）である。

例えばラットが実験箱内のレバーを押すという行動を学習するプロセスを考えてみよう。最も重要なことは、日常的にも見るように、レバーを押したら餌を与える、つまり標的とする行動が生起したら餌を提示して強化することであろう。しかし、この強化という操作は、実際には2つの先行条件が整っていないと機能しない。一つが確立操作で、行動の際にそのラットが空腹状態である必要がある。空腹状態にするには、前もってえさの量を減らすとか前の食事からの時間を長くするなどの環境操作が必要になる。確立操作は、生体が「欠乏状態」、「飽和状態」、「嫌悪状態」になって特定の刺激（餌や水）が強化子として有効に働くような状態を作り出す操作である。

もう一つの先行条件は弁別刺激で、行動を自発するきっかけが提示されることである。弁別刺激には任意の刺激がなりうる。例えば、部屋が暗いときにはレバーを押しても餌が出ないが、ライトが点いているときに押すと出るようにすると、ライトが点いたときだけレバーを押すようになる。このように特定の刺激を特定のオペラント行動の弁別刺激にする操作を刺激性制御という。

[6] **行動随伴性**

行動の後続事象として、行動のあとに生じる環境変化の代表的なものは、「強化」および「弱化」とよばれる行動随伴性で、「強化」は行動を増加させる行動随伴性、「弱化」は行動を減少させる行動随伴性である。強化と弱化にはさらに「正」と「負」の2つの場合があり、したがって4つの行動随伴性がある。

「**正の強化**」は最も一般的なもので、餌によるレバー押し行動のように刺激の出現によって行動が増加する場合である。「**負の強化**」は多くの場合、嫌悪的な刺激の消失によって行動が増加する場合で逃避行動や回避行動が代表的なものである。また、「**正の弱化**」は電気刺激のような嫌悪的刺激の提示によって行動が減少する場合、

群においても一日の訓練あたり、CSは平均2.5分の間隔で24回ランダムに生起した。

この条件づけ訓練を5日間実施したあと、各群のイヌを再びシャトル箱に戻し、そこで、安定した回避行動を起こしているときに、テストとしてCS（5秒間の音）を平均2.5分の間隔で24回提示し、CS提示時およびその前後30秒間の回避行動の変化を調べた。その結果、CSが提示される前の30秒間はどの群のイヌも同様の安定した回避行動を示していたが、CSが提示されると全く異なる変化を示した。正の予測群つまり、CSとUSが接近していた群のイヌは回避反応が2倍以上に増加し、負の予測群つまりCSとUSがいつも離れていた群のイヌの回避反応は著しく減少した。ランダム群のイヌは変化がなかった（図2）。

🖉**確立操作**：establishing operation
特定の事象や事物の強化子としての効力を変え、その強化子に基づく行動の頻度を一時的に変えるような環境変化。食餌量を制限された動物は餌をほしがるようになる。一般にモチベーションとよばれる現象の行動主義的用法である。

「**負の弱化**」は罰金をとられるなど好ましい刺激の消失によって行動が減少する場合である。

このように行動随伴性は、典型的なケースにおいては好ましい刺激の出現によって増加し、嫌悪的な刺激の出現によって減少する、という現象を生じさせるが、表1を見ればわかるように、強化、弱化の行動随伴性を記述し説明する場合には、その刺激が「好ましい」か「嫌悪的か」は問題ではない。行動随伴性はあくまでも刺激の「出現」と「消失」、そして行動の「増加」と「減少」の関係によって一義的に定義されるのである。確かに日常的には、例えば食物は「好ましい刺激」、**叱責**は「嫌悪的な刺激」であると考えられるが、満腹の状態で食べ物が出現しても好ましいとは思えないし、また、いくら叱責しても乱暴な行為を止めないこどもにとっては、その叱責が「大人の注目」という好ましい刺激になっているのかもしれないのである。このような観点から、いわゆる罰は弱化の一形態ではあるが、弱化とは明確に区別されるべきである。同様に日常においてよく用いられる「**賞賛**」や「ほめる」という操作もそれに先行する行動の自発頻度を高めることが多いので「強化」の一形態ではあるが、同義ではない。

【2】 教育への応用

教育は、特定の物理的環境の中で、人と人が相互に相手の社会的環境となってオペラント行動を交流する場である。そして教育の場では、それぞれのこどもが、望ましいとされる行動をより多く遂行するような働きかけがなされる。

このような教育実践場面において、一般的に行われているのが「**内的構成概念**」を用いた指導であろう。例えば、学業が伸び悩んでいるこどもについて、「学習意欲の欠如」や「やる気のなさ」、「努力が足りない」などの言葉で表現し、どうしたらその意欲ややる気を高揚させることができるかを考え、そして、「授業に集中」するように指導する。

一方、行動主義的なやり方では、まず、一つひとつの事柄を行動のレベルで記述する。まず、「学業が伸び悩んでいる」ことについては、何がどこまでできて、何ができないかについてアセスメントする。そして、なぜ、ある課題ができないか、しないかについて、

表1　4つの行動随伴性

行動随伴性		行動		環境変化	行動の生起頻度
強化	正の強化	行動	→	刺激出現	↑ 増加
	負の強化	行動	→	刺激消失	↑ 増加
弱化	正の弱化	行動	→	刺激出現	↓ 減少
	負の弱化	行動	→	刺激消失	↓ 減少

🔑**弁別刺激**：
discriminative stimulus
生体がオペラント行動を自発するきっかけを提供する環境刺激である。「空腹感」のような内的刺激も、例えば冷蔵庫を開けるという行動の弁別刺激となりうる。

🔑**強化**：reinforcement
現象的には特定のオペラント行動が増加することであるが、手続きとしては、ある行動に強化子を随伴させてその行動の頻度を増加させることをいう。

🔑**弱化**
現象的には特定のオペラント行動が減少することであるが、手続きとしては、ある行動に弱化子を随伴させてその行動の頻度を減少させることをいう。弱化は今のところ日本の研究者が使っている言葉で、対応する英語はない。

🔑**内的構成概念**：
construct
心理学的な現象を記述するための抽象的な言葉。「意欲」や「怠慢」のように多くの場合、一群の行動から推測されたものである。

「学習意欲の欠如」「やる気がない」とこどもにその原因を求めるのではなく、そのこどもを取り巻く**環境条件**を綿密に調べる。環境条件とは具体的には、その教材がそのこどもにとって難しすぎないか、教師はそのこどもに声をかけているか、他のこどもが騒いでいないか、といった具体的な事柄である。

行動に注目することの大きなメリットの一つは、こどもの現在の状況や指導後の結果が、行動の変化として客観的に記述され、教師間や保護者と共有することができる点である。「学習意欲」や「やる気」のような抽象的な言葉では、具体的に何が問題であるのかが不明確であり、加えて各メンバーの受け取り方も異なるため、関係者が連携して問題の解決を図ることが難しいことが多い。

［1］教育目標の設定と形成的評価

このように生徒の行動および環境に注目することにより、こどもにいつまでにどのような学習行動を習得させるべきか、という明確な教育目標の記述が可能となり、また、結果として何ができるようになったかという形成的評価も可能となる。

教育目標の記述とその達成を測る形成的評価は、効果的な行動変容を達成するために不可欠のものである。まず、目標を設定する場合には、「けじめをつけよう」ではなく、「チャイムが鳴ったら、1分以内に着席する」、あるいは「～を理解させる」でなく、「室町幕府と鎌倉幕府の仕組みの違いが、3つ以上言える」や「守護大名の連合政権の意味を、自分の言葉で説明できる」のように行動に注目した目標を設定しなければならない。

次に、目標へのプロセスにおいては、**初発行動**のレベルから段階的に目標である**最終行動**に発展させていくことが肝要である。行動変容法における**逐次接近法**はその代表的な手法であるが、これは、始めは基準を緩やかにして目標行動に近い行動があれば強化し、徐々に基準を厳しくして最終的に目標行動に到達させる、というものである。ここで大事なことは、①目標とする行動を具体的に記述すること、②強化されやすい行動から出発すること、③**スモールステップ**で目標に近づけていくこと、④強化は即時に与えること、である。

このように、目標の設定は固定的なものではなく、常に対象者の行動の変化をアセスメントし、変化があったらそれに応じて次の目標を設定する、という形でなければならない。その学習の成果を測るアセスメントが形成的評価であり、「～を10個書けるようになっ

📌**形成的評価**：
formative evaluation
個別の学習課題ごとにその学習の進展状況を査定する評価法。したがって、まず学習前の状態（初発行動：entering behavior）を測定し、指導のあとどれだけ目標に近づいたか（最終行動：terminal behavior）を測定し比較する。到達度テストもその一つ。

📌**逐次接近法**：
successive approximation method
行動形成（shaping）において用いられ、緩やかな基準から徐々に基準を厳しくして最終的に目標行動に到達するような強化手続き。スモールステップによる学習である。

た」「〜ができる生徒が何人から何人に増えた」「教室内の80％の生徒が正答を言うことができた」と、その行動を数値で記述して初めて次につながる活きた評価となりうるのである。

　教育場面では誤った知識や行動の修正、望ましくない行動の削減、過剰な行動の抑制など、不適切な行動の減少を教育目標とすることも多い。このような行動の減少についても行動的な環境操作による方法を用いることができるが、その際は望ましくない行動の減少と同時に望ましい他の代替行動の増加もあわせて試みるべきである。

[2] 知識の獲得

　教育場面において主要なやりとりはほとんど言語を介して行われる。言語行動は同じ言語を使う聞き手を介した環境変化によって強化（弱化）されるオペラント行動である。言語には音声言語と文字言語があり、さらにそれらの生成（言う、書く）と理解（聞く、読む）の2つの形態があるが、特に生成は明確にオペラント行動としての特徴を備えている。具体的には音声言語行動は、肺、口蓋、舌、唇などの骨格筋で声帯による空気の振動を調節し、音声を生成するオペラント行動、一方、文字言語行動は、手などの骨格筋を用いて外界の被操作体に視覚的刺激を生成するオペラント行動である。このように言語がオペラント行動であるということは、行動の原理を用いて言語行動の修正が可能であることを意味する。

　音声や文字の学習の過程においては、曖昧な発音から正確な発音へ、あるいは漠然とした線や曲線から明確な文字へ、さらには言葉の意味や文の理解へと進む段階で、モデルを示す（モデリング）、まねる（模倣）、やってみる（行動リハーサル）、フィードバック（強化・弱化）、さらには説明（教示）、示唆（プロンプト）尋ねる（問いかけ）など限りない他者との交流が繰り返される。これらの過程はより高度な知識を獲得するための基礎的な学習過程といえるだろう。

　このように行動主義的な考えや手法は、人間社会において昔から経験的に行われていたことも多く、教育の分野で幅広く活用できる内容を含むものである。行動分析学の教育への応用は、応用行動分析学という名のもとで行われており、特に特別支援教育の分野において目覚ましい成果をあげているところである。しかしながら通常学級の教育においては、行動的な考えに基づく教育実践はまだ十分浸透しておらず、今後の普及と実践が望まれる。

📖 今田寛（1996）．学習の心理学　培風館
📖 実森正子・中島定彦（2000）．学習の心理：行動のメカニズムを探る　サイエンス社
📖 メイザー，J. E. 磯博行・坂上貴之・川合伸幸（訳）（2008）．メイザーの学習と行動（日本語版　第3版）二瓶社
📖 小野浩一（2016）．行動の基礎：豊かな人間理解のために（改訂版）　培風館

2 目標・診断・評価

藤澤伸介

【1】教授目標と書き方

　日本の制度では小中高の教師は、学習指導要領に基づいて授業をすることが求められ、指導要領に明示されている各単元の指導目標に基づき、各授業ごとに指導目標を決定する。どこまで育てたい学力が形成できるかは教授目標次第なので、目標は重要設定事項だ。[1]

　ガニェ（Gagné, 1970）によれば、目標は①生徒に与える条件、②学習成果の行動、③合格基準の3つを含む必要がある。英単語の習得なら、「①日本語の単語を10個示したとき、辞書などの助けなしで、②対応する英単語が正確に書ける。③9割を合格基準とする」のように書くのである。特に②の部分は曖昧な表現を避け、指摘する、問題を解く、例示する等の用語を使うべきである。これは、教師の「教えたつもり」や生徒の「わかったつもり」を防ぐためである。[2] 目標を行動の言葉で表現することに専念すると、**できる学力**ばかりに目が行き**わかる学力**を軽視しがちになる。[3] これでは**真正な学力**の形成にならないので、どこまで**「深い理解」**に到達しているかが判定できる仕組みを授業に作り、その達成が行動として把握できるような、目標を設定しなければならない。

　この問題の解決策の一つとして、**ポートフォリオ**（PF）**システム**が提案されている（Wolf, 1989；池内, 2000；TenBrink, 2006）。PFは、学習者の作る成果達成過程ファイルのことで、和文英訳なら［間違いだらけの試訳→添削→完成文→発見した弱点＋教訓帰納＋新学習事項］、歴史上の疑問なら［疑問点→根拠→解決方法の列挙と実施可能性→解決経過→暫定的解答］のように、最終結果だけでなく、学習過程を（映像や音声を含め）記録していく。これは、どの科目でも作成可能で、学習者の省察を書き込ませれば、個人成長過程がわかり、ルーブリックを併用すると評価にも使える。[4]

　目標設定の難易度については、学習者の実態を見極めて、可能水準より少し高めに設定することが望ましい。初めから目標を安易に下げると学習意欲や学習の質の低下を招くことがわかっている。特に新しい学習に入る場合は、学習者が覚悟を決めて取り組むので、その学習の意義や楽しさだけでなく、「できる学力」形成のための必要学習量も伝わるように目標設定をしなければならない。[5]

📖 1) 教授目標に合わせて、教師が効果的な授業を行ったとしても、定期試験実施時に、出題内容が教授目標に対応していなければ、授業効果の測定もできないし、生徒の授業参加意欲も減退する。教授目標は、試験でどんな出題をすれば達成が判断できるかまでを考えながら、設定していく必要がある。

📖 2)「わかった人」に挙手させ、その人数を数えるような、よくある判定法は、好ましくない。本人の理解度判定では客観性がないし、見栄で挙手する生徒もいるからである。

📖 3) 知識や技能の獲得だけの成果を「できる学力」、概念の意味や知識構造の把握、自分自身の問題解決への活用、といったところまでの成果を「わかる学力」とよぶ（藤村, 2012）。習得編 3-1「学習とは何か」を参照。

📖 4) 美術や音楽などの芸術系科目の授業に関しては、指導目標と表現目標を組み合わせた目標設定が提案されている（Eisner, 1985）。このやり方にもPFシステムは、非常に相性が良い（池内, 2014）。また、ルーブリックについてはトピック4-5「指導要録・通知表・内申書」参照。

【2】教育評価の意義

目標達成度の検査（テスト）を実施し、診断に基づいて、教育活動の優劣を価値判断することを評価という[6]。

［1］学習者にとっての意義

①**学習活動の改善**　各単元の学習目標と自分の目標達成度（習得状況）がわかり、家庭学習の改善が可能になる。

②**メタ認知の育成**　検査結果や教師からの評価[7]から、自己学習の量や質の適否が判断でき[8]、効果的な学習法がわかる。

③**進路適性の把握**　科目や単元の間で、少ない学習量で好成績になる部分、多大な努力が必要な部分があり、自分の適性がわかる。

［2］教育者にとっての意義

①**指導法の改善**　目標達成度から指導の適切性が判断でき、改善が可能になる。形成的評価[9]により、授業の軌道修正も可能だ。

②**学習者の動機づけ**　評価情報のフィードバックで動機づけが可能になる。おどしは内発的動機づけを低めるので避けるべきだ。

③**学習法の統制**　計算問題を出題すれば学習者は計算練習を増やし、記述式問題を出題すれば深い理解を目指すようになる。つまり、何を試験するかで、教師は学習者の学習法を統制できるのである。

［3］コミュニティにとっての意義

①**教育課程の改善と教育水準の向上**　教育活動の**説明責任**を果たし、改善を行うことで、教育水準が向上する。

②**学校と家庭の連携やキャリア教育の基礎資料および異校種間連携や社会教育の基礎資料**　これは、個人情報を誰が管理しどう活用するかについて、慎重に決めていく必要がある。

【3】評価の方法

評価の方法は、目的や状況に応じて表1から最適なものを複数選んで組み合わせると良い。さらに、評価結果が学習者にとって納得のいくものであれば、教師に対する信頼感が増すことになる[10]。

表1　評価方法の種類

評価方法の種類		内容説明
自然観察法		教師の直感的判断。偏見に注意すれば、最も豊富で正確な情報になる。
記録蓄積法		出欠記録、課題提出記録、活動参加記録など。客観的な資料になる。
検査実施法	文書検査	試験用紙の会場テスト（論文体テスト／客観テスト）。報告書。
	反応点検	授業中の形成的評価用点検。実技披露点検。
	その他	調べ学習の発表。面接。
作品法（ポートフォリオ法）		提出論文、提出作品の点検。ビデオ映像の点検。

[5] 課題の難易度についてはLepper & Hodell (1989)やMalone & Lepper (1987)で詳しく検討されている。

[6] 広義の教育評価は、教育課程評価、学校評価、授業評価、学習指導評価、学習評価をすべて含む。狭義の場合は学習指導評価（教授評価）のみを指す。

[7] 授業中の教師の発言や、通知表の内容。

[8] 量の判断とは、どこまで頑張ればどのくらい達成できるかということで、質の判断とは、何をどのように練習すれば、知識や技能が定着するのかということである。

[9] 評価はその目的によって、診断的評価、形成的評価、総括的評価の3タイプに区別できる。これらの駆使が生徒の授業満足度を高める鍵だ。詳しくは習得編4-4「授業づくり」を参照。

[10] 評価に関して、目標にとらわれない「目標自由評価」という考え方もある（佐藤, 2002）。

【4】評価の種類

[1] 目標準拠評価と集団準拠評価　目標準拠評価は、どこまで目標が達成されたかを教師の基準で評価するので、**絶対評価**ともよばれ、通常は教師自作テストが用いられる。武道や伝統芸能等の評価はすべてこれである。一方で集団準拠評価は、学習者を所属集団内で序列化したときの位置を測定するので、**相対評価**ともよばれる。相対評価は教師ごとの主観が排除できるので、進学の適否情報に使われることが多い。相対評価を算出するためには**偏差値**が用いられる。ただし、大人数で標準化された標準学力テストが用いられれば、正確な位置の把握が可能になるが、集団毎に別個のテストを用いると集団間の優劣調整が困難になる。[11]

相対評価だと受験者は全体動向に敏感になるため、受験圧力の強い時代には競争原理から全体の学力が向上し、低圧力時代には怠慢への同調行動から全体レベルが低下する。かつて日本の学校での通知表は相対評価だったが、2002年度からは絶対評価に改められた。

[2] 個人内評価と個人間評価　絶対／相対評価は個人間評価であるが、一人の変化を評価するのが個人内評価である。過去と現在を比較するので学習者の意欲を高めやすいが、独断にも陥りやすい。

[3] 評定法と論述法　5段階（5, 4, 3…）、3段階（A, B, Cや優良可）のように段階を決めて分類するやり方を評定法、文章で詳しく記述するのを論述法という。簡便性や明瞭性では前者が優れているが、個人的な特徴や問題点の伝達という点では後者の方が優れている。

[4] 測定による評価と範疇化による評価　表1の検査実施法は、ペーパーテストの実施で量的に測定し、測定値を段階に区切って評定値を割り当てるが、それ以外の3つの方法は、評価者が「未提出」「提出されたが手抜き」「必要最低限」「努力の痕跡あり」「完成度が高く独創性も発揮」などの範疇を決めてそこに当てはめて評価するのである。このときのレベル設定のし方を**基準**といい、基準判定規則集のことを**ルーブリック**という。

[5] 総合評価と観点別評価　ある教科をひとまとめに評価するのが総合評価で、色々な側面毎に評価するのが観点別評価である。話す、聞く、読む、書くを区別するのは観点別だ。[12]

[6] 評価法の評価　実施者の主観に影響されないのが**客観性**、別の評価者が評価しても結果が一貫しているのが**信頼性**、測定目標の力を必要十分に評価しているのが**妥当性**で、評価はこの3つを備えていることが望ましいとされている。

---

11) 偏差値
$$= \frac{得点 - 平均点}{標準偏差} \times 10 + 50$$
で求められる。5段階評定の場合は、65以上が5、55以上が4、45以上が3、35以上が2、35未満が1になる。

偏差値は、テスト結果が正規分布をなしているという仮定のもとに、成績を評定するために考えだされた概念である。

ルーブリックについては、トピック4-5「指導要録・通知表・内申書」も参照のこと。

12) 英単語について「発音が正確」「訳、品詞、活用、類義語との差異」「文に組み立て可能」「文化的背景」等と決めればこれが規準になる。基準（standard）と規準（criterion）は読み方が同じなので「もとじゅん」「のりじゅん」と区別することがある。

表2　評価をめぐる心理現象　(藤澤, 2007をもとに作成)

分類	名称	説明
対人認知	光背効果 (後光効果)	特定の側面が良いとすべての側面を肯定的に、特定の側面が良くないとすべての側面を否定的に評価してしまう傾向。(好成績の生徒は、性格も良いと判断したり、一度問題を起こした生徒を色眼鏡で見る)
	寛大効果	特定の人に対し、好ましい特性は高く評価し、好ましくない特性には目をつぶる傾向。(「うちの子に限って…」という親の発言など)
	中心化傾向	測定を何回も行っていると、自然に判断の基準が形成される。その位置が、接した生徒のばらつきのほぼ中央になる傾向。(優秀児に多く接している教師と不振児に多く接している教師では、把握している実態が異なるので、特定の生徒に対する相対評価も異なるということだ。)生徒のどんな姿が当たり前かの判断は、経験に依存するのである。
期待効果	ピグマリオン効果 (教師期待効果)	相手に対して無意識の期待をもつと、知らない間に相手に伝わり、相手に期待に添うような変化を誘発する現象。(教師が「必ず向上するはず」と思う生徒の成績が上がり、「逆らうはず」と予想する生徒が反発する)期待を相手に明示するのでなく無意識ということが必要である。
	減点主義効果 (完璧期待効果)	教師が生徒に完璧を当然としてあら探しの態度で接すると、形式主義的で無難な行動を生徒に誘発し、生徒は独創性が抑制されて失敗から学ばなくなる。完璧主義は、要求水準の高さと混同されやすい。
	テスト期待効果	テストの出題形式が、学習者の学習方法に影響を与える現象。(教師が空所補充問題ばかり出題すると、生徒の機械的暗記が増え、記述式問題を出題すると、生徒は体系的で精緻な学習をしやすくなる)テストにより、生徒に対する教師の期待内容が伝わるということである。
試験問題の適切性	天井効果	試験問題が簡単すぎることで平均が満点に近くなり、成績上位者の習得状況の差が判別できない現象。試験実施対象にとって出題内容が適切でないことを意味する。生徒に向上心も生まれない。[13]
	床効果	試験問題が難しすぎることで平均が零点に近くなり、成績下位者の習得状況の差が判別できない現象。試験実施対象には出題内容が適切でないことを意味する。無力感が形成されない手だてが必要になる。

【5】評価をめぐる心理現象

上の表は、評価をめぐる様々な心理現象をまとめたものである。これを見ると、現場に役立つたくさんのことが思い浮かぶだろう。

[1] **試験問題の作成法**　試験問題によって、教師が生徒にどのように学習してほしいかが伝わるので、採点を楽にとか、問題集の切り貼りが無難と考えて問題を作るのでなく、有意味学習や全体の構造把握を期待するなら、その意図が伝わるような問題を作るべきである。素晴らしい授業を粗末な試験で台無しにすべきでない。

[2] **保護者面談の話題に注意**　保護者に教師の役割を代行させるような責任転嫁面談は避け、「ウチの子は最高！」と、保護者のこどもに対する期待が高まるような面談を実施すべきだ。

[3] **生徒をどう理解するか**　ありのままの正確な理解は実に難しい。ピグマリオン効果を考えると良い方の誤解は気にしなくてよいが、悪い方の誤解は避けたい。担当するすべての生徒に対する長所発見努力は教師の義務だろう。

13) 天井効果の出るような試験を行い「生徒に自信をつける」と公言している教師がいるが、教師が気づいていないだけで、生徒には「努力不要」と伝わってしまっている。

田中耕治・鶴田清司・橋本美保・藤村宣之 (2012). 新しい時代の教育方法　有斐閣 (「できる学力」と「わかる学力」を区別し、それぞれの教育目標や教育方法を考えるのに役立つ本。)

北尾倫彦 (1991). 学習指導の心理学：教え方の理論と技術　有斐閣

北尾倫彦 (編) (1996). 新しい評価観と学習評価　図書文化社

③ 学習意欲

鹿毛雅治

　学習意欲という言葉を聞くと、机に向かって試験勉強に取り組む生徒の姿を思い浮かべる人が多いかもしれない。しかし、それは本来の意味での「学習意欲」ではなく、単なる「点取り意欲」である可能性がある。

　そもそも意欲とは、意志（○○を成し遂げるぞ！）と欲求（○○したい！）の複合語だといわれている。つまり、「やりたい」という強い希求を原動力として、最後までやり抜こうとする心理現象を意味する。しかも「意」と「欲」のいずれかが欠けると意欲とはよべない。「○○したい」と思っているだけで意志が弱かったり、「成し遂げよう」としてはいても「やりたい」という熱意が欠けていたりすれば、意欲的だとはいえないのである。

　このように考えると、「点取り意欲」と「学習意欲」の違いがみえてくる。学習意欲とは、学び遂げようとする心理現象（「とことん理解してやるぞ！」、「絶対に上達してみせる！」など）であり、それは「学びたい」という欲求（「もっと知りたい」「できるようになりたい」など）に支えられている。したがって、いくら一生懸命に勉強していたとしても、学びたいという気持ちからではなく、「合格したい」といった欲求や「絶対満点を取ってやるぞ」といった意志に基づいている場合はむしろ「点取り意欲」（あるいは「合格意欲」）というべきであって、「学習意欲」とはよべないのである。

　いわゆる「やる気」について、心理学では動機づけ研究によって明らかにしようとしてきた。**動機づけは外発的動機づけと内発的動機づけ**にしばしば大別される。外発的動機づけとは、ある目的（賞を得る、罰を避けるなど）のための手段として行動が生じる場合を指す。上述の「点取り（合格）意欲」の場合、点数や合格を目的とする手段として学習に取り組んでいるため、外発的動機づけだといえる。それに対して、学びたいから学んでいる「学習意欲」のように、行動それ自体が目的となっているやる気を内発的動機づけという。

【1】動機づけの要因とメカニズム

　われわれは自分自身の内部から押されること（プッシュ要因）によって、また、外部から引っ張られること（プル要因）によってや

動機づけ：
motivation
行為が起こり、活性化され、維持され、方向づけられ、終結する現象。強度（どの程度行為が活性化されるか）と指向性（何を目指した行動か）という二側面から主に説明される。

外発的動機づけ：
intrinsic motivation

内発的動機づけ：
extrinsic motivation

競争
例えば入学試験のように、ある人の目標達成（例えば、合格）が、他者の目標達成の可能性を低めるような状況で生じる現象。勝ち負けを争うゲームを取り入れるなど、競争には学習活動を生起、維持させる働きがあるが、ともすると「勝つこと」が自己目的化しがちで、学習自体がおろそかになる危険性もある。

1) プッシュ／プル要因に関して、人を内部から行動に駆り立てる要因は動因、行動を引き起こす環境側の要因は誘因とよばれる。

欲求：need
「個人の内側から行為を引き起こす心理的エネルギー」を意味する心理学的な構成概念。

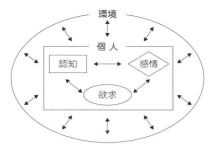

図1　動機づけの四要因（鹿毛, 2004）

る気が生じる。[1)]具体的には図1に示すように、個人内に「欲求」「感情」「認知」といったプッシュ要因、個人外にはプル要因としての「環境」が存在し、行動はそれらが相互作用することによって生じると考えられてきた（鹿毛, 2013）。例えば、合格したい（欲求）、恥ずかしい（感情）、頑張ればできそうだ（認知）といった心理状態が内部から「押す力」となって、また、教師、テスト、入試といった人的、社会的な環境の諸要因が外部から「引く力」となってやる気が生じるというわけである。しかも、プル要因（例えば、入試）とプッシュ要因（例えば、合格したいという欲求）は表裏一体の関係にあることも多い。

　また動機づけには、その人の特徴として常に安定している側面と、時と場合によって流動的で不安定な側面の両面があるという点にも留意したい。「○○さんは何事に対しても積極的でいつもやる気満々だ」というように、動機づけはその人の個性として理解できる一方、同じ人であっても、意欲的であったり、無気力であったりするのはむしろ自然なことであり、やる気には波がある。動機づけはこのような安定／不安定性という観点から、その人の「特性」あるいは、その場、その時における「状態」として記述できるのである。

【2】学習意欲を支える欲求と感情

　食欲を感じてレストランに出かけるというように「○○したい」という欲求がプッシュ要因となって行動を起こすという考え方はわかりやすい。人には食欲のような生理的欲求だけではなく、心理的欲求があるとされる。例えば、**欲求階層説**を提唱したマズローは**自己実現欲求**（当人の潜在的可能性を最大限に実現しようとする傾向性）を人がもつ最高次元の欲求として位置づけ、自己実現こそが人生に

人を特定の行動に駆り立て、その行動を方向づける働きがある。食欲や睡眠欲のような生体を維持するために不可欠な生理的欲求に対して、生理的な過程に直接依存しないが当人の環境への適用や心理的健康を大きく左右する欲求を心理的欲求とよぶ。

📎**欲求階層説**
人の欲求を生理的欲求、安全の欲求、所属と愛情の欲求、自尊欲求、自己実現欲求の順に低次なものから高次のものへと階層化し、低次の欲求が満たされると、より高次の欲求が発現し、それが低次の欲求に替わって優位に立ちその充足を求めるようになるという欲求発動メカニズムを説明した。自尊欲求を含む下位の欲求は、欲求が満たされないと、それを充足する方向に向けて行動を生起させる欠乏欲求であるのに対して、自己実現欲求は、欲求が充足されることで行為が終結するというよりも、むしろさらに行為を発展的に継続させる成長欲求だとした。

👤**マズロー**
Maslow, Abraham H.: 1908-1970　機械論的な「行動主義」および人の負の側面に主に焦点を当てた「精神分析」に対する心理学の第三勢力とされた「人間性心理学」を代表するアメリカの研究者。「人間は成長の過程にある存在である」という成長仮説を提唱し、自己実現を他の欠乏欲求と一線を画す成長欲求として位置づけた。

おける最も重要な目標だと主張した。

近年の主要な欲求論である**自己決定理論**（Deci & Ryan, 2002）によれば、3つの生得的な心理的欲求が存在するという。すなわち、①**コンピテンス**への欲求（環境と効果的に関わりながら学んでいこうとする傾向性）、②自律性への欲求（行為を自ら起こそうとする傾向性）、③関係性への欲求（他者やコミュニティと関わろうとする傾向性）である。これらはいずれも当人の成長と人格的統合に向けた生来の傾向性であり、3つの欲求が同時に満たされるような条件のもとで人は意欲的になり、パーソナリティが統合的に発達していくのに対し、これらの欲求が満たされないと心理的な健康が損なわれるという。

欲求と密接に関連する動機づけ要因が感情である。例えば、数学のテストで「先生が高得点をほめてくれたのでうれしかった」という場合にはやる気が高まる一方、「いくら努力しても低得点ばかりなのでガッカリした」という場合はやる気が低下するに違いない。感情は**快**（「楽しさ」など）と**不快**（「ガッカリ」など）に大別でき、欲求（「**有能さへの欲求**」「**自尊欲求**」など）が満たされれば快、満たされなければ不快を感じる。また、一般に快は**接近行動**（「数学の学習をする」など）を、不快は**回避行動**（「数学の学習をやめる」など）を動機づける。

人が感じる快感情は複雑で多岐にわたり、それらは**ポジティブ感情**と総称されている。例えば、学習意欲を支える主要なポジティブ感情として興味が挙げられる。ある対象に興味が惹かれるとそれについて学びたくなるという心理はわれわれの日常体験から容易に理解できるだろう。興味とは、ある特定の内容や領域に注意を向け、それに対して積極的に関与しようとする心理状態を意味する。

何かを学んでいる最中に思わず熱中して時を忘れてしまったという体験もあるだろう。このような没頭状態は**フロー**とよばれ、人の成長を支えるポジティブ感情の一つに位置づけられている。すなわち、フローとは「自然に気分が集中し努力感を伴わずに活動に没頭できる」といった、目標と現実とが調和した心理状態を指し、その際、活動はなめらかに進行して効率的であるばかりでなく、当人の能力を伸ばす方向に向けて行為が発展していくのだという（Csikszentmihalyi, 1990）。

【3】動機づけを規定する認知――期待と価値

認知的側面に着目する動機づけの主要な考え方は期待×価値理論

コンピテンス：competence
環境と効果的に相互交渉しようとする生得的な能力。

自尊欲求
主要な心理的欲求の一つ。「自尊心」を維持したり、それを高めたりするために行動を生起させる。

フロー：flow

期待×価値理論
動機づけを「期待」と「価値」の積として説明する考え方。ポイントは、動機づけが「積」（乗算の結果）として表現されるという点にある。すなわち、たとえ成功する見込みがあると思っていたとしても行動に価値が見出せない場合や、価値を知覚していても成功する見込みがないと思っている場合には、動機づけは生じない。

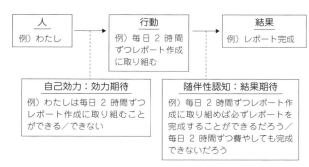

図2　随伴性認知と自己効力（Bandura, 1977a；鹿毛, 2013を一部改変）

と総称されている。

　期待とは「主観的な成功の見込み」を意味し、行動は期待があれば（つまり、できると感じていれば）生じ、なければ（つまり、できないと感じていれば）生じないとされる。図2に示されるように、期待はさらに随伴性認知と自己効力とに区別される（Bandura, 1977a）。

　随伴性認知（**結果期待**）とは、ある行動が特定の結果を生じさせるであろうという予測を指し、「自分には結果をコントロールすることが可能だ」という知覚、またはその信念を意味する。それに対して、「どうせやっても無駄だ」のように「自分が何をしたとしても結果とは無関係だ」という知覚や信念は非随伴性認知とよばれる。

　先行体験によって非随伴性認知が学習されてしまったためにやる気が生じないという現象は学習性無力感とよばれている。例えば、努力しても成績が向上しないという体験が繰り返されると、それ以降、努力しようとする意欲が失せてしまうに違いない。このようにいくら自分が行動しても望む結果が得られないという体験の積み重ねによってやる気が低下してしまう可能性があるのである。

　随伴性認知に対して、「○○という（具体的な）行動ができるという主観的な判断」は**自己効力**（**効力期待**）とよばれ、随伴性認知の先行条件としてより基礎的で強力な動機づけの規定因だとされている。いくら「やればできる」と思っていたとしても、いざ机の前に座った際に「わたしには毎日2時間ずつレポート作成に取り組むことなどできない」と感じればそもそも行動は生じないからである。

　期待を左右する認知プロセスとしては**原因帰属**が挙げられる。一般に「**努力**」はコントロール可能で「**能力**」はコントロール不可能だと考えられるため、失敗の原因を自分の努力不足に帰属する人は

🖋随伴性認知：
perceived contingency

🖋自己効力：
self-efficacy

👤バンデューラ
Bandura, Albert: 1925-
アメリカの心理学者。人の社会的な認知や思考が行動に及ぼす影響について扱う社会的認知理論の代表的な論者。代理強化に基づく観察学習や自己効力の提唱者として知られる。

🖋学習性無力感：
learned helplessness

🖋原因帰属
原因帰属は人が原因を理解する過程を解明する社会心理学の研究領域であるが、それを達成動機づけ理論として積極的に位置づけたのがワイナー（Weiner, B.）である。彼の理論では原因を位置（個人内か個人外か）、安定性（時間的に安定しているか不安定か）、統制可能性（コントロール可能か不可能か）という3つの次元によって構造的に捉え、それらが動機づけの規定因としての期待の変動や感情に影響を及ぼすとした。

表1 達成課題に対する価値の分類 (鹿毛, 2013)

		何に価値を感じるか	課題に対する典型的な評価基準
課題内生的	興味関連価値	課題の楽しさ、興味	興味深い-つまらない
	実用関連価値	目標に対しての手段的有用性	役に立つ-立たない
	文化関連価値	文化に対する適応的な意味	社会的に望ましい-望ましくない
課題外生的	自我関連価値	課題の達成に伴う自尊心 (self-esteem)の高揚、維持	自分を誇らしく感じる-自分が惨めになる
	報酬関連価値	課題の達成に伴う実利性	得をする-損をする
	対人関連価値	課題の遂行や達成に伴う人間関係上の効用	他者の期待に応える-他者が望まない

成功への期待を維持するのに対し、能力不足に帰属する人は期待を低める可能性がある。

　一方、われわれの動機づけは「**価値**」、すなわち、当人の意味づけや価値づけにも大きく規定されている。表1に示すように、達成行動に関連する価値は、当該課題の内容や性質に基づく**課題内生的価値**と、自尊心、報酬、人間関係といった課題それ自体とは直接関係のない**課題外生的価値**とに大別でき、一般的に前者の方が後者に比べ学習意欲を高める可能性が高い。

　価値と行動を媒介する認知的表象が「**目標**」(人が成し遂げようと努力する最終的な事柄)である。例えば、**達成目標理論**では、**習得目標**と**遂行目標**という2つの目標に着目する。習得目標とは、活動の目的が「自分の能力を発達させること」にある場合(例えば、英会話をマスターする)を指し、**課題関与**(熟達に関心が向けられる心理状態)を促進する。一方、遂行目標とは、自分の能力に対してポジティブな評価を得ること、あるいはネガティブな評価を避けることが活動の目的である場合を指し、**自我関与**(達成状況において「自分という存在」の価値づけに注意が向けられている心理状態)を促すことになる。これらのことから教育場面では学習者が習得目標をもつことの重要性が示唆される。なお近年、遂行目標はさらに「自らの能力の高さを証明すること」を目指す遂行接近目標と「自分の能力の欠如を露呈させないこと」を目指す遂行回避目標とに区別され、特に遂行回避目標の弊害が指摘されている。

📌 習得目標: mastery goals
📌 遂行目標: performance goals
📌 遂行接近目標: performance-approach goals
📌 遂行回避目標: performance-avoidance goals

【4】学習意欲を育む教育環境

　以上、動機づけのプッシュ要因である個人内要因について概観してきたが、最後にプル要因としての教育環境についてみていこう。

学習意欲を育むような教育環境を実現するためのポイントは下記の3つの観点によって整理できる（鹿毛, 2013）。

第1に「**課題環境**」（学習課題の工夫）である。まず、学習者に概念的葛藤を引き起こしたり、課題を学習者がすでに興味をもっているトピックに関連させたりして、興味や好奇心を喚起するようなタイプの課題を活用することが効果的である。また、課題を現実的、社会的な文脈（社会問題など）や想像的な文脈（歴史のストーリーやフィクションなど）と関連づけることによって、学ぶ意味や価値を実感させることも大切である。とりわけ、現在や将来の生活に役立つような実用価値を含む課題を学習に取り入れることが有効だとされている。さらに課題の困難度という観点からは、能力等の個人差に応じつつ「努力すればできる」といった期待を高めるような配慮が求められるだろう。

第2に「**コントロール環境**」（学習者の統制感への配慮）である。応答性（学習者の働きかけに対して適切に応じるダイナミックな応答的環境を創ること）、**随伴性**（行為に随伴した成功を保障すること）、権限性（賞罰といった外発的随伴性の使用を控え、学習内容や方法に関する選択の機会を提供することなどを通して学習者の自律性への欲求を充たすような環境を創ること）の3つがポイントとなるだろう。権限性に関しては、とりわけ**自律性支援**（当人の欲求、興味、好みといった学習者本人の観点を重視する、選択や行動を始めることを促す、課題に取り組むべき合理的理由を丁寧に説明するなど）が重要視されている。

第3に「**目標－評価環境**」（何を目指し、何がどのように評価されるかに関する設定）である。まず、すべての学習者が習得目標を知覚するような学級風土を醸成することが求められるだろう。すなわち、学習の内容や進歩を評価基準とすると同時に、理解の深化や知的技能の向上に学習者の目を向けさせ、誤りや失敗を学習改善に活かす有意義な情報として捉えさせるような働きかけを通じて、学習プロセスを重視する信念（学習観）を形成する環境を地道に創り出すことがきわめて重要である。また、いたずらに**テスト不安**を高めるような評価状況に陥ることなく、学習のプロセスや成果を自己評価する機会を設けることなどによって、学習者自身を評価主体にする工夫も効果的である。さらに、学習の遂行に関する有益な情報を提供することを通して学習者に**有能感**を感知させるような情報的フィードバックを提供するように心がけたい。

📌テスト不安
テストの前や最中に、当該のテストに失敗してしまったり、低レベルの遂行（成績のこと）にとどまってしまったりしたらどうしようという思いに心を奪われてしまっている状態（心配）と、神経が過敏になったり、心拍数や発汗が増したりといったテスト状況に対する特定の身体的反応（情動性）を指し、そのうち心配がテストの遂行に悪影響を及ぼすとされる。

📖中谷素之（編著）(2007). 学ぶ意欲を育てる人間関係づくり：動機づけの教育心理学　金子書房
📖鹿毛雅治（編著）(2012). モティベーションをまなぶ12の理論：ゼロからわかる「やる気の心理学」入門！　金剛出版

4 授業づくり

鹿毛雅治

📝1) 事前に授業を具体的にデザインし、準備する。

📝2) その構想を基盤としつつ、学習者と一緒に授業をその場で実施する。

📝3) 実現した授業の実際とその背景を振り返る。

「授業をする」という教師の営みは、「構想する[1)]」、「展開する[2)]」、「省察する[3)]」という一連の時間的連鎖によって構成されている。しかも、省察によって得られた気づきをそれ以降の授業構想に活かすというように、上記の3つの行為は循環的なサイクルを成している（図1参照）。教師には、より良い構想、展開、省察をそれぞれ追求するとともに、それらが相乗効果をもたらすことを通して「授業」という営み全体を向上させていくことが求められているのである。

【1】授業の構想

授業をするためには、「どのような授業をすべきか」という教師自らの考えを事前に明確化しておかなければならない。すなわち、目の前のこどもたち（学習者）が、何のために（目的）、何を（内容）、どのように（方法）学んだらよいかという思索を通して、授業の構想を具体化すること（授業デザイン）が教師に求められている。それは一人ひとりのこどもの学習や成長を促すために、彼らの実態を的確に捉えつつ、教育の目的、内容、方法を相互に関連づけながら授業のあり方について詳細にイメージするという仕事である。

例えば、中学校「総合的な学習の時間」のテーマとして「地域」を取り上げる場合について考えてみよう。近隣にある森林や池などの自然環境の実態について実地調査してグループ発表したり、環境保全に取り組んでいるボランティアグループに「弟子入り」したりする体験を通して、生徒たちが普段意識していなかった郷土のよさをあらためて実感するとともに、地域が抱えている課題への認識が深まるかもしれない。教師はこのように「地域の自然」（内容）に関する「グループでの調査・発表」や「ボランティア参加」（方法）といっ

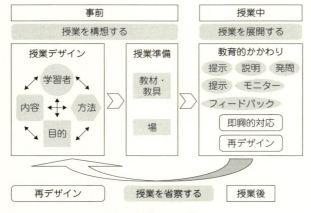

図1 授業という営み

た学習活動を通じて、意義ある活動に対して主体的に参画しようとする態度を育むことをねらい（目的）とした「単元」（複数の授業時間によって構成される学習内容・活動のまとまり）を構想する。

実際の授業づくりでは、教師がまず地域について調べて十分に理解し、取り上げるべき教育的価値のある題材（例えば、○○池のような具体的な自然環境、特定のボランティア団体）を選び、それらに対応した学習活動（調査活動、活動参加など）を決定する必要がある。このような一連の教材研究を通して具体化された単元計画や各授業は「**学習指導案**」として表現される。

授業を構想する際のポイントは、あくまでも学習者の視座から授業をデザインすべきだという点であろう。いくら立派なプランを立てたとしても、実際の授業場面で個々のこどもが学習しなければ、授業が成立したとはいえないからである。したがって、一人ひとりのこどもを個性的な学習主体と捉え、その多様な学習者たちが当該授業をどのように体験するかという点を詳細にシミュレーションするような想像力が教師に求められることになる。

こどもたちにとって授業とは自らの学習プロセスが展開される場である。すなわち、授業中にこどもたちは新たに提示される情報を自らの既有知識と関連づけながら知識構造を再構成したり、試行錯誤や練習を通じて技能を向上させたりする。したがって、教師が当該単元の目標や内容を念頭に置きつつ一人ひとりのこどもの実態について「何がわかっていて、何がわかっていないか」「何ができていて、何ができていないか」といった事前の**アセスメント**（診断的評価）を行い、それを授業の計画に反映させることが重要になる。また、教師が**教材研究**をする際には、こどもたちが学習を進めていく上で困難さを感じるだろうと思われる具体的なポイントを予測すること（つまずき分析）も求められる。

教育方法についても学習者の視座から工夫する必要があろう。一般に学校では**一斉指導**形態が多くみられるが、それが唯一絶対の方法とは限らない。むしろ、教育目的や学習者の実態に応じた教育方法を柔軟に選択することこそが重要である。例えば、一人ひとりが考えを表現し、相互コミュニケーションを通して認識を深めていくことをねらいとした場合、学級を小グループに分けて討議させ、その結論や意見についてさらに学級全体で討論する方法（**バズ学習**）も有効だろう。

以上のような授業構想にもとづいて、教師は、授業を実現するた

---

4 授業づくり　95

4) 主体的学習態度。

5) 例えば、「地域に愛着をもって生きる大人に育っていってほしい」といった教育専門職として教師が抱く「ねがい」（○○を学びとってほしい、○○のように育ってほしいなど）が、授業の構想のみならず、展開や省察も含めて授業という営み全体を方向づける要因として重要視されている（藤岡, 2000）。

6) 教師と学習者集団が対面して主に教師による説明、発問、指示などによって授業を展開する方法。

7) クラスのメンバーが、ジグソーグループとエキスパートグループの両方に参加することを通して協同学習の成立を意図した教育形態を**ジグソー学習**という。ジグソーグループのメンバー一人ひとりが複数のエキスパートグループに分かれて課題の一部を専門的に学習し、その成果をジグソーグループに持ち帰って報告しあうことによって、ジグソーグループごとに統合的な学習成果を生み出すことが目指される。

めに必要となる具体的な手立てを準備することになる。例えば、プリントやカードを作成するなど、こどもたちの学びを促していくための教材や教具を開発したり、グループ学習のためのメンバー構成や机の配置を考えるなど、教育の「場」を具体的に整備するのである。

【2】授業の展開

次に教師は、授業計画を踏まえながら実際の授業を運営することになる。メディア機器を活用して情報を提示したり、学習内容をわかりやすく説明したり、思考を促すための発問をしたり、注意を集中させるために指示を出したり、学習者の反応に応じて的確なフィードバックを返すなど、授業中に教師はこどもたちの学習を成立させるために多様な振る舞いをする。特に留意すべきなのは、いくら綿密に計画を立てたとしても、授業は想定通りに進行するとは限らないので、教師には臨機応変に対応を変えたり、授業計画自体を柔軟に修正したり、思い切って転換したりすることが求められるという点であろう。つまり教師は、現在進行形で生起する「こどもたちの教材とのかかわり」や「こどもたち同士のかかわり」といった授業の進捗状況を的確にモニターしながら、教育活動を調整（再デザイン）していかなければならないのである[8]。さらに教師には、コミュニケーションを通して学習を促すような高度な技も求められる。例えば、意見の発表中に黙り込んでしまったこどもを見守りつつ発言を促したり、あるこどもの意見に対する他のこどもたちの意見を引き出しつつ論点を整理したりすることなのである。このように授業を展開するという教師の仕事は、授業というダイナミックな場に応じた即興的な「**教育的かかわり**」の実践プロセスなのである[9]。

【3】授業の省察

一般に、授業は「実施すればそれで終わり」と考えられがちだが、次の授業を改善するという目的や、授業の創造を仕事とする教師の専門性向上という観点からは、むしろ授業後にじっくりと振り返って熟考すること（授業の省察）も重要視されている。

授業の省察には「**振り返り的省察**」（実施した授業について気づきを得ること）と「**見通し的省察**」（今後の授業の再デザインに向けて気づきを得ること）の2つが含まれる（Van Manen, 1991）。「振り返り的

---

[8] 例えば、こどもたちの反応から前時の内容の理解が不十分であることを察知した際、授業を先に進めることを即座に断念して、クラス全体で前時の復習をすることを決断するかもしれない。

[9] 「教育的かかわり」の基盤となるのが、教師による「教育的瞬間」（pedagogical moment）の把握と判断である。教育学者のVan Manen, M.によれば「教育的瞬間」とは、「こどものために何らかの教育的働きかけをしなければならない一瞬」を意味する。こどもたちのある表情、ある発言、ある行為に直面した瞬間、教師には「何か」が問われることになる。そして、どの場面を「教育的瞬間」だと感じるか、また、その即時的な状況把握と教育的判断に基づいてどのような「教育的かかわり」を即興的に実践するかに教師の力量が自ずと反映されることになる。

省察（せいさつ）: reflection
経験の中で生じる問題を解決するための探求へと誘う思考。Schön, D. A.はこのような思考が行為と切り離せないことを強調し、状況に応じながら瞬時のうちに考え、ふるまうことを「行為の中の省察」（reflection in action）とよんで「行為についての省察」（reflection on action）と区別し、教師を含む専門家の特質であるとした。

省察」とは、すでに実施した特定の、あるいは複数の授業について想起し、事前の授業構想と照らし合わせつつ、あらためて自らの授業実践を意味づけていくような思考のことを指す。その際、授業の場で起こっていた具体的な事実（一人ひとりの表情やつぶやきなど）を丁寧に確認することを基盤にしながら、こども一人ひとりの授業体験を豊かに想像することを通じて、自分の実践を誠実に振り返ろうとする心構えが要求される。

一方、「見通し的省察」とは、「振り返り的省察」との有機的な往還を通じて、今後の授業を具体的に構想するうえでの気づきを得るような思考を指す。例えば、「振り返り的省察」によってAさんの発言の重要性を再認識することになり、その発言の背後にあるAさんの考えを今後の単元の展開にどのように生かせるだろうかという問いが教師に生まれる。このような省察が次時の導入の工夫といった授業構想へとつながっていくのである。

教師には「教えれば学ぶはずだ」と考え、「学ばない」責任をこどもに押しつけがちだという悪癖があるが、そこに欠落しているのが省察に基づく教育評価である。授業の省察で教師に求められているのは、こども一人ひとりの学習や成長を評価することを通して自ら実践した授業自体を自己評価すること（**授業評価**）にほかならない。教師は教育的に大切なことを自ら把握して判断する「評価」の専門家である。ここでいう「評価」とは、単に点数や成績をつけるという意味ではなく、「評価的思考[10]」を指す（鹿毛, 2007）。例えば、単元の途中で学力形成を把握、判断する**形成的評価**[11]や、個々のこどもの学習や成長の実態を評価し、その情報をその後の授業づくりに活かしていくような「**指導と評価の一体化**」が授業実践では重視されるが、それらの基盤となるのが評価的思考なのである。

教師が授業する力量は、授業の省察を繰り返すことで高まるとされている。日本の学校では、教師が**研究授業**の学習指導案を作成し、同じ学校に勤める教師同士がその授業を参観し、事後に協議する場を設けている。このような校内**授業研究**は**レッスンスタディ**とよばれ、学校の同僚同士が協同的に学び合うような研修のシステムとして世界的に注目されている（秋田・ルイス, 2008）。優れた教師の特徴として「学び続ける教師」が挙げられることが多い。授業の省察は、教師にとって専門的な学習を深めていくプロセスであり、授業の構想、展開、省察を丁寧に繰り返す経験を通してこそ、授業の質が高められていくのだといえるだろう。

---

10) 評価対象を教育的な視点から解釈して、その情報を活用するような思考。

11) 特定の教育プログラム（単元など）の開始前、展開中にそれぞれ実施される**診断的評価**、形成的評価に対し、プログラム終了後に実施されるものを「**総括的評価**」という。教育実践とその成果を全体として統括的に省察することを目的とする。

レッスンスタディ：lesson study

高垣マユミ（編著）(2010)．授業デザインの最前線Ⅱ・理論と実践を創造する知のプロセス　北大路書房

斎藤喜博（2006）．授業入門（新装版）国土社

5 学習スタイルと教授スタイル

小林寛子

同じ授業を受けても「わかった」と感じる人と、「よくわからなかった」と感じる人がいる。また、「○○先生の授業はよくわかるけれど、××先生の授業はわかりにくい」ということもあるだろう。本稿では、学習者一人ひとりの成長を促す授業の構成に向けて、学習に影響を与える学習者側の要因と、教師側の要因、その相互作用について考えていく。

【1】学習者のもつ個性

同じ教室に並んで座っていても、その一人ひとりは異なる存在である。個人に特有の性質「個性」を備えている。個性は、様々な面で見られるが、中でも、学習に影響すると聞いて真っ先に思い浮かぶのは知的なはたらき、すなわち**知能**の違いであろう。

心理学において、知能とは漠然とした頭のよさを表すものではない。フランスのビネーに始まる**知能検査**の開発以来、知能検査を構成する多数の項目の間に共通する因子を得ようとする因子分析という統計的手法の開発とあいまって、知能を定義し、測定しようとする試みが数多くなされてきた。主な理論として、知能は検査項目間で共通する一般的な知的能力である**一般知能因子**gと、それだけでは説明のつかない各項目で必要とする能力である**特殊因子**sで構成されるというスピアマンの**2因子説**、共通する因子はより多く存在すると述べたサーストンの**多因子説**、120の因子を、知的に扱う情報の内容、操作（処理の仕方）、所産（処理の結果）という3つの次元を想定して構造化したギルフォードのモデル、**流動性知能**と**結晶性知能**を定義したキャッテルの**Gf-Gc理論**などがある。いずれの理論にしても、知能をいくつかの因子、すなわち、能力による構成体として捉えるものであり、知能の違いは各能力をどれくらいもつかで表せる。

学習に影響する個性は、知能に限らない。ものの見方や考え方といった認知・思考スタイル、興味や性格によっても、学習への取り組みが異なってくる。**認知スタイル**とは、情報処理や課題解決の仕方のことである。**衝動型-熟慮型**、**場依存型-場独立型**といった認知スタイルがよく知られている。また、**思考スタイル**とは、スター

👤 **ビネー**
Binet, Alfred: 1857-1911　フランスの心理学者。フランス政府からの委嘱で、こどもの知的な遅れを適切に診断するという教育問題に取り組み、世界初となる知能検査を開発した。

👤 **スピアマン**
Spearman, Charles E.: 1863-1945　イギリスの心理学者。因子分析という統計学的手法を用いて知能の構造についての先駆的な研究を行い、2因子説を提唱した。

👤 **サーストン**
Thurstone, Louis L.: 1887-1955　アメリカの心理学者。スピアマンの一般知能因子gに対し、知能を構成する複数の因子を見出して、多因子説を唱えた。

👤 **ギルフォード**
Guilford, Joy P.: 1897-1983　アメリカの心理学者。知的な課題に取り組む情報処理過程の観点から、内容、操作、所産という3つの次元を想定し、その組み合わせによる120の因子で知能を構造化した立体モデルを提唱した。

🔑 **流動性知能**：
fluid intelligence；Gf 新しい場面への適応能力。情報処理の速さや正確さ、柔軟性によって表される。

ンバーグが、知能の理論と関連させて示したものである（Sternberg, 1997）。先に知能の違いはそれを構成するいくつかの能力をどれくらいもつかで表せると述べたが、思考スタイルの違いはもっている知能の使い方の好みの違いになる。具体的には、5つの側面で各2〜4個の知能の用い方を設定し、計13個のスタイルがまとめられている（表1）。誰もがすべてのスタイルをもつが、その程度が異なり、全体的なパターンの違いが個性として表れる。仮に何らかのアイディアを生み出す創造的な知能レベルが同じであったとしても、思考スタイルとして自分のやり方を探すのが好きな立案型が強いかそうでないかで、その個人のパフォーマンスは異なってくるし、逆に同じ立案型の思考スタイルをもっていても、創造的な知能レベルが高いか低いかでパフォーマンスは異なる。これが知能と思考スタイルの違いであり、各々が学習に影響することになる。

【2】教授方法の種類

教師の側にも様々な違いがある。教師にも、学習者同様、認知スタイルや思考スタイルの差があり、生徒のスタイルが教師のスタイルに適合するときのほうが、不適合のときよりも、生徒の成績は教師により良く評価されるという結果も得られている（Sternberg, 1997）。

また、教師に備わった個性の差だけでなく、用いる教授法にも様々な種類がある。よく知られた例として「**発見学習**」と「**受容学習**」を挙げよう。発見学習とは、科学的な法則や原理について、学習者自身が探究することを通じて推論していく学習のことである。ブルーナーは、発見学習においては、外発的な誘因がなくても「発見にたどり着きたい」という内発的動機づけに基づく学習が促され、学習した内容がよく保持されるだけでなく、発見に至るためのヒューリスティクスも獲得されることが期待できるとして、発見学習の効用を強く主張している（Bruner, 1961）。一方、受容学習とは、科学的な法則や原理について、教師が説明を提供する学習のことを指す。特に、オーズベルは、受容学習と有意味学習で構成する「**有意味受容学習**」を提唱している（Ausubel & Robinson, 1969）。有意味学習とは、学習内容を自分の**既有知識**に組み込んで理解することを指す。単に受容学習というと、教師が一方的に話すことを受動的に聞く学習者がイメージされるが、有意味学習と組み合わせることによっ

🔑 **結晶性知能**：
crystallized intelligence；Gc
教育や日常的な経験によって獲得された知識や技能と、その適用能力。

👤 **キャッテル**
Cattell, Raymond B.：1905-1998　イギリスの心理学者。流動性知能と結晶性知能を見出し、各々を文化・教育的環境の影響を受ける程度、年齢による変化といった観点から特徴づけた。

🔑 **衝動型－熟慮型**
衝動型とは、与えられた認知課題に対して、よく検討せずに思いついた解答をすぐに答える、反応時間が短く誤答の多いタイプである。一方、熟慮型とは、全ての解法を吟味して最善の解答を選択する、反応時間は長いが誤答が少ないタイプである。

🔑 **場依存型－場独立型**
場依存型とは、ある対象を知覚するときに、周囲の状況を含めて捉えるため、優勢な文脈や場に影響されやすいタイプである。一方、場独立型は、周囲の状況をより分析的に捉え、対象を文脈・場か

表1　思考スタイル
（Sternberg, 1997）

機能	形態	
立案型	単独型	
順守型	序列型	
評価型	並列型	
	任意型	
水準	範囲	傾向
巨視型	独行型	革新型
微視型	協同型	保守型

て、学習者の能動的な知識構築が促される。オーズベルはまた、有意味受容学習を成り立たせる手立てとして「**先行オーガナイザ**」の有用性も主張している。

この他、教授法には、「**一斉学習**」、「**グループ学習**」、「**個別学習**」といった学習形態による違いや、画像や音声テープ・動画などの**視聴覚教材**を利用したり、実物に触れたり、体験したりさせるといった、どういった**教材**を用いるかの違いもある。よりよい学習を促すためには、各教授法の特徴をよく理解する必要があるだろう。

【3】適性処遇交互作用——処遇適合的教育と適性形成的教育

以上述べてきたように、学習者には様々な個性があり、教師が用いる教授法もまた多様である。こうした状況にあっては、学習者の個性の違いによって、効果的な教授法が異なる可能性があるだろう。そのような現象を、「適性処遇交互作用」という（Cronbach, 1957）。ここで、「**適性**」とは、学習者の個性、特に、教授法と関連して学習結果に影響を及ぼすと考えられる知能や認知・思考スタイル、興味、性格などを指す。「**処遇**」は教授法のことである。「**交互作用**」は、もとは実験計画法で使われる用語で、ある要因の効果が他の要因によって影響されることをいう。したがって、「適性処遇交互作用」とは、教授法の効果が適性によって影響されることである。

学習者の、ある適性Xにおける得点と、2つの教授法A・Bを行ったときの学習効果（テスト成績）の関係を図にしてみよう。Xに関する得点と、教授法A・Bを行ったときのテスト成績との関係を表す2本の回帰直線が平行である図1は、交互作用のない一例である。学習者の適性によらず、教授法Aを行ったときのほうがBを行ったときよりもテスト成績が高い。一方、2本の回帰直線が非平行である図2は交互作用のある例といえる。2本の回帰直線の交点を境にして、それよりも適性の得点が高い学習者は教授法Aを行ったときにBを行ったときよりもテスト成績が高いが、逆に、適性の得点が低い学習者は教授法Bを行ったときにAを行ったときよりもテスト成績が高い。学習者の適性Xの違いによって、教授法A・Bの効果が異なる適性処遇交互作用が見られる。

図2において、学習者全員の平均点をみれば、教授法AがBより優れている。しかし、2本の回帰直線の交点を境に、適性における得点が高い学習者と低い学習者に分け、前者には教授法Aを、後者

ら分離して抽出し再構成できる傾向にあるタイプである。

👤 **ブルーナー**
Bruner, Jerome S.: 1915-2016 トピック3-9参照。

🔖 **ヒューリスティクス**
問題解決において、必ずしも正しい結果に至るとは限らないものの、適用が簡単な手続きのことを「ヒューリスティクス」という。過去の問題解決の経験を通して獲得している場合が多い。ここでいう「ヒューリスティクス」は、特に、発見のテクニック、例えば、検証可能な仮説を立てたり適切な証拠を得たりするための手続きをさしている。

👤 **オーズベル**
Ausubel, David: 1918-2008 トピック3-9参照。

🔖 **先行オーガナイザ**
これから学ぶ内容に先立って与えられる抽象的な枠組みあるいは概念知識のこと。習得編3-③「知識としての記憶」参照。

🔖 **適性処遇交互作用**：aptitude treatment interaction；ATI

🔖 **適性**：aptitude

🔖 **処遇**：treatment

🔖 **交互作用**：interaction

には教授法Bを行ったほうが、全体としてより高い学習効果が得られるだろう。適性処遇交互作用を考慮することによって、学習者一人ひとりの成長を促す授業の構成に向けた示唆を得ることができる。こうした適性処遇交互作用と教育のあり方について、北尾（1991）は、「処遇適合的視点」と「適性形成的視点」という2つの視点から論じている。処遇適合的視点とは、先に述べた「適性Xが高い学習者には教授法A、低い学習者には教授法B」というように、学習者の適性によく合致した教授法を行うという考え方である。この考え方は、全体的な学習効果を高める、また適性が高い学習者にはそれを活かす**特恵的な教育**がなされるという利点がある。

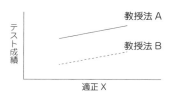

図1　適性Xと教授法がテスト成績に及ぼす効果（交互作用のない例）

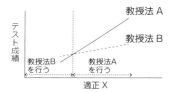

図2　適性Xと教授法がテスト成績に及ぼす効果（交互作用のある例）

しかし、改めて図2を見てみると、適性Xの低い学習者は教授法Bを行われても、適性Xの高い学習者が教授法Aを行ったときほどには学習効果をあげることができていない。すなわち、適性を欠く学習者は低いレベルにとどめ置かれるという問題点がある。こうした問題に対し、適性形成的視点とは、適性を欠く学習者の適性を形成することによって学習をうまく導こうとする考え方である。具体的に適性Xを、思考スタイルや学習の前提となる基本的な知識、学習内容に対する興味と考えてみよう。考え方や知識を教えたり、興味・関心を高める工夫をしたりすることによって、その後の学習効果を高めることができると考える。

【4】個を生かす授業

多様な学習者一人ひとりに合った、多様な教授法を考えることは容易ではない。教師には、学習者がどのような適性をもっているのか、どのような教授法があるのかという知識のレパートリーを増やすことが求められる。また、学習者自身が興味・関心に基づいて課題を選択・設定できる**「課題選択（設定）学習」**や、課題の選択・設定を教科という枠を超えて行う**「総合的な学習」**も取り入れていく必要がある。

教師が展開する多様な授業は、そのいずれかが学習者一人ひとりの適性に合って成長を促すというだけではない。様々な授業を受ける中で、学習者自身も自分の適性を知って伸ばしていくこと、適性に合った学習方法を学んでいくことも期待できるだろう。

📖並木博（1997）．個性と教育環境の交互作用：教育心理学の課題　培風館

5 「ニーズ」と援助

1 学校教育とカウンセリング

伊藤亜矢子

【1】学校教育での支援ニーズ

　支援ニーズとは支援の必要性のことである。例えば、学年相応の計算力をつけるという課題であれば、九九の定着が弱いA子さんには九九の暗記を助ける支援、くり上がりの練習が不足しているB君にはくり上がりの練習を見てあげる支援がそれぞれ必要になる。つまり、A子さんには九九の支援ニーズ、B君にはくり上がりに関する支援ニーズがある。学校教育では、課題やこどもの個性によって多様な支援ニーズがある。具体的には、学習面だけでも記憶力や聴く力、見る力、話す力、書く力、自分の学習状況をモニターする力など様々な学力に直結する認知的な能力が必要になる。当然それらについての支援ニーズが生じてくる。

　同様に生活面では、忘れ物をしない、提出物を出す、遅刻をしない、持ち物を管理する力などが必要になる。

　さらに対人関係面も大きな要素である。休み時間や教室移動、授業中のワーク、クラブ・委員会の活動などで、まわりのこどもとどうつきあうか。先生との人間関係もある。他者の気持ちの理解や対立する意見をまとめたり調整したりする力、状況の判断、自分の気持ちや意見をわかりよく伝える力。数えきれない社会・情緒的な力やその応用力が必要になる。

　このように、ざっとみても、学校生活には様々な能力が必要とされ、こどもたちは、それらを一つひとつ人並みにこなすことを要求される。多様な支援ニーズがあって当然である。またこう考えると、こどもたちが、自然に乗り越えているように見える学校生活は、決してやすいものでなく、たくさんの能力を必要とする課題が次々に設定され、ひとつつまずけば実に簡単には乗り越えられない難しさがあることに気づく。

　さらに学校生活を順調に送っていくには、もうひとつの成長の場である家庭やそれを支える地域や社会の影響も大きい。こどもの学校での成功には、家庭での会話や生活習慣、保護者のこどもへの期待や学校・学業に関しての考え方など様々なことが影響する。保護者自身に学校での成功体験が乏しく、学校や教師に否定的なイメージを抱いていたり、学校生活の成功のために必要な事柄への理解や

支援が十分でないこともある。生活に精一杯で、こどもの学校生活にまで関心が及ばない場合もある。教師が期待するような、こどもの学校生活の成功を期待し、必要な支援をきちんと行える家庭ばかりではないのが現実である。

さらには、転校などによって、こどもが慣れ親しんだ環境に変化が生じ、文化的な違いにつまずくことや、進学等による学校規模や教科担任制などの学校システムの変化、担任教師の交替による学級のルールや風土の変化など、学校生活の背後にある文化的・組織的な要因にこどもがつまずくこともある。

このように、学校生活は様々な事柄に支えられており、それらの不足によってこどもがうまく学校生活を送れないと、支援のニーズが顕在化する。周囲が支援の必要に気づくのは、行動面で学校生活に支障を来す状況が生じてからが多いが、問題の発生や増大の予防という意味では、何かおかしい、大丈夫だろうか、と周囲が潜在的なニーズに気づき、丁寧に対応することも重要になる。

【2】学校での健康な生活を支えるチームによる支援

ところで、学校生活を無事に過ごせているとはどのような状態だろうか。**世界保健機構**（WHO）は、単に病気でない状態ではなく、身体的・心理的・社会的そして実存的に満足できる**ウェルビーイング**な状態を健康としている。こうした状態を学校においても促進し、満足感のある生活をこどもたちが送れるよう学校は努力すべきであるといわれる。

学校というと、何かしら強制されて不自由なところ、個人の充足は後回しにされるところ、というイメージも強いかもしれない。しかし、こどもたちが、将来的にも健康に生きていけることは、社会的にも大きな意味をもつ。単なる学業達成だけでなく、個人の健康を構成し、保持増進する力を養う場としても学校は役割を担っている。また、生活の質（QOL）という観点からすれば、学校の施設や物理的社会的環境を、健康なものにすることも重要である。いじめのない安心安全な学校環境はもちろん、快適な温度や、清潔で落ち着けるレイアウトの教室環境など、こどもたちのQOLを高める工夫も必要になる。

このようにして、学校でこどもたちが健康に過ごすには、様々な要素が関わっている。とても学級担任ひとりで実現できることばかりではない。しかし学校には、実は支援の担い手が大勢いる。担任

> ウェルビーイング：well-being

> QOL
> Quality of Life の略。生活の質と訳される。定義は多様だが、WHOの健康の概念とほぼ重なり、さらに社会・経済状態という狭義の健康とは異なる要素を含んで用いられることが多い。

教師だけでなく、養護教諭、専科・教科担任、管理職、栄養教諭、部活や委員会の顧問、大勢のこどもたち、保護者や地域の人などがいる。スクールカウンセラーやスクールソーシャルワーカー、特別支援巡回相談員、民生・児童委員、教育センターや児童相談所、こども家庭支援センターのスタッフといった、学校に関わる支援職の人々もいる。担任だけで問題を抱えるのではなく、なるべく多くの教職員がこどもを共通に理解し、それぞれが可能な支援をチームで行うことにより、大きな成果が得られる。大勢のこどもを抱える学校で、ひとりの大人がひとりのこどもにできることは少なくても、多くの人に理解され見守られていることは、それだけでこどもにとって大きな支援になることを忘れてはいけない。

【3】スクールカウンセラーと教師の連携

ところで、学校現場でこどものニーズが顕在化したとき、身近に動ける専門家に**スクールカウンセラー**（以下SC）がいる[1]。SCは、単に学校にいる「カウンセラー」ではなく、「スクールカウンセラー」という専門職である。カウンセラーは、心の変化を**カウンセリング**という専門的な対話によって丁寧に進めるが、SCは、そうした専門性を下敷きに、教師と連携して学校という現実場面を活かした問題解決を**コミュニティ・アプローチ**に基づいてダイナミックに行う。教師自身がカウンセリング的な視点をもってこどもを理解することが、「**カウンセリングマインド**」として重視された時代もあったが、多様な視点から理解的にこどもを見ることは現代では当然なことであり、多職種のコラボレーションを行える専門性と他の専門家への理解が、教師にもSCその他の援助専門職にも求められる時代といえよう。

例えばいじめへの対応でも、2013年のいじめ防止対策推進法によって、校内で多職種による対策を組織的に行うことが定められた。また不登校や学業不振への対応も、本人の心理的な課題だけでなく、発達障害などの課題や、養育に困難をきたす貧困やひとり親などの多様な課題があり、多面的なアプローチが必要になる。どのような問題に対しても、多角的に検討し、協働して対応することが現代の学校では欠かせない。

特にSCは、常勤でないにしても、定期的に学校に勤務し、学校生活の日常に触れることができる。教育相談室などの相談機関は、来談したこどもの学校生活を直に見ることは難しい。悩んでからの

📖 1）日本の公立学校におけるスクールカウンセラーの導入は1995年度の活用調査研究委託事業から始まった。2001年からは全国の公立中学校への配置がめざされ、東京都の場合、2013年度に公立の小中学校・高等学校への全校配置がなされたが、地域によって導入の方式や実績には差がある。

🔑 **コミュニティ・アプローチ**
カウンセラーが校内の相談室にひっそりといて、来談者を待つクリニック・モデルではなく、人と環境の相互作用を活用して、教師コンサルテーションやコラボレーションを通して、教師や学校全体の実践を通じて個別事例に対応し、学校コミュニティ全体に働きかけるアプローチである。治療ではなく、予防や成長促進が重視されるので、待つモード（waiting mode）ではなく、seeking modeが必要とされ、休み時間の校内巡回や授業観察などを通して、潜在的支援ニーズを見つけ、教師と一緒に対応を早期からしていくことが重要になる。

来談になるので、来談時期も支援ニーズが顕在化してからである。不登校の場合、登校しぶりや不定期な欠席の時期を過ぎて、本格的に休むようになって家族に決心がついてからの来談も多い。しかしSCであれば、登校しぶりの情報を教師と共有し、登校後の様子を確認して対応を早期から考えたり、保護者面談をして理解や連携を早期に深めたりできる。

　しかしこうしたSCの効果的な働きを可能にするのも、教師の情報提供や教師とのコンサルテーション、コラボレーションである。

　教師コンサルテーションは、教育の専門家である教師と、心理の専門家であるSCが、特定のケースについて、お互いの考えを述べ合うことで、ケースへの理解が深まり、教師の仕事の具体的方策を明確にするものである。

　これに対してコラボレーションは、教師だけでなく、SCもケースについて支援の責任を分かちもち、教師と役割分担しながらケースに関わる。

　SCは専門家なので、素人である教師は任せておくしかない、という誤解が以前には少なくなかったかもしれない。しかし、すでに述べたように、学校は多くの課題に次々と直面しながら成長していくたくましいこどもたちを数多く抱え、その成長を次々と後押ししていく、教育の場である。

　SCは、そうした場で、単独で働くのではなく、こどもの成長を学校という場の中で後押しする教職員の一員として働く。図書館の司書教諭や栄養教諭、あるいは用務や事務の職員のように、専門性を活かしてこどもたちの学校生活を支える一員として、ある時は教師と役割分担し、ある時は教師のこども理解を心理学の視点から手助けする者である。

　つまりは、SCの活動は、教師との**協働**なくしては成り立たず、その意味でも、教師がSCとどのように力を合わせていけるか、教師の協働の力も問われている。今教師に必要なのは、ひとりで抱えて頑張る力ではなく、協働して効果的に動く力である。ひとりで何でも抱える教師ではなく、必要な助けを周囲から得ながら、新しい複雑な事態に対応していける教師が求められている。自らの専門性を活かすためにも、周囲の異なる専門家と協働していける存在としての教師のイメージを次第に明確にしていくことも、協働の力を養うことにつながっているはずである。

*コンサルテーション
コンサルテーションにも多種あるが、一般的なメンタルヘルス・コンサルテーションは、教師とスクールカウンセラーなど異なる専門性をもつ専門家同士が、対等な立場で事例について相互に理解を共有し深めていく中で、コンサルティの職務の範囲で行える具体策を明確化するプロセスである（山本, 1986）。

*コラボレーション
協働と訳される。コンサルテーションではケースへの責任がコンサルティにあり、コンサルタントとしては、いわば間接的支援になるのに対して、コラボレーションは専門家同士がそれぞれに責任をもって役割分担しながら直接事例に関わるのが特徴である。

📖 石隈利紀（監修）水野治久（編）(2009). 学校での効果的な援助をめざして：学校心理学の最前線　ナカニシヤ出版

📖 植村勝彦 (2012). 現代コミュニティ心理学：理論と展開　東京大学出版会

📖 黒沢幸子 (2002). 指導援助に役立つスクールカウンセリング・ワークブック　金子書房

2 しつけと学習の援助

鈴木雅之

教師が授業設計に十分な配慮をしたとしても、児童生徒は様々な不適応を示すことがある。ここでは、児童生徒の行動上の問題と学習上の問題を取り上げ、これらの問題の発生を抑えるための対処策について説明する。

【1】問題とその対処策

まず行動上の問題とは、授業中に先生の話を集中して聴けない、寝てしまう、内職や手紙回しをする、宿題をやってこない、友だちの宿題を写すなどの**学習規律**に関する問題である。こうした問題に対して教師は、規則の押しつけや叱責によってしつけ、問題行動を減少させようとすることが少なくない。しかし、児童生徒の不適切な行動を批判し叱責することは、かえって問題行動を増加させてしまうことがある（Lahey & Johnson, 1978）。つまり、ある行動を弱化しているつもりであっても、かえって行動を強化してしまうことがある[1]。また、教師は手を焼く児童生徒のためにばかり時間を割くべきではない。そのため、教師が押しつける必要がなく、児童生徒が受け入れることのできる規則を実施することで、秩序ある学級環境づくりをすることが重要になる。こうした学級環境づくりの例として、**クワイエット・コーナー**（以下QC）がある（Lahey & Johnson, 1978）。QCとは、何度か注意をしても聞かない児童生徒に移動してもらうための、児童生徒との約束で教室内に設ける特別席である。QCに移動するのは自分の行動を反省するためであり、あくまでも本人の了解のもとで移動してもらい、自己判断で自分の席に戻れるように運用することが望ましい。QCの活用のように、児童生徒と教師とで規則を共有しておくことで、教師が叱りつけることなく行動を矯正することができ、授業の進行も妨げられなくなる。また、その他にも、**報告カード**（Lahey et al., 1977）や「めあて＆フィードバックカード」（道城・松見, 2007）などの活用によって、児童生徒に自己を統制するよう促すことも重要になる[2]。

次に学習上の問題とは、授業内容が理解できない、うまく覚えられない、問題が解けないなどの学習のつまずきに関する問題である。こうした学習上の問題に対しては、児童生徒の**メタ認知**に働き

---

1) Lahey & Johnson (1978) は、ことばによる弱化が、減少させようとする問題行動をかえって増加させてしまうことを、「**批判の罠**」とよんでいる（強化と弱化については、習得編4-1「教授行動の行動主義的基礎」を参照のこと）。

クワイエット・コーナー：quiet corner；QC

2) トピック3-6「自己調整学習」参照。

メタ認知
自分自身の認知状態を認知することであり、メタ認知的知識とメタ認知的活動（メタ認知的モニタリング・メタ認知的コントロール）とに分類される（習得編3-5「習得のための学習法」参照）。

かけ、自己調整力を向上させることが重要になる。例えば児童生徒は、ノートの取り方や記憶の仕方、問題の解き方などの**知的技能**を無自覚的に身に着けていくことが多く、自分自身ではそこに問題があることに気づきにくい（市川、2004）。そのため、学習についての振り返りや問題点の把握を促すことは重要になる。例えば藤澤（2005）は、「学習ふりかえりシート」によって、自分の学習過程を客観視し、自己管理させることの効果と重要性について論じている。また、**認知カウンセリング**は、学習相談を通してつまずきの原因や対処法を学習者自身に自覚してもらうことで、最終的には、学習者自身が自らのつまずきを把握し、コントロールする力を習得させることを目的とした実践的研究活動であり、その効果が示されている（植阪、2010a）。

🖋認知カウンセリング 心理学を生かした個別学習相談（トピック5-1「認知カウンセリング」参照）。

【2】行動上の問題と学習上の問題の関係

児童生徒の行動上の問題と学習上の問題には、互いに関連があると考えられる。つまり、教師の話がわからない、問題を解くことができないという場合には、教師の話を集中して聴いたり、ノートを適切に取ったり、問題解決に意欲的に取り組むことは困難であり、行動上の問題が生起してしまう原因の一つには、授業内容が理解できていないことがあると考えられる（Ormrod, 2010）。例えば石井他（2015）では、中学校が「荒れる」原因の一つに「授業がわからない」ことがあるとし、授業改革の重要性が指摘されている。このように、程度の差はあれ行動上の問題は日々起こりうるものであるが、教師がしつけに躍起になることよりも、授業を魅力的にしたり、児童生徒の学習上のつまずきを支援したりすることがより重要であり、それによって行動上の問題を減少させることは可能だと考えられる。

この一方で、行動上の問題を減少させたとしても、授業内容の理解度が高まるとは限らないことには注意する必要がある（Lahey & Johnson, 1978）。注意深く話を聴いたにもかかわらず、話の内容を理解できなかった、という経験をした人は少なくないであろう。これと同様に、授業中に教師に顔を向け、集中して話を聴いているにもかかわらず、話の内容を理解できないという児童生徒は存在しうる。したがって、児童生徒が意欲的に授業に参加し、教師の指示通りに行動しているからといって、学習上の工夫や支援が不要になるというわけではなく、常に学習の援助を意識することは重要といえるだろう。

📖石井英真（監修・著）太田洋子・山下貴志（編著）(2015). 中学校「荒れ」克服10の戦略：本丸は授業改革にあった！ 学事出版

3 学級風土と学級経営

伊藤亜矢子

【1】学級の社会的風土

となりの学級と自分達の学級。何かしらカラーの違いを感じたことはないだろうか。

個性的なメンバーがいる、穏やかな人が多い、人間関係を乱す人がいてグループ化がすすんでいる、など、学級の構成員の人柄や行動、相互の関係によって学級には個性が出てくる。さらに、給食のときにも静かな学級、大騒ぎになる学級など、ある場面での学級全体の行動傾向も学級の個性を成す。こうした、各学級が学級全体としてもつ心理社会的な性質を学級の社会的風土、すなわち**学級風土**という。

例えば学校全体にも、規律正しい学校、スポーツに強い学校など校風といわれる学級風土がある。また家庭でも、その家庭が伝統的に大事にしている習慣や物事の感じ方、行動の仕方など受け継がれている文化が、つまり家風というべきものが存在しているだろう。学級も、多様な要素を背景に、その場の雰囲気というのではなく、持続的にその学級がもつ特徴、すなわち学級風土が存在し、古くからそれは級風といわれ、海外でも classroom climate として研究がなされてきた（根本, 1983, 1989）。

それでは、なぜそのような学級による差（個性）が生じるのだろうか。学級風土を形成する要因について、ここでは教師側の要因と生徒側の要因に分けてとりあげる。

［1］学級風土形成の教師に関連する要因

例えば給食時間に静かにするよう教師から繰り返し言われる学級は、そうでない学級よりも静かかもしれない。教師がどうこどもたちを方向づけるかによって、こどもたちの行動は変わってくる。

心理学の研究では、風土形成に働く教師要因のひとつとして、教師のリーダーシップの研究がなされてきた。

たとえば古くはレヴィン他（Lewin et al., 1939）によるグループの風土に関する実験が知られている。10歳の男の子たちを小グループに分けて、民主型・独裁型・放任型の3種類のリーダーが6週間ずつ交代で指導して共同製作活動を行ったところ、メンバーは変わらないのに、独裁型リーダーの下ではその後、攻撃的行動や無気力

▎レヴィン
Lewin, Kurt Z.: 1890-1947　ドイツ生まれの社会心理学者。人の行動は環境に左右されることを主張し、「場の理論」・集団力学を提唱した。

な行動が増えたという。

　また日本での著名な研究に、三隅二不二らの教師の**リーダーシップ**に関わる**PM理論**の研究がある。リーダーの機能のうち、P機能は集団目標達成に関わるものを指し、M機能は、集団内の葛藤の緩和や励ましなど集団を維持することに関わる機能を指す（三隅，1972）。例えば、授業に対する厳しさや熱心な学習指導はP機能に関わり、こどもへの配慮や親近性はM機能に関わる（三隅，1966；三隅・矢守，1989；三隅他，1977）。中学生では、「学習意欲・授業満足度」「学級に対する帰属度」「学級連帯性」「生活・授業態度」において（三隅・矢守，1989）、小学生では、「学級連帯性」「規律遵守」「学習意欲」「学校不満」（三隅他，1977）において、いずれもP機能とM機能の両方が高く認知されている場合に、最も肯定的な結果が得られている。つまり、教師が集団の目標達成と維持の両面においてこどもたちから熱心な指導が認知されているときに、こどもたちの学習態度や規律、学級への連帯感などが強まるという結果である。また、学年の途中で教師のリーダーシップが、M型やPM型に移行した場合には、学年途中で低下しやすいスクールモラールが低下しなかったという報告もある（佐藤・松原，1992）。いずれにせよ、教師の態度をこどもがどう認知するかは、こどもたちの意欲や学級の雰囲気を左右することがわかる。

　また、これらはリーダーシップという観点からの学級風土形成に関わる教師要因の指摘になるが、リーダーシップだけでなく、教師の価値観や信念が、教師の言動を通してこどもたちの集団を方向づけるという指摘もある。教師の価値観や信念が、集団への要請として機能し、個々の生徒の欲求や志向性と拮抗しながらも、集団を動かしていくという指摘である（根本，1989）。

　例えば近藤（1994）は、教師の教育観や教育目標と、それを具現化する教師の指導やこどもたちへの意図的な要請、教師の行動などが、学級の要請として特定の行動傾向にこどもを方向づけること。そしてそれがこどものもつ特性（個性）と合致するかは、教室での適応や問題行動と深く関連することを指摘している。

　いずれにせよ、**教師の態度**が、直接間接にこどもたちの行動に影響を与え、学級全体としての行動傾向が醸成されていく側面があり、学級風土形成には教師側の要因が少なからず存在していることがわかる。

［2］学級風土形成の生徒に関連する要因

　さらに学級風土形成には、教師側の要因だけでなく、そこにいるこどもたち自身の個性や、こどもたち同士が影響しあって形成される生徒側の要因も考えられる。

　たとえば給食時間でも、周囲のこどもが静かにしていれば、一人で騒ぐわけにもいかないので、自然と全体が静かに行動する傾向ができるかもしれない。反対に、騒ぐ子とそれに追従する子や、それを受け入れる雰囲気があれば、それぞれが自由に振舞い始めて、全体が騒がしくなることもあるだろう。このように、こども同士がお互いに同調することで、学級の行動傾向ができ、学級風土へとつながることがある。

　小学校低学年であれば、その場の雰囲気に流される単純な**同調行動**が多いかもしれないが、中学年以上になると、仲間の反応を意識する子が増えてくる。仲間から良く思われたい、仲間から浮きたくない、仲間はずれになりたくないなど、心理的に仲間の行動に同調しなければと思う同調圧力も高くなる。

　また、仲間集団の魅力がこどもにとって大きいほど、そうした仲間の影響力は強くなることが予想される。

　集団の魅力は**集団凝集性**という言葉で研究されてきたが、学級の中でこどもたちが学級集団に魅力を感じていればいるほど、学級の凝集性は高くなる。しかし一方で、学級での活動機会も少なく、ただ昼間の時間を同じ空間で過ごしているだけであれば、こどもたちが学級の他のこどもに魅力を感じることも少ないかもしれない。ある研究では、女子中学生において、親密な人への類似性を多く感じるようになると、周囲の他の人にも類似性を感じるようになり、次第に学級での安心感を得る傾向が調査結果から仮説として得られた（藤村・越、2010）。また学級での**自己開示**が学級での適応感を増すという調査結果もある（小野寺・河村、2002）。いずれにせよ、学級という枠の中で、他者に自分との類似点を見出したり、自己を開示したり、周囲との小さな関わりを重ねながら学級に安心感をもつことが、学級集団の凝集性の基礎となるのではないだろうか。

【2】学級風土のアセスメント

　学級の個性といっても、それを何らかの客観的な測度で捉えることは容易ではない。学級観察によって教師−生徒関係を捉える試みも長く行われてきたが、観察では行動面に表れる特徴しか捉えられ

ず、また、観察時間という限られた時間内に生じた事象から判断するため、学級の流れや時間的な経過の中で生じたストーリーなどを捉えることは難しい。そこで古くから、学級をアセスメントするための工夫がなされてきた。

例えば、モレノが発案した**ソシオメトリー**[1]は、集団内の構成員が、どのように相互に好意をもっているかなどを整理することで、人間関係の布置を図式化する（Moreno et al., 1943）。古くは、学級内で誰と遊びたいかなどをこどもたちに尋ね、その選択関係を整理することで、リーダーを中心に大きな仲間集団のいる学級や、孤立した子の多いクラスなど、集団のありようを図式的に捉えるソシオメトリックテストが、わが国でも使用されてきた。その結果を図式的にまとめた**ソシオグラム**の分析からは、小学校高学年の男子で、集中度の高い集団すなわち大きなグループが学級内に形成されている状態で**モラール**が高く、女子では勢力が集中せず数名のグループが散在するような分散型を好んでいたという結果（田﨑・狩野, 1985）もある。近年ではあまり見られない光景かもしれないが、かつては、集団で球技などを楽しむ男子と、グループで好きなことをする女子という風景は、休み時間などに見られる様子としてリアリティがある。そうした人間関係の様子を、図式化できる点で、ソシオグラムは画期的な方法であった。その後も、コンピュータによる情報処理によって、いっそう複雑な選択関係を整理するファジーソシオグラムなども考案されている（津田他, 1996）。ただしこの方法は、児童・生徒間にお互いの好悪を直接に訪ねるため、「遊びたくない子に名前を挙げられるのではないか」「ぼくが遊びたい子は、遊びたい子として、ぼくの名前を書いてくれるだろうか」などの不安感をこどもたちに与えるなど、実施の心理的負担が大きく、倫理的な難しさがある。こうした心理的負担を軽減するために、誰と遊びたいかなど、直接に相手をノミネートして選択をする質問を避け、それぞれの相手について、現在どれくらい親しいかを5段階評価などで回答することで各人の対人的な心理的距離を整理する**ソシオプロフィール法**も提案されている（藤本, 2004）。

また、こうした人間関係を捉える方法ではなく、こどもたちが感じている学級風土を多次元的な質問紙で直接尋ねる学級風土質問紙による方法も、数多くなされてきた（Freiberg, 1999；伊藤・松井, 1998）。

例えば、学級風土質問紙**CCI**（伊藤, 2009；伊藤・松井, 2001；伊藤・宇佐美, 2017）では、〈学級活動への関与〉〈生徒間の親しさ〉〈自然

1) 定義は多様であるが、対人関係を数値で測ることを指す場合が多い。モレノ（Moreno, J. L.）は、心理劇を用いた集団療法でも著名であり、集団内の対人関係をソシオグラムによって表現するだけでなく、心理劇によって対人関係を表現することの効果にも注目していた。

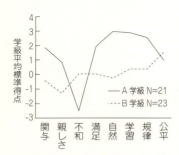

図1　A中学A・B学級の学級風土
　　　（伊藤亜矢子, 2012）

な自己開示〉〈学習への志向性〉〈規律正しさ〉などの各側面について、「クラスみんなは、行事などクラスの活動に一生懸命取りくんでいる」と思うか、など、クラスの様子をこどもに直接尋ねる方法である。こどもたちの回答を平均し集約すると、多くのこどもたちの声として、クラスの像が浮かび上がってくる。

　実際、CCIの結果を見ると、同じ学校の同じ学年であっても、それぞれ異なる風土が存在していることがわかる。図1は、ある学校の同じ学年の隣り合う学級のCCI結果である（伊藤亜矢子, 2012）。片方の学級の結果からは、〈学級活動への関与〉も高く、もめごとなどの〈学級内の不和〉は低く、〈学級への満足感〉や〈自然な自己開示〉に象徴されるような明るく楽しそうな風土が伝わってくる。他方、もう一方の学級は、〈学級内の親しさ〉がなぜか低く、他はいずれも平均的な値を示している。〈学級内の不和〉が高いということではないので、もめごとばかりで生徒同士が親しくなれないということではないだろうが、隣の学級ほどの満足感もなく、なんとなく疎遠な風土が伝わってくる。明るく盛り上がる隣のクラスを、内心うらやましく思う生徒もいるかもしれないと思わせる結果である。

　この他、近年では、学級をアセスメントする方法として、**Q-U学級満足度尺度**（河村, 2000）が広く実施されている。Q-Uは、学級風土を直接問う方法ではないが、教師との関係に関わる〈承認〉と、いじめ等に関わる〈侵害〉という2つの観点から、これら2軸による平面にこどもをプロットすることで、侵害感や非承認感をもつ子が多い学級など、学級の状況をアセスメントできる。さらに、教師の自主的診断として、アセス（栗原・井上, 2010）など比較的簡便に用いることができる方法もあれば、素朴な学級観察、学期末などに行う手作りのアンケートなども考えられる。スクールカウンセラーが来校する学校であれば、心理の専門家であるスクールカウンセラーにアンケートの項目や分析を相談することも可能である。

　学級像を的確に捉えることは教師の実践の基礎になる。身近な資料や工夫も含めて、多面的に学級をアセスメントすることは、教師の学級経営を支える大きな要素である。

【3】学級風土を支える教師支援

　これまでに見たように、学級風土の構成要素は多様であり、それ

を良好に保つためには、教師側だけでなく、こどもの個性や人間関係など多様な要素が関わってくる。しかしながら、教師としては、まずは自らがどう学級のこどもたちに働きかけるのかが問われるところである。学級経営を見直すことは、自分と学級の関係を見直すことであり、そこには教師自身の個性や信念、こどもたちへの感情や主観も深く関わってくる。そこには、PM理論で見たように、PM型が他よりも肯定的な結果につながりやすいというような一定の法則的な要素もある反面、実際には、誰もがこうすれば一定の結果が見込めるというようなハウツー的なものではありえない。それぞれの教師、それぞれの学級、それぞれの課題にそった考察や、指導の試みが必要であり、Q-UによるK-13法（小野寺・河村，2003）や、学級風土質問紙CCIによるコンサルテーション（安藤，2015）のように、個別の学級経営コンサルテーションも重要になる。

　コンサルテーションでは、学級についての理解が広げられることで、教師の理解や指導が変化することが期待される。そのため、Q-UやCCIのような学級アセスメントが、教師に新しい学級理解をもたらす手がかりになる。例えばスクールカウンセラーは、クライエントの人生観や感情などを尊重しながら、クライエント自身が新しい見方を得たり感情が変化したりすることを支援する専門家である。学級経営についての教師支援という点でも、学級アセスメントの結果を教師と共有しながら、教師自身の考えや感情を尊重しつつ、それらが変化し具体的な手立てへと結びつく支援を行うのに適した人材といえる。

　教室内での教師の影響力は大きく、例えば指導方針に合致するこどもは高く評価され、そうでないこどもよりもスクールモラールが高いという結果もある（近藤，1994）。教師がこどもを高く評価していると、実際にこどもの行動が評価に合致してくるという**ピグマリオン効果**は古くから知られているが、教師がこどもや学級集団に対してもつ影響力は大きい。いわんや、学級経営に悩んで教師の心的健康状態が悪くなるような事態が生じれば、そのことが学級の状態をさらに悪化させ、学級崩壊に至る悪循環を招くことも容易に想像できる。若い支援者はこどもの立場にたって、教師をこどもの敵のように感じる場合も少なくないかもしれないが、教師を心理的に支えることは、学級を支え、こどもたちの日々の学級生活を支えることにつながることを忘れてはならない。

> ピグマリオン効果：Pygmalion effect
> **教師期待効果**ともいわれる。Rosenthal, R. の研究が著名であるが、教師からの期待が高い子はその期待通りに成果をあげ、期待の低い子はその通りになるというように、期待が効果を生むというもの。
>
> 吉田俊和・三島浩路・元吉忠寛（編）（2013）．学校で役立つ社会心理学　ナカニシヤ出版
>
> 大西彩子（2015）．いじめ加害者の心理学：学級でいじめが起こるメカニズムの研究　ナカニシヤ出版
>
> 近藤邦夫（1994）．教師と子どもの関係づくり：学校の臨床心理学　東京大学出版会

6 特別支援教育

1 教師教育における特別支援

小沼 豊

【1】特別支援教育

わが国の特別支援教育は、従来の特殊教育の対象の障碍だけでなく、**学習障碍（LD）や注意欠陥／多動性障碍（ADHD）、高機能自閉症**を含めて障碍のある児童生徒の自立や社会参加に向けて、その一人ひとりの教育的ニーズを把握して、その持てる力を高め、生活や学習上の困難を改善又は克服するために、適切な教育や指導を通じて必要な支援を行うものである（文部科学省、2003）。すなわち、特殊教育から特別支援教育への転換は「障碍の種類や程度」に着目するのではなく、「知的障碍のない発達障碍」を包含した一人ひとりの「教育的ニーズ」に着目した、まさに「障碍」ということに対する視点の転換といえる。それは、学校名称や学びの支援、そして現場の支援体制に表れている。

まず、学校名称に関して、約1000校あった盲・聾・養護学校は「**特別支援学校**」となり、これまでの障碍種別のみならず、複数の障碍に対応する学校設置が可能になった。次に「学びの支援」に関して、通常の学校に設置されていた「特殊学級」は「**特別支援学級**」となり、「交流及び共同学習」といった支援を行っている。また、通常学級に在籍するこどもの支援として「**通級による指導**」の充実が図られている。最後に、現場の支援体制については、特別支援学校を「センター的機能」として位置づけ、近隣の小・中学校等に在籍するこどもの指導・支援にあたっている。具体的には、①小・中学校等の教員への支援機能、②特別支援教育等に関する相談・情報提供機能、③障害のある幼児児童生徒への指導・支援機能、④福祉・医療・労働などの関係機関等との連絡・調整機能、⑤小・中学校等の教員に対する研修協力機能、⑥障害のある幼児児童生徒への施設設備等の提供機能、という6つが示されている（文部科学省、2005）。

このように、特別支援教育に関する知識や実践力は教師にとって欠かすことのできないものであり、常にその動向に着目し研磨していくことが大切である。例えば、今後教育現場では「**合理的配慮**」のもと、障碍特性に対して、「教育内容・方法」「支援体制」「施設・設備」という3つの観点からの配慮が求められる。そこでは、一人

📝1）「特殊教育」における障碍種別は、視覚障碍・聴覚障碍・知的障碍・肢体不自由・病弱であり、盲学校・聾学校・養護学校で教育が行われていた。平成19年4月から一人ひとりのニーズ（LD等の発達障碍）に応じた適切な指導及び必要な支援を行う「特別支援教育」に転換された。

📝2）「交流及び共同学習」とは、特別支援教室を離れて一部の教科の授業などを通常学級で受けること。

📝3）「通級による指導」は、平成5年に制度化された仕組みで、通常学級に在籍し、おおむね通常の教育課程による履修が可能であるものの、情緒障碍、言語障碍、弱視、難聴などの障碍があり特に軽度の障碍があるこどもに対して、通常学級での教科教育のほかに、特別な場（通級指導教室）で特別な指導（通級による指導）を行っていた。平成18年にLDやADHDが「通級による指導」の対象となり、自閉症が情緒障碍から分離されるなど、対象の修正と指導時間の弾力化が行われた。

📝4）「『合理的配慮』の決定・提供に当たっては、各学校の設置者及び学校が体制面、財政面をも勘案し、「均衡を失した」又は「過度の」負担について、

ひとりの「教育的ニーズ」に応じて本人や家族などと合意形成を図りながら、「個別の教育支援計画」を決定していく必要がある。

【2】「個別の教育支援計画」
——医療・福祉・労働（就労）との連携・協力

「個別の教育支援計画」や「個別の指導計画」は、障碍のあるこども一人ひとりの「教育的ニーズ」を的確に把握し、支援していくための手立てとなる。「個別の指導計画」は、教師による授業での指導計画であり、一方「個別の教育支援計画」は、学校に入る前から卒業後までを見通した長期にわたる計画で、こどもの実態に応じて、医療・福祉・労働（就労）等に関する事項が記載される。教育的配慮が必要なこどもたちの支援には、計画的な支援計画や医療・福祉・労働（就労）との連携が鍵になる。例えば、医療との連携は、医師の診断評価に基づいた治療や支援方針の共有や医療的アセスメントの助言である。福祉との連携は、**福祉事務所**や**児童相談所**そして**発達障害者支援センター**[5]が考えられる。労働については、**公共職業安定所**（ハローワーク）、**地域障害者職業センター**、**障害者就業・生活支援センター**などの支援機関との協力が挙げられる。諸機関との連携の際には、学校は保護者の心理状態や願いに配慮しながら、信頼関係を構築したうえで行っていくことが大切である。個々の教師による指導・支援計画の作成や活用など専門性の向上が求められるとともに、校内における連携の推進役としての「**特別支援教育コーディネータ**」の活躍が期待されている。

【3】教員免許制度——統合性と専門性

わが国の特別支援教育に係る免許制度は、特別支援学校への制度改正に伴い、盲・聾・養護学校の学校種ごとの3種類の免許状から、**特別支援学校免許状**に統合された。特別支援学校教員免許状の取得のためには、「当該免許状の授与を受けようとする者の特別支援教育に関する科目の修得の状況等に応じて、1又は2以上の特別支援教育領域を定めて授与するものとする」と明記されており、大学等における特別支援教育に関する科目の修得状況等（障碍種別）に応じ、教育可能な障碍の種別（「視覚障害者に関する教育の領域」など）を特定して授与される。[6] こどもの「教育的ニーズ」に的確に対応するために、従来の特殊教育の専門性にあわせて、**LD**等への支援ができる専門性と、地域のセンター的機能を担うことが特別支援学校

個別に判断することとなる。』「障害を理由とする差別の解消の推進に関する法律」（障害者差別解消法）平成28年4月1日より施行。

📖5）発達障害者支援センターとは、発達障碍のある児童生徒や成人への支援を総合的に行う機関である。平成16年12月に成立した発達障害者支援法により、全国の都道府県および政令指定都市に約70カ所設置された専門機関である。発達障害者支援センターは、福祉制度の紹介や助言や発達障碍の早期発見・発達支援を担っている。学校からの発達支援の協力にも対応し助言を行っている。

📖6）特別支援学校の教員免許状は、幼稚園、小学校、中学校又は高等学校の教員免許状（基礎免許状）の取得が前提となる。教育職員免許法附則第16項の規定により、基礎免許状を有する者は、特別支援学校の教員免許状を有していなくても、当分の間、特別支援学校の教員になることができる（文部科学省, 2005, p.23）。

📎国際障碍分類：
ICIDH：International Classification of Impairments, Disabilities, and Handicaps

📎機能障碍：
impairment
能力障碍：disability
社会的不利：handicap

📎国際生活機能分類：ICF：International Classification of

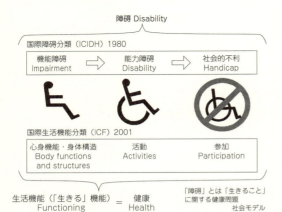

図1 ICIDHの障碍構造モデル及びICFの生活機能構造モデル

📌 Functioning, Disability, and Health

📌 国際疾病分類：International Classification of Diseases；ICD
10年ごとに改訂してきて、現在、第10版であるICD-10に至っている。2018年にICD-11への改訂が予定されている。

📌 DSM：Diagnostic and Statistical Manual of Mental Disorders（「精神障害／疾患の診断・統計マニュアル」）は、アメリカ精神医学会が提示している精神障碍の診断マニュアルである。診断基準の早見表は、「精神障害／疾患の分類と診断の手引」として訳されている。国際的に使用されている診断基準は、DSMとICD（国際疾病分類）がある。厚生労働省はICDを使用しているが、発達障碍などの障碍や疾病の特徴や定義を捉えるうえで、DSMの診断基準もまた重要になる。
1952年に第1版（DSM-

に求められている。

【4】障碍の分類──国際的な「障碍」の分類

「障碍」の分類は、**世界保健機構（WHO）**の**国際障碍分類（ICIDH）**からみることができる。すなわち、「機能障碍」「能力障碍」「社会的不利」の3つである。まず「機能障碍」は、上肢（指、手、腕など）や下肢（脚など）といった身体の一部に欠損があったり、ある部分が十分に機能しなかったりする場合を指す。また、身体的な欠損のみならず、知的障碍というような脳の器質に関係する場合も「機能障碍」である。次に「能力障碍」は、「機能障碍」に起因して物事の遂行が困難になったり、できなくなったりする場合を指す。例えば、両足を切断した場合は自力では歩行困難となる。最後に「社会的不利」は、「能力障碍」に起因して社会生活において困難に直面することを指す。例えば、両足を切断した場合でも車いすを活用して移動することはできるが、階段や段差を乗り越えていくことはできない。社会から機能障碍に対して誤解や偏見を受ける場合もあり、社会生活を営む際に受ける困難を「社会的不利」という。国際障碍分類は、「医学モデル」であり、障碍は「個人の特徴だけでなく、社会環境との相互作用から発生する」という「社会モデル」と捉える必要があるとして、**国際生活機能分類（ICF）**に改定された。そこでは、心身機能・身体構造、活動、参加という3つの生活機能（「生きる」機能」）と障碍の両面から健康を考えている（図1）。障碍は活動をするうえでの制限（活動制限）であり、参加をするうえでの制約（参加制約）である。

【5】わが国における従来の「障碍」の分類
（身体障碍、知的障碍、精神障碍、情緒障碍（発達障碍））

障害者基本法2条によると、障碍者について「身体障害、知的障害、精神障害（発達障害を含む。）その他の心身の機能の障害がある者であって、障害及び社会的障壁により継続的に日常生活又は社会生活に相当な制限を受ける状態にあるもの」としており、ICFに基

づく障碍観(個人要因だけでなく社会要因との相互作用)を示す内容となっている。すなわち、「身体障害」とは、身体機能に欠損等の機能障碍があり、「知的障害」は、知的機能の障碍が発達期までにあらわれ、「精神障害」は、統合失調症やうつ病等の精神疾患があり、いずれもそのために継続的に日常生活又は社会生活に支障がある状態をいう。「身体障害」「知的障害」「精神障害」者

発達障碍の定義
広汎性発達障碍(自閉症、アスペルガー症候群等)、学習障碍、注意欠陥/多動性障碍等通常の低年齢で発現する脳機能の障碍(発達障害者支援法第2条)
※ICD-10におけるF80-98に含まれる障碍

ICD-10 精神及び行動の障碍	〈法律〉	
F00-F69 統合失調症や気分(感情)障碍など	精神保健福祉法	
F70-F79 知的障碍〈精神障碍〉		知的障害者福祉法
F80-F89 心理的発達の障碍(自閉症、アスペルガー症候群、その他の広汎性発達障碍、学習障碍など)		発達障害者支援法
F90-F98 小児〈児童〉期及び青年期に通常発症する行動及び情緒の障碍(注意欠陥/多動性障碍、トゥレット症候群)		

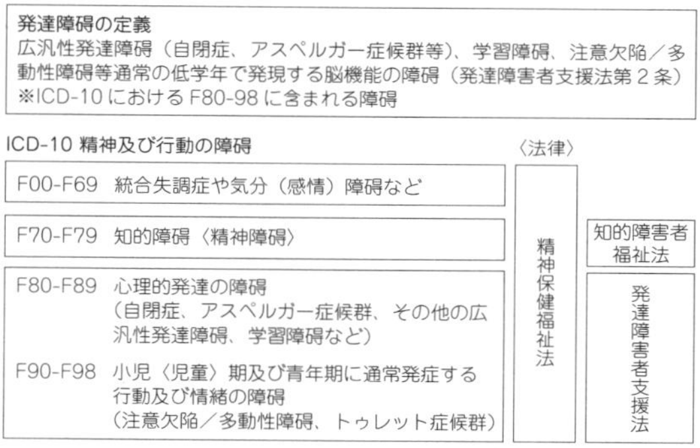

図2 発達障碍の分類(厚生労働省「障害者自立支援法等の改正について」をもとに改変)

については、「身体障害者福祉法」「知的障害者福祉法」「精神保健福祉法」で記載されている。そして、「発達障害」の分類は、**国際疾病分類(ICD)**に準拠するように、「発達障害者支援法」施行の際に出された次官通知に明記され、教育界においてもICDが使用されている。すなわち、「対象者(児)は、脳機能の障害であって、その障害が通常低年齢に発症するもののうち、ICDのF8(学習能力の特異的発達障碍、広汎性発達障碍など)およびF9(多動性障碍、行為障害、チック障害など)に含まれるもの」とされた(図2)。ICDのFコード(精神科)の大カテゴリーのうち、精神障碍(F00-F69:統合失調症や気分(感情)障碍など)や知的障害(F70-F79)が分類され、F8、F9を支援対象とした。学習障害、広汎性発達障害、注意欠陥/多動性障碍などをまとめて「発達障害」として分類する点がその特徴である。**広汎性発達障碍(PDD)**(かつての特異児といわれた子)の特徴として、①対人関係の異常、②ことばやコミュニケーションの異常、③特徴的なこだわりの3点があり、①、②、③いずれの特徴にも当てはまるものを自閉症、①と③のみに当てはまるものを**アスペルガー症候群**と分類する。なお、アスペルガー症候群や自閉症に関して、DSM-5(American Psychiatric Association, 2013)の分類では連続体を意味する**自閉スペクトラム症(ASD)**として捉えられている。

障碍について検討していくには、環境と特性との間の相互作用、生活機能に着目したICFの障碍観をもって、しなやかな支援の仕組みを築いていくことが重要になる。そこでは、「個別の教育支援計画」を用い個々のこどもの障碍特性を考慮した支援を検討していくことが重要であり、**スペクトラム**(連続体)として多様性に対応した支援が求められよう。

1)が発表されてから、2013年に現在の第5版(DSM-5)に至っている。DSM-5の特徴として、「広汎性発達障碍」の副分類とされていた障碍(アスペルガー症候群など)は整理・統合され「自閉スペクトラム症(ASD)」として一本化された。

なお、診断基準の特徴として、診断医(医者)の間で診断が最大限一致されるように「操作的診断基準」が1980年の第3版(DSM-3)から用いられている。すなわち、「いくつかの特徴的な行動特性を記述し、そのうち何項目以上あてはまれば、自閉症と診断する」といったような、「特定の状態が特定の期間に存在する」という具体的な診断基準である。

📖柘植雅義・渡部匡隆・二宮信一・納富恵子(編)(2014). はじめての特別支援教育:教職を目指す大学生のために(改訂版) 有斐閣(有斐閣アルマ)
📖湯浅恭正(編)(2008). よくわかる特別支援教育 ミネルヴァ書房

2 障碍の理解
――通常の学級における特別支援教育

小貫　悟

【1】発達障碍とは

　通常学級において障碍のある子への支援の重要性が語られている。**インクルーシブ教育**の理念の元、障碍児教育の舞台が通常学級へと広がっているからである（文部科学省, 2012a）。ここでは、通常学級における障碍のある子の理解を中心に論じていくことにする。

　通常学級においては「発達障碍」への対応が特別支援教育の中心である。発達障碍の可能性のある子は通常学級に6.5％いるとされている。教育分野においては、発達障碍を、学習障碍（LD）、注意欠陥／多動性障碍（ADHD）、高機能自閉症の3つの障碍としている。これらの障碍に共通する特徴は「知的に遅れがみられない」にもかかわらず学力、注意力、対人関係などに支援を必要とする点である。ただし、発達障碍は、教育領域と医学領域で捉え方が違っている部分があり整理が必要である。医学領域では、もともと、発達障碍を知的障碍を含めて、脳性麻痺や、てんかんなど多彩な状態を含め広く定義してきた。最新の医学的な診断分類基準であるDSM-5においては「**神経発達症群**」という総称で発達障碍を捉えるようになり、知的能力障碍（知的発達症）、コミュニケーション症群、自閉スペクトラム症、注意欠如・多動症、限局性学習症、運動症群、チック症群などからなるという見方が主流になりつつある。

　一方、教育領域では、発達障碍への支援法案の整備などの経緯の中で上記の3つの障碍に発達障碍を絞るようになった。特に、彼らは通常の学級に在籍する実態から、この3つの障碍を発達障碍として考えることに利点が多いという背景もあったからである。

　ここでは、発達障碍の基礎の理解をおさえることを主眼とし、教育領域で捉える3つの発達障碍を軸にして、それぞれのこどもの状態や概念の整理を行いながら、医学的な見方も含め説明する。

【2】LD（学習障碍）
［1］教室で見られるつまずき

　LDのある子は、聞く、話す、読む、書く、計算する、推論するなどの基礎学力の習得に特異的なつまずきを見せる。通常学級の授業においては、学習内容への「理解のゆっくりさ」が課題になる。

LD（学習障碍）: learning disabilities, または learning disorders

2 障碍の理解——通常の学級における特別支援教育

表1　LDの文部科学省定義（文部科学省, 1999）

> 学習障害とは、基本的には全般的な知的発達に遅れはないが、聞く、話す、読む、書く、計算する又は推論する能力のうち特定のものの習得と使用に著しい困難を示す様々な状態を指すものである。
> 学習障害は、その原因として、中枢神経系に何らかの機能障害があると推定されるが、視覚障害、聴覚障害、知的障害、情緒障害などの障害や、環境的な要因が直接の原因となるものではない。

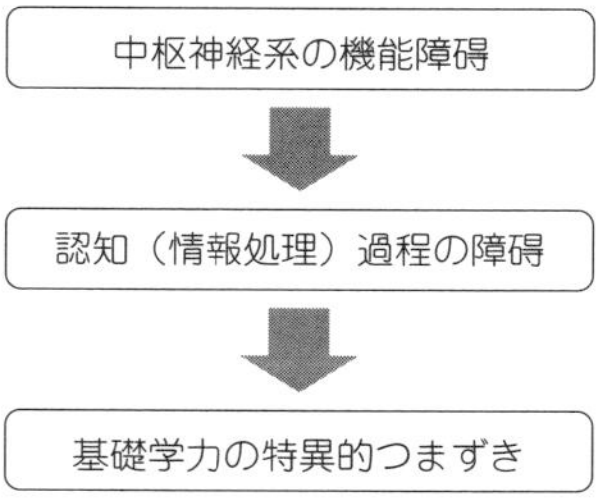

中枢神経系の機能障碍

認知（情報処理）過程の障碍

基礎学力の特異的つまずき

図1　LDの発生メカニズム
（上野, 2001, p.7を修正）

なぜ、こうしたことが生じるか、つまり原因については不明なことが多いが、そうした子の心理検査の結果には「認知能力のかたより」が見られることが多く、特に視覚認知（形や文字などを目で捉える力）や、聴覚認知（音や口頭言語などを耳で捉える力）など、外部の情報を捉えて思考すること（情報処理）に弱さを見せることが多いことが知られている。また、取り込んだ情報の記憶能力に弱さを見せることもあり、ここから学習内容の「定着の悪さ」が生じる。こうした実態を把握するためには、ウェクスラー式の心理検査などを使用することが一般的になっている。さらに、学習の遅れから自信喪失、劣等感などが生じることも多く、「二次障碍」とよばれるような心理面のつまずきへの配慮も不可欠である。

［２］定義と判断

表1がLDの文部科学省定義である。この定義では、主に①全般的な知的発達に遅れがないこと（知的障碍ではないこと）、②基礎学力につまずきが生じること、③中枢神経系の機能障碍に由来することが条件になっている。これらをプロセスとして図示すると、図1のようなメカニズム的な説明が可能になる。

このような、〈中枢神経系の機能障碍〉→〈認知過程の障碍〉→〈基礎学力の特異的つまずき〉という流れによって不適応が生じていることが確認できる子どもを、教育領域ではLDと判断する。なお、教育において、発達障碍を捉える場合には「診断」とはよばずに「**判断**」とよぶ。

［３］医学的な捉え方

これまでは「特異的学習障碍」などといわれてきたものがDSM-5においては「**限局性学習症**」という表現になった。症状によって、読字の障碍、書字表出の障碍、算数の障碍に下位分類され

表2　ADHDの文部科学省定義
（文部科学省, 2003）

> ADHDとは、年齢あるいは発達に不釣り合いな注意力、及び／又は衝動性、多動性を特徴とする行動の障害で、社会的な活動や学業の機能に支障をきたすものである。
> また、7歳以前に現れ、その状態が継続し、中枢神経系に何らかの要因による機能不全があると推定される。

る。また、学力不適応に対する着眼点として、例えば、読み障碍の場合には、単語の正確さ、読み速度、流暢性、文章の理解度など、細やかな読みの状態理解が求められるようになり、ますます、学力アセスメントの重要性が増すようになっており、この領域をカバーする心理学分野の発展が求められている。

【3】ADHD（注意欠陥／多動性障碍）

［1］教室で見られるつまずき

ADHDには「不注意・多動」などの行動特徴が見られる。この子たちは、外部からの刺激（音、掲示物、人の動き等）に、すぐに反応してしまうため、今、進行している作業が中断したり、別のことに関心が移ってしまうなどの行動が頻繁に起こる。こうした特徴は「関心のムラ」「集中力のなさ」と位置づけられ、授業中には教師からの注意を受けがちになる。また、その特徴は、自分勝手な子、ルールを守れない子、集団活動を乱す子などと捉えられやすく、叱責されることも多くなる。そうした中で、他の子への攻撃、ケンカ、反抗などの反社会的な行動が「二次障碍」として現れることもあり、授業の不参加がさらに顕著になるといった負の連鎖が生じることも少なくない。

［2］定義と判断

表2がADHDの文部科学省定義である。この定義では、主に①注意力、②多動性、③衝動性などが極端な形で見られることが基準になっている。

［3］医学的な捉え方

DSM-5に基づく診断についても、不注意と、多動性および衝動性が生じているかどうかを確認する手順になっている。医学的な対応の中心になるのが薬物による症状の軽減である。主に中枢刺激薬であるメチルフェニデート（商品名：コンサータ）や、選択的ノルアドレナリン阻害薬であるアトモキセチン塩酸塩（商品名：ストラテラ）などが使われる。教育現場が知っておくべきこれらの薬物に関する知識は、こうした薬物は、飲み続けることによって障碍そのものが改善するというより、表面に現れている症状を一時的に軽減するものであるということである。薬物のみの対応ではADHDの

*ADHD（注意欠陥／多動性障碍）：
attention-deficit/
hyperactivity disorder

ある子の支援には不十分である。心理・教育的アプローチを主にしながら、薬物を補助的に上手に使うことが必要になる。

表3　高機能自閉症の文部科学省定義
（文部科学省, 2003）

> 高機能自閉症とは、3歳位までに現れ、①他人との社会的関係の形成の困難さ、②言葉の発達の遅れ、③興味や関心が狭く特定のものにこだわることを特徴とする行動の障害である自閉症のうち、知的発達の遅れを伴わないものをいう。
> また、中枢神経系に何らかの要因による機能不全があると推定される。

【4】高機能自閉症

[1] 教室で見られるつまずき

高機能自閉症のある子は、知的に遅れは見られないが自閉症の特徴をもっている子である。高機能自閉症の子は「対人関係の苦手さ」や「状況理解の悪さ」が指摘されることが多い。また、特定の物や、スケジュール、やり方に固執するなどの「こだわり」をもつことも知られている。こうしたこだわりは「関心のムラ」につながったり、突然の予定変更への弱さを生じさせ、それが「見通しのなさへの不安」へとつながることもある。このような行動面での特徴とともに、情報や状況に対して独特な状況認知をしたり、考えをもったりすることもある。特に「イメージすることの弱さ」をもつことが知られており、これが「曖昧なものへの弱さ」「抽象化の弱さ」「般化の不成立」につながることもある。また、複数のことを同時に行うことは苦手であるため、「複数並行作業の弱さ」を補う配慮も必要になる。

◆高機能自閉症：high-functioning autism

[2] 定義と判断

表3が高機能自閉症の文部科学省定義である。この定義では、主に①対人関係、②こだわり（固執性）、③コミュニケーションなどの特徴があることなどが基準になっている。

[3] 医学的な捉え方

DSM-5においては、これまでに使われた「アスペルガー障碍」などの診断分類がなくなり「自閉スペクトラム症」という診断分類が使われるようになっている。これまで許されていなかったADHDとの重複診断を行うことができるようになるなど、自閉症のある子への診断分類は特に変化が大きい領域である。

◆自閉スペクトラム症：autism spectrum disorder：ASD

【5】まとめ

発達障碍の可能性のある子は通常学級に6.5％いるとされている。こうした子に対する支援には、心理学、教育学、医学、福祉実践などの多種の領域からの研究と実践が必要である。特に、教育心理学への期待は大きく、その貢献の可能性も広がっている。

📖 上野一彦・花熊曉（編）(2006). 軽度発達障害の教育：LD・ADHD・高機能PDD等への特別支援　日本文化科学社

③ 人権と特別支援教育

松田信夫

【1】人権意識と特別支援教育

　世界的にみて、19世紀から20世紀の初頭にかけ、特に知的障碍者は地域社会から排除されていたという歴史がある。当時、アメリカ合衆国の収容施設でも、知的障碍者への処遇はきわめて劣悪であった。現在では福祉政策が充実しているとされる北欧諸国でも、当時の状況は似ていた。デンマークのバンク−ミケルセンは、第二次世界大戦後、施設に入所している障碍者への処遇の改善に力を入れた。彼は、入所者に「できるだけノーマルに近い生活」を提供することを理念として掲げ、「ノーマライゼーション」という語を初めて使用した。この理念が国内や国外の関係者に浸透し、施設処遇は徐々に改善の方向に歩み始めた。

　1950年代より、アメリカ合衆国では生活拠点を大きな施設から地域に移そうとする運動が始まった。障碍者の人権を尊重し、可能な限りノーマルな生活の実現をめざそうとする動きである。その背景には財政負担軽減という政府の計算があったことも事実であった。

　さて、こうした意識の高揚は、障碍者福祉の分野だけではなく、1960年代の「**黒人解放運動**」にも顕著であった。当時のアメリカ合衆国では、アフリカ系黒人といわれる人々への差別問題に端を発した権利獲得運動が推し進められていた。ノーマライゼーションの思想は、人権擁護の政策立案とその実施を促していったが、この差別解消への具体的な取り組みを「**インテグレーション**」（統合）とよぶ。この用語は、障碍者福祉や障碍児教育の分野のみでなく、広い分野で使用されていた言葉である。

　さて教育分野でのインテグレーションには、いわゆる通常教育に障碍児を「合流させる、適合させる」といったニュアンスがある。アメリカ合衆国の教育界では「**メインストリーミング**」（主流化）という言葉もよく使用された。いずれにせよ、主体（主流）は通常教育にあり、障碍児は合流させられる客体とみなされる傾向があった。このインテグレーションの運動が教育関係者に当時歓迎されたことは事実であるが、この捉えでいくと、主体の側である通常学校（学級）には、障碍児を受け入れるためにカリキュラムや指導法などを創意工夫するといった変革への努力は、ほとんど必要とされる

◆バンク−ミケルセン
Bank-Mikkelsen, Niels E.: 1919-1990　デンマークの社会省の行政官。第二次世界大戦中にナチスの強制収容所に拘束された体験をもつ。国内にある施設での障碍者処遇をナチスの収容所のひどさにたとえ、障碍者処遇の改善運動に力を入れ、知的障碍者の福祉向上に尽力した。

◆ノーマル：normal
（標準）

◆ノーマライゼーション：normalization

◆インテグレーション：integration

◆メインストリーミング：mainstreaming

ことはない。つまり、ほぼこれまで通りの体制のままで、障碍児への教育的対応を進めていくこととなる。

近年、インテグレーションに代わり、「**インクルージョン**」という理念が注目され、実践に移されつつある。インクルージョンとは「包容」という意味であり、障碍のある者と障碍のない者を「ともに包み込む」といったニュアンスがある。

この言葉が関係者に注目されるようになったのは、1994年にスペインの都市サラマンカで開催された「特別なニーズ教育に関する世界会議」で採択されたいわゆる「**サラマンカ宣言**」からである。この宣言では、世界中で「特別な教育的ニーズ」を有する子どもたち（障碍児、ストリートチルドレン、児童労働をさせられている子ども等）は約10％（2億人）に達し、こうした子どもたちを通常教育がインクルードする（包容する）教育の実現をスローガンとして掲げた。そのために、現在の通常学校に、そのカリキュラム上の付加・修正、教員配置の工夫、施設・設備面での改善等への取り組みが必要であることを主張した。この宣言は、特別支援学校や特別支援学級に教育上重要な役割があることにも言及している。この理念の実現にとって、通常学校の側の変革が不可欠であることを強調している点は、インテグレーションと異なるところである。

【2】学校制度と支援態勢

特別支援教育とは、障碍により教育的支援を必要とするすべての児童生徒を対象に、その教育的ニーズを把握し、持てる力を高め、障碍による学習上または生活上の困難を改善していくために必要な支援を行う教育である。

かつてわが国では、障碍の種類を視覚障碍、聴覚障碍、知的障碍、肢体不自由、病弱、言語障碍、情緒障碍に分類し、これらの障碍のある児童生徒を対象に、それぞれの障碍に応じた特別な学校や学級を設置し、障碍に応じた教育を実施してきた歴史がある。しかし、児童生徒の障碍の重複化や多様化が近年進んできたことを背景に、一人ひとりの教育的ニーズに応じた適切な教育を実施するため、複数の障碍種への教育的対応を可能とする特別支援学校の制度を2007年度に創設した。また、通常学級に籍があり、かつ何らかの特別な教育的配慮を必要とする児童生徒（この中に学習障碍〔LD〕、注意欠陥／多動性障碍〔ADHD〕等の発達障碍のある児童生徒が含まれている可能性がある）が、全国実態調査（文部科学省，2012b）で6.5％

📌 **インクルージョン**：inclusion

📌 **特別な教育的ニーズ**
この言葉は、イギリスの1981年教育法で正式に採用された。この法では、「こどもが特別な教育的措置を必要とするような学習困難を有する場合、そのこどもは特別な教育的ニーズを有する」と定義された。サラマンカ宣言（1994）では、障碍児だけでなく、おかれた環境の影響で特別な教育的ケアを必要とする様々なこどもたちも当ニーズを有すると解釈されている。

📌 **全国実態調査**
通常の学級に在籍する知的発達に遅れはないものの、特別な教育的支援を必要とする児童生徒の実態を明らかにし、今後の施策のあり方や教育のあり方の検討の基礎資料とするために実施された。

124　6　特別支援教育

🖉通級指導教室（リソースルーム）
小・中学校の通常学級に在籍している児童生徒が、教科等の指導のほとんどを通常の学級で受けつつ、障碍の状態の改善を目的とした特別の指導を特別の場（通級指導教室）で受けることのできる制度が1993年にわが国で開始された。この教室が対象とする障碍は当初、言語障碍、情緒障碍、弱視、難聴、肢体不自由、病弱・身体虚弱の6障碍に限られていたが、近年の障碍の多様化を踏まえ、柔軟かつ弾力的な対応が可能となるよう、2006年度からはその対象に学習障碍、注意欠陥／多動性障碍の児童生徒を含めることとした。障碍のある児童生徒、その保護者、教育関係者などからの通級指導教室へのニーズは高く、増設への要望が強い。

🖉個別の教育支援計画
一人ひとりの障碍のあるこどもについて、乳幼児期から学校卒業後までの一貫した長期的な計画であり、学校が中心となって作成する。作成に当たっては医療、保健、福祉、労働機関等との連携が必要とされる。また保護者の参画や意見を聴くことなどが求められる。短期目標（おおよそ1年間の目標）、長期目標（おおよそ3年間の目標）、さらには将来を展望した目標を記載する。

🖉個別の指導計画
学習指導等を効果的に実施するための指導計画であり、幼児児童生徒一人ひとりの教育的

にのぼることが明らかとなっており、こうした児童生徒への教育的支援も特別支援教育の範疇に含めることとした。同時に教育職員免許法等を改正し、時代のニーズに応じた教員養成を開始した。そして、特別支援教育を実施する場として、特別支援学校（2006年度までの名称は盲学校、聾学校、養護学校）、小・中学校に設置される特別支援学級（2006年度までの名称は特殊学級）、通級指導教室、通常学級等を学校教育体系に位置づけた。

　LD、ADHD等の児童生徒への教育的支援には、学校外の関係諸機関（医療、保健、福祉、労働機関等）と学校との連携協力が不可欠であるため、こうした機関との連絡調整役として、さらには保護者や関係諸機関に対応する学校の窓口としての重要な役割を特別支援教育コーディネータが担う。それゆえ、障碍全般に関する知識はもとより、こうした連絡調整に関する専門性、教育相談に関する専門性、校内委員会・校内研修の企画・運営に関する専門性などを有した人材がこの役に就くことが望まれる。

　また、全国の特別支援学校や特別支援学級などで作成が進められている教育計画（個別の教育支援計画、個別の指導計画）は、個に応じた指導を計画・実施し、子どもの乳幼児期から学校卒業後までを長期的に見通しながら成長の過程を適切に評価し、さらに指導を積み重ねていくための計画であり、この作成についても学校と関係諸機関との連携協力が不可欠となる。ここでも特別支援教育コーディネータは重要な役割を担う。

【3】インクルーシブ教育と特別支援教育

　2006年に「障害者の権利に関する条約」（「障害者権利条約」）が国連総会において採択され、わが国は2007年に署名し、その後の国内法の整備を終え、2014年に批准した。本条約は、障碍者の人権や基本的自由の享有を確保し、障碍者の固有の尊厳の尊重を促進するための措置等を規定している。本条約の締結により、わが国では障碍者の権利の実現に向けた取組が一層強化され、人権尊重についての国際協力が一層推進されることとなった。これまで必ずしも十分に社会参加できるような環境になかった障碍児・者が、人としての尊厳をもち、積極的に社会参加・貢献したいという自己実現の欲求を叶えることのできる時代の到来を意味する条約として大いに期待されている。この条約には、障碍者を「包容する教育制度」（インクルーシブ教育システム）の確立とその実施、並びに**合理的配慮**の

実施が定められており、教育関係者の関心は高い。ここに示されているインクルーシブ教育とは、障碍のある児童生徒と障碍のない児童生徒が、可能な限り同じ場で共に学ぶ教育を指す。そのため、わが国の学校教育は、学習指導要領が目指す「生きる力」を育む教育と、「インクルーシブ教育」の理念に基づく教育を統一させて推進していく必要がある。

　さて、障碍のある児童生徒と障碍のない児童生徒が可能な限り同じ場で共に学ぶことを理念とするインクルーシブ教育の実現は、万人が望むところであろう。ただし、その実現のためには、冷静に考慮しなければならない点がある。例えば、視覚障碍のある児童生徒の場合、弱視レンズ、聞くことで内容を理解できる説明、拡大コピー、拡大文字を用いた資料等を効果的に用いれば、通常学級で共に教科指導を受けることのできる可能性は高まる。また、聴覚障碍のある児童生徒の場合も、補聴器、相手や状況に応じた適切なコミュニケーション手段（身振り、簡単な手話等）、わかりやすい板書等を効果的に用いれば、前述と同様、その可能性は高まる。このように教育方法の工夫により、共に学ぶ教育の実現の可能性は高まると予測される。

　しかし、知的障碍のある児童生徒の場合、通常学級の児童生徒との間に生じる教育上の困難の多くは、単なる教育方法上の問題ではない。名古屋（2011）は、知的障碍のある児童生徒にとって「教育の第一義的な目標は生活の自立であり、通常学級で行っている系統的な教科の指導とは目標が直ちに一致しない」とし、「単に教育方法を工夫しても、共に学べる条件は必ずしも整わない」のであるから「教育の場を分けた方が、より効果的な教育ができることもあり得る」と述べ、特別支援学校や特別支援学級を設置する意義を認めている。様々な教育的ニーズのあるこどもたちを単に位置的に（外観的に）統合させても、教育的ニーズに最も的確に応える教育（最も適切な教育）の実現につながらぬ場合もありうるとの指摘である。中央教育審議会（文部科学省、2012a）も、児童生徒の学習活動の成果を評価する本質的視点として「授業内容が分かり学習活動に参加している実感・達成感を持ちながら、充実した時間を過ごしつつ、生きる力を身に付けていけるかどうか」という内容をあげている。

　教育関係者は、これらの指摘も考慮しつつ、知的障碍のある児童生徒にとって最も適切な教育とはどのような形態かという観点からも、インクルーシブ教育の具体を議論する必要があろう。

ニーズに対応して、指導目標や指導内容・方法を具体的に記載する。おおよそ学年ごとに作成され、この中味に基づいた指導が実施される。

📎**批准**
すでに全権代表によって署名がなされた条約に拘束されることを国家が最終的に決定する手続きのこと。障碍者の権利に関する条約に関しては、わが国は2007年に外務大臣（当時）が当条約に署名し、2014年1月に批准書を国際連合事務総長に寄託した。そして同年2月に同条約はわが国について効力を発生した。

📎**合理的配慮**
社会的障壁の除去を目的とした、過度の負担を伴わぬ変更・調整のこと。

📎1）障碍のあるこどもが障碍のないこどもと共に教育を受けるという障害者権利条約のインクルーシブ教育の理念を踏まえ、共生社会の形成に向けたインクルーシブ教育システム構築を目指してまとめられた報告。

📖花村春樹（訳・著）(1994)．「ノーマリゼーションの父」N・E・バンク‐ミケルセン──その生涯と思想　ミネルヴァ書房

7 教育とICT

1 教育の情報化

田中俊也

【1】情報の教育化と教育の情報化

学校教育をとりまく社会は、全体として情報化が進展し、学校はその流れとは無縁の存在ではありえなくなっている。そうした情報化社会と学校教育との関係を考える際に2つの視点が存在する（田中, 2015）。

一つは、社会での情報化の波（ハード面・ソフト面両面）を学校教育においてきちんと教育していくスタンスで、これは情報の教育化とよばれる。文部科学省（当時文部省）が公立学校についての学校の情報化対応の調査を始めた1983年度には、小学校ではコンピュータが設置された学校は1％にも満たなかったが、30年以上を経て今やそうした設置率を問うことそのものが滑稽なほど100％設置され、コンピュータを使うことが当たり前になっている。それでもなお、技術革新は続き、その時々のコンピュータやその周辺機器を使いこなせる**コンピュータリテラシー**の教育は引き続き行われている。

もう一つは、教育活動そのものを情報機器の活用によっていかに有効に進めていくか、というスタンスで、これは教育の情報化とよばれる。コンピュータや情報機器のない時代から教育活動は連綿と続けられているものであるが、児童・生徒の諸理解や思考力・創造力の開発にとって情報環境はきわめて有効なものであり、そうした、教育活動そのものに情報機器を積極的に用いていくことを表している。

【2】テクノロジープッシュからデマンドプルへ

情報機器の活用は実は「**視聴覚教育**」という形で比較的早い時期から行われていた。その理論的基礎づけも**ブルーナー**（Bruner, 1960）らによって行われていたが、わが国においては、学校教育にそれらが導入されるにあたって、確たる教育哲学・信念もなく、産業界での市場の枯渇のあとのターゲットとしてどんどん導入され、結果的には職員室の隅でそうした機器が眠っている、という状況が続いた。社会の産業・技術が機器を学校に押し付けた、テクノロジープッシュの現象である。映写機や**透過原稿投影装置**（**OHP**）な

👤 **ブルーナー**
Bruner, Jerome S.: 1915-2016　トピック3-9参照。

📎 **透過原稿投影装置**: overhead projector
透明フィルムに焼きつけた原稿をスクリーンに投射する装置。

どおびただしい数や様々な種類の機器が学校に入ってきた。

上記の1983年度の文部省対応では、そうした轍を踏まないよう、なぜ学校教育に情報機器が必要か、という徹底した議論を繰り返し、学校側の要求によってそうした機器を引き寄せる（導入する）というデマンドプルの姿勢が重視された。その後、約10年ごとの学習指導要領の改訂のたびにその議論は繰り返されてきた。学校教育が機器を要請（デマンド）した形であった。

【3】「情報」が「教科」に

そうした流れを象徴する現象として、1993年、中学校の「技術・家庭」科の中に「情報基礎」という領域が設けられ、その後2001年度からはそうした情報教育を扱う**「情報科」**という教員免許状が新設され、2003年度より教科「情報」科が高等学校においてスタートした。「情報」に関する知識や技能が児童・生徒の「学力」の一部を構成するものになったのである。

「情報」は当初A, B, Cの3種類のうちの1つを選択必修（必履修）化させていたが、2006年、一部の高校で履修させていないことが発覚し、その扱いについての軽さが議論となった。デマンドプルでの「デマンド」部分が必ずしも教育現場からのものではなかった証ともいえる。

【4】コンピュータ活用からICT活用へ

コンピュータは日々高速・大容量化し、スタンドアロンの形態での利用よりネットワークへの接続の形での活用があたりまえの姿となり、単なる情報処理機器としてではなくコミュニケーションの装備としての役割を大きく担うようになってきた。こうした、**情報通信技術**（ICT）としてのコンピュータを中心とする機器の活用をICT活用とよぶ。

教育内容が体系化され階層化されている教科の教授活動においては、プログラム学習の形をとった**CAI**的な活用はいまだ十分に機能するものである。しかしながら、学習者を中心とした「アクティブ・ラーニング」や、教育内容の構造化の度合いがそれほど高くない教科の学習にとって、個人の認識の深化と仲間との共同学習をサポートするICT活用はきわめて重要な契機であるといえる。

教育の情報化はICT活用を通して現実化される。

🖉情報通信技術：information and communication technology；ICT

🖉CAI：computer assisted instruction, またはcomputer aided instruction

📖野中陽一（編）(2010)．教育の情報化と著作権教育　三省堂
📖古藤泰弘・清水康敬・中村一夫（編集代表）(2002)．[教育の情報化]用語辞典　学文社

2 情報機器活用の可能性と評価

田中俊也

学校の授業場面でのコンピュータの活用を中心とした**情報通信技術（ICT）**活用は、広い意味での教育の情報化にとって最も重要な活用場面である。ここでは様々な情報機器を一括してICTとして捉え、その可能性と実態、活用の評価についてみていく。

【1】ICT活用の基本的哲学

どの時代においても、教育の大きな目的は、こどもたちの学ぶ意欲やわかりたいという欲求の育成、その成果としての真正の学力の獲得である。そのためにはこどものもつ知識表象のレベルをこども自身が自由に行き来し、様々なレベルでの捉えなおしの経験が必要である。

わが国の施策としては、**教育振興基本計画**（第1期：平成20年度〜25年度、第2期：平成26年度〜29年度）に基づいて諸施設・設備の整備が計画・実行されている。特にその実効化に向けての「教育のIT化に向けた環境整備4か年計画」では、第2期教育振興基本計画で目標としているハード面での整備計画が細かく述べられている。

これらの施策を受けて、学校にはどんどんとICT機器が入り、その活用方法についての紹介も日を追って増えている（例えば國眼、2013など）。また、発達障碍のこどもたちを育てる際の携帯、パソコン、タブレット端末の活用法等についての紹介も増えている（中邑・近藤、2012など）。

以下、学びの質の向上に力点を置いた視点（中川、2016）から、問題解決とその活用過程としての深い学び、他者との協働を通した対話的な学び、主体的で能動的な学びの過程を実現する、いくつかのICT活用の実態を紹介しよう。

【2】ICT活用の実際

[1] **問題解決過程としての学びでの活用**　深い学びを実現するためには、何が問題状態でどういう状態が解決の行われた状態なのかを明確に言語化できることが重要である。そのためには知識の習得や活用は単なる画像・映像的なレベルを超えて、言語活動レベルにまで押し上げる必要がある。小学校3年理科の「チョウの育ち」の

---

1) 情報活用能力の育成、教科指導でのICTの活用、学校での諸業務の情報化。

2) 田中（2015, pp.162-166）を参照。

3) 学校へのコンピュータ導入の歴史的経緯については田中（1996；第3章）、田中（2015；第8章）（前掲書）を参照のこと。

4) 教育用コンピュータ1台あたりの児童生徒数3.6人（コンピュータ教室40台、普通教室各1台、特別教室6台、可動式コンピュータ40台）、電子黒板・実物投影機の整備（1学級あたり1台）、インターネット・無線LAN接続・設置率100%、教員1人1台の校務用コンピュータ（文部科学省, 2015, p.51）。

5) その際、具体的な機器に依存した記述は機器が変わるとすぐに陳腐化してしまうので、活用の本質的な部分の紹介にとどめることとする。

授業で田中（2011）は、チョウの成長の継続的観察を、デジカメ写真を拡大提示したりしながら観察の気づきを共有し、時系列で見直して整理し、その細部を発表や話し合いで言語化し、一定のキーワードを用いながら一人ひとりが説明文を作るという実践を行っている。さらにそれらを動画編集ソフトでタイムライン上に編集し、気づきなどを録音してムービーを制作した。ムービー作成にはストーリー性も要求され、チョウの育ちの観察を契機に表現力までが要求される深い学びに発展していくという優れた実践である。

また、小池・神谷（2013）は、公立高校で1人1台のタブレット端末を導入した「情報コミュニケーション科」での実践を紹介している。ここでは、「情報」を活用することの必然性をまず生徒たちに共有させることを目指してタブレット端末を導入している。まさにデマンドプルの典型である。問題解決のプロセスでいえば、目標状態は「自分が何を学んだかの実感をもたせる」ことであり、そのための手段としてタブレット端末を活用する。それも、アナログツールを否定してタブレット端末で一から新しいことを始めるという「置き換え」ではなく、それまでできなかったことを広げていく装備として使う、という明確なポリシーをもって進めている。そのために、情報端末を日常にも使える教具として使えるようにし、かつ、その活用の際に「社会とのつながり」を重視している。教室の中での自己完結にとどめず、そこで得られた諸知見やノウハウが、実際に展開するであろう社会を意識して獲得されたものであることは、真正の学びとしてもきわめて重要な実践である。

［２］**他者との協働の学びでの活用**　理科で用いる顕微鏡は、基本的にはそれをのぞき込む一人が画像を見るものである。これを林（2011）は、みんなで共有できるように工夫している。6)本来一人の観察では見落としてしまうような現象を、みんなで探すことにより発見の喜びも共有できるように工夫がなされている。

また、馬場・山本（2013）は、小学校3年の算数で、より安価な購入のしかたをグループで考えさせ、電子黒板上で交流し、日常生活での買い物時の工夫を共有する実践を紹介している。この課題は2007年の全国学力テストの数学B問題に類似したものであるが、架空のハンバーガーショップでの「セットメニュー」を活用したよりお買い得な方法をグループで見つける、というものであった。7) ICT機器として、タブレット端末、電子黒板、電子黒板連携アプリを使って実践している。ここでは、個別学習（各自での計算）、グルー

6) 顕微鏡の画像が顕微鏡写真装置を通して電子黒板やプロジェクタに投影され、細胞分裂の異なった状態から分裂の順序を見つけたり、花粉管が伸びていく様子をリアルタイムに観察したりする工夫をしている。

7) 課題は「1780円より安い買い方について考えよう」というもので、単品で買えばちょうど1780円になる買い物を、セットメニューの活用で200円以上も安く買えることをグループで考えさせる課題である。

プ学習、全体学習に拡大していく教具としてタブレット端末が有効に活用されている。

[3] **能動的な学びでの活用**　小学校1年生が自分たちのいる学校について知ることは学校生活の基盤づくりにもきわめて重要なことである。埼玉大学教育学部附属小学校（2013）では、学校をこどもたちがアクティブに探検し、そのときこどもたちが書いた学校探検カードを教師がデジカメで記録し、それを電子黒板で提示してみんなで「もの」「ばしょ」「ひと」に分類し、校舎内外の探検の次の目標につなげていく、という実践を行っている。ここでの「見通し」とは、学校のいろんなことを知りたい、ということからくる探検活動の予想される成果であった。それを獲得するために粘り強く探検し、その振り返りとして電子黒板での分類された表から、「もの」「ばしょ」「ひと」による数の差を共有し、主体的に「もっと探してみよう」という動機づけ・活動を誘発している。

[4] **劇化装置としての活用**　ICT活用の大きな利点は、日常生活では容易には経験できない劇的な場面に立ち会わせることができる点にある。技術の進歩に伴って録画できる画像も高画質になり、これをデジタルテレビに投影すれば日ごろ体験できない、現象の新たな側面に出会うことになり、対象の理解が劇的に進むことがある。

本岡（2011）は、**ビデオ教材**の視聴の際、一時停止をしたり逆再生したりすることでこどもたちの思考を深める工夫を紹介している。理科の実験の手順の紹介、調理実習の野菜の切り方などで教師が模範を示す際に、大画面にその様子を映してこどもたちと共有し、同時にその実験・実習の様子をデジタル録画し、重要な部分を繰り返し再生できるようにしている。[8]

同様に岩崎（2011）も、体育のマット運動の指導の際にデジタルカメラの動画撮影機能を使って撮影し、教師の指導だけではなくこどもたち同士の仲間でのアドバイス等も促進している。また、彫刻刀の使い方の指導の際に**書画カメラ**（**実物投影機**）で教師の手元を拡大して映し、「彫るのにちょうどいい角度」などの理解を促進している。ここでは、デジタル画像として様々な刃型による動画を採取し、ショートクリップとして保存し、ライブラリーを作成して必要なこどもに繰り返し見せる工夫もしている。

【3】ICT活用の評価

これまでみてきたように、授業でのICT活用は国家戦略の一つで

[8] 6年生理科の月と太陽の単元では、太陽、月、地球の模型を動かしながら書画カメラ（実物投影機）の画像をデジタルテレビに映し出し、様々な角度での月の見え方を確認している。この場合には、メモボードとして最もアナログの黒板をも有効活用している。

もあり、その活用は無条件に称賛されているように思いがちである。しかしこれは、単なるこどもたちの遊びの道具であったり教師の教育活動の手抜きのツールであってはならない。あくまでも、当該の授業にとっての、その活用の必然性を教師がしっかり見定め、適材適所な用い方を行うべきである。

［1］ポートフォリオとルーブリック　そのためには、ICT活用はつねにその効果の評価とつながっている必要がある。ここでの評価は、パフォーマンス評価とよばれ、主に、児童・生徒たちが行っていることの観察の評価、児童・生徒たちの作品の評価（ポートフォリオ評価）、様々な現実的な状況・文脈で知識や技能を使いこなせる能力の評価（真正の力の評価）からなる（Hart, 1994）。

　観察にせよポートフォリオにせよ、評価すべき対象は目の前の、現実的な「質的」なことがらである。これらを評価するのに、できる限り評価の公共性を保つ工夫がなされる。それがルーブリックによる評価である。

　ルーブリックは、その授業での目標と、そこで実際に獲得させたい行動の評価規準（…ができる）と、それがどのくらいできているかの評価基準（…をどのくらい）のマトリックスで構成される。これを、ICT活用している児童・生徒たちの行動観察の際や、児童・生徒たちが作り出した「作品」（ポートフォリオ）にあてはめ、評定をしていく。基準の側は1, 2, 3, 4とかの数値に置き換えることもでき、この評定をそのまま評価につなげることもできる。

　授業開始前にそこでのルーブリックを公開していれば、児童・生徒自身がICTを活用した活動をしながら、自らのパフォーマンスを振り返ることもできる。教師の教授活動、児童・生徒の学びの活動と評価活動を結びつけて、はじめて有効なICT活用といえる。

［2］合理的配慮とICT活用　教室には様々な個性をもったこどもたちがいる。それを前提に教育を考えていくと、従来のような、すべてのこどもに同じ教具を持たせ同じ目標に向けて同時に教育活動を続けていく、という方法では、当然それについてこられないこどもを生み出す可能性が内包されていることがわかる。現在、合理的配慮という概念が特別支援教育の領域で中心的なものになっているが、ICTは個別にも活用できる装備であり、ICT活用によって教育の領域で合理的配慮が当然のこととして扱われるようになることが重要である。

> 🖉合理的配慮：reasonable accommodation
> 習得編6-[1]「教師教育における特別支援」の注4)、6-[3]「人権と特別支援教育」の用語も参照。
>
> 📖中川一史（監修）(2011). ICT教育：100の実践・実例集　フォーラム・A

3 ネット化浸透の負の側面

高比良美詠子

【1】学習面への影響

ネット化の浸透が学習面に及ぼす負の影響としては、①時間配分、②獲得される知識、③情報の処理方法のいずれかに注目したものが多い。①は認知発達に必要な活動に充てる時間がネット利用に置き換えられるという懸念、②はネットから獲得される知識には不適切なものが多いという懸念、③はネットを情報処理の道具として用いることで、情報の処理方法が変化するという懸念である。ネット化浸透の影響が生じるメカニズムとしては、テレビやテレビゲームなど従来型の映像メディアと同様の経路を仮定する研究が多く、研究結果も類似しているというレビューがある（Anderson & Kirkorian, 2015）。①に関しては、置き換えによって認知発達に重大な支障が生じるという明確な証拠はなく、②に関しては、接するコンテンツによって獲得される知識の内容的な適切性は異なるという結果が示されている。

③に関しては、従来型のメディアの場合、情報受信への影響を検討したものが大半を占めるが、ネット化の影響を検討している研究では、情報の処理方法全般が対象になる。そして、日本の小・中・高等学校で実施された縦断調査では、ネットを頻繁に使用すると情報の送受信を適切に行う力は伸びるが、情報を吟味したり、その内容を自分なりに深める力が身につくわけではないことが示されている（高比良他, 2008）。そのため、ネットの登場で情報の送受信を行う機会は増えたが、内容的にはコピペのレベルを超えていない可能性がある。この他にも、googleのような検索エンジンを日常的に使用することで、わからないことがあると自動的にネット検索のことを思い浮かべやすくなったり、受け取ったメッセージをPCやネット上に保存することで内容を忘れやすくなるなど、ネット利用が情報処理に及ぼす影響は多様な形をとる（Sparrow et al., 2011）。このようなメディア使用に伴う情報の処理方法自体の変化が社会に受け入れられるかどうかは、社会がもつ価値観によって決まる。

【2】適応面への影響

ネット化の浸透が適応面に及ぼす負の影響として、教育現場で

は、「**ネット依存**」と「**ネットいじめ**」の問題がよく取り上げられる。ネットの過剰使用を主症状とする「ネット依存」、特にネットゲームへの依存については、近年、精神疾患の一種として扱う動きが強まっている。DSM-5 の中の「物質関連障害および嗜癖性障害群」には、アルコール、薬、タバコなど、特定の物質の乱用と、ギャンブルなど、特定の行動への嗜癖が含まれている。そして、「インターネットゲーム障害」は、今後、この嗜癖性障害群の中に入る可能性のある病態として位置づけられている。なお、DSM-5 では、物質関連障害および嗜癖性障害が生じる理由として、特定の薬物や嗜癖行動には脳の報酬系を強烈に活性化する働きがあることを挙げている。報酬系の活性化は個人に強い快感をもたらすため、心理的苦痛を緩和する自己治癒効果が生じやすい（Khantzian & Albanese, 2008）。これがさらなる使用を呼び悪循環をもたらす。

そして、これらの物質や嗜癖行動と同様に、**ネットゲーム**も脳の報酬系を活性化させる力を潜在的にもっている可能性がある（Koepp et al., 1998）。そのため、心理的苦痛はネットの過剰使用の引き金となりうる。また、長期に渡る過剰使用は、制御不能、耐性、離脱など、生活に有害な影響が出てもやめられない状態を作り出す。そして最終的には、成績低下、人間関係の悪化、遅刻や欠席等の様々な社会障害が表面化する。節度をもったインターネット使用が行えない場合は、医療機関の受診も視野に入れた対応が必要だろう。

一方、「ネットいじめ」とは、ネットを介して繰り返し実行される、特定の児童生徒への攻撃行動を指す。具体的には、挑発、悪口や脅迫、中傷、なりすまし、個人情報の暴露、仲間はずれ、暴力行為の撮影と掲載などが含まれる（小野他、2011）。しかし、日本の小・中・高等学校において実施された実態調査では、ネットいじめと、ネットによらないいじめの間に関連性が見られており（熊崎他、2012）、各国で行われた 131 研究のメタ分析でも、同様の結果が示されている（Kowalski et al., 2014）。このことから、ネットいじめを対面でのいじめと切り離して捉えることは難しく、ネットいじめは学校における人間関係の延長線上で生じていると考えられる。しかし、ネットを介した攻撃行動は、対面に比べ内容が広範囲に拡散しやすく、後々まで情報が残りやすい。そのため、このようなネットいじめの特徴がトラブルを悪化・拡大させる可能性について、**メディアリテラシー教育**の中で教えていくことは重要だろう。

DSM-5
米国精神医学会が 2013 年に刊行した精神疾患の診断・統計マニュアルの第 5 版（American Psychiatric Association, 2013）。日本語版も、2014 年に医学書院から刊行された。

耐性：resistance
期待する効果を得るために必要なネットの使用量が増大していく状態。

離脱：withdrawal
ネットを取り上げられたとき、いらだち、不安、悲しみなどが生じる状態。

メタ分析
同一テーマで行われた複数の研究結果を量的に統合し、全体としての効果量の大きさを推定する統計手法。

シュピッツァー, M. 小林敏明（訳）(2014). デジタル・デメンチア：子どもの思考力を奪うデジタル認知障害　講談社

探究・活用編

1 教育

トピック 1-1 教育理解の諸アプローチ

中澤 潤

脳の発達した人間は、出生後の経験を通して知識や技能を習得していく。人間は好奇心に満ち、知らないことを知りたがり、新しい技能を身につけようとする学びへの強い意欲をもっている。このような人間の学びを支え促す働きである教育という営みについては、様々な心理学理論が提案されている。それらは、教育や学びの基盤として生物学的発達を重視するか環境からの働きかけを重視するか、教育による学びの内容を新たな行動の獲得とするか新たな知識や認識の獲得とするか、学びは個人のものか社会的なものか、さらに、学びの場は学校であるのか社会の様々な場にあるのかなど多様である。どの理論があなたのもつ教育というイメージに近いだろうか。

【1】成熟論的アプローチ

成熟論は、人は生得的に内在する能力を時期に応じて自然に展開していくと考える。したがって、こどもに本来内在する能力の自然な展開を抑制することのない環境が重要となる。教育は、学習ができるようになる心身の準備態勢（これを**レディネス**とよぶ）が形成されているときに行うことが適切で、レディネスがまだ形成されていないときの教育は無駄であるとする。ゲゼルらは1組の一卵性双生児の一方には生後46〜52週に、もう一方には生後53〜55週に階段登りの訓練を与えた[1]（Gesell & Thompson, 1929）。階段登りの所要時間は、53週目では早期から訓練を受けた子が速く、早期訓練が有効のように見えたが（前者17秒、後者45秒）、56週目（前者11秒、後者14秒）、79週目（前者7秒、後者8秒）では差はなくなった[2]。ゲゼルは人の生物学的成熟が学習に必要なレベルになる前に行われる訓練経験は有効ではないとした。

日本の幼児教育では、成熟論的観点が重視されており、レディネスを無視した早期の知的教育は後にすぐ追いつかれるとして、幼児期には知的な教育より遊びの援助が大切とされている。

【2】行動主義的アプローチ

行動主義は、「心」を客観的に観察できる行動で捉え、学習とは

👤 ゲゼル
Gesell, Arnold L.: 1880-1961 習得編2-[2] 参照。

📝1) 双生児法という。習得編2-[1]「教育と遺伝要因」参照。

📝2) 遅く訓練を開始した子も急速に階段登りを修得したのである。遅く訓練を開始したこどもの訓練の時期は階段登りの修得のためのレディネスができあがる時期に合致していたと考えられる。

経験を通して獲得される行動の永続的な変容とする。学習の原理は3つある。第1はパヴロフ（Pavlov, 1927）の発見した**古典的条件づけ**である。これは生物の**生得的反射**（例：餌〔無条件刺激〕を食べると唾液が出る〔**無条件反応**〕）を基礎に、無条件刺激と同時に条件刺激（例：ベルの音）を繰り返し提示することで、ベル（条件刺激）を聞くと唾液が出る（**条件反応**）という、生得性とは関連のないものの間に連合が形成される現象である。³⁾ 第2は、スキナー（Skinner, 1938）の示した**オペラント条件づけ**である。これは任意の刺激と反応との結びつきを、**強化**を与えることで強める。人の学習の場合、強化として、教師や仲間からの称賛や非難、テストの成績など多様なものが機能する。第3は、バンデューラ（Bandura, 1977b）が明らかにしたモデリングである。オペラント条件づけでは、学習者への強化（直接強化）が学習成立に不可欠とされる。しかし、人間は他者の行動をモデルにし、それを観察するだけで、自分が直接強化を受けなくても行動を習得することができる。これを**モデリング**とよぶ。学校は教師や級友をモデルとするモデリングが豊富に生じる場である。

【3】構成主義アプローチ

学習を行動の習得とする行動主義と異なり、ピアジェ（Piaget, 1952）は、学習を新たな認識（**認知**）の獲得であるとし、人は環境との相互作用を通して主体的に高次の認知を構成していく存在と見る。人は発達時期に応じた外界の理解の枠組み（**シェマ**）をもつ。環境とシェマにズレ（**認知的葛藤**）がある場合、調節を通した均衡化（ズレの解消）により高次のシェマが獲得される。⁴⁾

構成主義の立場の教育では（Kamii & DeVries, 1977）、学びの主体はこども自身であるとする。教師はこどもの現在の**認知発達水準**を理解し、こどもの思考や認知的葛藤を引き起こす課題を提示する。このズレが均衡化の作用を引き出し、主体的な認知発達を促すと考えるからである。教師は常にこどもの思考を促す働きかけを試みる。仲間とのやりとりも認知的葛藤をもたらす機会となる。

【4】認知心理学的アプローチ

認知心理学的アプローチも学習を新たな認識の獲得と見なす。構成主義と異なるのは、この立場が人の情報処理をモデル化し、学習過程やメカニズムを精密に検討する点にある。基本的なモデルは、

👤 **パヴロフ**
Pavlov, Ivan P.: 1849-1936　習得編4-①参照。

📖 3) 恐怖の学習（例えば犬に噛まれると犬を怖がるようになる）は、この古典的条件づけで説明される。噛み（無条件刺激）は痛みや恐怖をもたらす（無条件反応）。噛み（無条件刺激）は犬がもたらすものであり（対提示）、その結果、犬（条件刺激）が恐怖（条件反応）を引き起こす学習が成立する。なお恐怖の条件づけは、極めてわずかな対提示で成立する。恐怖をもたらす刺激を回避することは生存にとって重要であるからである。

👤 **スキナー**
Skinner, Burrhus F.: 1904-1990　習得編2-②参照。

👤 **バンデューラ**
Bandura, Albert: 1925-　習得編2-②参照。

👤 **ピアジェ**
Piaget, Jean: 1896-1980　習得編2-②参照。

📖 4) トピック2-1「ピアジェ理論を考える」参照。

記憶の**情報処理**である（Atkinson & Shiffrin, 1971）。情報はまず感覚記憶に入り、注意を向けられた情報が**短期記憶**に入る。短期記憶内で意識的な処理（**リハーサル**〔復唱〕など）を受けた情報が**長期記憶**に入り、知識となる。知識は言語化が難しい動作の知識である**手続的知識**と言語化可能な**宣言的知識**に分けられる。宣言的知識はさらに、「鯨は哺乳類である」というような辞書的な知識である**意味記憶**と、個人固有の日常経験の記憶である**エピソード記憶**に分けられる。学校教育は知識の記憶、すなわち、意味記憶の獲得が中心となりがちである。

こうした情報処理過程は、**メタ認知**により制御される。メタ認知の機能により、長期記憶にある有効な記憶方法、例えば単語を書きながら覚えるという方法を使ったり、また現在の記憶状態をチェックし、まだ覚えられていない単語に集中するなど、より有効に記憶作業を進めることが可能となる。

この立場では、学習とは長期記憶の知識情報を豊かにし、一連の情報処理過程を適切に制御して知識を新たな**問題解決**に活用することである。問題解決の際に用いる短期記憶機能を、特に作動記憶とよぶ。作動記憶においては、感覚記憶から入力された課題情報と長期記憶から引き出された課題解決法の知識を操作し問題解決が行われ、また解決の過程で刻々と変わる情報が保持される。したがって、複雑で、作動記憶の容量を超える情報保持が必要な課題が与えられると、問題解決は難しくなる。ケース（Case, 1978）は、こどもの作動記憶容量の増大が、より高次の課題解決をもたらすことを明らかにし、ピアジェの発達段階の変化の背景に作動記憶容量の増大があることを示した。

【5】社会文化的アプローチ

行動論、構成主義、認知心理学が、学習を個人の営みと見るのに対し、社会文化的アプローチでは、学習を社会・文化・歴史的な構成過程と見る。ヴィゴツキー（Vygotsky, 1934）は、発達や学習は文化の体現者である大人との共同行為を通して行われるとし、これを「**発達の最近接領域**」により説明した。

こどもには、課題を独力で解決できる限界がある（現時点の発達水準）。しかしその限界の上に、大人の与えるヒントなどの援助により解決できるレベルがある（潜在的な発達可能水準）。この2つの水準の間の領域が「発達の最近接領域（ZPD）」である。教育とは

作動記憶：working memory

ヴィゴツキー
Vygotsky, Lev S.: 1896-1934　習得編2-②参照。

発達の最近接領域：zone of proximal development；ZPD

大人がこどもの発達の最近接領域に働きかけ、潜在的な発達可能水準を現時点の発達水準へと変え、それに伴い新たな潜在的な発達可能水準を生みだすことをいう。発達の最近接領域において大人が行う援助を**ブルーナー**は**足場かけ**とよんだ（Wood et al., 1976）。大人はこどもの現状を読み取り、適度な援助を与え、次第に自力でできるようになれば徐々に足場を外していく。この場合、学習は大人のヒントとこどもの解決行動の相互作用の中で生まれ、共同して創られるものであり、その成果は両者に共有される。学校の授業は教師の与える足場かけの中で、教師とこどもの相互作用の中で学習が展開する。共同者は必ずしも大人でなくとも、認知的により先行している仲間であってもよい。こどもの間の共同的な学び合いも授業の中で多く見ることができる。

【6】状況論的アプローチ

状況的学習論は学習のメカニズムの理論ではなく、学習を広く意味づける理論である。社会文化的アプローチと同様、学習は個人の営みではなく社会と密接に結びついたものとみる。学習は社会的状況や文脈の中でなされるものであり、学習によりさらに新たな状況が創り出される。レイヴとウェンガーは、この理論を「**正統的周辺参加**」により説明する（Lave & Wenger, 1991）。「正統的周辺参加」とは、学習者が共同体の新参者として業務の周辺的な重要性の低い部分を担当するところから始め、技能の熟達につれ中心的で重要な業務を担当する十全的参加者へと変化していくことをいう。例えば、リベリアの仕立屋では、新参者は最初は直接教わることはなく、親方や他の徒弟の仕事を観察することで学ぶ。その後、ボタン付けなど周辺的な作業の学習から始め、徐々に縫いへ、さらに失敗の許されない重要な作業である布の裁断へと役割が進んでいく。新参者は周辺的な事柄の担当であっても仕立の仕事の中で一定の役割を果たしており、仕立屋の共同体の一員となるのである。

このように、状況的学習論の立場では、学習は最終的に社会の中で何らかの役割を果たすことができるようになること、つまり社会的参加の過程であり、個人がその社会の中で自己を形成していく過程をいう。新入生や転校生がその学校の生徒らしくなっていく過程にも、このような周辺から中心への参加の過程があるといえる。同時にこの理論は、学校という文脈で捉えられがちである教育や学習という営みが、社会の様々な場にあることを改めて示してくれる。

👤 ブルーナー
Bruner, Jerome S.: 1915-2016　トピック3-9参照。

📎 足場かけ：
scaffolding

📖 森敏昭・秋田喜代美（編）（2006）．教育心理学キーワード　有斐閣
📖 中澤潤（編）（2008）．よくわかる教育心理学　ミネルヴァ書房

トピック 1-2　日本の学校教育と心理学

市川伸一

【1】詰め込み教育から教育改革へ

　日本、中国、韓国など、東アジアの国々では、伝統的に学力試験による選抜が厳しく、社会に出てからのキャリアも学歴の影響が大きいといわれてきた。とくに日本では、第二次大戦後ホワイトカラー人口の急激な増大とともに、「過密カリキュラム」といわれるような、大量の知識の習得を児童・生徒に求め、それを消化するような教育になりがちであった。塾、予備校、通信教育などの**受験産業**が盛んになり、学校教育においても、高校では大学受験、中学では高校受験を意識した教育に向かってしまう傾向があったことは否めない。こうした教育は、詰め込み教育や、**知識注入**、**偏差値教育**などと批判されてはいたものの、1960年代前半までは、教育改革の大きな動きはあまり見られなかった。

　1960年代後半から70年代にかけて、校内暴力、いじめ、不登校など、いわゆる**学校不適応行動**が頻発するようになった。当時は、教育学者やマスコミも、日本では勉強への圧力が強すぎ、それが大きなストレスとなっていることを批判し、「子どもにもっとゆとりを」という声が高まっていった。また、学校の役割はむしろ、卒業してからも、常に新たな知識・技能を自ら学んでいくような意欲と力をつけることにあるのではないかといわれるようになる（波多野, 1980）。1977年の学習指導要領改訂での「ゆとりの時間」の創設、1980年の中教審答申での「**自己教育力**」の提唱などがこれに呼応している。

　1989年の学習指導要領改訂を受けて、1990年代の教育改革では、いわゆる「**ゆとり教育**」の方針がすすみ、思考力や表現力を重視した「**新しい学力観**」、社会生活に生かされる学力、体力、人間性をめざした「**生きる力**」などのスローガンが学校教育にも広まっていった。1998年の指導要領改訂は「ゆとりの集大成」といわれ、完全週五日制とともに教科の時数や内容の大幅な削減、「**総合的な学習の時間**」などが盛り込まれた。学習を学校に閉じたものにせず、地域や社会との関わり、自分の将来とのつながりなど、学ぶことの文脈を重視した「**開かれた学び**」という理念も現れるようになった（市川, 1998）。

📍**総合的な学習の時間**
児童・生徒が自らの興味・関心に沿った教科横断的なテーマを選択あるいは設定して、探究活動や体験活動を行う時間として、小学校から高校まで導入された。しだいに浸透しつつあるものの、趣旨やねらいに沿った有効な活動が展開されているかについては、問題点も指摘されている。

📍**人間力**
フリーターやニートの増加が社会的問題となった2001～02年ごろ、いわゆる学力だけでなく、「社会での役割や責任を果たしていこうという意識が若者の間に希薄になっているのではないか」との懸念を受けて、内閣府に「人間力戦略研究会」が設置され、教育分野、経済・産業分野、労働・雇用分野の委員が集中審議をした。2003年4月に出されたその報告書では、人間力は、「社会を構成し

【2】学力低下論争とその後の動向

こうした教育改革の方向は、それ自体望ましいものであったと思われるが、その背後には、日本のこどもたちの教科学力は十分高いという認識が社会にも教育行政にもあり、基礎的な知識・技能を身につけさせることは古い教育であるような印象を学校に与えることにもなった。すると、1998年の指導要領改訂の直後に、大学の理数系研究者、教育社会学者、受験界などから、実は日本のこどもたちの学習時間は非常に少なくなっており、結果的に学力低下が生じていることが指摘されるようになる。これは、学力低下を示すデータはないとし、ゆとり教育を推進する立場をとる文部省（当時）や教育学者との間で、「学力低下論争」を引き起こすこととなった。

その後、2003年、2006年には、OECDの実施する国際学力調査 **PISA** の結果が低下して「PISAショック」といわれたこともあり、文部科学省や自治体は、「**学力向上**」「**確かな学力**」といったスローガンを掲げるようになったため、マスコミは「ゆとりの見直し」「脱ゆとり」と報じた。

ただし、文部科学省としては、けっして、かつての受験を目標にした教科学力に回帰するということではなく、「生きる力」の理念を引き継ぎ、その後出てきた人間力（内閣府）、社会人基礎力（経済産業省）、**キーコンピテンシー**（OECD）のように、社会生活を念頭においた総合的な力を標榜するものとした。また、「**習得・活用・探究**」のバランスに配慮しつつ、基礎的な知識・技能の獲得とともに、思考力・判断力・表現力を育てることが、中教審（2005年答申）や学習指導要領（2008年改訂）などでも謳われている。結果的に、2009年、2012年のPISA調査では、「V字回復」といわれるような学力向上を見せている。

こうした、近年の学校教育の改革においては、心理学者も多く関わっている。ひと頃、教育心理学者は、学校現場や教育行政にほとんど関わらないといわれた時代もあったが、学校をフィールドに研究したり、学校との協同研究を行う研究者も増えてきた。そうした実績もあって、2008年の指導要領改訂時には、中教審教育課程部会に部会長以下、何人もの委員が入るようになり、教育政策に取り入れられるような提案をしてきている。そうした心理学の関与は、最近、また次の指導要領の改訂（2017年予定）に向けて、児童・生徒の資質・能力の向上や「**アクティブ・ラーニング**」のあり方の議論にも引き継がれている。

運営するとともに、自立した一人の人間として力強く生きていくための総合的な力」と定義され、知的能力、社会・対人関係力、自己制御力という3つの要素があるとされている。

📎キーコンピテンシー
トピック6-4「21世紀型教育」参照。

📎アクティブ・ラーニング
広義には、教師による知識伝達型の一斉授業に対して、学習者の能動的な活動を取り入れた授業方法の総称（小グループによる問題解決、発表、討論などを含む）であるが、次期の学習指導要領改訂を議論している中央教育審議会では、「主体的・対話的で深い学び」を「アクティブ・ラーニングの視点」として、その趣旨やねらいを示している（中教審答申、2016年12月）。大学教育に端を発するものだが、改訂の目玉として、すでに小学校から高校に至るまで大きな影響を与えており、偏った情報や手法が流れることも懸念されていることから、中教審や文部科学省は、「特定の方法を普及させようというものではない」と注意を促している。

📖市川伸一（2002）.学力低下論争 筑摩書房（ちくま新書）
📖市川伸一（2004）.学ぶ意欲とスキルを育てる：いま求められる学力向上策 小学館
📖教育課程研究会（編著）（2016）.「アクティブ・ラーニング」を考える 東洋館出版社

2 発達

トピック 2–1 ピアジェ理論を考える

中澤 潤

■ピアジェ
Piaget, Jean: 1896-1980
習得編2-②参照。

【1】ピアジェの認知発達理論と認知発達段階

ピアジェは、自分の3人のこどもの観察、保存などの独自の課題に対するこどもの反応を検討し、認識（特に科学的認識）の発達を理論化した（Piaget, 1952）。ピアジェの理論は教育に強い影響をもっている。日本では小学校の中に幼児教育と共通する具体的な活動を通して学ぶ「**生活科**」が設置されているが、これはピアジェの理論で4歳から7, 8歳までが同じ認知発達段階であるとされることが背景にある。

ピアジェは、人は主体的に新たな認識（認知）を構成していく存在と見る。そのためピアジェの理論は、**構成主義**とよばれる。人はその発達段階に対応する外界理解のための行為や思考の枠組み（**シェマ**）をもつ。認知発達とはより高次のシェマを獲得していくことであり、一定の方向に進展し、新たなシェマを獲得すると、認識はそれまでとは質的に異なるものとなり、もはやそれ以前にもっていた認識の仕方には戻れない。このように思考の発達は量的に変化するのではなく、段階的に質的に変化する。そして、ある段階内のこどもはその段階の思考様式に縛られ、どのような領域の課題においてもその思考のレベルで反応する。

♪シェマとスキーマ
ピアジェのいうシェマ（schèma：仏）と認知心理学でいうスキーマ（schema：英）は、いずれも人が認識している周りの世界の図式（ありよう）を意味する。
しかしこれら2つのニュアンスは異なる。スキーマは、体験を通して長期記憶の中に形成したスクリプトや物語スキーマのような、特定の事柄についての構造化された知識をい

認知発達はまず大きく、乳児期（0～1.5・2歳頃まで）の**感覚運動期**とそれ以降の**表象的思考期**に分けられる（図1）。感覚運動期は、まだ言語やイメージの機能が十分ではなく、行動やそれに伴う感覚から外界を認識・理解しようとする時期である。乳児は物に触ったり、しゃぶるという行為のシェマでそれを理解しようとする。その後の表象的思考期では、イメージや言語（これらを表象という）が獲得され、実物がなくても絵や文字などの表象を用いて考え、理解するようになる。表象的思考期は人が死ぬまで続く。

感覚運動期は外界からの刺激

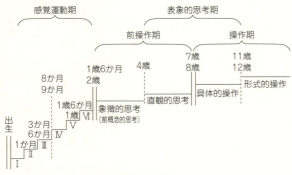

図1　ピアジェの思考の発達段階（岡本, 1986, p.140から改変）

に原始反射で受動的に反応することから始まるが、次第に乳児は能動的な働きかけを行いそれに対する反応を楽しみ、繰り返すという「**循環反応**」を示すようになる（始めは指しゃぶりのように身近な自分の体が対象であるが、次にはガラガラを振って音を聞くというように外界の事物が対象となる）。8〜12か月以前の乳児ではおもちゃがタオルの下に隠されると、あたかも見えない物は存在しないと考えているかのように関心を失ってしまう。しかし、8〜12か月を過ぎると、見えなくてもタオルの下におもちゃはあり続けているという認識（**物の永続性**）が獲得され、目的（おもちゃを取る）のために手段（タオルを取りはらう）を使うという、手段－目的関係を理解し、それまで獲得してきた行為のシェマを協調させるようになる。その後こどもは自分の行動と外界の物の反応との関係を、実験を行うことで理解しようとする（例えば、物を様々な高さから落として、その反応の違いを確かめる）。感覚運動期の終わる2歳頃には、問題解決は試行錯誤ではなく、シェマを組み合わせ「**洞察**」的に行われるようになる。イメージや言語も発達し、それらにより見聞きしたことを保持できるため、過去の出来事を再現するといった「**延滞模倣**」も可能となる。

　続く、表象的思考期は7, 8歳を境に**前操作期**と、**操作期**に分かれる。操作とは、頭の中で行う論理操作をいい、前操作期は、まだそのような論理操作ができない段階である。前操作期はさらに、4歳ぐらいまでの**象徴的思考期**と、4歳〜7, 8歳までの**直観的思考期**に区別される。象徴的思考期では事物をイメージや言語を使って頭の中で想起したり関連づけたりする。幼児が行う見立てやごっこ遊びがその例である。しかしこの時期のこどもは経験が不十分で、彼らのもつ概念は大人のもつ概念とは異なり、上位概念と下位概念の区別がなかったり、自他が未分化な主観的な概念分けが行われたりする。このような未熟な概念を**前概念**という。人工論（世の中のものはすべて人が作ったと考える）、生命論（物にはすべて生命や心があると考える）、実念論（考えたことや夢で見たことは実在すると考える）などは、自他が未分化な思考の表れである。直観的思考期では、徐々に世界を**概念化**し理解することもできていくが、まだ自分の観点を離れることが難しく（これを**自己中心性**とよぶ）、対象のもつ目立ちやすい特徴に惹きつけられ（**中心化**という）、それに基づいた判断を下してしまう。それがよく表れるのが「**保存**」課題である。例えば、同じ形の2つのコップに入れた同量の水の一方を、より細長

い、限定的で静的な概念に対してシェマは世界の理解の方法や、その結果としてその都度構成される世界の認識をいい、発達によりダイナミックに変化していくものである。理解の方法では、表象（言語やイメージ）を獲得していない乳児では知覚と運動の結合のシェマ（関心のあるものを見て手を伸ばす、つかむ、なめるなど）により世界は理解されるが、その後表象が十分に発達すると、知覚や運動には頼らない抽象的な知的思考操作というシェマを通して世界は理解されるようになる。世界の認識では、発達に応じシェマが質的に変化し、多様化し、また相互に結合し合うことで、それらが統合された体系としての認知の発達段階が構成され、世界は発達段階に応じたシェマの枠組みを通して認識されるようになる。このような、限定的な事柄の知識構造を示すスキーマに比べ、シェマはよりダイナミックな周囲の世界に対する理解の仕方やそれを通した世界の認識の枠組みを表す。

1）サンタクロースが両親であるという事実を知ってしまったあとでは、サンタへの認識は変わってしまうし、サンタの実在を信じていた頃の認識には戻れない。

いコップに入れると高さが高くなった方が多いと判断してしまう。目立ちやすい水の高さに注意が中心化され、それによって判断がなされるのである（図2）。自己中心性は、また他者の視点取得においても現われる。その代表的な課題が**3つ山問題**である。3つの山のある模型の前に座り、自分とは異なる位置から見える山の配置を、絵の中から選択させると、6, 7歳児は他者からの視点が取れず、自分の位置から見える絵を選んでしまう（Piaget & Inhelder, 1956）。

次の操作期になると、こどもは自分の視点を離れ、次第に経験に反することを想定したり、抽象的な思考も可能となっていく。このように自己中心性を脱することを、**脱中心化**とよぶ。操作期は、11, 12歳頃までの**具体的操作期**と、その後の**形式的操作期**に分かれる。具体的操作期では、物事を論理的に考え結論づけることはできるが、まだそれは具体的・日常的な事柄に限られる。したがって、非現実的な前提に立った思考や[2)]、**抽象的な思考**[3)]を行うことは難しい。これができるようになるのは形式的操作期においてである。形式的操作期では文字式などの抽象的な記号操作や、抽象的な思考も可能になる。

【2】認知発達を促す認知的葛藤

認知発達は、何によって進むのだろう。人は環境が与える情報とそれを理解する自己の認識の枠組み（シェマ）が調和していることを求める。したがって、それらの間にズレや矛盾があると、混乱や葛藤が生じ（認知的葛藤）、それに対抗して調和・バランスをとろうとする（これを「**均衡化**」とよぶ）。均衡化のためにまず行われるのが同化である。同化とは環境情報を自分のもつシェマに合わせて解釈し理解することである。自分のもつシェマを変えないので、比較的容易で、そのためにまず行われる。しかし、情報とシェマの間の矛盾がさらに大きくなるとシェマを変えなければもはや理解できなくなる。このときに**調節**が生じる。調節とは環境情報に合うよう自分のシェマを作り変えることをいう。調節による新しいシェマの獲得が、認知の発達をもたらす[4)]。

発達の主体が能動的に知識を構成していくとみる点で、構成主義と共通するのがヴィゴツキー（Vygotsky, 1934）の**社会的構成主義**である。この立場は文化や共同といった社会的関係に基づく知的構成を重視し、特に大人による**発達の最近接領域**への働きかけにより認知発達がなされると考える。それに対し、ピアジェの構成主義は、

📖 2)「人は象より大きい」、「象は家より大きいか？」と尋ねると、人より家が大きいという現実に引きずられ、人は家より大きくないと答えてしまう。

📖 3) 計算は具体的な数字で行うものと考え、文字式は理解できない。

📖 4) 医者は男だというシェマをもつ子が、友達が「ぼくのお母さんはお医者さんだよ」と言ったとする。こどもは、初めはこの情報を自分のシェマに同化して理解しようとする。すなわち、自分のシェマで理解できるように情報をゆがめ「友達のお母さんは看護師だろう」とか「お母さんでなくてお父さんの間違いだろう」と判断する。しかし、自分が病気になって実際に病院に行き友達の母親に診察されるという体験をすると、それまでの医者は男だというシェマは、明らかに間違っていたということに直面する。このようなときに、こどものシェマは、医者には男も女もいるという新しいシェマへと変わる。これが調節の作用である。

👤 **ヴィゴツキー**
Vygotsky, Lev S.: 1896-1934 習得編2-[2]参照。

こども個人の葛藤解決による認知発達を考える。そのため、ピアジェの理論は、「**孤独な科学者モデル**」とよばれる。

【3】ピアジェ理論への批判

研究の発展はピアジェ理論への批判も生み出している。乳幼児はピアジェが想定した年齢よりも早く**認知的特性**を示すことが明らかとなっている。ピアジェの課題では、その解決に本質的な認知能力（例：物の永続性や他者視点取得）ばかりでなく、注意力や、行動で示すなど多様な能力が必要となる（例えば、永続性の課題では、おもちゃを見、隠された位置を記憶し、覆われた布を取り払い、その下から取り出すという複雑な要素が含まれ、3つ山問題で他者視点を取るには、前後や左右の概念が獲得されていなければならない）。より単純な手法で直接的に本質的な論理能力を検討した研究では物の永続性を3.5〜4.5か月児が理解していること（Baillargeon, 1987）や3〜4歳児が他者の視点に立てること（Hughes & Donaldson, 1979）を示している。一方、ピアジェが認知発達の完成と見なした形式的操作期にあるはずの大人でさえ、必ずしも完全な論理操作を行わないことも、**4枚カード課題**5) などで明らかになっている（Waison, 1968）。

またピアジェ理論の特徴はその**段階説**にあるが、ケース（Case, 1978）は段階的な課題の通過の背景に**作動記憶**の容量の発達的な拡大があることを示し、情報処理の観点からピアジェの発達段階を再考している。さらに、チー（Chi, 1978）は、こどもの認知機能は一定の認知的段階に縛られているのではなく、個々の領域で伸ばすことが可能であることを示した（チェスの得意な10歳児と、チェスのルールを知っている程度の大人ではこどもの方がチェスの駒の配置の記憶が良い）。こうした研究から、今日では個人の知識や認知は領域に固有の知識の集合から形成されており、個人はそれら個々の領域で自由に能力を伸ばすことができるという見方が重視されるようになっている。しかしながら、このような批判的研究を引き出したという点も含め、ピアジェが人の認知発達の解明にもたらした功績はきわめて大きいものといえる。

確認：同形同大の透明な容器A、Bに同じ高さまで水を入れ、AとBとで同じだけ水が入っていること（A＝B）をこどもに確認させる。

変換：A、Bより細い（あるいは太い）容器B'を用意し、こどもの見ている前で、Bの水をB'へ移し換える（Aはそのまま）。

質問：こどもにAとB'とではどちらのほうが水が多いか（あるいは、どちらのほうがたくさん飲めるか）、それとも同じかを問う。

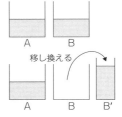

図2　液量の保存の課題
（Piaget, 1970／中垣訳, 2007, p.61. なおこの図は訳者の作成による）

📝5)

| M | E | 7 | 4 |

ここに4枚のカードがある。一方の面にはアルファベットが、もう一方の面には数字が1つ書かれている。「母音が書いてあるカードの裏には偶数が書かれていなければならない」というルールが満たされているかどうかを確認したい。どのカードをめくって確かめればよいだろうか。

これは論理操作の課題であり、形式的操作期にあれば解けると考えられるが、実際には難しい。

🖉 作動記憶：working memory

📖 ピアジェ, J. 中垣啓（訳）(2007). ピアジェに学ぶ認知発達の科学　北大路書房
📖 カミイ, C.・デブリーズ, R. 稲垣佳世子（訳）(1980). ピアジェ理論と幼児教育　チャイルド本社

トピック 2-2　ギリシア神話と心理学

小川俊樹

期待効果：
expectancy effect

ピグマリオン効果：
Pygmarion effect

心理学：psychology

サイキ：psyche

エディプス・コンプレックス：Oedipus complex
Oedipusは「オイディプス」と表記されることも多いが、心理学用語としては従来から「エディプス」と表記されており、本書でも「エディプス」と表記する。

フロイト
Freud, Sigmund: 1856-1939　オーストリアの精神神経科医で精神分析の創始者。深層心理学を提唱するとともに、心理療法を開拓した。

感情複合体
強い感情を担った表象や観念、認知のこと。コンプレックス。

エディプス王：
Oidipūs（古ギ）
Oedipus（ラ）
ギリシア神話の登場人物。精神分析学では、ラテン語読みをしてエディプスと表記してきたが、ギリシア神話学、美術史の分野では、ギリシア語読みにして、「オイディプス」と表記することが多い。オイディプス王といってもエディプス王といっても、同一人物

　ギリシア神話の登場人物の名を採用した心理学用語は多い。近年は期待効果としての引用が多いが、**ピグマリオン効果**とよばれる事象がある。ピグマリオンとは、ギリシア神話に出てくる彫刻師である。「女性を忌み嫌って生涯結婚しまいと決心した」（Bulfinch, 1855/1978, p.100）が、自分の制作した象牙の乙女像に恋してしまい、美と愛の女神であるアプロディテにお願いして自分の妻とした。この物語にちなんで、期待し成就を願った通りの結果をもたらす事象がピグマリオン効果と名づけられた。もっとも心理学の語源であるサイキも神話の「**キュピドとサイキ**」に由来するという（金子, 1992, p.3）。

　ギリシア神話が西洋人にとってよく親しまれている教養書であることを考えると、ギリシア神話が心理学的事象の説明に引用されていることは驚くべきことではないかもしれない。

【1】エディプス・コンプレックス

　エディプス・コンプレックスは精神分析学の心理－性的発達論の中核的概念である。フロイトは、性欲動である**リビドー**の充当先の違いによって、独自の発達段階を提唱した。すなわち、**口唇期**、**肛門期**、**エディプス期**、**潜伏期**、そして**性器期**である。エディプス期は3, 4歳頃から5, 6歳頃までの年齢段階に相当するが、フロイトは分析経験から、男の子はこの時期に母親に強い性愛感情を抱き、父親には嫉妬や憎悪を抱くことから、ギリシア神話のエディプス王の物語にちなんで、このような感情複合体をエディプス・コンプレックスと名づけた。物語の主人公であるエディプスはテーバイのライオス王の一人息子で、王家の跡を継ぐはずであった。しかし、「男の子が生まれたら、その息子におまえは殺されるだろう」という神託を信じた父親によって殺されそうになったが、下僕の機転で命を救われ、コリント王の跡継ぎとして養育された。成長したエディプスはアポロンの神託を知り、コリント王を実父と信じていたため、コリントを去る決心をして旅に出た。そして旅の途中で出会ったライオス王を実父と知らずに殺害してしまう。当時テーバイの町はスピンクスの謎に苦しんでいたが、エディプスはその謎を解いて町を救ったことにより、実母と知らず女王イオカステと結婚して王位に

就く。しかし平和は永く続かず、テーバイの町が飢饉と疫病に襲われてエディプスは神託を聞き、父親殺害と近親相姦という自分の罪を知り、狂乱のあまり目を刺して盲目となって流浪の旅に出、イオカステは自殺してしまう。これがエディプス王の物語であるが、このストーリーをフロイトは援用したのである。

フロイトはリビドーの源泉として**エス**を、そして罪の意識や良心の源泉として**超自我**を想定した。そして、エスと超自我の圧力を受けながらも現実への適応を図る心的機能を担うものとして**自我**を考えた。すなわち、こころは3つの構造（図1）から成ると主張した。自我は現実適応の観点から好ましくない欲動や感情を意識から排除し、無意識へ押しやるとして、こころは努力によって意識化される前意識を含めて、**意識、前意識、無意識**の3層から成るという**局在論**を展開している。なお、ユングは無意識には個人的と集合的の2種類があると主張し、自我よりも自己の役割を重視した。

【2】エレクトラ・コンプレックス

男の子と同様に、女の子も異性の親に性愛を、そして同性の親に嫉妬を覚えるとし、このような感情複合体をギリシア神話にちなんでエレクトラ・コンプレックスと名づけたのは、ユングである。エレクトラとは、トロイア戦争にギリシア軍の総大将として出陣したミュケナイ王アガメムノンの娘の名前である。その出征中にアガメムノンの妻であり、エレクトラの母でもあるクリュタイメストラはアイギストスと密通し、戻ってきたアガメムノンを殺害してしまう。難を逃れて成長したエレクトラと弟のオレステスは、謀って母親とアイギストスを亡き者にして、父親の敵討ちを成就する。このギリシア神話も親殺しがテーマであり、エディプス王の悲劇と異なるのは主人公が男か女かの違いだけであり、性愛の対象となる親が主人公とは異性の親である点は同じである。

【3】2つのコンプレックス

ユングはエディプスとエレクトラをほぼ同じコンプレックスと見なしたが、フロイトは、エクストラ・コンプレックスは解剖学的な違いに加え、養育者である母親への愛情の継続であるエディプス・コンプレックスとは異なると考え、同じと見なすことに反対した。

いずれにしても2つのコンプレックスは、性役割取得の学習論に対する精神分析的理解としても重要な概念である。

である。
この名前は、捨てられたときに歩けないように踵にピンを刺されたものの、抜き取ったあとも残った踵の腫れに由来する。

🖉 エス：Es（イド：id ともいう）

🖉 超自我：super-ego

🖉 自我：ego

👤 ユング
Jung, Carl G.: 1875-1961 スイスの精神科医。フロイトと袂を分けたあと、分析心理学を創始した。内向・外向の**性格類型論**を提唱。

🖉 自己：self

🖉 エレクトラ・コンプレックス：Electra complex

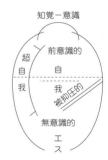

図1 こころの構造
（Freud, 1917/1971, p.451）

📖 フロイト, S. 懸田克躬・高橋義孝（訳）(1971). フロイト著作集1 精神分析入門（正・続）人文書院
📖 宇津木保 ほか (1977). 心理学のあゆみ 有斐閣（有斐閣新書）

トピック 2-3 モンテッソーリ教育を考える

飯高晶子

■モンテッソーリ
Montessori, Maria: 1870-1952 イタリアで女性初の医学博士号を取得。精神科医として障碍児教育に携わる。セガン（Séguin, É）の生理学的教育学を手がかりに制作した教具を用いる教育が顕著な効果を示し、心理学や教育学の研究を行うようになる。1907年のスラム街の改善を目指した幼児教育所である「子どもの家」での教育活動をもとに、後に通称「モンテッソーリ法」として広まる教育思想を展開した。

1) モンテッソーリの実践は、幼児期の精神的発達の基礎として感覚の訓練を特に重要とする。自ら考案した感覚教具と、言葉や数などの学習に関連する教具は、現在モンテッソーリの教具として知られる。

　モンテッソーリの志した教育とはどのようなものだったのだろうか。モンテッソーリは障碍児教育に適用した教育法をもとに、こどもを丁寧に観察し、新しい教育思想を築いていった。彼女自身が「科学的教育」といったように、モンテッソーリの教育は彼女の医学的知識を背景に、科学の研究方法である観察や実験を採り入れ、「こどもの家」をはじめとする様々な実践的活動に従事する中で考えだされた。わが国ではモンテッソーリ教具の印象が目立ち、早期教育の一つであるかのような見方も存在するが、その実践を支えていたこども観・発達観に目を向けるとき、モンテッソーリ教育の現代的な意味がみえてくるのではないだろうか。

【1】モンテッソーリの教育思想

　モンテッソーリは、こどもが本来もっている自らを成長させる力を信頼し、その力が十分に機能するように環境を整えることで、自立し、他者への思いやりをもった、生涯学び続ける力を身につけたこどもに成長すると考えた。モンテッソーリ教育は日本では幼児期が注目されるが、その対象は人間が生まれてから成人するまでの時期である。こどもはどのような順番で何を獲得するかという発達の法則を生まれながらにもつとされ、その発達の法則を明らかにし、それに沿った具体的な環境のあり方、援助の方法を示している中に教育の特徴がみられる。

【2】モンテッソーリのこども観

　モンテッソーリはこどもの姿をどのように捉えたのだろうか。彼女はこどもは身体的活動をとおして環境に働きかけ、その相互作用の中で発達をとげるとした。こどもに自ら成長していこうとする力を見出し、大人や教師からの教えやしつけを待つような受身的な姿を否定した。この考えは、こどもを机にじっと向かわせ、報酬や罰といった外からの強制的指導を不可欠とした従来の考え方への批判である。しかし、この成長を志向する力はあくまでも可能性や準備性にすぎないという。したがって、その力を実現化させる条件を探求し、それぞれの発達段階に合った教育的実践が求められたのである。

【3】環境を整える

モンテッソーリ教育で大切にされるのは、こどもの**自由**が保障される環境である。自由というと好き勝手にやらせる姿が想像されるかもしれないが、小さなこどもが夢中で何かをやっている姿を見たことがあるだろう。こどもは自分で選択した対象にこそ集中して取り組み、自ら納得してその活動を終える。このプロセスの中で深い充実感や活動をやり遂げた自信を感じることができ、集中現象が見られる[2]。これこそが内在する自己発展の力が十分に機能した状態であり、自ら学び続ける力につながっていくものであるというのだ。

また、このプロセスを可能にする環境は、適切に整えられた「人的環境」と「物理的環境」であるとされる。大人や教師は、こどもの自由を保障しなければならないが、これは放任を意味しない。大人の役割は**敏感期**に最適な活動を与える手がかりを逃さぬよう、こどもの姿を冷静かつ客観的に観察し、自律的活動を尊重するよう援助を行うことである。一方、物理的環境は「**消極的態度**」と表現された教師に代わり、こどもの自律的な活動を積極的に援助する。このような環境がもつ特徴の一つに、こども自身に誤りに気づかせ、それを訂正させていくような「自己教授的」な教具の用意がある。自律的な学びを阻害しないように、常に教師に頼って誤りに気づくのではなく、環境との相互作用を通してこども自らが学んでいくことが大切にされた。

このように、知的な変化は能動的な経験を通して段階的に起こるとし、こどもを精神的に受身とする教育法を批判したことは、ピアジェ理論との類似点とされる[3]（DeVries & Kohlberg, 1987）。

【4】モンテッソーリ教育をめぐって

わが国ではモンテッソーリ教育は幼児段階までしか取り入れられていないが、欧米では高校までのプログラムが用意されている。米国では、私学のみならず、中流・低所得層のこどもたちもチャータースクール等の公立学校のプログラムを通じてその教育を受けることができる。米国のモンテッソーリ教育界では多重知能理論に注目するなどさらなる広がりも見せている。モンテッソーリ教育には、その発達観や、協同的な学びを軽視しているのではないかという批判もされるが、こどもの主体的な学びを保障する環境とはどのようなものなのか、モンテッソーリの実践を支える教育観を改めて見直すことは一助となろう。

---

2)「活動の周期」（「仕事のサイクル」）という。

敏感期：sensitive period
様々な能力の獲得にはそれぞれに最も適した時期があること。生物学者のド・フリース（de Vries, H. M.）が生物界で発見した「敏感期」の概念をヒントとする。動物行動学のいわゆる「臨界期」や脳科学の「感受性期」と、深く関わる概念といわれる。

3) ピアジェは、スイス・モンテッソーリ協会の会長を長年務めた。両者は共に生物学を基点とし共通点も多いが、ピアジェの目的は、こどもの知識の進歩の本質の理解と理論化にあった。一方、モンテッソーリは、知識を進歩させる方法を探求し、こどもの福祉や教師・親の教育に取り組んだ実践家であった。行動と思考の関係におけるモンテッソーリ教具を支える概念は、ピアジェ研究家からは「感じる（sensing）」や「する（doing）」から「知る（knowing）」への移行のメカニズムを欠くとされる（DeVries & Kohlberg, 1987）。

チャータースクール
教師や保護者、地域団体などが独自の学校の構想について地元の教育委員会などの公的機関から許可（チャーター）を受け、自分たちの手で運営する初等中等学校のこと。

相良敦子（1999）．幼児期には2度チャンスがある：復活する子どもたち　講談社

トピック 2-4　エリクソン理論を考える

山岸明子

♠エリクソン
Erikson, Erik H.: 1902-1995　ドイツ生まれ（後にアメリカ国籍）の精神分析学者。彼の理論は、自分が何者かわからない生い立ち（養子で実父が誰だかわからない、ユダヤ人で北欧風の風貌であったことなど）や、青年期の長いモラトリアム、その後もアイデンティティを模索し続けた彼自身の人生から考案された。

♠人生周期：life cycle
生まれてから死ぬまでの人生全体、生涯発達を表す語としてエリクソンは使用した。

♠心理・社会的危機
crisisには瀬戸際、峠の意味があり、要請される新しい生き方（発達課題）を身につけられるかその分かれ目の意。

♠発達課題
発達に伴って、自分の欲求や社会からの期待や要請が変化すると、それまでの生き方や適応の様式を変化させ、新しい生き方を獲得することが求められる。それぞれの発達段階で期待される能力・技能・態度などのセット。適切に解決されるかどうかによって、その後の段階の発達が規定される。

♠人格的活力：virtue
発達課題がクリアーされると身につく各段階固有の内的な力。

エリクソンはフロイトの生物学的・性心理学的なパーソナリティ発達理論に社会的・対人的視点を加え、身体・心理・社会的要因間の相互作用の中で進行する**自我発達**理論を提唱した（Erikson, 1950）。その理論は人間の生涯全体に渡るものであり、8つの発達段階からなる**人生周期**を展望した自我発達の漸成的図式は引用されることが多く、また**アイデンティティ**や**モラトリアム**は青年期を論じるうえで必須の概念であり、心理学にとどまらず一般的にもよく使われている。

エリクソンによれば、自我の発達とは先天的素因が心理・社会的環境の中で発現、生成されていく過程であり、人間は有機体であると同時に歴史的社会的存在であることが強調されている。潜在的な要因はグラウンドプラン（発達を一つのまとまりとして見通す予定表）に従って8つの時期に顕在化し、特有の**心理・社会的危機**が生じる。危機は拮抗する肯定的−否定的用語の対として表され、肯定的なものが否定的なものを凌駕することがその時期の**発達課題**とされる。発達課題が達成されると人格的活力を獲得し、自我の強さになる（表1はそれらをまとめたものである）。以下に8つの発達段階について、**青年期**を中心に簡単に説明する。

【1】乳児期

乳児は養育者の世話を受ける中で、自分の欲求を読み取って不快を除き快い状態にしてくれる人がいることに徐々に気づいていく。そしてその人（多くの場合母親）は自分が呼びかければそれに応じてくれるという信頼感が芽生え、それは母親への信頼、母親が属す世界への信頼、そして世界に応じてもらえる自分への信頼をもたらす（「**基本的信頼**」）。一方、母親もときには応じられないときもあり、乳児は「不信」を抱くこともあるが、それを上回る信頼感をもつことがこの時期の発達課題である。「信頼しうるよき母親像」ができると、今は応じてもらえなくても応答を期待して「待つ」ことができるようになり、待っていれば望むものは必ず与えられるという「希望」が獲得され、自我発達の基盤となる。

【2】幼児前期（幼児期初期）

　筋肉や神経系の成熟という身体的・生物学的変化は、心理的・社会的変化をひきおこす。肛門括約筋の成熟は自分の意志で排泄をコントロールすることを可能にするし、足の筋肉や神経系の成熟により歩けるようになった幼児は自分の意志で行きたいところに行けるようになる。自分の身体や欲求を自分でコントロールできるという感覚は大きな喜びと誇りをもたらす。何でも自分でやりたいという気持ち（「自律」への欲求）が強まって反抗的になる一方、彼らの自律は他者からの承認を必要としている。排泄の失敗等うまくいかないときには、自分を無能と感じ（「恥」）自己統制能力がないのではないかと「疑惑」をもつが、それを乗り越えることで「意志」が獲得される。

【3】幼児後期（遊戯期）と児童期（学童期）

　幼児後期（遊戯期）は、運動能力が発達して行動半径が拡がり、また言語も発達し想像や夢の世界も手にして、幼児の世界は大きく拡がる。この時期幼児は自分の世界を作り、様々な者に同一化して遊び・想像の世界でなりたい者になろうとする。両親への同一化によってもたれる「罪悪感」の規制を受けながら、「積極性」をもってまわりの世界を探索し、なりたい者になることが目指される。

　幼児後期（遊戯期）は「想像の世界」での個人的・主観的な成果で満足しているが、次の児童期（学童期）では客観的な成果を求めるようになる。それは学校に入ることや認知能力の発達と関係しており、こどもは個人的な目標ではなく、誰もが認めるような客観的な成果、社会で認められるような目標（「生産性」）を目指すようになる。彼らは一生懸命学び（知的な学習やスポーツ、お稽古事等）、客観的な成果を得たときに充実感を感じるが、成果が得られないときには、「劣等感」や無力感を感じる。

🔎**同一化**
自我**防衛機制**の一つ。他者のもつ考え、態度、行動の仕方などを無意識の内に自分の中に取り入れること。特に自分にとって重要な人、感情的につながっている人の属性が取り入れられやすい。

表1　エリクソンの漸成的図式を表にまとめたもの　(Erikson, 1982)

発達段階	心理・社会的危機	人格的活力	心理・性的段階
Ⅰ.乳児期	基本的信頼　対　不信	希望	口唇期
Ⅱ.幼児初期	自律　対　恥・疑惑	意志	肛門期
Ⅲ.遊戯期	積極性　対　罪悪感	目的	エディプス期
Ⅳ.学童期	生産性　対　劣等感	有能感	潜在期
Ⅴ.青年期	同一性　対　同一性拡散	忠誠心	思春期
Ⅵ.初期成人期	親密性　対　孤立	愛情	性器期
Ⅶ.成人期	生殖性　対　停滞	世話（ケア）	
Ⅷ.老年期	統合　対　絶望	英知	

注　8つの心理社会的危機／人格的強さの原語は以下の通り。Ⅰ. Basic trust vs Basic mistrust / Hope　Ⅱ. Autonomy vs Shame, Doubt / Will　Ⅲ. Initiative vs Guilt / Purpose　Ⅳ. Industry vs Inferiority / Competence　Ⅴ. Identity vs Identity confusion / Fidelity　Ⅵ. Intimacy vs Isolation / Love　Ⅶ. Generativity vs Stagnation / Care　Ⅷ. Integrity vs Despair / Wisdom. 訳語は訳者によって異なっている。上図の他に、Ⅰ.「望み　Ⅲ.自主性、自発性　Ⅳ.勤勉性／コンピタンス、適格／潜伏期　Ⅴ.同一性の混乱、役割拡散　Ⅶ.世代性、世代（生成）継承性vs自己没頭／はぐくみ　Ⅷ.完全性／知恵

【4】青年期

青年期になると自分を強く意識するようになるが、「独自だと思っていた自分」が実は育ちの中で与えられたものや周りの人への同一化によって取り入れたもの－他者からの借りものにすぎないことに青年は気づく。「自分」の中身は空っぽであるという危機的状況に直面しながら、同一化の過程を再編成して本当の自分、自分にピッタリな生き方を見つけることがこの時期の発達課題とされる。

「これこそ自分」という確信をもつためには、自分に対する独自性の感覚や同一性・連続性の意識と共に、その自分は自ら主体的・能動的に選び取った納得できる自分であること、そして社会の中に位置づき、社会・他者が認める方向に自分を定義づけることが必要である。「自分らしさ」（過去から現在の自分）と「生きていきたい自分」（未来の自分）と「他者・社会から期待される自分」が統合されるとき、確かな自分が実感される。そのような自分を見つけること、自分の生き方を決めることが「**アイデンティティ（自我同一性）の達成**」であり、多くの場合職業を選択し就職することにより発達課題は達成され「大人」になる。

現代社会においては、青年は社会から自分の生き方を決めるための猶予期間「心理・社会的モラトリアム」を与えられ、社会における義務や役割を免除されて、**役割実験**・社会的遊びとして様々な者に同一化して可能性を演じながら、自分にぴったりの生き方を模索することを許されている。現代の日本社会では多くの青年が長いモラトリアムを与えられて自由に自分を模索できるが、社会が複雑化し変化も著しいために未来や理想を描きにくく、自分の可能性を見極めることがむずかしくなって、いつまでも自分探しを続ける者（小此木はそのようなあり方を「**モラトリアム人間**」とした）や、自立せず親の庇護の元で暮らす**パラサイトシングル**、さらに社会・経済的要因による就職の難しさのためもあって社会に位置づけない者等、青年期の発達課題の達成＝大人になることが困難な者も多い。

また「自分らしさ」「生きていきたい自分」「他者・社会から期待される自分」を統合できず、「同一性拡散」状態から脱け出せずに不適応状態に陥ったり（同一性拡散症候群）、自分を見失う不安から否定的同一性（社会に否定的に位置づく）を選び、反社会的行動をとってしまう青年もいる。

同一性と連続性
生育史から一貫してずっと同一の存在であるという感覚。

モラトリアム
本来は、災害や恐慌などの非常時において、債務の支払を猶予することやその猶予期間を指す経済学用語だが、エリクソンは大人になるのを猶予される青年期の意に用いた。

役割実験
その者になりきるのではなく、自分に合っているかどうか、ある役割を試みにとってみること。

同一性拡散症候群
自分が何者かわからず、混乱している病理的状態。無気力学生（student apathy）がその例であり、自分に過剰にとらわれる一方、自分を規定できず選択できなくなる。

【5】初期成人期・成人期・老年期

　自我同一性が達成されると、成人は自分の自我同一性を他者のそれと融合させたいと思うようになる。相手に合わせ妥協しながら、なおかつアイデンティティを失わないような親密な関係を作ること－「親密性」の達成（多くの場合結婚）が目指される。青年期までは自分のことだけを考え、自分らしさを追求すればよかったが、親密な他者と継続的に関わるために、相手にあわせ相互調整しつつ自分らしさを発揮することが要請され、さらにⅦ．成人期になると、相手にあわせること、責任を担うことがより重要な課題になる。

　成人期は、次の世代をもうけ責任をもって世話をする「生殖性」（世代性）の獲得が発達課題となる。典型的にはこどもを生み育てることだが、次世代を育てることやものや思想を作りそれを育てることも含む。成人は他者を養育しその発達に関わることによって自分の自我を発達させるのである。

　Ⅷ．老年期の発達課題「統合」は自分の人生は自分自身の責任であるという事実を受入れ、自分の人生を肯定、受容することである。これまでの自分の人生を意味づけ再構成することで死も受容されると考えられる。

【6】エリクソン理論のエッセンス

　相手に与えることで自分も相手から与えられる**相互性**について、エリクソンは「一方は他方を照らし、暖め、その結果として他方も与えてくれた人に熱を返す」ともいっているが、それは成人期の者と世代の異なる者の間でしばしば生じる（「育てる－育てられる」「介護する－介護される」）。異なった世代の発達課題が共鳴しあって相互作用する中で双方の自我発達が進行するのである。**世代継承性**に関しても、次の世代に自分が受け継がれることが老年期の人生の肯定・受容に関与していると考えられる。

　エリクソン理論の中核はアイデンティティの問題であり、それは青年期だけの問題ではなく、基本的信頼や自律性を基盤に形成され、幼児後期（遊戯期）の同一化によって身につけた様々な特性や、児童期（学童期）に獲得される生産性が、自分を社会に定義づけるアイデンティティの元になっている。そして青年期に達成されたあとも、発達によっておこる自己内外の状況の変化に応じて自己の再吟味とアイデンティティの問い直しは続く。我々の人生は生涯にわたって「自分」を再編成する過程なのである。

相互性：mutuality
「相手の力や可能性を引き出そうとしていながら、同時に自分自身の力や可能性が引き出されること」と述べられている（Erikson, 1964）。

山岸明子（2011）．こころの旅：発達心理学入門　新曜社
西平直（1993）．エリクソンの人間学　東京大学出版会

トピック 2-5　母語の獲得

大津由紀雄

【1】母語の獲得について注意すべき点

人間（生物学的にいうなら、ヒト）がこの世に生を受けて一定期間触れることによって自然に身についた**個別言語**を「**母語**」、ないしは、「**第一言語（L1）**」とよぶ。「触れている」というのは音声言語の場合は「耳にしている」ということであり、手話の場合には「目にしている」ということである。母語獲得に関しては次の点に注意する必要がある。[1)]

①母語獲得の種固有性
②母語獲得の種均一性
③母語の後天的決定
④経験の貧困

④について、日本語からの例を挙げよう。
(1) 太郎は花子が夕食になにを食べたか言いましたか
(2) 太郎は花子が夕食になにを食べたと言いましたか

(1) と (2) は下線部が異なるだけの最小対であるが、(1) は答えに「はい」ないしは「いいえ」を求める疑問文であるのに対して、(2) は答えに「ハンバーグです」など、太郎が花子が夕食に食べたと言ったものを求める疑問文である。つまり、両者は表面的にはほとんど同一の文であるが、その実質は根本的に異なっている。この根本的な異なりを経験からだけで帰納することは不可能である。

【2】母語獲得に関与する遺伝的要因と環境要因

第1節で整理したことから、母語獲得に関して次のことがわかる。
⑤言語獲得は生物学的現象である。
⑥言語獲得には遺伝的要因と環境要因のいずれもが関与している。

⑤と⑥に関しては研究者の間で異論はないといってよい。問題は遺伝的要因が言語に固有な属性を含むものであるかという点である。言語獲得に関わる遺伝的要因が言語に固有な属性を含むものであるという作業仮説を立て、一貫してこの問題に取り組んでいるのがチョムスキーが先導する**生成文法**である。

なお、母語となる個別言語との触れ合いの時期について一定の制約が存在する可能性がある。この時期を「**臨界期**」ないしは「**感受**

母語：mother tongue

第一言語：first language；L1

[1)] ①母語を身につけることができるのはヒトのこどもだけである、②「一定期間触れる」という条件下では、母語の獲得可能性にばらつきはない、③どの個別言語が母語となるかは偏に後天的に決定される、④母語獲得の最終産物である母語は経験（生後、外界から取り込む情報）からだけでは帰納できない属性を含んでいる。

チョムスキー
Chomsky, Noam: 1928 -
習得編2-5を参照。

生成文法：
generative grammar

臨界期：
critical period
感受(性)期：
sensitive period

期」とよぶ。おおむね、出生時から思春期の開始の頃までがそれに該当すると考えられている。音韻や統語（言語の形式的特徴についての知識）など、言語の領域ごとに異なった臨界期が存在する可能性も指摘されている。

【3】 生成文法と母語獲得

最初期の生成文法では英語や日本語など少数の個別言語の性質を詳細に探り、それらの個別性を明らかにするとともに、その個別性の基盤を成すと考えられる普遍性を抽出していった。生成文法では普遍性の理論を「**普遍文法（UG）**」とよび、その存在の根拠を言語獲得に関わる遺伝的要因に暫定的に求めた。それゆえ、UGは（抽象的な意味での）「**言語獲得装置（LAD）**」とよばれることもある。近年では「**極小主義**」とよばれる動きがある。[2)]

【4】 ことばの個別性と普遍性

前節でことばには個別性と普遍性という性質があることを述べたが、関連して重要なことはこれらの2つの性質が有機的に関連しているという点である。

どの個別言語でも句や文などの言語表現を形成するとき、いくつかの語を一定の語順で並べ、「**構成素**」とよばれるまとまりを形成する。例えば、日本語では「重要な」と「本」をその順に並べ、「重要な本」という構成素を作ることができる。「重要な」の代わりに、複数の語から作られた構成素である「渋谷で買った」を使い、「きのう渋谷で買った本」というより大きな構成素を作ることもできる。

構成素を形成し、それらを重ねてより大きい構成素を形成するという過程はどの個別言語にも共通する性質、つまり、普遍性の反映であると考えられる。しかし、構成素形成の際、どのような語順で並べるかについては個別言語によって異なり、たとえば、さきほどの日本語表現に対応する英語表現は the book that I bought in Shibuya yesterday と並べ方が逆、つまり、鏡像関係になる。

興味深いのは日本語と英語の語順はほぼ一貫して鏡像関係にあるという点である。[3)] この例からわかることは、構成素形成の際、「一定の語順で並べる」という普遍性を個別言語で具体的に反映させる際、「一定の語順」には選択の幅があり、その選択の結果がその個別言語の個別性として現れるということである。

🖉 異なった臨界期：critical periods

🖉 普遍文法：Universal Grammar；UG

🖉 言語獲得装置：Language Acquisition Device；LAD

📝 2）近年では、一貫して追い求めてきた普遍性の純度を一層高め、その神経基盤や進化との関連を探る作業をしやすくするため、これまでに明らかになった普遍性のどこまでを言語以外の要因に起因するものとすることができるかを検討している。言語に固有な要因を最小（極限はゼロ）と暫定的に考えるという研究戦略（つまり、2節で触れた作業仮説を一時的に棚上げする）を採ることから「極小主義（minimalism）」とよばれることがある。

📝 3）
本を読む
read books
学校で
at school
心理学の本
books on psychology
ビンの底
bottom of the bottle

📖 Chomsky, N. et al. (2004). *The generative enterprise revisited: Discussions with Riny Huybregts, Henk van Riemsdijk, Naoki Fukui, and Mihoko Zushi*. Berlin: Mouton de Gruyter.

📖 杉崎鉱司（2015）．はじめての言語獲得：普遍文法に基づくアプローチ　岩波書店

トピック 2-6 中高生の社会性

大久保智生

現代において、中高生を含めた若者をめぐる問題や事件は数多く報道され、若者は否定的に語られることが多いといえる（後藤, 2008）。こうした報道では、過去と比較して「昔の若者はよかった」といわれるが、現代の中高生を含めた若者の変化について、**社会性**という観点から考えてみたい。「現代の若者は社会性が欠如している」という**言説**では、**規範意識**とコミュニケーション能力（**社会的スキル**）の低下について言及されることが多い。本トピックでは、若者の社会性について、規範意識の低下と発達、社会的スキルの低下と社会的スキル訓練への誤解について考えていく。

【1】規範意識の低下と発達

若者の規範意識の低下は、数十年前から指摘されている。したがって、規範意識の低下言説が正しいのならば、現在の若者の規範意識は下がり続け、底をついた状態になっているはずである。しかし、栃木県総合教育センター（2011）の調査では、過去と比較して、規範意識が高くなったことを示している。また、浜島（2006）は、若者の大半は、道徳・規範に対して反抗・抵抗は考えていないことを明らかにしている。これらの研究結果を勘案すると、若者の規範意識は過去と比較して、低下していないことが示唆される。

一方で、これまでの研究から、過去との比較ではなく、他の年代との比較では、若者の規範意識は低下することも明らかとなっている。実際、若者の規範意識の低下は、時代による変化よりも加齢による変化の方が大きいことが示されている。この低下は、認知発達理論が論じるように、規範の理解が進み、自ら判断しようとしていることの現れとしても捉えることが可能である（山岸, 2002）。つまり、ネガティブなものではなく、発達の一過程として規範意識の低下は捉えられるのである。したがって、加齢による規範意識の低下は、一般に考えられているモラルの低下ではなく、心理学的には実証的にも理論的にも発達的変化としてみなすことができるのである（有光・藤澤, 2015）。このように過去と比較すると規範意識の低下は認められないが、他の年代と比較すると発達の過程としての規範意識の低下は認められるのである。

社会性
社会性とは、広義にはその社会が指示する生活習慣、価値規範、行動基準などにそって行動がとれるという社会的適応性をさす（繁多他, 1991）。

言説
言説とは、根拠なく、社会に流布し、一般的に信じられている言葉や情報をさす（広田・伊藤, 2010）。こうした言説は強力な影響力と説得力をもち、暗黙のうちに人々の間で自明で常識的なものと考えられるようになっていく（今津・樋田, 1997）。

規範意識
規範とは、多くの者によって共有されている価値基準とその実現のためにとられる行為の様式であり、その規範が内面化されたものが規範意識である（和田・久世, 1990）。

社会的スキル
社会的スキルとは、円滑に人と関わるための技能や能力の総称である。一般に用いられるコミュニケーション能力は、心理学では社会的スキルと捉えられることが多い。

【2】社会的スキルの低下と社会的スキル訓練への誤解

　社会的スキルの低下については、大久保他（2014）の調査において、過去と比較して、現代のこどもの社会的スキルは特に低下していないことが示されている。また、大久保他（2014）の調査では、なぜコミュニケーション能力が低下したと思ったのかも尋ねている。自由記述を分類した結果、テレビによる少年犯罪の増加の報道が低下していると考える理由であることが示されている。少年犯罪の凶悪化が誤りであることは疑いのない事実（鮎川, 2001；広田, 2001）であるが、テレビなどのマスメディアの誤った報道の影響でコミュニケーション能力（社会的スキル）が低下しているように多くの者が考えてしまっているといえる。

　心理学において、社会的スキルの向上を目指した研究は数多く行われている。その最も有名なものが社会的スキル訓練であろう。社会的スキル訓練に関する研究は国内外において数多く行われ、多くの研究知見が蓄積されてきている。ただし、こうした研究に対する教育現場の誤解も見受けられる。例えば、社会的スキル訓練が生徒の適応を高めるという研究を知り、社会的スキル訓練を実施すれば今の学級の課題が解決されると考え、荒れている学級で集団での社会的スキル訓練を実施しようとした若い教師がいる。結果はどうなったのか。最後の頼みの綱として考えていた社会的スキル訓練を実施できず、その教師は休職することになってしまったのである。そもそも教師の指示を全く聞かず、授業が円滑に進められない状態で、社会的スキル訓練の実施は不可能である。なぜこうした悲劇が起きるのか。おそらく学級の荒れは社会的スキルの低下が原因であると捉え、社会的スキル訓練を現状の問題を解決する特効薬と考えたことに原因があるといえる。

　社会的スキル訓練にしろ、心理学の知見に基づいた様々なプログラムにしろ、一回で劇的な変化を起こす特効薬ではない。当然だが、日々の関わりの方が影響は大きいのである。問題を解決するものと捉えるのではなく、プログラムの実施により、自らの日々の関わりを見つめなおす契機と捉えるのならば、対象となる生徒への効果だけでなく、実施する側への効果も期待できるだろう。目の前のこどもの社会的スキルの低下が原因なのか、むしろ結果として社会的スキルが低下しているように見えるのか、自らの関わりや見方を振り返ることが重要になるといえる。

> 社会的スキル訓練（SST）
> SSTは、仲間との関係をうまく築けない者を対象として行われ、一般にインストラクション、モデリング、リハーサル、フィードバック、定着化から構成される（小林・相川, 1999）。当初は個別に実施されてきたが、近年では、集団で実施されるようになってきている。

> 大久保智生・牧郁子（編）（2011）．実践をふりかえるための教育心理学：教育心理にまつわる言説を疑う　ナカニシヤ出版
> 浅野智彦（編）（2006）．検証・若者の変貌：失われた10年の後に　勁草書房

トピック 2-7 知能について

安藤寿康

知能は心理学の歴史の中で最も古くから研究の対象とされてきた。その定義にも探求のアプローチにも様々なものがあるが、ここではその最も標準的なアプローチのひとつである心理測定学的なアプローチを見てみたい。

【1】知能検査と知能指数

今日、ビネー式やウェクスラー式など様々な形式の知能検査で測定され、知能指数（IQ）として知られる知能の測度は、フランスの児童精神医学者、ビネーによって、20世紀初頭に学校への**適性検査**として開発されたテストに由来する。それは**スクリーニングテスト**としての性質をもつものであり、今日でも臨床や教育の現場で同様の目的で利用され続けている[1]。

なかでも最も国際的に普及している個別式知能検査である**ウェクスラー式知能検査**は、WPPSI, WISC, WAISと、年齢に応じた種類があり、いずれも単語、知識、算数、積木模様（空間能力を測る）など10種類以上の複数の下位検査から構成されている[2]。

【2】一般知能と多重知能

このように多種類の領域の検査を集めたものを**インベントリー**とよぶが、特に知能の場合、それは様々な領域固有の知的能力の総合的な運用から成り立っているという考え方に基づくもので、下位検査のプロフィールを見ることによって、一人ひとりの知的能力の得意不得意の特徴を把握できるのみならず、総合点を算出することで全体的な知的レベルを表現することもできる。

知能をこのように全体的なレベルで把握する考え方と、領域ごとに把握する考え方は、実のところ知能研究の歴史で対立的であった。異なる知的領域間に高い相関があることから、固有な文化的知識を超えた一般性を示すことを、因子分析を用いて統計的に証明したのが**スピアマン**（Spearman, 1904）である。彼はそれを一般知能（g）とよび、知能はg因子と領域固有の特殊因子からなるとする2因子説を唱えた。それに対して、知能は複数の独立した因子からなることを、異なる手法の因子分析を用いて示し多因子説を唱えたの

▲ビネー
Binet, Alfred: 1857-1911 習得編4-5 参照。

✎スクリーニングテスト
適応上の問題が疑われる人を探し出すために行う予備的な診断テスト。

📖1）実際、知能指数は学業成績や職能、社会経済的地位など、社会的にも重要な指標と有意な相関関係が認められる（Deary, 2001）。

✎WPPSI：Wechsler Preschool and Primary Scale of Intelligence；3歳から7歳用

✎WISC：Wechsler Intelligence Scale for Children；5歳から16歳用

✎WAIS：Wechsler Adult Intelligence Scale；16歳以上用

📖2）もともとは年齢級の検査の正答数から精神年齢を算出し、生活年齢との比率から知能指数を算出したが、今日ではむしろ集団中の相対的な位置をあらわす偏差値に基づいて、平均が100、標準偏差が15として表されるようになった。

▲スピアマン
Spearman, Charles E.: 1863-1945 習得編4-5 参照。

がサーストンである（Thurstone, 1928）。その考え方は今日、ガードナーの多重知能（MI）の考え方につながっている（Gardner, 1993）。脳機能障害の事例などから言語的、論理数学的、空間的、身体運動的、音楽的、対人的、内省的、博物的、実存的と知能を9領域から捉えるその理論は、学校教育での適性の発見とその育成とも親和性が良い。

一方、知能の一般因子性を支持する証拠は、心理測定学をはじめ、脳神経科学、行動遺伝学からもかなり頑健にある。両者は知能因子の階層モデルによって、おおむね矛盾なく理解することができる。すなわち互いにゆるい相関関係を成す領域固有な能力因子の群があり、それらが階層構造を成し、上位の因子構造をつくって、最上位に一般因子が来るというモデルである。その中でも今日よく用いられるのが、**流動性知能**（Gf）と**結晶性知能**（Gc）の2因子からなり最上位に一般知能があるというキャッテル・ホーン・キャロル（CHC）モデルである（Cattell & Horn, 1966；McGraw, 2005）。流動性知能とは新しい問題の解決を発見する能力であるのに対し、結晶性知能は経験によって獲得された知識を体系的に用いて問題解決する能力である。

知能検査を用いた研究は世界中で行われ、長い歴史とデータの蓄積をもつので、1930年代ころからのIQ得点の推移を絶対尺度の上で検討することができる。これによると西欧社会では年間に0.3ポイントずつ増加している。これをその発見者の名を冠して**フリン効果**とよぶ。これは学校教育やメディアの普及や発達がその原因というよりは、社会全体がより知識化され、抽象度の高い認知処理が求められるようになってきているからである（Flynn, 2012）。

一般知能という概念は、確かに知能指数という形でこれを用いても、教育実践では学習適性の大雑把な指標としてしか意味をもたないため、きめ細かい教育的指導をするにあたっては多重知能理論ほど使い勝手が良いとはいえない。しかしながらこの概念は、人間の認知能力の進化的特性と学習可能性を理解するうえで重要である。なぜならそれは特定の機能や領域に特化されないコンテンツフリーな学習の臓器である脳のもつ進化的特質であり、これがあるからこそ人は知識の領域固有性に縛られることなく、様々な知識を自由に学び、それらを結びつけ、あらたな文化的創造を可能にするからである（Mithen, 1996）。ヒトが教育による学習を可能にしているのも、この一般知能のなせる業なのである。

サーストン
Thurstone, Louis L.:
1887-1955　習得編4-5
参照。

多重知能：multiple intelligence；MI

流動性知能：fluid intelligence；Gf

結晶性知能：crystallized intelligence；Gc

キャッテル
Cattell, Raymond B.:
1905-1998　習得編4-5
参照。

ディアリ, I. 繁桝算男（訳）（2004）．1冊でわかる知能　岩波書店
フリン, J. 水田賢政（訳）（2015）．なぜ人類のIQは上がり続けているのか？：人種、性別、老化と知能指数　太田出版

3 学習

トピック 3-1 日本の学習者の実態
──「高水準な義務教育の成果」の裏で

山森光陽

【1】高水準な義務教育の成果

1990年代後半以降に実施された国際学力調査の結果は、回ごとに変動はあるものの、高い水準で推移している。日本の義務教育の状況を国際比較のうえで端的に述べるなら、「学級の規模が大きく、国内総生産当たり教育公財政支出の割合が低いにもかかわらず、献身的な教師によって支えられ、義務教育期間中ならびに終了時のいずれにおいても、その成果の水準は高い」ということができる。

しかし、教科に対する態度や教師の指導方法など、学力以外の側面でもその水準が高いとはいえない現状も、またある。ここでは、「高水準な義務教育の成果」の裏で見落とされがちな側面を、国際学力調査の結果を紐解きながら描出し、議論したい。

【2】児童生徒に関する要因

［1］教科に対する態度

教科の学習が楽しい、好き、苦手ではないことは、高い学習成果につながると考えられる。しかし、TIMSS2011（国際数学・理科教育動向調査の2011年調査）の児童・生徒質問紙の結果では、算数・数学の勉強が楽しい、算数・数学が好きという児童生徒の割合は国際平均値と比較して低い。一方、算数が苦手という児童、数学は得意ではないという生徒の割合は、図1に示されたとおり、国際平均値と比較して高い。

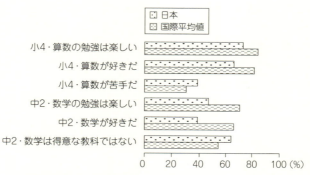

図1　算数・数学に対する態度（国立教育政策研究所, 2013より作図）

図2 算数・数学授業に参加していない児童・生徒の割合
（算数・数学の平均得点が日本以上の国に限定し、国立教育政策研究所、2013より作図）

[2] 授業への参加

　TIMSS2011では、児童生徒が「授業に参加する程度」についての調査も行っている。この結果のうち「授業に参加していない」と判断されるのは、「先生が私に何を期待しているか分かっている」、「授業に関係ないことを考えてしまう」（反転項目）、「私の先生は分かりやすい」、「先生の話に興味がある」「先生は私の興味があることをしてくれる」の5項目に対して4件法で回答を求め、これらの項目からなる尺度値が小4で7.4以下、中2で8.3以下の場合である（国立教育政策研究所、2013）。

　算数・数学の「授業に参加していない」児童・生徒の国別の割合のうち、算数・数学の平均得点が日本以上である国に限って示すと、図2の通りとなる。これらの国では小4、中2ともに国際平均値を上回るが、「授業に参加していない」児童・生徒が多いほど算数・数学の平均得点が高いという関係は見られない。そのうえで、日本は「授業に参加していない」児童・生徒の割合が他国と比較しても高いことが示された。

　また、算数・数学の「授業に参加させようとする工夫をほとんどの授業で行う教師の指導を受けている」児童・生徒の割合と、授業に参加していないと分類される児童・生徒の割合との関係を、質問紙調査の結果が国立教育政策研究所（2013）に示された国に限って、小4、中2を統合して示すと図3の通りとなる。この図に示されたように、日本は小中学校ともに、授業に参加していない児童・生徒の割合は高いが、児童・生徒に対して授業に参加させようとする工夫を行う教師は少ない、といえる。なお、教科に対する態度や授業への参加に見られるこれらの傾向は、理科においても同様である。

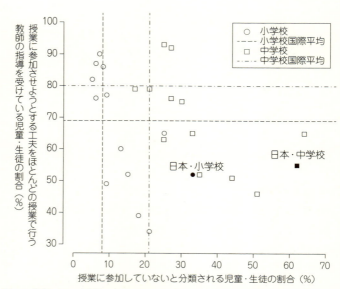

図3 教師による授業に参加させようとする工夫と授業に参加していない児童・生徒の割合との関係（国立教育政策研究所，2013より作図）

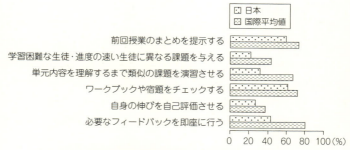

図4 中学校教師の指導実践や学習評価の実施状況
（国立教育政策研究所，2014より作図）

【3】教師や保護者に関する要因

　中学校に限定されるが、TALIS（OECD国際教員指導環境調査）では、指導実践や実施された学習評価の方法についての調査が行われている。2013年に実施された調査結果（国立教育政策研究所，2014）の一部について、各項目に対して「しばしば」「ほとんどいつも」行うと回答した教員の割合を、日本と参加国（地域としての参加を除く29ヵ国）平均とを比較して示すと、図4の通りとなり、いずれの項目でも参加国平均を下回る。さらに、単元内容を理解するまで類似の課題を演習させること及び、必要なフィードバックを即座に

行う教師の割合は、参加国中最も低い。

　また、TIMSS2011では、保護者の学習への関わりについても調査している。この結果のうち、「学校の勉強について親と話す」ことが週1回以上の児童・生徒の割合を、日本と国際平均値とを比較して示すと図5の通りであり、小中学生ともに、家庭で学校での学習について保護者と話す割合は低い。この項目に関連する「私の親は、学校で習っていることについて私にたずねる」、「私の親は、私が宿題をする時間をとっているか確かめる」、「私の親は、私が宿題をしているかどうか確かめる」の各項目についても、同様の傾向が見られる。

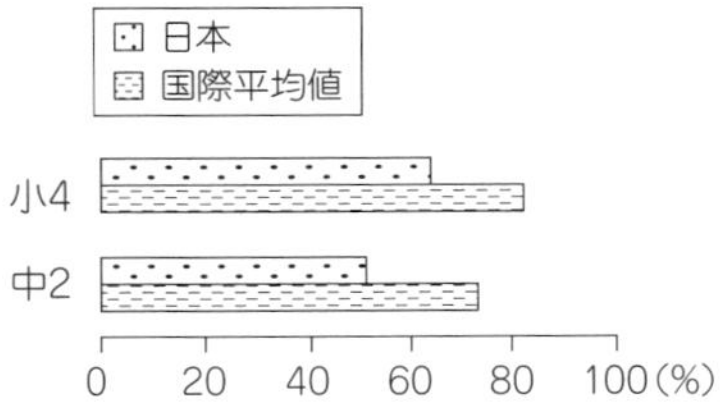

図5　保護者の学習への関わり
(国立教育政策研究所, 2013より作図)

【4】「高水準な義務教育の成果」の裏で

　ここまで示してきた国際比較の結果に沿って日本の小中学生の状況をまとめると、以下の通りとなろう。すなわち、「教科の学習が好きな児童生徒は少なく、苦手な者が多く、授業に参加していないと判断される児童生徒は多いものの、授業に参加させようとする工夫を行ったり、わかるまで理解させようとする教師は少なく、子どもの学習に関わる保護者も少ないにもかかわらず、教科学習の到達度は高い。」といいうる。

　このような状況は、一般的な教育心理学の知見から説明することは難しい。例えばフィードバックに関しては、正答を確実に提示したり課題解決の手がかりを示すことが学力に与える影響が大きいことが示されている (Bangert-Drowns et al., 1991 ; Kulhavy & Stock, 1989)。また保護者の関与については、小学生に対しては宿題を見ることが、中学生に対しては保護者が期待を掛けることが学力に大きな影響を与えることが示されている (Jeynes, 2005, 2007)。

　教育心理学的視点に立てば、教師や保護者が現状以上程度には児童・生徒に関わることで、学力や学力を支える諸要因のより良い育ちが期待できるといえる。一方、教師や保護者が子どもにあまり関わらなくとも、国際比較のうえでは高水準な学力が身につくのが、他国にはない日本の独自性であると解釈できなくもない。表面的に現れている「高水準な義務教育の成果」にとらわれることなく、教師や大人がどのように子どもと関わればよいのかを批判的に検討することを、教育心理学の知見を網羅した本書を通読した読者諸賢に期待したい。

📖 岡田有司 (2015). 中学生の学校適応：適応の支えの理解　ナカニシヤ出版
(学習意欲をはじめとした学校適応に関する要因の、日本の中学生の実態とその変化の過程を明らかにしており、生徒への支援の在り方についても論じている。)

📖 恩賜財団母子愛育会愛育研究所（編）(2017). 日本子ども資料年鑑2017　KTC中央出版
(こどもに関する各種調査結果をまとめ毎年刊行されるデータブックであり、国内の学力調査や各種調査の結果、国際学力調査と教育指標の国際比較などをまとめて提示しており、様々なデータを読者自身が多面的に組み立てながら日本のこどもの現状を理解できる一冊である。)

トピック 3-2　ごまかし勉強

藤澤伸介

特定の学習方法が、社会に広まってしまうことがある。習得に効果的な方法であれば問題ないが、多くの生徒達が実行していると、あたかも正しい方法であるかのように認識されるので、質の低い学習法であった場合、その悪影響は計り知れない。

【1】認知心理学からみた習得法比較

図1は、認知心理学からみた望ましい**習得法**を表している。習得すべき概念が授業や教科書で提示されたら、学習者がすべきことは、まず**深化学習**と**発展学習**である。これによって新しい内容が理解でき**既有知識**との関連もわかるし、日常生活との関係もわかるので、なぜ学習するかの意義も納得がいく。そして知識の記憶や技能訓練を行えば、学習内容がしっかりと定着するので**達成感**が得られて、

📌**内容関与的動機**
充実志向、訓練志向、実用志向のように、学習内容との関連で学習意欲を高めている状態を表す。これに対し、関係志向、自尊志向、報酬志向のように、学習内容と関わらない動機を**内容分離的動機**とよぶ（図3参照）。

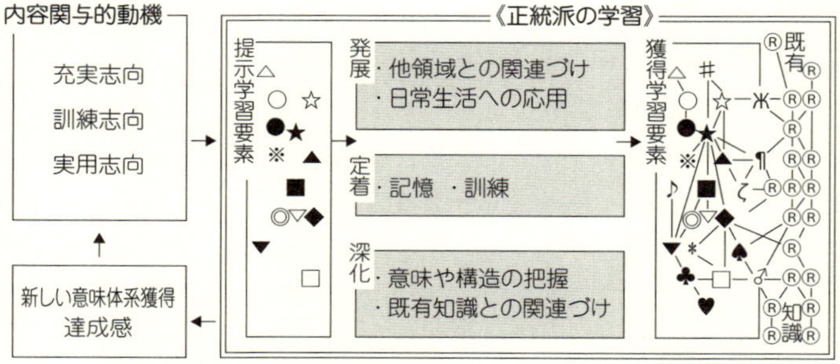

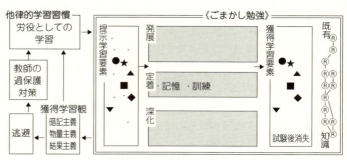

図1　認知心理学から考える望ましい学習の姿（藤澤, 2002a）

↑実は、テスト準備にも最適というわけではない
図2　中学生高校生の学習の現状（悪循環）（藤澤, 2002a）

さらなる学習の意欲が自然に生まれてくるのである。これがいわゆる「正統派の学習」である[1]。

図2は、定期テストを切り抜けるのに必要な作業だけを行う勉強法である。教師に出題箇所を尋ねて学習対象を絞り込み、深化学習と発展学習は省略して、定着作業だけを行うやり方だ。知識は試験直前に機械的に暗記し、計算練習等の技能訓練は量をこなす。これ

図3　学習動機の２要因モデル（市川, 1995）

は脳の働きの特性にあっていないのでなかなか定着せず、労苦が多い割には、試験が終わると学習内容の大半は忘れてしまう、努力が報われない方法である。それでも範囲の狭い定期試験だけはある程度の成績がとれるので「ごまかし勉強」とよばれている[2]。

【2】ごまかし勉強の問題点

［1］知識が生かせない

意味理解を伴わない知識は記憶されにくいだけでなく、精緻化されていないために、それを基礎とした知識体系の構築が不可能で問題解決に使えない。学習の転移可能性も低いので、努力しても学習効果が期待できない。

［2］学習が労役になる

自分で必要性を考えて行うのでなく、教師の指示通りの作業をすることが中心となり、知る喜びや、知的成長の実感も得られないため、学習が苦痛な労役になり、学習意欲が湧かない[3]。

［3］範囲の広い試験に役立たない

当人は試験目的で行っているつもりでも、知識や技能は狭い範囲の教科書通りのものでしかないため、目先の**定期試験**が乗り切れるだけで、出題範囲が広く応用問題を含んだ**実力テスト**や**入学試験**には役立たない。

［4］誤った学習観が形成される

ごまかし勉強でも、学校の出題範囲が狭い定期試験の場合は、ある程度点数が稼げてしまうので、正しい学習法と誤解することがある。表1は正統派の学習とごまかし勉強の学習観を比較したものである。定期試験で高得点をとる目的で定着作業のみを行い、実際に高得点がとれてしまうとそれは成功体験になるので、ごまかし勉強

1) 真正な学習 (authentic learning) ともいわれる。

図1で、●▲■などは試験の高出題率項目を、○△□などは低出題率項目を表している。○△□が図2で・・・に変化しているのは、教師に「試験に出ますか？」と尋ねて、出ないことがわかって、切り捨てたことを表している。

図1と図2を対照すると、深化学習や発展学習を省けば獲得学習要素どうしが互いに結びつかず、既有知識にもつながらないことがわかる。

2) 学習目標を習得に置いたとき（**習得目標**）の最適な学習法が、正統派の学習である。学習目標をとりあえずの好成績に置く（**遂行目標**）と、ごまかし勉強になりやすい。しかし、好成績を長期間維持するためには、正統派の学習でないとうまくいかない。

3) 労役としての学習をしても、決して主体的学習にはならない。

表1　正統派の学習とごまかし勉強の比較

	正統派の学習	ごまかし勉強
学習範囲	拡大志向 精緻化	限定主義 高出題率部分
自立性	独創志向 生成効果	代用主義 他者依存
意味理解	意味理解志向 有意味学習	暗記主義 機械的暗記
工夫	方略志向 メタ認知	物量主義 単純反復
思考過程	思考過程重視 体制化	結果主義 過程の軽視

の学習観が形成されやすい。その結果、出題範囲の広い実力テストや入学試験で失敗しても原因がわからないことが多い。

［5］誤った教育観が形成されやすい

習得編1-[1]で紹介した「商取引的教育観」は、ごまかし勉強と相性が良い。最も安易に試験で高得点が獲得できるように指導してくれる都合の良い教師が、「真の良い教師」に見えるからである。

その結果、生徒の人気取りのためにごまかし勉強に迎合して、試験の出題内容を事前に教えたり、生徒が自分で作るべき学習材料を与えたりする教師が出てくることにもなる。これは、確かな学力の向上につながらないが、学習者の誤った教育観を承認し、強化していることになってしまうのである。

［6］本人が気づいても直しにくい

定期試験の成績は良いのに実力模試の成績が悪いとか、好きな科目は楽しく学習できて身につくのに、嫌いな科目は何倍も頑張っている割には成績が悪いとかがきっかけとなって、自分の行っているごまかし勉強の問題点に気づく学習者は結構いる。しかしながら、気づいたからといって、簡単には切り替えられないことが多い。学習改善を妨げる要因として、次の5つが考えられる。

①学習の意義、各単元を習得する目的、なぜその課題をやらせるかの根拠、などを生徒が考えることに協力的な教師が少ない[4]。その結果、学習の意義について考える習慣のある学習者が少ない。

②学習計画立案や、学習教材の選定の機会を与えられず、学習は教師の指示や教科書準拠ワークの指示のもとにやらされているので、学習方法を考えたこともなく、正統派の学習方法が考えられない。教師の中には学習者が自分で作るべき学習材料まで作成代行する者もあり、こうした**過保護な教材**が学習者の自立を疎外している[5]。

③定期試験の問題の質が低く、ごまかし勉強でも十分に点数がとれるような出題になっている。具体的には、教科書本文そのままを引用した客観テストがほとんどである。その結果、せっかく正統派の学習をしても、した甲斐があったという場面が日常にない。これは、日本の教育界がいまだに「できる学力」にこだわり続けていることと関係が深い。

④教材会社や学習塾の中には、出題内容を教えたり、学習内容を習

[4] 読書を奨励する教師は多いが、読書の意義を考えさせる教師は少ない。「何のために学習するのか」という問題を提起しても適切な応答をせず、「人生の苦役に耐える練習」などと答える教師までいて、せっかくの良問に考えをめぐらす機会を生徒から奪ってしまっているのは情けない。

[5] 過保護な教材の例
・出題内容事前提示
・頻出事項一覧表
・教科書準拠ワーク
・要点集　など

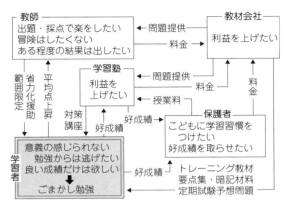

図4 ごまかし勉強生成システムの典型例 （藤澤, 2002bより作成）

📎トレーニング教材 単純反復を中心として練習欄を設けた教科書準拠ワークの一種。

得していなくても簡単に得点できる裏技の情報を提供することで利益を上げようとしている会社があり、定期試験の問題の質の低さがこれを支えている場合には、短期的にはごまかし勉強をした方が得という場合がある。図4は、日本の社会に巣くっている「**ごまかし勉強生成システム**」を図解したモデルだが、どの部分にも不都合がない状態で、悪循環が少しずつ増殖していると考えられる。
⑤我々は成果を重視する世界に生きており、最終的に成果が得られれば誰しも喜ぶであろう。ただし、「中途段階でも常に成果を上げねばならない」という強迫観念に捕らわれると、過程を楽しむゆとりがなくなり、学習の質が低下する。

【3】ごまかし勉強への対策

[1] **学習者の対策**　気づかないうちに「ごまかし勉強」をしていても、本人が気づけば抜け出せる可能性はある。そのためには、内容を楽しみながら学習できるように工夫することが必要である。
[2] **教育改善**　授業における学習の意義、内容の意味理解、習得方法や学習方略の強調、試験問題の改良と評価方法の検討などが挙げられる。「できる学力」だけでなく「わかる学力」も重視し、学習者が失敗活用できる授業方法を、創造していく必要がある。
[3] **心理学研究**　好きな科目ほど正統派の学習になりやすく、正統派の学習に切り替えた科目が好きになるという相互関係がある。日本のこどもたちにとって各教科の好感度は必ずしも高くないので、学習の質を高めていくための研究が一層望まれる。

📖藤澤伸介（2002a）．ごまかし勉強〈上〉：学力低下を助長するシステム　新曜社
📖藤澤伸介（2002b）．ごまかし勉強〈下〉：ほんものの学力を求めて　新曜社

トピック 3-3　学習観と学習法の選択

吉田寿夫

　学習者は専門家が学習に有効だと考えている方略を必ずしも使用しない。それはなぜだろうか。この問いは**学習方略**（学習法）に関する研究の中でも実践的価値が高いであろう事柄であり、これまでそれに対する仮説が複数提出されてきた。しかし、これらの仮説に関する実証的な検討は十分にはなされてこなかった。そこで、吉田・村山（2013）では、これらの仮説を整理・定式化したうえで、それぞれの妥当性について実証的に検討した。また、上記の問いにおける「学習者は専門家が学習に有効だと考えている方略を必ずしも使用していない」という前提に関しても、「種々の学習方略に関して専門家が考える学習にとっての有効性の程度と学習者の実際の使用の程度の間には関係がない（もしくは、あっても弱い）」というように定式化し、この前提についても検討を行った[1]。

【1】検討した3つの仮説

[1] **コスト感阻害仮説**　専門家が学習に有効だと考えている方略は得てして面倒であり、実施に大きなコストがかかることが多いものである。コスト感阻害仮説では、このようなコストの大きさについての認知であるコスト感が学習にとっての有効性（学習有効性）の高い方略の使用を妨げていると考えている。くだけた記述をするならば、「わかっちゃいるけど面倒だからやらない仮説」である。

[2] **テスト有効性阻害仮説**　学校で行われている定期テストは、丸暗記のように全般に学習有効性が低いと考えられる方略を使用してもある程度の点がとれてしまうことが多いと思われる。そして、そのために専門家が考える学習有効性と学習者が認知するテスト有効性はあまり関係していないと考えられる[2]。

　また、これまでの研究では、学習方略の使用は学習者のテスト有効性の認知によって強く規定されていることが示唆されている。したがって、テスト有効性の認知が学習有効性が高い方略の使用を妨げている（ないし、学習有効性が低い方略の使用を促している）と推論される。テスト有効性阻害仮説はこのような考えに基づいている。いわば、「わかっちゃいるけど目先の結果が大事仮説」である。

[3] **学習有効性の誤認識仮説**　上記の2つの仮説では、各方略の学

---

1) ここでの「学習に有効」とは、「学習材料を適切に理解し活用するために有効である」という意味である。

2) テスト有効性とは、「目前のテストで良い点をとることにとっての有効性」という意味である。

習有効性を学習者がある程度的確に認識していることが暗黙裡に仮定されている。これに対して、学習有効性の誤認識仮説では、各方略の学習有効性についての認識(認知)に関して専門家と学習者の間に齟齬がある(学習者は自身が学習有効性が高いと思っている方略を使用しているが、その学習有効性についての認識が的確ではない)」と考えている。「そもそもわかっちゃいない仮説」である。

なお、以上の3つの仮説は必ずしも択一的なものではない。

【2】研究方法

数学の定期テストに向けた学習方略として、主に、「教科書、ノート、参考書、問題集の使い方に関するもの」、「学習内容の間の関連づけや、テスト範囲の学習内容とそれ以外の事柄の間の関連づけに関するもの」、「学習する内容の取捨選択の方法に関するもの」などの、21項目を選出した。そして、15の公立中学校の生徒715名に、3学期の期末テストの数日後以内の日に、各方略について、以下のことに関する評定を求めた。

[1] **使用の程度** 各方略が調査の直前に実施された期末テストのために自身が行った勉強方法にどの程度あてはまるか。
[2] **学習有効性の認知** 各方略が学習内容をしっかり理解して"よくわかった"とか"納得できた"などと思えるようになるためにどの程度有効だと思うか。
[3] **テスト有効性の認知** 各方略が期末テストのようなテストで良い点をとるためにどの程度有効だと思うか。
[4] **コスト感** 各方略で勉強すると時間がどの程度かかると思うか。
[5] **望ましさの認知** 各方略をどの程度"望ましい"または"望ましくない"と思うか。

また、学習法に関する著書(藤澤, 2002a, 2002b；市川, 2000；麻柄, 2002；西林, 1994, 2009)を上梓している4名の心理学者にも、各方略について、使用の程度を除く上記の4つの観点に関する評定を求めた。

【3】主な結果

分析は、主として、「まず、生徒ごとに種々の変数の関係について分析したあとで、その一般的傾向や個人差について検討する」という手続きで行った。その結果、生徒によって様相がかなり異なるものの、全体的には「専門家が学習に有効だと考えている方略ほど

よく使用されているという関係になっている」わけではなく、「学習者は専門家が学習に有効だと考えている方略を必ずしも使用していない」という前提が全般に成立していることが示された。

次に、なぜこうしたことが起きるのかに関する上記の3つの仮説の妥当性について検討したところ、コスト感阻害仮説とテスト有効性阻害仮説は棄却され、学習有効性の誤認識仮説がおおむね支持されたと考えられる結果が示された。すなわち、専門家が学習に有効だと考えているにもかかわらず学習者がほとんど使わない方略がある（ないし、専門家が学習に有効ではないと考えているにもかかわらず学習者がよく使う方略がある）のは、「わかってはいるけれども面倒くさいのでやらない（ないし、楽だから使う）」ということでも「わかってはいるけれども目先のテストが大事」ということでもなく、「そもそもどのような方略が学習材料を適切に理解し活用するために有効であるのかを学習者が的確に認識できていないからだ」ということである。また、学習者が各方略の学習有効性を的確に認識していないのは、「考えてはいるけれども誤認している」のではなく、「そもそもこのようなことについてあらたまって考えることを日頃していない」といったことによる面が大きいであろうことを示唆する結果も種々示されている。

なお、学習者と専門家の認識の齟齬に関する具体的様相としては、中学生は専門家よりも、学習内容を適切に理解することにとっての有効性を、「学習内容同士や学習内容と日常との関連づけといったことに関わる方略」では低く認知し、「深い処理をすることなく、低いコストで良い点をとろうとする姿勢が反映されていると考えられる方略」では高く認知していることなどが示されている。[3]

【4】学習観や学習方略の使用に関する支援・指導

標記のことは、学習した結果として獲得される知識や能力をより良い状態のものにするためだけでなく、学習者が学習過程を面白いと感じたり、有能感を感じたりすることを促すためにも、重要である。また、学習方略の使用に関する習慣や学習観を望ましいであろうものにすることは、生涯学習の礎を築くという意味からも大切であり、それ自体が教育の重要な目的だともいえるであろう。

それでは、学習観や学習方略の使用に関する支援ないし指導というものは、どのようになされるべきであろうか。前掲の吉田・村山（2013）では、各方略についての2種類の有効性の認知と望ましさの

---

3) 前者の方略項目の具体例は、「学習する内容の間の関係に注目しながら勉強する」、「自分の身の回りにあるものや、日常生活と結びつけながら勉強する」などであり、後者の方略項目の具体例は、「教科書、ノート、参考書などに書いてある重要語句、重要事項、定理、公式などを、ノートやカードなどに書き写す」、「重要語句、重要事項、定理、公式などのところにしぼって、教科書、ノート、参考書などに目を通す」、「テストに出そうなところを中心に勉強する」などである。

認知の関係に関する分析から、「多くの中学生が、専門家に比べて、学習内容を適切に理解することを重視していない」と推察される結果も示されている。このことを踏まえるならば、各方略の学習有効性について教示するだけでは不十分であり、「学習有効性が高い方法で勉強することが大切だ」という認識を促すための働きかけを行うことも必要だと考えられる。

ただし、このような価値的な面が強い事柄に関する働きかけに対しては、「そうはいっても定期テストなどで良い点をとることがまず大切」といった考えを多くの学習者が抱くであろう。したがって、単に学習有効性を重視することを説くだけでなく、学習有効性が高い方法で勉強すると、"わかった"とか"あっそうか"といった理解の進展に伴う享受感が得られやすいことや、実際にテストで良い点をとることができたり、時間が経っても忘れにくいことなどを学習者が実感できるように、教師が授業やテストの内容などに関して工夫をする必要があるだろう。また、学習有効性が高い方略には適切に使うことが難しいものが多いであろうことを踏まえるならば、各方略を使用する際の知的技能もあわせて指導することが重要になると考えられる[4]。

ただ、ここで問題なのは、支援ないし指導をする側である教師の学習観に、認識不足や誤認だといえるであろう面が多分に存在することである。例えば、吉田・村山（2013）における調査では、学習者の教科担任である教師からもデータが収集され、「教師の認識は全般に専門家よりも生徒に近く、中学校の教師と専門家の間には、学習方略の有効性やコストなどについての認識に関して、顕著だと判断される差異が多々存在する」ことが示されている。そして、その内容の多くは、中学校の教師の多くが、専門家に比べて、"時々のテストで良い点をとることにとっての有効性"と"学習内容を適切に理解し活用することにとっての有効性"を的確に区別して捉えていないであろうこと、および、後者をあまり重視していないであろうことを示唆しているものである[5]。このようなことと教師の理解の有り様が教育の有り様を規定する重要な要因であることを踏まえるならば、価値的な面を多分に有するであろう望ましい学習観の形成といったことも、教員の養成や研修において、もっと重視されるべきだといえよう。

[4] 実際に行われている支援・指導の内容やその効果については、犬塚（2013）、村山（2007）、瀬尾他（2008）、植阪（2010b）を参照されたい。

[5] これらの結果は、吉田他（2007）に示されている。なお、専門家の見解が絶対的に妥当なものであるとはいえないであろうし、中学校の教師の方が現実を的確に把握したうえでの妥当な認識をもっている面もあるかもしれない。それから、生徒たちの教育に（結果に対して責任をもつ者として）直接関わっているかどうかという、立場およびそれに付随した目的意識の違いに起因している面もあると推察される。しかし、吉田他（2007）で示されている多くの結果を踏まえるならば、本文に記したような推論が全般に妥当するものと考えられる。

📖 西林克彦（1997）.「わかる」のしくみ：「わかったつもり」からの脱出　新曜社
📖 麻柄啓一（2002）. じょうずな勉強法：こうすれば好きになる　北大路書房
📖 西林克彦（1994）. 間違いだらけの学習論：なぜ勉強が身につかないか　新曜社
📖 西林克彦（2009）. あなたの勉強法はどこがいけないのか？　筑摩書房（ちくまプリマー新書）

トピック 3-4　学習習慣

藤澤伸介

「学習習慣が必要だ」ということは半ば常識になっている。しかしながら、そこでいう「学習習慣」とは何かについては、意味に大きく個人差が存在するようだ。

【1】毎日机の前に座れば「学習習慣」なのか

20世紀前半、北米を中心に行動主義心理学が一気に進展した[1]。日本もその影響を受け、60年代までは大学の「教育心理学」の授業でも行動主義の原理がたくさん教えられた。行動主義の考え方に立てば「学習」はオペラント行動なので、教師や親が賞罰を巧みに行えば統制可能ということになる。全く学習しない子がいる場合には、**行動形成**が必要になる。行動形成の第1ステップは、こどもを毎日一定時間机の前に座るようにすることで、これが「学習習慣」とよばれた。座るようになったら、次は教科書やワークブックの作業をさせてほめ、徐々に勉強にもっていこうというわけである[2]。学校でも「中1は1日1時間、中2は2時間、中3は3時間机の前に座ること」などといった指導がよく行われた。

しかしながら、机の前に毎日規則的に座ったからといって学習が成立するわけではない。しかも、行動は習慣化すると自動化し、内容の適切性を吟味したり修正したりすることがなくなる。惰性で教材の記入欄を埋めたり教科書を眺めているだけでは内容の習得もできないので、最近ではこういう「学習習慣」は無意味であると考え、むしろ**自己調整学習**が強調されるようになってきた[3]。

【2】必要な学習習慣とは何か

日本語の「習慣」には、「彼には朝散歩する習慣がある」のような「規則正しく反復する行動傾向」という意味の他に、「この土地ではチップを払うのが習慣だ」のような流儀という意味もある。「辞書を引く習慣がある」と言えば、それはわからない用語が出てきたら、理解を諦めずにすぐ辞書を引いて意味理解に努めるという後者の意味であって、毎日規則的に辞典のページを開くわけではない。この「習得または探究のためのいつものやり方」という意味の学習習慣なら、実は必要である。類例を挙げてみよう[4]。

---

1) ブラックボックスである心の中を勝手に解釈するのでなく、直接観察可能な行動を厳密に定式化していく行動主義は、それ以前の思弁的心理学に比べて、はるかに科学的であったからである。

2) 問題集とワークブックはしばしば混同されるが、両者は全く別物である。**問題集**は、様々な難易度の問題を単元別に整理したデータベースであり、学習終了後に学習欠落がないかを調べたり、出題傾向を分析したりするのに用いられる、弱点発見用の学参である。解答は別のノート等に書き、誤りの箇所にはマークをつけて、繰り返し利用する。**ワークブック**は習得に必要な作業を教師に代わって指示した書籍で、作業過程を順に直接書きこんでいくと、習得が一通り完成するように作られている。教師なしでも、ワークブックが教師代わりをしてくれるので、宅配教材、個人指導塾の教材、個人差の大きい学校授業の宿題用に活用されることが多い。

3)「自己調整学習」については、トピック3-6「自己調整学習」を参照。

4) 次頁に挙げた5つは、いずれも「～の習慣がある」と表現できるが、規則的に反復するというよりは、

［1］**授業外学習** 他人のペース（例えば、教師の指示）で説明を聞いたり作業をしたりしても、興味の薄い内容の場合はほとんど記憶に残らない。しかし、習得したいという気持ちで、自発的に理解に努めたり記憶したり技能練習をすると、習得がはるかに容易になる。したがって、授業外に自発的な予習復習の機会をもったり、独自の試験準備計画を実行できるのは、重要な知的技能といえる。[5]

［2］**計画的学習** 学年が上がると習得内容が多くなるので、限られた時間内にやるべきことがたくさん出てくる。したがって、必要内容を列挙し、優先順位をつけて処理せざるをえない。これは、仕事の段取りと同じことであり、社会参加の練習にもなる。定期試験準備の機会を試行錯誤の機会とすれば、計画性を向上させられる。

［3］**点検** 検算、見直しなどの点検の習慣がある子の方が学業成績が良いことに、多くの教師が気づいている。すべての人はミスをするが、点検の習慣があれば仕上げの前にミスが訂正できるから、成績の差はある意味当然といえる。点検の習慣をつけさせるためには、ミスの指摘や忘れ物点検などを教師がやらざるをえない。

［4］**記録** 手帳、ノート、カードなどの記録場所と筆記用具を常備していてすぐに記録することも、習慣づける必要がある。10代はエピソード記憶が優れており、本人が必要性を痛感することは少ないが、それでも記憶力には限界がある以上、記録は必要である。手帳の記録を美しく飾るなど、記録行動自体を魅力化する動機づけの方法も、記録習慣促進には有効な手段といえる。記録は電子媒体でも可能だが、キーワードが不明でも色々な手がかりから記録場所にたどり着ける点で、検索は紙媒体の方が圧倒的に優れている。[6]

［5］**専門的知識の活用** わからないことがあれば、辞書、事典、資料、地図、法令、…などで確認する習慣も必要である。家庭内にすべてをそろえることは不可能であるので、図書館、資料館、博物館もあり、博物館では学芸員の協力も得られるようになっている。こういった資源活用は、親の影響が大きいことが知られている。

【3】学習方略や知的技能との関係

上記の5つの「学習習慣」の共通点は、どれも学習方略であるが効果的に行うには熟達化が必要であり、ある程度の試行錯誤によって初めて技能が獲得できるものである。このように、学習方略の中で、熟達化が必要な知的技能を我々は学習習慣とよび、技能の反復による熟達化を奨励しているのだといえるだろう。[7]

「自分なりのやり方」という意味の行動である。

5）授業外学習に使える時間を、すべて宿題や習い事などの他律的作業時間で埋めつくそうとする親がいるが、それは親が習得の機会を奪っていることになる。

6）ノートを美しく飾って書いている中学生を非難する教師や親が多いが、効果的なノート作成を自分から工夫していく第1ステップになるので、温かく見守るべきであろう。

7）すべての学習方略を学習習慣にする必要はない。例えば、抽象的概念を理解するための「具体化方略」であるが、単なる計算のときまで具体例を考えたりする必要はない。

今井むつみ・野島久雄・岡田浩之（2012）．新 人が学ぶということ：認知学習論からの視点　北樹出版
（古い意味での「学習習慣」を解説した書籍ではなく、熟達者になるために何が必要か考える材料を、提供してくれる書籍である。）

トピック 3-5　記憶と学習の意味

前野隆司

【1】3つの記憶は何のためにあるのか？

　記憶の研究は種々個別に行われているが、「そもそも、○○記憶は何のためにあるのか」を俯瞰し全体として捉えることも全体理解のために重要であろう。このため、本稿では、3つの記憶についておさらいするとともに、それがないとどうなるかを考えてみることとする。このことによって、記憶と学習の本質的な意味および3つの記憶の関係について考えることを本稿の目的とする。

　記憶は大きく、**宣言的記憶**と**非宣言的記憶**に分けられる。言葉で、これは何の記憶である、と宣言できるのが宣言的記憶である。陳述記憶ともいう。宣言的記憶（陳述記憶）には、大きく分けて意味記憶とエピソード記憶がある。逆に、言葉だけではうまく記憶内容を伝えられないような記憶を非宣言的記憶という。非陳述記憶ともいう。

　記憶に関する以下の3つの文を読んでみていただきたい。①が**意味記憶**、②が**エピソード記憶**、③が非宣言的記憶である。

　①私は、野球のルールをだいたい覚えている。
　②私は、自分が昨日ホームランを打ったことを覚えている。
　③私は、ホームランを打つコツを体で覚えている。

　3つの記憶について復習したところで、根源的な問いについて考えてみよう。そもそも記憶はなんのためにあるのであろうか？

　（トートロジーのようであるが、）何かを覚えるためである。覚えると何がいいのであろうか？　覚えたことを利用して何かできるからである。では、何ができるのであろうか？

　その答えは、記憶ができないとどうなるのかを考えてみるとわかりやすい。そこで、ここでは、記憶ができないとどうなるかを考えてみよう。

【2】記憶ができないとどうなる？

　まず、意味記憶について考えてみよう。ボール、バット、朝ごはん、家など、いろいろな言葉の意味を覚えていないと、人間生活をおくるうえでかなり不便である。朝ごはんの意味を知らないと、極端なことをいえば、ごはんを食べないで餓死してしまうかもしれない。家の意味を知らないと、家に帰れなくて凍死してしまうかもし

れない。したがって、意味記憶ができることは生きるために必要不可欠であるといえよう。

人間以外の動物は、人間のような言語をもたないので、巣、食べ物、雌雄といった概念を、宣言的な（言葉で述べられる）意味記憶としては覚えていないであろうが、本能的に覚えてはいる。人間もそうだともいえる。たとえば「食欲」は「宣言」または「陳述」できない部分も含む。つまり、人間にも、本能的に備えている欲求（食欲、睡眠欲、排泄欲、性欲……）がある。これらは、言語として覚えているわけではないので、厳密には非宣言的記憶に分類すべきかもしれない。言語的にせよ、本能的にせよ、巣、食べ物、雌雄のようなことを覚えていないと、生活上支障をきたすことになる。これより、意味記憶（ないしは意味の本能的な記憶）は、人間や、あらゆる動物の根幹に関わる重要な記憶であることがわかる。

次に、エピソード記憶ができないとどうなるかを考えてみよう。たとえば、朝起きて朝食に納豆ごはんを食べたとしよう。これをエピソード記憶していたとすると、昼ごはんを食べるときに、今度は何を食べようか、と思案することができる。

一方、エピソード記憶をできないと、自分の意思で食べ物を選択する可能性が減少する。この前はこれを食べたから、というような思考ができないので、最も好きなものばかり食べてしまうことになるのかもしれない。またこれか、と思ったり、飽きたりすることもないので、問題ないばかりか、いつも好きなものを新鮮な気持ちでおいしく食べられるのだから、悪くないともいえるが。

朝、自動車をどこの駐車場に停めたかを覚えていると、帰るときに車のところに行けるので都合がいい。いいかえると、覚えていないと困る。

よって、エピソード記憶は、人間の高度な生活のために必要な記憶であることがわかる。生物学においては生物のエピソード記憶に関する研究が進められており、エピソード記憶ができるのは、哺乳類と鳥類の一部であることが確認されている。よって、エピソード記憶は意味記憶に比べ一部の動物だけが行う高度な記憶であることがわかる。

意味記憶も、エピソード記憶も、人間が自立して生活するうえでなくてはならないものであることについて述べてきた。では、非宣言的記憶ができないとどうなるであろうか？　重度の認知症になると、ボタンをとめられなくなることがある。ボタンのとめ方を忘

た例である。また、たとえば"プレゼンテーションがうまくなる"ということが人には起こる。これは、「プレゼンでは落ち着いてゆっくり話すべき」という意味記憶や、「私は1年前にプレゼンで大失敗を犯した」というエピソード記憶に基づき、うまく言葉では宣言できないけれども、場数を踏むうちになんとなくできることになった、というタイプの記憶、すなわち、非宣言的記憶である。

　非宣言的記憶は、人の無意識的な活動に関わる記憶であり、宣言的記憶よりも古い脳（脊髄、延髄、小脳など）が司っていると考えられている。

【3】3つの記憶の関係は？

　では、3つの記憶はどのような関係にあるのであろうか。私の考えを結論から述べると、古い順に、非宣言的記憶＞意味記憶＞エピソード記憶であると考えられる。また、基本的には、エピソード記憶が積み重なって意味記憶が形成され、意味記憶が積み重なって無意識化されて非宣言的記憶が形成されると考えられる。大雑把にいうと、非宣言的記憶は脊髄、延髄、小脳などの古い脳が、意味記憶は小脳、大脳などが、エピソード記憶は大脳などの新しい脳が、それぞれ主に担っていると考えられる。エピソード記憶のための短期記憶には海馬などの大脳辺縁系が深く関わっている、などの研究も進んでいるが、そもそも、脳の神経細胞のそれぞれのシナプスの伝達の重みが学習されることが記憶の本質であるので、脳の神経細胞ひとつひとつがあらゆる記憶に関わっているというべきであろう。議論の詳細は文献を参照されたい。

神経細胞：neuron

【4】教育・学習と記憶

　ここで、「教育と学習」と3つの記憶の関係について考えてみたい。

　学習とは記憶更新の過程である。**「誤概念の修正」**の過程であると言い換えてもよいであろう。

　小さい子は、日常経験から素朴概念を形成する。例えば、毎日の空の観察（エピソード記憶）から、「太陽は空を移動する」という素朴概念（意味記憶）を形成するが、**素朴概念**がいつも正概念とは限らない。「太陽が空を移動する」は誤概念である。そこで、学校では「地球が太陽の周りを移動する」という正概念を教育する。ここで、授業風景のエピソード記憶が形成され、それに基づき、意味記

憶が修正される。つまり、学習過程では意味記憶は決して固定的ではなく、絶えず修正されていると考えるべきである。

また、偏見を植えつけられた場合は、そうでない場合に比べて、同じ場面を経験してもそこから引き出す情報は異なると考えられる（確証バイアス）。この場合は、意味記憶がエピソード記憶に影響していると考えられる。つまり、意味記憶とエピソード記憶は常に相互作用しながら更新されているというべきであろう。

なお、高齢化に伴い、エピソード記憶や意味記憶の能力は一般に低下していく。これは一般的には衰えと捉えられがちであるが、別の見方もできるのではないかと考えられる。すなわち、「歳を取るにつれ新しい意味記憶の追加を必要としなくなっていく」のではないかという仮説である。年齢を経ると、経験の蓄積に伴い、想定外の事象に対処するべき事態が減少し、自らを取り囲む社会環境での生活が安定的になる傾向があると考えられる。よって、想定外の事態に対して意味記憶を利用して対処することの必要性が少なくなっていく。よって、そのような事態に適応して、意味記憶（やエピソード記憶）の能力が低下していく。もちろんこれは定説ではないが、「そもそも記憶は何のためにあるのか」の根本を考える際に有意義な視点であると考えている。

【5】おわりに

本は何かを理解するためのものである。学者は理解することを仕事とする。もちろん、理解するとは、記憶に何らかの形で格納するということである。記憶とは、脳神経科学的にいうと、神経細胞の結合の重みを調整することである。人間の脳神経系の1000億個の神経細胞はすべて記憶に関わっているというべきであろう。

理解することは、わかることである。わかるとは、「分かる」である。分けて、理解する。しかし、脳や心を分けて理解しようとすると、本質が失われ、全体はわからなくなる。したがって、分けるときには、「今回はなぜどのように、本来不可分なものを仮に分けたのか」を明確に理解したうえで分けるべきである。そのように全体と部分の関係が腑に落ちた形で理解されたときにはじめて「分かる＝わかる」になるであろう。

本稿が、3つの記憶とその学習メカニズムについてわかる（理解を深める）ためのきっかけになっていればうれしく思う。

📖 前野隆司（2010）．思考脳力のつくり方：仕事と人生を革新する四つの思考法　角川書店（角川oneテーマ21）
📖 前野隆司（2009）．記憶：脳は「忘れる」ほど幸福になれる！ビジネス社
📖 前野隆司（2004）．脳はなぜ「心」を作ったのか：「私」の謎を解く受動意識仮説　筑摩書房

トピック 3-6 自己調整学習

篠ヶ谷圭太

【1】 自己調整学習とは

自己調整学習は、「自身の認知、動機づけ、行動に関して能動的に関わっていること」と定義される。簡単にいってしまえば、自己調整的な学習者は、自らの学習過程を自らモニターしながら、調整を行うことのできる学習者であるといえる。自己調整学習に関する研究は80年代から盛んに行われるようになり、メタ認知や動機づけに焦点を当てた研究を包含した大きな研究体系が構築されてきている。

自己調整学習において中核をなすのは、予見、遂行、自己内省という3つのフェイズで構成されるサイクルである。学習に際し、まず学習者は予見フェイズにおいて計画を立て、学習課題にどのように取り組むかの見通しをもつ(**予見**)。次に、実際に様々な方略を使用しながら学習課題に取り組み(**遂行**)、遂行の結果の分析が行われる(**自己内省**)。そして、また次のサイクルへとつなげられていく。このように、自己調整学習は学習を連続体として捉え、その過程での動機づけの変化や方略使用の変容に焦点を当てた理論であるといえる。

自己調整学習の中で対象とされる学習のサイクルは様々であり、最もミクロなレベルでの自己調整学習研究では、数学の文章題や、説明文などの課題に対して、学習者がどのような見通しを立て、メタ認知を働かせながら取り組んでいるのかに焦点が当てられている (Fuchs et al., 2003 ; Kardash & Howell, 2000)。その一方で、中間テストや期末テストといった試験に対して、学習者がどのように計画を立て、どのような方略を使用しながら学習を行い、テストの結果をもとにその後の学習をどのように調整していくのかに焦点を当てた、非常にマクロな視点から自己調整過程を捉えた研究も数多く行われてきている (e.g., Pintrich & De Groot, 1990)。

【2】 自己調整学習と動機づけ

動機づけは、自己調整学習のサイクルにおいて重要な役割を果たす。本節ではその中でもいくつかの動機づけ変数や動機づけ理論を紹介する。

*自己調整学習 : self-regulated learning

まず、学習者の目標志向性はサイクル全体に関わる重要な動機づけ変数であるといえる。**目標志向性**とは、学習に際してどのような目標を設定するかに関する学習者の特徴を指す（Howell & Watson, 2007 ; Pintrich, 2000）。学習者の設定する目標は、まず、自身の有能さを評価する際の基準によって**習得目標**と**遂行目標**に分類される[1]。習得目標とは過去の自分よりも能力を高めようとする目標であり、遂行目標は他者を比較の対象として設定される目標である。また、成功を目指そうとする目標は接近的な目標、失敗を避けようとする目標は回避的な目標とされ、例えば、他者との比較によって設定される遂行目標も、他者に比べて自分が高く評価されることを目指す遂行接近目標と、他者に比べて自分が低く評価されることを避けようとする遂行回避目標に分類される（e.g., Elliot & McGregor, 2001）。これまでの研究では、目標志向性の違いが学習者の使用する方略に影響しており、習得目標を高くもつ学習者の場合、深い処理の方略を使用する傾向があるのに対し、遂行回避目標を高くもつ学習者の場合には方略をあまり使用しないことが示されている（Elliot et al., 1999 ; Wolters et al., 1996）。

　また、学習を行うことに対して学習者が見出す価値には、**興味的価値**（内容が面白い）、**利用的価値**（将来の職業に結びつく）、**獲得価値**（望ましい自己像の獲得につながる）などがあるとされ（e.g., Wigfield & Eccles, 2000）、こうした学習への価値づけも、学習者の自己調整学習に影響を及ぼす重要な動機づけ変数である。わが国では市川他（1998）によって、生徒が学習に取り組む理由である「**学習動機**」は「面白いから（**充実志向**）」「頭の訓練になるから（**訓練志向**）」「将来の役に立つから（**実用志向**）」「みんながやっているから（**関係志向**）」「良い点をとって自慢したいから（**自尊志向**）」「先生や親に褒められたいから（**報酬志向**）」などに分類可能であることが見出されている。この学習動機もまた、学習者が学習に対してどのような価値を見出しているかという、学習への価値づけに関する変数であるといえ、堀野・市川（1997）では、充実志向、訓練志向、実用志向のように、学習内容そのものに高い価値を見出しているほど、学習者は深い処理の学習方略（学習内容を既有知識と結びつける、学習内容を整理しながら学習する）を使用することが明らかにされている[2]。

　自己調整サイクルの中でも、予見フェイズに強く関わる動機づけ変数としては、**自己効力**が挙げられる。自己効力とは「課題をど

1) 習得編4-3「学習意欲」、トピック3-2「ごまかし勉強」参照。

2) 学習動機の2要因モデル。

のくらいうまく遂行できそうか」といった期待感を指す（Bandura, 1977a）。絶対に失敗するとわかっている課題に対して、なかなか意欲が湧いてこないことからわかるように、「成功できそうだ」という期待感は動機づけに重要な要素である。実際、この自己効力に焦点を当てた先行研究では、自己効力の高い学習者ほど様々な方略を用いながら意欲的に学習に取り組んでいることが示されており（e.g., Zimmerman & Martinez-Pons, 1990）、予見フェイズにおいて高い自己効力をもつことの重要性はこうした知見から理解できるであろう。

他方、自己調整サイクルの中でも、自己内省フェイズに関係する動機づけ理論として、原因帰属理論[3]が挙げられる。原因帰属とは、学習の結果の原因を推測する過程を指し、出来事の原因を何に帰属するかはその後の学習における動機づけに大きな影響を及ぼすとされる。例えば、自身の学習の結果が悪かった場合に、「自分の能力が低いから」といったように、「自分自身の」「安定した」要因に帰属してしまうと、その後の動機づけが低下することが報告されている。

【3】学習環境の影響

自己調整学習では、学習者を取り巻く環境が学習者の自己調整過程に与える影響についても多くの検討がなされており、目標構造に関する研究などもそうした研究に含まれる。目標構造とは、教室などの学習環境において何が重視されているかを示す概念であり、先に述べた目標志向性と同様、**目標構造**もまず、習得的な目標構造（自己の能力の向上を目指す風土）、遂行的な目標構造（他者との競争を重視する風土）に大別することが可能である。これまでの研究では、学習者は、自分の属する教室で何が重視されているかを読み取ることで、自身の学習を調整することが指摘されており（Nolen & Haladyna, 1990）、習得的な目標構造をもつ教室の学習者は深い処理の方略を用いて学習する傾向にあるといった報告がなされてきている（Midgley & Urdan, 2001；Wolters, 2004）。

また、教師による**自律性支援**の影響について検討した研究も、学習環境に関する研究に含まれるであろう。自律性支援とは、学習者に選択や決断をさせるなど、学習者の主体性を重視した指導スタイルを指し、自律性支援的な教授行動としては、「どんなことに興味があるか聞く」「生徒の発言を促す」などが挙げられる。他方、教師が主体となって、学習者に対して強制的な指導を行っていくことは統制的指導[4]とよばれ、例としては「指示や命令をする」「～すべ

---

[3] p.91の注参照。

[4] 教師の統制的指導
中学や高校で、生徒の授業中の行動を「**学習規律の問題**」として改善しようとする指導のあり方は、統制的指導の典型例といえる。生徒が自律的に行動するようになれば、規則を定める必要は生じないのである。

きといった発言をする」などが挙げられる。先行研究では、教師の自律性支援によって学習者の内発的動機づけが高まり、説明文を読み進める際に自身の知識と結びつけるなどの深い処理の方略使用が促されることが示されている(Vansteenkiste et al., 2004)。

5) p.62の注9)参照。

【4】家庭学習と自己調整学習

一連の学力低下論争から、知識や思考力だけでなく、それらの学力を支える学習習慣の重要性が再認識されるようになり、教育現場においても、学習を習慣づけるために「宿題を積極的に出す」、「学びの手引きを配付する」などの学習指導が展開されてきている。

しかし、宿題を出されても、ついついテレビを見てしまったり、ゲームに夢中になってしまうなど、学習者が自身の学習行動を律し、コントロールすることは容易ではない。この点について、自己調整学習研究では具体的な介入の効果が検証されている。ジマーマンらによれば、自らの学習を調整するスキルは、具体的な方略を学び、モデルを観察し、実際に練習することでようやく学習者自身に獲得されていくとされる(Schunk & Zimmerman, 1997)。したがって、学校以外の場でも自律的に学習を進めていくスキルを身につけさせるためには、自分の行動をチェックし、コントロールするための方略を明示的に指導し、獲得させていくことが必要であるといえる。実際、自己調整学習に関する先行研究では、日々の学習行動について、学習者自身が自分の行動をチェックシートでチェックし、保護者のチェックと比較することで、自身のモニタリングの正しさを高めていくといったアプローチをとることで、次第に自分の学習行動を自ら律することができるようになっていったことが報告されている。

👤ジマーマン
Zimmerman, Barry J.: アメリカの教育心理学者。児童・青年の社会的認知や学習の自己調整過程に関する研究を数多く行っており、「自己調整学習」を提唱した。

6) 習得編5-②「しつけと学習の援助」参照。

また、家庭学習の指導は、授業以外の場でも学習をする習慣を身につけさせるうえで重要であるが、その際には、学習内容や方法にも注意を向け、学習全体の質の向上を目指す必要がある。先述したように、自己調整学習とは、学習を単体としては捉えずに、連続する学習の中での学習者がどのように自身の学習を調整しているのかに焦点を当てる理論である。児童や生徒の日々の学習は、家庭学習と学校での学習を交互に繰り返しながら行われており、こうした中で生じる自己調整過程もまた、非常に重要な検討課題である。いずれにせよ、家庭学習を授業に生かし、授業での理解を家庭学習に生かすといった視点を常にもちながら家庭学習の指導にあたることが肝要であろう。

📖ジマーマン, B. J.・シャンク, D. H.（編）、塚野州一・伊藤崇達（監訳）(2014). 自己調整学習ハンドブック 北大路書房

トピック 3-7 予習の効果

篠ヶ谷圭太

【1】予習の意義と実態

　教科の学習は学校の授業だけで成立するわけではなく、予習－授業－復習という一連のサイクルの中で理解を深めていくことが肝要である（例えば、市川伸一, 2004, 2008）。つまり、予習によって大まかな知識を得たうえで授業を受けることでさらに理解を深め、授業で理解した内容を復習によって確実にしていくことが望まれる。しかし、予習は学習者に定着しているわけではなく、教師も積極的には指導していないことが指摘されている（例えば、市川, 2004）。

【2】予習に関する実証的研究

　予習は本当に効果があるのであろうか。予習の効果の理論的背景には**先行オーガナイザ**が挙げられる。オーズベル（Ausubel, 1960）は説明文を読む際に、その内容を簡単にまとめた前置きの文章が与えられることで、本文の内容の理解が促進されることを報告している。こうした知見から考えると、教科書の内容をもとに構成される授業の場合、教科書を読んで予習を行えば、予習は授業の先行オーガナイザとして機能することが期待される。

　そこで、篠ヶ谷（2008）は歴史の学習において、予習によって授業理解が促進されるかを実験的に検討している。この研究において対象とされたのは大学で開催された学習講座に参加した中学2年生であり、単元は第一次世界大戦を扱った。参加者は授業の前に教科書を5分間読む予習群（29名）、授業のあとに5分間教科書を読む復習群（28名）、授業の前に教科書を読んだうえで「なぜ」で始まる質問を作る質問生成予習群（29名）の3条件に無作為に配置されたうえで、条件ごとに4日間授業を受け、5日目に4回の授業内容の理解度を問うテストを受けた。5日目のテストは単語再生テスト[1]と因果説明テスト[2]の2つであった。実験の結果、各回の授業前に予習を行った2つの群は、因果説明テストにおいて復習群よりも、高い得点を示した。こうした結果は、事前に授業に関する大まかな知識（どのような出来事が起こったか）を得ておくことで、授業の中で扱われる背景因果（なぜそのような出来事が起こったか）の理解が促進されたことを示している。

[1) 教科書に記述されている出来事や人名を一問一答形式で問うテスト。

[2) 教科書には記述されていない史実の背景因果について説明させるテスト。

【3】予習指導の留意点

ただし、篠ヶ谷（2008）では、こうした予習の効果は学習者の**意味理解**[3)]志向の高さによって異なることも報告されている。意味理解志向の高い学習者の場合、事前に得た知識をもとに、授業の中で背景となる知識に焦点を当てられていたのに対し、意味理解志向の低い学習者の場合にはそのような効果が得られなかったのである。したがって、予習をもとに授業理解を深められるよう、学習者の注意を方向づける働きかけを行う必要がある。これまでの研究では、因果質問を作るだけでなく、その問いに対して自分で説明を考え、自信度を評定することや、どのような手順で問いを生成すればよいのかを具体的に教示することで、多くの学習者の学習が授業の中の背景因果の情報へと方向づけられることが報告されている（例えば、篠ヶ谷, 2011, 2013）。

また、たとえ効果的な予習方法が明らかにされても、実際の学習指導に予習を取り入れた場合、そもそも生徒が予習をしてこないなどの問題が生じるものと考えられる。その際には、学習方略研究でしばしば扱われてきた「有効性の認知」と「コストの認知」が重要な役割を果たす可能性がある。有効性の認知とは、「この方略は役に立つ」、コストの認知とは「この方略は面倒だ」といった感覚であり、学習者は有効性の認知が高く、またコストの認知が低いほどその方略を使用する（例えば、村山, 2003；Nolen & Haladyna, 1990；佐藤, 1998）。こうした知見から考えると、予習を取り入れる際にも、有効性の認知を高め、コストの認知を軽減する手立てを講じる必要があるといえる。その一つの方策として、市川（2004）は、授業の中に「予習タイム」を設ける方法を提案している。つまり、授業の冒頭に予習を行わせてから授業を受けさせ、予習を行わなかったときに比べて授業がわかりやすくなることを実感させるのである。また、こうした予習タイムが練習の場として機能し、予習を行うスキルが身につくことで、「予習は大変だ」といったコストの認知も次第に軽減されていくことが期待される。

事前に得た知識をもとに理解を深めていく自己調整スキルは、生涯に渡って効果的に学び続けていくうえで重要であり、予習を通じ、学校教育期にそうしたスキルを高めていくことが望まれる。予習の効果についてはいくつかの研究がなされているものの、いかにして予習を定着させていくかについてはまだ十分な知見が蓄積されていないため、今後、様々な検討が必要であるといえる。

3) 学習において、知識のつながりの理解を重視する姿勢。

自己調整学習研究会（編）（2012）. 自己調整学習：理論と実践の新たな展開へ　北大路書房

トピック 3-8　学習方略としての概念形成

藤澤伸介

学習していて理解できないことがあったとき、通常は①教師や友人に質問する、②参考書やネットで調べる、の2種類が解決法であると考えられている。どちらも誤りではないが、多くの生徒たちにとってはどちらも実行のハードルは高い。①は、多忙な教師に対する遠慮、友人も解決できるかどうか不明、疑問自体が的はずれでないかという不安などがあるし、②も何を手がかりにして調べたらよいかわからないという問題があるからである。

しかし、すべてというわけにはいかないが、多くの疑問を学習者自身で解決できる方法がある。それは概念形成だ。ただし、予めやり方を教えておく必要がある。**受容学習**よりも**発見学習**による概念獲得の方が印象が強く、長期間記憶が保持され、発見の過程は楽しいので、教師の方々には、中学生段階で授業中に生徒たちに例と共に示すことを提案したい。つまずきの自力克服は**自己効力**も高める。[1]

【1】概念形成法

教えるべき概念形成法は、次の通りである。これだけでよい。

> 類例をたくさん集める　→　共通点を見抜く

例をいくつ集めるべきかは、概念によるので「できるだけ多く」とする。例外が少なければ正概念とし、ルールと例外を記憶する。

次に、科目別に概念形成の実例を紹介する。下線の部分は中学生のつまずきの例で、以下は概念形成による解決法である。

【2】国語の事例

[1] 漢字の書き取りで「示偏と衣偏」が混乱している。

類例集め┌示偏……神、社、祖、祈、福、祝、礼、禅
　↓　　└衣偏……初、被、補、裕、裸、複

［分析］示偏は神社仏閣に関係ある文字だとわかる。衣偏の共通点が不明でも、「その他は衣偏」と憶えれば誤りは生じない。

[2]「間」の部首は門構えなのに、「問」の部首は門でなく「口」であるのがなぜなのかわからない。

---

1) 学習者にとって概念形成方略の面白いところは、自分で予想もつかない発見があるという点である。

ここでは発見学習の利点を強調しているが、受容学習と発展学習の長短について、学術的に細部まで結着を得ているわけではない。

発見学習も、すべて無支援型の純粋発見学習より、教師の誘導による高支援型の発見学習が効果的であることがわかっている（Alfieri et al., 2011）。

教師としては、学習方略として自発的概念形成法を奨励しつつ、時には原則を発見しやすいテーマを与えたり、教室で誘導したりを組み合わせて授業展開を行っていく必要があるだろう。

発見学習と受容学習については、本書トピック3-9「概念受容学習と概念発見学習」も参照のこと。

類例集め ┌ 門構え……開、閉、間
　　　　↓　　└ 別部首……問、悶、聞
　［分析］部首は意味領域を表す。上3つは門扉に関わる会意文字で門構え、下は門が音を表す形声文字なので音でない部分が部首[2)]。

【3】英語の事例
［1］綴りの「ow」と「aw」が混乱して憶えられない。
　　　類例集め ┌ ow……show, low, blow, slow, know, snow, throw
　　　　↓　　└ aw……jaw, law, paw, raw, draw, straw, saw
　［分析］発音が［ou］なら ow で、［ɔː］なら aw で。
［2］「今朝」this morning の前になぜ in がないのか疑問。
　　　類例集め ┌ 前置詞あり…in the morning, at night, on Sunday
　　　　↓　　└ 前置詞なし…this morning, last night, next Sunday
　［分析］last, next, this, every, one, some, tomorrow, yesterday などの意味を限定する語が前に来たときは前置詞を省略する[3)]。

【4】数学の事例
［1］1次関数の次に2次関数を習ったが、2の意味が不明。
　教科書に出てくるのは、1次関数：$y=ax+b$、2次関数：$y=ax^2+bx+c$ と、1次関数：直線、2次関数：放物線という情報。これで満足できない場合は、ネットで画像検索してみると3次関数、4次関数、5次関数などのグラフが見られる。（←類例集め）→ ［分析］図の観察から、n 次関数は x 軸と最大で n 回交わることがわかり、2次方程式の解が最大で2つある理由もわかってくる。

［2］計算ミスがなかなかなくならない。
　テストの計算ミスで×になった答案ばかり、たくさん集めてみると、（←類例集め）→ ［分析］いつも同じところでミスをしやすい自分の傾向が発見できる。そこが弱点なので、ミスの原因を納得すれば次からミスが防げる。

【5】まとめ
　上記はいずれも、筆者が学習塾の授業を担当したときに、中学生が自力で行った例である。生徒の発見を授業中に報告させるようにすると、授業も活性化して教室に協力的な雰囲気が醸成され、生徒各人の分析力も次第に向上する。裏技的概念が報告された場合には、意味理解を促進するような教師の軌道修正も忘れてはならない[4)]。

2）［1］で、「視」は神社仏閣とは無関係だが、ネは音を表しているので部首ではない。

3）文法規則としては問題があるが、学習者によるとりあえずの一般化は、この程度でさしつかえない。

4）経験的には、概念形成方略を進んで実施するようになるのは、中学3年生からである生徒が多い。実証には今後のデータの蓄積が必要である。

金田茂裕（2016）．教授法と学習効果　子安他（編）教育認知心理学の展望（pp.209-221）ナカニシヤ出版

トピック 3-9 概念受容学習と概念発見学習

工藤与志文

【1】教室での概念学習・実験室での概念学習

学校教育において教科学習の占める比重には大きなものがある。さらに、教科学習ではそれぞれの教科内容に関わる基本概念の学習が重要な位置を占めている。このように、教室での学習を研究する場合、**概念学習**は重要な研究対象の一つとなりうる。

一方、心理学の世界で概念学習というとまず思い出されるのが、ブルーナーらの研究である（Bruner et al., 1956）。彼らは人が概念を学習する過程を実験的に検討しようと試みた。彼らの概念に関する考え方は単純明快である。すなわち概念の学習とは、その概念に属するもの（「イヌ」という概念なら、すべてのイヌの集合）と属さないもの（イヌ以外のすべてのものの集合）を分類するためのルールの学習のことだと考えたのである。彼らは、81枚のカードを用意し、それらを事例と名づけた。これらのカードは4つの属性（図形の形、色、数および枠の数）をもち、属性ごとに3つの値（例えば図形の形であれば、丸、四角、十字）をとりうるように作られている。被験者は81の事例だけからなる世界を前に、実験者だけが知っている概念（分類ルール）が何なのか当てるという課題を与えられた。実験参加者は特定のカードについてそれが概念に属している事例（正事例）なのか、あるいは属していない事例（負事例）なのか予想することを求められた。学習のための情報は実験者から与えられる正誤のフィードバックのみである。参加者は正しい分類ルールを当てるまでこの作業を繰り返した。ブルーナーらは、人がこのようなプロセスを経て概念を学習していると想定し、学習のための方略を分析したのである。ブルーナーらの研究は、概念学習を実験的に研究する方法を確立した点で画期的なものであった。その後、ブルーナーは教育研究にも深く関わることとなり、科学教育の改革に大きな影響を与えた。特に、「**発見学習**」の重要性を主張したことは広く知られている。学習過程において、学ぶべき内容を学習者自ら発見することが深い学びをもたらすというのである。[1]

ところで、読者のみなさんは実験室での概念学習について、教室での概念学習とどこか違う感じがしたのではないだろうか。ブルーナーの実験では、どんな概念なのか実験参加者が自力で発見しな

ブルーナー
Bruner, Jerome S.: 1915-2016　アメリカ生まれの心理学者。知覚研究から思考・認知、発達と多岐にわたる研究を行った。「発見学習」「教科の構造化」などを提唱し、教育界にも多大な影響を与えた。

事例：instance

世界：universe

正事例：positive instance
負事例：negative instance

方略：strategy

発見学習：discovery learning
学習すべき内容を学習者が自ら発見する過程を通じて成立する学習。

1) このような経緯を振り返ると、かつてブルーナー自らが行った概念学習実験が発見学習そのものであったことは興味深い。

ければならない。一方、教室での学習では、教科書を読んだり先生の説明を聞いたりして、概念について他者から教わるのが普通である。同じ「概念学習」といっても、実験室での学習と教室での学習ではだいぶイメージが違ってくる。

この違いは、オーズベルが立てた学習タイプの区別に対応している（Ausubel & Robinson, 1969）。オーズベルは、学校での学習は基本的に学習すべき内容を受容することによって成立していると考え、それを「**受容学習**」とよび、発見学習と区別して概念化したのである。この点に着目した工藤（2002, 2003）は「**概念発見学習**」と「**概念受容学習**」という分類を提案した。実験室での概念学習が前者に、教室での概念学習が後者に対応するとするならば、心理学の実験研究の成果をそのまま教科学習にもち込むことはできないことになる。別の言い方をすれば、教科学習に応用可能な概念学習研究をするには、概念受容学習の研究をしなければならないのである。そして、概念受容学習の研究は必然的に概念をどう教えるか（**概念教授**）の研究となる。

ところで、概念教授の研究においてさかんに研究されてきたテーマに、概念受容学習を促進するにはどのような事例ないし事例の組合せを選択することが望ましいかというものがある。概念発見学習の場合と違い、概念受容学習では概念の説明があらかじめ与えられるのであるから、どのような事例を使おうが結果は似たり寄ったりだと思われるかもしれない。ところが大変興味深いことに、三角形・四角形のように分類ルールを明示できる概念の受容学習ですら、説明に使われる事例の種類や組合せによって学習結果が異なることが明らかにされている。つまり、われわれはルールだけでなく事例にも大いに頼って学習するらしいのである[2)]（工藤, 2002）。

【2】「発見」と「受容」——二分法の弊害

これまで、「概念発見学習」と「概念受容学習」を学習のタイプの違いとして説明してきた。しかし、この区別はそれにとどまらない意味をもっている。というのも、どちらの学習が教育上望ましいかという点が議論になったからである。ブルーナーが発見学習を提唱した背景にはそれまでの伝統的な教育方法に対する批判があった（Bruner, 1960）。機械的、受け身的、丸暗記中心の学習や教育方法が様々な問題を生んでいるという認識が広く行き渡っている中で、そのような問題の打開策として発見学習が注目されたのである。それ

▲オーズベル
Ausubel, David: 1918-2008 アメリカ生まれの心理学者。「発見学習」賛美の風潮に対抗して「受容学習」を擁護したことで知られる。「先行オーガナイザ」を提唱したことでも有名。

🖉受容学習：reception learning
学習すべき内容があらかじめ提示され、学習者がそれを受容することによって成立する学習。

📄2) この問題に興味のある方は、Tennyson & Park（1980）、伏見（1995）などが参考になるだろう。Tennyson と Park は、正事例と負事例を区別するための「合理的な事例のセット」（a rational set of examples）を提案しているし、伏見は誤って外延を狭くとらえてしまっている学習者に対する効果的な事例の組合せを追求している。

では、発見学習にはどのような長所があると考えられていたのだろうか。岡（2013）によれば、知識の応用力や活用力を形成する、能動的に探究する態度を形成する、学習に対する内発的動機づけを高めるなどが長所としてあげられるという。もちろん、学習に時間と労力を要する点や学習者を選ぶ点などの短所はあるものの、発見学習の支持者たちは伝統的なタイプの学習（つまり受容学習）にないものを発見学習の中に見いだすとともに、受容学習に対して批判的な視線を向けたのである。「発見学習の方が望ましい」「できれば受容学習は避けた方がよい」といった価値判断は、教育界の一つの「常識」として定着している感がある。

以上のような歴史的背景をふまえれば、先に述べた「教室での概念学習は概念受容学習である」という説明は単純化しすぎかもしれない。発見学習を推進したかつての教育運動の影響力は今日なお持続しており、近年流行の「アクティブ・ラーニング」も、同種の主張や試みの一つといえるだろう。それに、教科学習だからといって受容学習だけだとますますつまらなくなる、もっと発見学習を増やすべきだという意見もあるだろう。しかし、ここで注意しなければならないのは、「学習」と「教授法」を混同した議論である。両者は明確に区別する必要がある。**発見的教授法**を用いれば必然的に発見学習が成立するわけでもないし、**受容的教授法**を用いれば必ず受容学習にとどまるわけでもないのである。[3] 具体的に考えるために、次のような授業を考えてみよう（架空ではあるが、実際にありそうな例である）。

3) 概念教授法のうち、発見的教授法は発見誘導、受容的教授法は説明教授とよばれることもある。

数学の時間。A先生は探究活動と共同での学びをとても重視している。探究といえば発見学習だ。先生はあらかじめ、正方形、長方形、平行四辺形、ひし形、台形などの図形を用意し、生徒たちに次のような課題を与えた。「ここにいろんな図形があります。これらの図形に共通した性質は何か、グループで話し合いましょう。」四角形の定義を探究させようというわけだ。生徒たちは活発に話し合い、色々な意見を発表した。満足そうにみていたA先生は最後に次のようにまとめた。「色々な意見がたくさん出てよかったと思います。では、正解を教えましょう。これらの図形は4つの直線にかこまれている、4つの角や頂点をもつといった共通した性質をもっています。」四角形の定義を確認して授業は終わった。

この授業は四角形の定義を生徒たちに考え出させるという意味で、発見的教授法を採用していながら、結果的に、四角形の定義の受容学習になってしまっている。せっかくの話し合いの結果も、その後の学習に生かされることなく終わってしまいそうだ。

一方、これとは対照的な次の授業をみてみよう。

数学の時間。B先生は次のように説明を始めた。「4本の直線でかこまれた図形を四角形といいます。四角形を書くには、4つの点を打って、順にむすべばよいのです。」生徒たちはこの方法で四角形が書けることを確認した。続いてB先生は次のような課題を出した。「それではいろんな形の四角形を書いてみましょう。なるべく変わった形の四角形を書いてね。」生徒たちは次々と四角形を書いていきます。中には図1のような四角形を書く子が出てきた。

B先生「これも四角形といっていいかな？　どうやって確かめたらいい？」四角形であるはずがないと言う生徒、四角形だといっていいと言う生徒、迷う生徒、それぞれ言い分がある。授業は大盛り上がりだった。

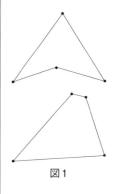

図1

この授業では四角形の定義や書き方をはじめから与えている。その意味では受容的教授法を採用した授業といえる。しかし、色々な形の四角形を書く作業を通じて、生徒たちは四角形の新しい世界の探究をはじめる。今まで、なんとなく知ったつもりになっていた四角形の世界が、実はもっと広いものであることを生徒たちは発見するだろう。「四角形って何だ？」という根本的な疑問がわき上がってくるだろう。「受容」で始まった授業が、いつのまにか「発見」へと展開するわけである。

発見学習や受容学習という用語は概念的な整理には有効であるが、現実の教授学習過程で生じている現象は、そのような用語で単純に割り切れるものではない。あくまで、実際に展開している学習の実態をふまえて議論することが重要である。ましてや、発見や探究はすばらしいが、受容はつまらないなどといった性急な価値判断を下すことは、教育心理学の研究にとってきわめて有害であると思う。むしろ、受容学習的な授業構成なのに、子どもがすばらしい発見学習をしているケースとか、その逆のようなケースを探してみたらどうだろうか。意外かつ興味深い研究テーマが見つかるのではないかと思っている。

📖 麻柄啓一（編集代表）(2006). 学習者の誤った知識をどう修正するか：ル・バー修正ストラテジーの研究　東北大学出版会
（学習者があらかじめ誤った概念やルールを所持している場合の概念受容学習を扱った研究の集大成。概念受容学習の実験研究に関心がある人は必読。）

📖 永野重史 (1968). 発見学習に関する心理学的所見　波多野完治・依田新・重松鷹泰（監修）学習心理学ハンドブック (pp.563-581)　金子書房
（発見学習に関する教育運動を、心理学研究の立場から批判的に検討した論文。アクティブ・ラーニングに興味のある人は同じ轍を踏まぬよう、一度読んでおいた方がよい。）

トピック 3-10　学習方略の活用

藤澤伸介

学習効果を高めるために意図的に行う工夫のことを、学習方略といい、その中の認知的方略を習得編 3-5「習得のための学習法」でたくさん紹介した。ここでは、実際の学習や教育の場面でどう活用できるかという視点から、学習方略を見ていくことにする。

【1】学習方略の獲得と、教授方略

下の表を見るとわかるように、人は発達の過程で学習方略を自然に獲得していくため、発達段階ごとにおおまかな特徴はあるが、どのような方略が使えるかについては、個人差も大きい。特に、学習の目標を好成績獲得におくのでなく、習得を目指す中学生は、より多くの効果的学習方略を使いこなしていることがわかっている（Ames & Archer, 1988）。さらに高等教育期間が長い者ほど多様な学習方略を用いている（Weinstein & Mayer, 1986）ことは、方略の教育可能性を示唆しており、すでに様々な方略教育も試みられている。ただいえることは、方略を紹介するだけでは実行に結びつかないということである。特に①実行が面倒、②自分は無能、③必要な知識がない、④役立つと思えない、と考える学習者はその方略を使わないことがわかっている（Palmer & Goetz, 1988）。効果的な学習方法は成果をもたらすが、だからといって誰もが実行するわけでなく、自分から工夫して成功したり、失敗から方略を改善して試すなどの試

表1　年齢段階別の学習方略の傾向と有効な教授方略（Ormrod, 2006 をもとに作成）

年齢段階	学習方略の一般的傾向	有効な教授方略
幼稚園児〜小2	実物を並べれば記憶は可能。リハーサルが始まるが効果的でない。大人が提案すればイメージを利用した記憶が可能に。ことばは体験の副産物として記憶されるが言語材料の記憶努力はほとんどない。	読み聞かせやごっこ遊びの実践を通して、色々な活動に取り組ませる。話題を先行経験とつなげる。リハーサル方略をやって見せる。言語説明に絵の説明を添える。
小3〜小5	短期記憶のため自発的にリハーサル方略を使う。言語的情報の体制化が増加。効果的イメージ方略が増加。	暗記より有意味学習を強調。学習内容を体制化して見せる。イメージ方略の例示と実践指導。
小6〜中2	リハーサル方略の利用が優勢。抽象概念を利用して色々な体制化が可能。意図的精緻化が可能になる。	精緻化を自問自答する文章理解。機械的暗記より有意味学習を高く評価する指導。
中3〜高3	成績不振者は機械的暗記にこだわる。成績上位者は精緻化・体制化を利用。	実生活との関連づけを考えさせる発問。学力差のある生徒同士の共同学習。

行錯誤の体験が、方略の獲得には必要である可能性がある。教師が教授方略改善のモデルになることも、有効であるに違いない。

【2】方略の統合活用

習得編3-⑤で紹介した方略（Weinstein & Mayer, 1986の分類を意識して列挙してある）は、それぞれが密接に関わり合っており、実際には目的に応じて組み合わせながら活用することになる。

［1］ノート作成方略

体制化方略には階層構造や包含関係などがあるが、これらはノート作成方略として生きてくる。1) また、生成効果を考えて自分で要点をまとめるのなら、これもノート作成（ファイル整理を含む）が前提となる。つまり、新しい学習を始めるにあたり、ノートをどうしようか考える段階で、どこまでたくさんの方略が組み込めるかが重要なのである。体制化方略は、学習内容の各要素を系統づける試みであるが、群化をする方法にも色々あり、連想的群化をしてしまうと学問内の構造とは別の構造が記憶されてしまうことになる。2) その分野の問題解決がしやすいように体制化するわけであるから、教科書が提示しているスキーマがわかりやすいような体制化を採用して、ノート作成3)をすべきだろう。

［2］SQ3R法

これは、教科書や解説参考書の**読解法**である4)（Robinson, 1978による）。教科書とはいっても、理科や社会科のような概論書を指し、国語や英語のような素材集のことではない。たいていの領域の習得ならこの方法で十分である。

［3］記憶カード法

確実に習得すべき新出概念が教科書の一頁に10も20もある場合には、SQ3R法では十分に対応できない。そこで、競争の激しい受験勉強や資格取得試験の準備のために開発されたのが**記憶カード法**であり、一覧表法やリングカード法の進化形といえる。5) 名刺サイズ

> 1) 特にノートは、その後の記憶内整理に影響を与えるので、トピック3-11「ノートの活用」で詳しく論じた。
>
> 2) 連想的群化を薦める「連想マッピング法」というノート技術があるが、常に有効とは限らない。
>
> 3) ノート作成における体制化については、次のトピック3-11を参照されたい。
>
> 4) 5つのステップの頭文字を並べるとSQRRRとなるところからこう命名された。SQ3R法はその後改良され、PQRST法という名でアメリカやカナダの中学校で広く指導されている。
> Preview：予習
> Question：質問生成
> Read：設問対応読取り
> Summary：概要まとめ
> Test：予想テスト
> Qで良問が作れると、理解が深まるため、質問生成トレーニングも試みられている。

表2　SQ3R法（Robinson, 1978をもとに作成）

ステップ		方　法	心理学的意味
Survey	概観	全体構造の把握（目次や見出しの利用）	先行オーガナイザによるスキーマ獲得
Question	設問	問題の設定（見出しから質問生成）	問題意識の獲得
Read	読取	（設問に答えるつもりで）読み進める	能動的な読み方で生成効果
Recite	暗唱	（何も見ずに自分の言葉で）設問に回答	理解記憶確認（部分学習）
Review	復習	（大きな区切りごとに）まとめて再度暗唱	理解記憶確認（全体学習）

一覧表法
対にして記憶すべき内容を一覧表にし、片方を隠してもう片方の手がかりから推測しながら暗記する方法。いわゆる単語帳がこれに当たる。

リングカード法
リングでまとめたカードの両面に、対にして憶える内容を書き、一覧表法と同じように暗記する方法。

記憶カード法：indexcard training

5) 一覧表法もリングカード法も、①機械的暗記になりやすい。②概念提示順が固定されているため、系列位置効果が生じやすい。③練習が焦点化できないので、学習時間がかかる。などの欠点がある。

6) 学習塾や予備校も各個別の教育方針があり、大量の練習重視、答案作成技術重視、など指導法は多様である。したがって、すべてが有意味学習重視というわけではない。

7) 概念図表については、トピック3-11「ノートの活用」図1参照。

のカードの表面には記憶すべき用語を、裏面には<u>自分の言葉で表現した定義</u>と、<u>自分で考えた実例</u>を記入する。片面を見て逆の面を推測しながら憶えるようにし、一まとまりを憶えるごとにシャフルして毎回順序を変えながら記憶していく方法である。点検の際に正解カードと不正解カードの山を分け、正解カードをどんどん除外していくことで学習を焦点化し、すべて正解になった時点で終了する。この方法は、①憶えやすい用語の練習量を抑え、憶えにくいものの練習に力を入れられる。②カード作りの段階で精緻化し、深い処理による生成効果もあるので、あまり興味のない分野であってもカード作成の終了時点で6割方は記憶されており、確実に記憶するまでの総学習時間が少なくて済む。したがって、有意味学習を推進する学習塾や予備校が推奨してきた学習方法である。

[4] 概要図解まとめ法

　言語的情報の習得のためには、各概念がそれを支えるスキーマの中に位置づけられている必要がある。それには、その単元の概念構造を体制化して、図解しておくと頭の中が整理しやすい。その概要まとめがこれで、記憶カード法と組み合わせて実行されることが多い。文章の形で要約するのでなく、図解したり表解したりするのは、全体構造が瞬時に思い出せるためである。したがって、これはあまり精緻化せず、1単元を1枚にまとめる程度でよい。生成効果もあるので、言語的情報を問う試験対策として確実性が高い方法だといわれている。

【3】学習方略の活用実態

　日本の中学生が実行している学習方略は、リハーサル方略が多いといわれており、ベネッセ（2016）による調査でも、アンダーライン方略、漢字を繰り返し書くなどのリハーサル方略の実行者が平均で78.5％あるのに対し、参考書を読んだり図鑑で調べたりする精緻化方略の実行者は、平均で32.7％にすぎない。単語カードを使って暗記する場合でも、自分で作る人が39.3％に対して、市販のものを利用する人も25.8％いた。つまり、多くの中学生は、学習方法に関

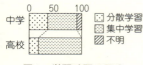

図1　学習時間の配分
（中2, 2699名）（ベネッセ, 2016）

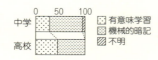

図2　有意味学習の比率
（中2, 2699名）（ベネッセ, 2016）

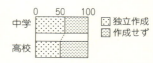

図3　独自のノート作成
（中2, 2699名）（ベネッセ, 2016）

して何が有効かの判断力をもっていないことがわかる。

　右の図は、自己申告成績別にみた定期試験の準備期間で、上位者ほど早期に準備を開始している。通常は準備の機運が高まるのが1週前だから、早期開始者は自分の判断で余裕ある学習を開始したと見られ、その方略検討が好成績を導き、好成績が次期試験準備の方略検討を強化する好循環を生んでいるのであろう。教師は方略指導にも力を入れるべきだと考えられる。

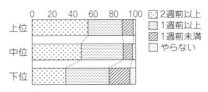

図4　自己申告成績別定期試験準備期間
（中学2年生，2699名）（ベネッセ，2016）

【4】情意的学習方略

　これまで認知的方略としての学習方略を論じてきたが、学習方略には情意的方略もある。下の表は、情意的方略の例である。表を見ると、自分から気持ちを入れ換えてやる気を出す方略（動機づけ方略）であることがわかる。

　特に成績下位者の中に、たまたま試験で失敗し、それを自分の無能さのせいだと決めつけ、意欲を喪失して学習しなくなり、次の試験でも失敗するという悪循環に陥っている者が多いと指摘されている[8]。そのように簡単に諦めてしまうのでなく、「試験で失敗したのは、日頃の学習方法や試験準備のやり方に問題があったのかもしれない」と考えて、うまく気持ちを切り替え、どの部分が習得不十分だったのかを見極めて今後の対策を考える方が、好循環に切り替えていけるのである。このことは、学習者として心得ておいた方がよいし、教師としても知っておくべきだろう。ただ単に学習量を強調したり激励したりするのでなく、学習方略の問題として具体的に考えていくことこそ、学力向上への道なのである。

8) こういう生徒を発生させないための、教師による予防策については、トピック5-3「予防的援助に一般意味論の活用を」を参照。

📖 市川伸一（2013）. 勉強法の科学：心理学から学習を探る　岩波書店

表3　情意的学習方略（自己動機づけ方略）（伊藤崇達，2012をもとに作成）

分類	情意的学習方略	実　例
内発的調整方略	整理方略	部屋や机等の環境を整える。ノートをきれいにまとめてやる気を出す。
	想像方略	将来のことを考えたり、積極的思考をすることで、意欲を高める。
	めりはり方略	学習と遊びの時間をきっちり分けたり、達成目標を決めたりする。
	内容方略	自分の興味あることに関連づけて、意欲を高める。
	社会的方略	仲間と励まし合って学習する。先生に相談する。
外発的調整方略	負担軽減方略	得意なところ、簡単なところから始める。別科目で気分転換。飽きたら休憩。
	報酬方略	目標を達成したら、自分で自分にごほうびを与える。

トピック 3–11 ノートの活用

藤澤伸介

　ノートは一般に、教師から指導を受けるための道具（板書写し、宿題提出等）と考えられている。だから、教師がレイアウト指導[1]を行うのがせいぜいで、ノート取りの熟達化を目指した指導等はほとんど行われていない[2]。しかし、ノートは**主体的学習**を促進する非常に有効な道具[3]で、新領域を独習する際に特に威力を発揮するので、中高時代にノート活用技術の系統的な指導が必要である。ここではノートを「言語またはイメージを自由な空間の中に記録したもの」と定義し、学習方略としてのノート活用を提案する[4]。

【1】ノート取りの目的
[1] 情報処理の効率化
①記憶の意図的体制化　入力情報は、何もしないと入力順またはランダムに記憶されるが、ノート上でうまく体制化すると、それに従って概念が整理されて記憶される。
②短期記憶負担の軽減　考えるときには、諸概念の組み合わせを試すが、文字化して見ながら処理すると記憶負担が少ない。
③イメージの利用　図形問題をノートを使わずに解ける人は、限定的である。地図を画くと位置関係や全体像がわかりやすくなる[5]。
　我々は、手書きでものを考えやすくしているのである[6]。
[2] 情報の記録と情報体系の構築
①記録の保存　記憶内容は消失したり変容したりするので、文字にして残しておくと後からその情報の活用が可能になる。検索と活用を前提として記録するのだ[7]。
②情報センターの視覚化　学習によってたくさんの情報が記憶内に蓄積されていくが、細部まで正確に長期保存されるよう、将来に備えて全体を視覚化しておく、情報蓄積の本拠地を設定するのである[8]。
[3] 教授活動の促進（指導を受けるためのノート）
①技能訓練の場所　文字練習、計算練習、文構成練習など、技能訓練の場としてノートが使われる。
②答案提出の手段　宿題やテストの解答をノートで提出させる。
③連絡の媒体　教師と学習者の相互連絡用にもノートは使われる。
④注意集中　聞き取り内容をノートさせると、授業に専念する。

脚注（探求・活用編 3）

1) よくある指導は、左ページにはこれ、右ページにはあれとか、配付教材や誤答案を定位置に貼らせて、余白に指定事項を記入させるような指示である。

2) 過保護な教材の氾濫も、学習者の記録意欲を減退させている。教科書準拠ワークさえやればノートなしでも定期試験は乗り切れる。

3) 自己記入の有効性については Fisher & Harris（1973）を参照。

4) ノートをこのように定義したのは、電子媒体で記録を取ることもあるからだ。また、紙であっても綴じてある必要はなく、カードでかまわない。

5) KJ法の文字なし実施は不可能に近い。

6) キーボード入力による思考停滞にも注意（Mueller & Oppenheimer, 2014）。

7) 忘れそうな有益情報は誰でもメモする。

8) 専門家は、自分の専門分野に関してこれを作っているものだ。料理好きの人のレシピカードもこれに該当する。

【2】ノート指導での留意点

［1］体制化への配慮

　体制化のためには、概念構造をうまく図表化する訓練が必要である。図表には、データ図表と概念図表があるが、特に後者の概念図表（下図）の指導が欠かせない。教師の板書は整理法模範例になるので、ノート指導と連動させるとよい。[9]記録内容を比較対照して考察するには図表の並置が必要で、そのためにはルーズリーフノートまたはカード形式で片面使用が不可欠である[10]（梅棹, 1969）。

［2］各人独自のデータベース構築

　ノートのサイズや記入法を、カード形式に統一して規格化しておけば、授業での知識も独学した知識も学年や校種を越えて一か所にまとめられ、それが独自のデータベースになる。カードでの情報処理の習熟は、電子化データベースの効果的活用にも役立つ。

［3］試行錯誤を促すノート指導

　板書の転記はノート指導の出発点で、そこから前進させるには、自己流の精緻化を促すことである（北尾, 1986）。また、ノートに練習するときは誤りの計算過程も消さずに残して正解を併記し、さらに誤りを一般化して教訓を引き出して書き込むことも奨励するとよい。[11]（藤澤, 2002a, b）ノート点検を適宜行い、良い例を積極的に紹介することも必要だ。「テキストに書き込めばノートは不要」と横着を決めこむと、学習が進んだ時点でこのシステムは破綻する。なぜなら、資料が増えると検索ができなくなるからだ。このようにノート作成には試行錯誤から学べることが多いが、過保護な教材がこういう経験を奪っている点にも、我々は注意すべきであろう。

---

9) ノートページ（またはカード）を主題別に分類したり、比較対照して問題を発見する授業も効果的であるが、これにはノート指導の教師間協力が前提となる。

10) 散逸を心配してルーズリーフノートの導入に臆病になる教師がいるが、書類管理力の躾の機会と捉えるべきだろう。

11) 教訓帰納という。

福嶋淳史（2013）. すべての教科で使える！勉強のできる子は「図」で考える　大和出版
（この本は学術書ではないが、各教科での図解例が豊富に示されている。学習における図解の役割についての今後の研究が期待される。）

梅棹忠夫（1969）. 知的生産の技術　岩波書店（岩波新書）

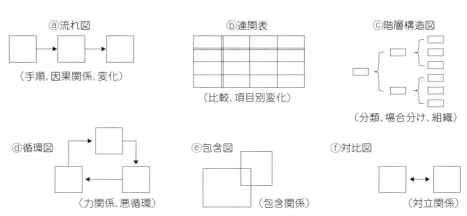

図1　概念図表の種類

4 学習を支える教育実践

トピック 4-1 ガニェの分類と学習指導要領

鈴木克明

【1】ガニェの分類と学習指導要領との関係

ガニェは、学習目標を次の表1に示す5つの領域に分類した。学習指導要領で目指している学力の3要素との関係も示す。

5つの種類のうちの言語的情報と知的技能と認知的方略は、ブルームらの認知的領域に属する。**言語的情報**を習得するためには、その情報を他の情報と区別するために紛らわしいもの同士を比較する教え方が有効である。**知的技能**に含まれる様々な応用力、つまり、2つのものの違いを見分ける**弁別**や事例の分類を可能にする**概念**、具体例へ適用する力としての**法則**や**問題解決**の学習には、より基礎的な技能（下位目標となる前提技能）にさかのぼって学ぶのが有効である。

認知的方略は、「学び方を学ぶ」ものであり学習者が自ら学ぶときに採用する情報処理やメタ認知の方法の学習であるために、異なる学習の条件が必要だとする。情意領域の学習については、「選ぶ」行為として捉えられる**態度**のみを取り扱い、なぜその態度をもつことが重要かについての知識や「選ぶ」行為に必要な技能を習得させる方法が有効であるとする。また、**運動技能**の領域は、ブルームらの分類と同じであるが、パーツ練習から全体練習へと繰り返し、スムーズに実行できるようになる練習を重ねることを重視している。

【2】ガニェの分類をもとに授業設計をどう組み立てるのか

学習目標の分類学とは、性質が似た目標を集め、それと性質の違

ガニェ
Gagné, Robert M.: 1916-2002 米国の学習心理学者として活躍し、米国心理学会長などを歴任する。後に、インストラクショナルデザイン（授業設計学）の先駆者として、学習目標の5分類や授業展開の枠組みを示す9教授事象などからなる教授設計理論を提唱した。米国フロリダ州立大学名誉教授。

ブルーム
Bloom, Benjamin S.: 1913-1999 1950年代のアメリカの国家的プロジェクト「学習目標の分類学」を率いた教育心理学者。米国教育研究学会長を務め、完全習得学習（mastery learning）の推進者としても知られている。

学習目標の分類学
学習目標のタキソノミーともいう。日本の教育界にも強い影響を与え、翻訳書も多数出版

表1 ガニェの学習目標の分類と学力の3要素との関係

5分類	学習目標	具体例	目標行動	学力の3要素
言語的情報	名称や単語などの指定されたものを覚える	人の体に関する英単語を書き出すことができる	言う、書く	基礎的・基本的な知識・技能
運動技能	身体の一部や全体を使う動作や行動	なわとびで二重跳びを5回以上連続でできる	行う、実演する	思考力・判断力・表現力等
知的技能	ルールや原理、概念を理解して新しい問題に適用する	前置詞の後に置く代名詞の例を複数あげることができる	区別する、選ぶ、分類する、例を挙げる、つくりだす	
認知的方略	学び方や考え方を意識して工夫・改善する	教科書を自分なりに工夫してノートにまとめることができる	採用する	
態度	個人の選択や行動を方向づける気持ち	地球にやさしい生活を心がけようとする	選ぶ、〜しようとする、〜しないようにする	主体的に学習に取り組む態度

注：稲垣・鈴木（2015）p. 47の表4-2と表4-3を統合した。

う目標とを区別する作業である。分類した結果を授業設計にどう生かしていけばよいのだろうか？　第1に、分類することで、目標が達成されたかどうかを評価する方法を明らかにすることができる。第2に、目標到達に有効な授業の条件を知るうえでも有益である。ガニェの分類は、学習を促すために有効な授業の要件の差異によって学習目標を分類した枠組みである。ガニェの分類を活用すれば、評価方法だけでなく、授業を効果的にするためのヒントも得ることができる。分類することで、これまでの授業設計の研究で蓄積されてきた授業方法のうちのどれを適用するべきなのかがわかるからである。

　分類の第3の意義として、学習目標のかたよりを防ぎ、バランスをとることがあげられよう[1]。ガニェは、授業を組み立てる単位の中に「知的技能」を必ず含むことを提唱している[2]。色々な種類の学習目標を考えることで、バランスをとることができる。

　学習目標を分類することはあまり意味のある作業のように思えないかもしれないが、上記のような目標の様々な性質を明らかにするために欠くことのできない授業設計のプロセスである。学習目標を分類するときには、適切な評価方法や効果的な授業方法をも同時に検討することが大切である。

【3】授業力をつけるためにガニェの考えをどう生かすのか

　効果的な授業に必要な要素が盛り込まれているかどうかを点検する際には、ガニェの教授理論のもう一つの骨組みである**9教授事象**が参考になる。こども一人ひとりの頭の中で新しく学ぶことが処理されて、蓄積される段階ごとにどのような支援ができるかを9種類の働きかけで説明した教授モデルである。授業の導入で「事象2：学習者に目標を知らせる」ことも、大切な働きかけの一つとみなされている。

　授業が上手に展開できたと思っても、どんな力をこどもたちにつけたいのかが明らかになっていなければ、「効果的であったかどうか」の判断をすることはできない。うまく運んだと思った授業でも、どんな学習目標がどの程度達成できたかを確認するまでは、成否は語れないからである。学習目標の分類は、「こどもたちに身につけてほしいこと」が何で、それはどのような性質をもっているものなのかを確認し、それを学習者と共有することの重要性を説いている。

された。近年では、改訂版がいくつも提案されている。

1) ある授業を設計した際に、学習目標がいくつもあるとしても、そのすべてが一つの種類に分類される場合と、様々な種類にまたがる場合とでは授業の様相が異なる。

2) このことを学力の3要素で見れば、基礎基本に偏らずに、思考力・判断力・表現力を必ず含むことを意味する（表1参照）。

9教授事象
ガニェが提唱した教授設計理論。認知心理学の情報処理モデルに基づいて人の学びの内的プロセスを支援するための外からの9種類の働きかけをモデル化したもので、効果的な授業の構成要素を示した。

ガニェ, R. M. ほか　鈴木克明・岩崎信（監訳）（2007）. インストラクショナルデザインの原理　北大路書房（ガニェの教授設計理論の詳細。）

鈴木克明（2002）. 教材設計マニュアル：独学を支援するために　北大路書房（入門書としてお勧め。）

トピック4-2 教師の成長

藤澤伸介

📌**技術的熟達者**：
technical expert

📌**省察**：reflection
状況を見据えた行為中の適切な判断と、行為に対する大所高所からの意味理解。

📌**反省的実践家**：
reflective practitioner
Schön（1983）の提唱した概念。

📝1）p.5の「商取引的教育観」では、教師を「技術的熟達者」と誤解していることになる（表1参照）。

　専門領域の科学的技術を実践場面に適用する「**技術的熟達者**」と異なり、教師は、教育実践経験を通じて得られた知識に基づき、省察によって自己の専門的力量を高めていくので、「**反省的実践家**」とよばれる[1]。本稿では、教職経験の蓄積によって、教師がどのように成長していくかを、藤澤（2004）に基づいて述べることにする。

【1】調査の概要

　多くの教師は、経験の蓄積により自身の成長を実感している。ただし、経験年数によって到達状況が決まっているわけでなく、得られた実践的見識の内容にはきわめて個人差が大きい。しかしながら、変化の方向や順序については、一定の傾向がある可能性がある。この変容過程を明らかにするために、筆者は673名の小・中・高教師を対象に面接調査を行い、授業のやり方および生徒との接し方が、初任時と現在でどう変化しているかの質問に対する自由回答を、キーワードの有無で分類し、クラスタ分析により変化段階を導き出した。その結果に基づき、授業指導力の成長と教師の役割意識の変容に関して、次のようなモデルが想定できると考えている。

【2】2つの成長段階モデル

　図1は、**授業指導力**のモデルである。様々な技術を身につけるのが前期、中期には生徒行動や教育内容の理解が進み、最後には独創性を発揮する段階に到達する人もある。図2は**役割意識**の変容だが、前期は生徒を意のままに制御することに

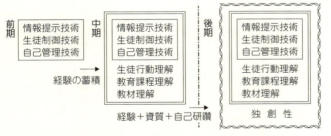

図1　授業指導力の成長段階モデル（藤澤, 2004）

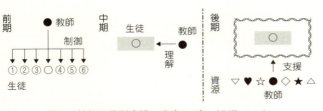

図2　教師の役割意識の変容モデル（藤澤, 2004）

関心があり、中期には**生徒理解**を重視するようになり、最後は自分も一つの資源であり、下から生徒を支えるのが教師の役割という認識に変わる。

【3】生徒の求める教師像と教師の成長

生徒にとっての理想の教師像に関する先行研究はたくさんあり、それらの共通点は次の2点に集約される。

①面白くわかりやすい授業をしてくれる教師
②温かく面倒を見てくれ自分を尊重してくれる教師

ただし、各教師がどれだけ理想に近いかの程度に関する調査は、どれも教師の年齢と無関係という結果になっている。

表1　技術的熟達者と反省的実践家
（Schön, 1983を参考に作成：村瀬, 2006より）

専門職モデル	技術的熟達者	反省的実践家
行為基盤	技術的合理性	行為の中の省察
思考様式	収束的	拡散的
行動様式	法則の適用	状況との対話
行動規範	厳密さ	適切さ

表2　生徒の個人差への対応レベル別の指導例

0	個人差があるとは考えない
1	個人差は認めるが、対応はできない。
2	学習目標を低く設定する。目標の絞り込み。机間巡視＋個別助言。ノート点検。等
3	授業レベルの頻繁調整。一斉／個別課題の組合せ。宿題による個人差吸収。ノート添削。等

［1］経験の蓄積と学習ケア行動

教師が行う学習ケア行動は、上記の「わかりやすさ」と「面倒見のよさ」に関わっている。そこで、学習ケア行動を4段階のレベルに分け、経験年数とどのような関係になっているかを調べた（表2）。

教職経験0年～39年の教師353名を対象として調査したところ、経験年数とレベルは無関係であった。科目別では、数学教師のケアレベルが最も高かった。

［2］経験の蓄積と授業の魅力化

学校教師と塾教師を比較した調査では、面白さ、わかりやすさについては塾教師に軍配が上がるものが多い。そこで、両方の教師にどうやって授業を魅力化しているか尋ねると、塾教師は目標設定や人格尊重を、学校教師は強制関与を重視するという結果になった。塾教師は授業時間を楽しく過ごさせて意欲を高め、学校教師はやるべきことを実行させて成果を出せば生徒の満足が得られると、考えているようだ。さらに、授業の魅力化意識調査の結果は、教職経験年数による差はなかった。

［3］まとめ

結局、教師は経験を蓄積することで、必ずしも生徒の理想像に近づいていくわけではないということが確認された。

2) 学校は困難な課題を出しても生徒が退学しないが、塾の場合は、授業が楽しくないと生徒がやめてしまうので、この差は宿命ともいえる。苦い良薬を与えられることが、学校教師のやりがいになっている面もあり、甲乙つけ難い。

藤澤伸介（2004）．「反省的実践家」としての教師の学習指導力の形成過程　風間書房

トピック 4-3　学習指導要領と学校現場の乖離

藤澤伸介

♦学習指導要領
日本の学校教育課程の編成基準。学校教育法および同法施行規則に基づき、文部科学大臣が告示する。

📄1） 実現度が低い内容に関しては、高校入試や大学入試でも、出題することを積極的に検討すべきときに来ている。

📖 小林作都子（2004）. そのバイト語はやめなさい　日本経済新聞社
📖 西林克彦（1997）.「わかる」のしくみ：「わかったつもり」からの脱出　新曜社

📄2） トピック4-12「習得の基礎としての「読解力」の指導」参照。

📖 渡辺雅子（2004）. 納得の構造：日米初等教育に見る思考表現のスタイル　東洋館出版社（歴史授業の進め方のヒントが得られる本）

📄3） 同じ学習指導要領内の歴史の項。

📄4） 習得編2-5「言語と認知の発達」、トピック4-17「社会科における誤概念の修正」参照。

📖 新井紀子（監修）（2005）. 数学にときめくふしぎな無限：インターネットから飛び出した数学課外授業　講談社（ブルーバックス）

📄5） トピック4-11「教えて考えさせる授業」参照。

　学習指導要領に基づいて**検定教科書**が作られ、その教科書を使って学校の授業が行われているから、学校現場では指導要領通りの授業が展開していてもよさそうだが、指導要領通りでないという指摘がしばしばなされている。表1は、現行学習指導要領（中学校編）の各教科の目標部分で、下線は実際の授業でなかなか実現されていないと、指摘されている部分である。「教師は学習指導要領を読んでいるのか？」とか「教科書準拠の授業をしているだけではないか」などの批判もあるが、授業での実現度の差が**各教師の力量**の差であるのなら、教師教育の質的向上が急務であろう。[1]

【1】各教科で落とされやすい内容

［1］国語

　「言語感覚が豊か」なら変な言葉遣いはしないはずだが、大学生でも「違かった」（動詞を形容詞として活用）のような誤りに鈍感な者が多い。国語における「文法」の学習が規則暗記に変質し、自分の言葉づかいの点検に活用していないことの現れである。また最近は、音声伝達重視のあまり、読み書きの指導が軽視される傾向もある。これで国語を尊重する態度が育つのか心もとない。[2]

［2］社会

　「暗記」でなく「理解」と書いてある。何を理解するかといえば、例えば歴史なら「我が国と諸外国の歴史や文化が相互に深くかかわっていることを考えさせる」[3]とあるので、歴史的事件相互の因果関係や文化的特性との関係を考えて、なるほどと理解するのであろう。しかも多面的・多角的に考えるためには、授業で複数の意見が紹介されないとおかしい。「流れを憶える」だけの授業では、何のために歴史の学習をしているのかも理解しがたい。[4]

［3］数学

　下線部については、「指導計画の作成と内容の取扱い」の項で、「数学的活動を楽しめるようにするとともに、数学を学習することの意義や数学の必要性などを実感する機会を設けること」と強調されている。しかし、演算処理に終始している授業もあり、関数の学習意義がわからないまま卒業する生徒も多いとの指摘がある。[5]

表1 学習指導要領（中学校）に記載された各教科の学習目標（文部科学省）

	学習目標（下線は筆者）
国語	国語を適切に表現し正確に理解する能力を育成し、伝え合う力を高めるとともに、<u>思考力や想像力を養い言語感覚を豊かにし、国語に対する認識を深め国語を尊重する態度を育てる</u>。
社会	広い視野に立って、社会に対する関心を高め、諸資料に基づいて多面的・多角的に考察し、我が国の国土と歴史に対する理解と愛情を深め、公民としての基礎的教養を培い、国際社会に生きる平和で民主的な国家・社会の形成者として必要な公民的資質の基礎を養う。
数学	数学的活動を通して、数量や図形などに関する基礎的な概念や原理・法則についての理解を深め、数学的な表現や処理の仕方を習得し、事象を数理的に考察し表現する能力を高めるとともに、<u>数学的活動の楽しさや数学のよさを実感し、それらを活用して考えたり判断したりしようとする態度を育てる</u>。
理科	自然の事物・現象に進んでかかわり、<u>目的意識をもって観察、実験などを行い、科学的に探究する能力の基礎と態度を育てる</u>とともに自然の事物・現象についての理解を深め、<u>科学的な見方や考え方を養う</u>。
外国語	外国語を通じて、<u>言語や文化に対する理解を深め</u>、積極的にコミュニケーションを図ろうとする態度の育成を図り、聞くこと、話すこと、読むこと、書くことなどのコミュニケーション能力の基礎を養う。

[4] 理科

観察や実験が授業で行われていても、単なる作業だったり「試験に出るから」という目的の場合が多いといわれる。血液型性格診断や、オカルト的テレビ番組の内容を簡単に信じ込む生徒が多い実情を見ると、批判的思考が十分に養われているのか疑問が残る。[6]

[5] 外国語（英語）

「外国語を流暢に操れるようにする」のが科目の設置目的ではない。それは授業時数から考えて不可能だ。外国語の学習は異文化理解の好機であり、全く異なる発想の文化に接することで独善的にならずに済むのである。せっかく配置されているALTにゲームを任せたりするのでなく、発音指導や文化紹介に活用すべきだろう。日本語と外国語の言語構造比較も、学習すべき基礎に含まれる。[7]

【2】全体の傾向

現行の学習指導要領は2008年告示であるが、各科目の目標は1989年告示の学習指導要領とほとんど同じであり、下線部の内容も新しいものではない。つまり、実際の授業は言語的情報と演算処理技能の指導に偏った状態が続いている。最近は「PISA型学力」（人生の問題解決に活用できる学力）ということがいわれているが、下線部を軽視したままでは、「PISA型学力」どころではない。[8]

- 無藤隆（編著）（2008）．理科大好き！の子どもを育てる：心理学・脳科学者からの提言　北大路書房

- 6) トピック4-16「理科教育における動機づけの可能性」参照。

- 森住衛（2004）．単語の文化的意味：friendは「友だち」か　三省堂

- 7) トピック4-13「母語獲得と外国語学習の違いから見えてくる言語教育のあり方」、4-14「英語学習プロセスを探る」、4-15「学習指導要領改訂と英語力経年変化」参照。

- 武田忠（2008）．「生きる力」を育む授業：いま、教育改革に問われるもの　新曜社

- 8) トピック3-1「日本の学習者の実態」、トピック3-2「ごまかし勉強」参照。

トピック 4-4 学力テストの実施法

藤澤伸介

【1】テストの目的
［1］**教師の判断材料**　学習者を評価するのに必要な、判断材料を得るためのデータ収集である。診断的、形成的、総括的などの評価目的により、最適テスト形態は異なる[1]。**教師自作テスト**が多い。
［2］**学習者の判断材料**　学習者自身の弱点発見、学習法反省、集団内位置把握、出題傾向分析など、テストは学習者にも役立つが、自らそのことに気づく学習者は少ないので、周知の必要がある。
［3］**調査**　管理者または研究者による実態調査のためのデータ収集である。目的にもよるが**標準学力テスト**が使われることが多い。
［4］**選抜**　入学適格者判別、学級編制、進級判定、資格授与などのために行うテストである。

【2】テストの種類
［1］**出題形式別分類**　表1は出題形式別のテスト分類である。出題を**客観テスト**や既習場面の**問題場面テスト**にすると採点の省力化になるが、学習者はごまかし勉強でもテストが乗り切れるようになるため、学習の質的低下が起きやすい（藤澤, 2002a, b）。
［2］**出題規模別分類**　長時間かけて問題に取り組ませるテストは定期テスト向きで、5分間テストのような小テストは、形成的評価や学習者の復習促進に適している。形成的評価は頻繁に行う必要があるので、**多肢選択式テスト**を板書し挙手解答で実態把握するのが最適であろう。これは、授業への全員参加を促す効果もある。復習促進のための小テストは、抜き打ちテストが有効といわれている。
［3］**標準学力テストと教師自作テスト**　予め大人数対象に実施することで、平均と標準偏差を把握し、その値に基づいて個々人の得点から偏差値（集団の中での位置）が判定できるように作ったテストのことを、標準学力テストという。小さな集団内の位置だけでなく、その学年全体の中での位置が推測しやすいので、**集団準拠テスト**としての学力調査等に活用される。これに対し、教師自作テストは、授業内容に準拠した出題にすることで授業参加度を高めたり、**論文体テスト**にすることで学習者の学習の質を高めたりすることができるので、**目標準拠テスト**としての定期テストに向いている。

> 1) 診断、形成、総括的評価については、習得編4-4「授業づくり」参照。

【3】定期テスト実施法

［1］出題 出題範囲が決まったら、まず内容ごとの点数配分と難易レベルごとの点数配分を決めるべきである。こうするとバランスの良い出題が可能になる[2)]。

［2］用紙作成 テストはそもそも診断目的に実施するものであるから、診断しやすいようにレイアウトを決めることを優先すべきである。用紙の中に章の順に問題があり、基礎問題と応用問題が分けて配列してあれば、採点後の答案を見るだけで、○×の布置から瞬時にその学習者の弱点がわかり、三者面談等で活用しやすい。

［3］試験場 試験監督の行動は受験者の取組姿勢に大きく影響する。座席を新指定し、机上を点検し、受験者個別に監督者が問題用紙を配付し、正確に時間計測し、監督が監督業務に専念するとき、受験者は真剣になり、**カンニング**の発生が抑制される（Cizek, 2003）。

［4］答案分析 試験後に受験者自身が答案分析をすると、テストが有効に機能するようになる[3)]。

---

2) 例えば、まず1章30点、2章30点、3章40点のように決め、次に基礎問題50点、応用問題50点のように決めると、1章基礎15、応用15、2章基礎15、応用15、3章基礎20、応用20のように全体の点数配分が決まるので、あとはその配分に適した問題を考えればよい。

3) 量的答案分析については藤澤（2005）を参照。
　質的答案分析については、トピック5-1「認知カウンセリング」参照。

大野木裕明（1994）. テストの心理学　ナカニシヤ出版

表1　テストの出題形式別分類（藤澤, 2002bをもとに作成）

実施	大分類	下位分類		説明、例示等
質問紙利用会場テスト	論文体テスト	理解確認論文		AとBを比較せよ。～を例を挙げて説明せよ。～はなぜか。～はどうしたらよいか。
		応用力・独創性点検論文		
	客観テスト	再生テスト	短答記述式	定義解説、実例提示
			完成記述式	空所補充
			訂正記述式	誤文訂正
			演算問題（技能）	数式計算、図形証明
		再認テスト	真偽	正誤判定○×テスト
			多肢選択	次の選択肢から正しい答を選べ。
			組み合わせ	A群B群の最適解を線で結べ。
			選択完成	選択式空所補充
			再配列	語順整序作文
			その他	問題文中に正解が含まれている問題
	問題場面テスト	既習場面	読解解釈型	長文、グラフ、資料、実験場面の提示があり、読み取って設問に答える
			演算型	数学文章題等
		新設場面	問題解決型	利用原理不提示課題。新学力観問題
	持ち込み可テスト	資料活用力判定		翻訳、問題解決など
その他	持ち帰りテスト	レポート		調べ学習／研究＋報告書
	口頭発表			調べ学習／研究＋発表＋ハンドアウト

トピック 4–5　指導要録・通知表・内申書

鈴木雅之

【1】指導要録・通知表・内申書の機能

教育評価の結果は、主に指導要録と通知表、内申書という形で記録、保存、使用されている。まず指導要録とは、「児童生徒の学籍並びに指導の過程及び結果の要約を記録し、その後の指導及び外部に対する証明等に役立たせるための原簿」（文部科学省, 2010）であり、学校教育法によって作成と保存を義務づけられた公簿である[1]。この定義からもわかるように、指導要録には、指導の参考にするための指導機能と、転校や進学、就職の際に、在籍および在籍中の様子を証明するための証明機能がある。また、学習指導要領の改訂にあわせて、指導要録も改訂が行われており[2]、現在では目標に準拠した評価が採用され、「関心・意欲・態度」、「思考・判断・表現」、「技能」、「知識・理解」の観点別の評価が基本とされている（図1）。

一方で通知表[3]は、学習と生活の両面について、児童生徒の学校での状況を家庭に連絡するための文書の一つであり、指導機能のみをもつ。また、法的根拠はなく、通知表の形式や作成方法は各学校や各教師に委ねられている。そのため、通知表を作成していない学校も存在すれば、指導要録の内容を通知表にそのまま転記する学校も存在することが指摘されている（赤沢, 2005）。しかし、通知表には各教科の「成績」が記載されることが通例であるため、児童生徒にとっては教育的な機能を有するものとはあまり捉えられておらず、しばしばその弊害が指摘されてきた（長尾, 1985）。

そして内申書は、**調査書**ともよばれ、入学者の選抜資料として用いられる。つまり、内申書には指導に活用するための目的はなく、証明機能のみを有するといえる。ただし、選抜において、内申書は学力検査と同等以上に重視されることもあることから、単なる証明機能を超えて、「内申

各教科の学習の記録

Ⅰ　観点別学習状況

教科	観点　　学年	1	2	3
国語	国語への関心・意欲・態度			
	話す・聞く能力			
	書く能力			
	読む能力			
	言語についての知識・理解・技能			
社会	社会的事象への関心・意欲・態度			
	社会的な思考・判断・表現			
	資料活用の技能			
	社会的事象についての知識・理解			
数学	数学への関心・意欲・態度			
	数学的な見方や考え方			
	数学的な技能			
	数量や図形などについての知識・理解			

教科	観点　　学年	1	2	3

Ⅱ　評定

学年＼教科	国語	社会	数学	理科	音楽	美術
1						
2						
3						

図1　2010年版中学校生徒指導要録（参考様式）：指導に関する記録の一部を抜粋

1）学籍に関する記録は20年間、指導に関する記録は5年間保存することが義務づけられている。

2）指導要録などの歴史的変遷については、田中（2008）の第6章を参照のこと。

目標に準拠した評価　教育目標を規準として、目標の到達状況や実現状況を評価しようとするもの（習得編4-2「目標・診断・評価」参照）。

3）通知表には、「通知票」や「通信簿」、「あゆみ」など様々な呼称がある。

書にひびくぞ」といったように、内申書を武器に、生徒を管理しようとする教師も存在するという問題がある（長尾, 1985）。なお、内申書は指導要録に基づいて作成されることになっていることから、指導要録の改訂に伴って内申書も改訂される。[4)]

【2】教育実践への活用

　学習者にとっては、「教育評価」といえば、テストや通知表、内申書などが強くイメージされる傾向にある（鹿毛, 2000）。言い換えると、教育評価の学習改善としての役割は、学習者にはあまり認識されていない。しかし、通知表には法的根拠がなく、作成方法は各学校や各教師に委ねられていることから、通知表の活用次第で、教育評価に対する学習者の捉え方を変容させ、学習動機づけの向上や、適切な学習方略の使用を促進することも可能と考えられる。

　教育評価を学習改善に活用させるうえで、目標に準拠した評価の考えは非常に重要と考えられる。つまり、学習改善を試みるためには、到達目標と自身の達成度、目標に到達するための手段を学習者が理解する必要がある。

　例えば鈴木（2011）は、**ルーブリック**を学習者に提示することの効果を実験授業で示している。ルーブリックとは、成功の度合いを示す評定・評語と、各評定・評語に対応するパフォーマンスの特徴を記した記述語とで構成される評価基準表である（西岡, 2003）。ルーブリックを提示することで、到達目標が明確になると同時に、たとえば「3」という評価をもらった学習者は、「3」という評価をもらった理由を理解することができ、より高い評価を得るための指針も明確になる。また、教師がどのような基準で理解度を評価しているのかを明示することで、テストによる評価を行う目的に学習者が納得しやすくなると考えられる。

　鈴木（2011）では、ルーブリックを提示されることで、学習者が「理解度を確認し、今後の学習に活用するためにテストが行われている」という認識を強くもち、それによって、**内発的動機づけ**が高まり、意味理解を重視した学習をするようになることが示されている。このように、目標に準拠した評価の考えに基づいて、到達目標とその達成度、改善のための指針を明確にすることで、単なる「成績の伝達」という役割にとどまらず、学習改善に活用するためのものとしての役割が強調されると考えられる。

4) 選抜資料としての内申書の位置づけもまた、入試制度の改革に伴って変容している。

内発的動機づけ
学習内容に興味をもっている状態で、学習それ自体を目的とした動機づけ（習得編4-3「学習意欲」参照）。

長尾彰夫（1985）. 通信簿と教育評価：教師も親も考えなおそう　有斐閣（有斐閣新書）

トピック 4-6 テストの統計的基礎

村井潤一郎

【1】教育心理学と統計学

　教育心理学研究を進めるうえで、統計学の知識、運用は必須といってよいだろう。学校などで実施されるテスト[1]を例に挙げると、受検者へのテスト結果のフィードバックは、得点、偏差値、といった数字でなされることが多い。平均点の算出、偏差値の算出、などにおいて統計学が適用されている。テスト得点以外にも、例えば、学習への動機づけの程度について心理尺度を用いて測定し、分析することもある。このように、得られたデータを統計的に分析することで、データを構成する全員の全体的傾向が把握できると同時に、全体がわかるからこそ、データを構成する各人の特徴もまた把握しやすくなる。

【2】正規分布とその活用

　以上では、量の大小が問題になる変数（**量的変数**）を例に挙げたが、どこの学校の生徒か、といったように、分類を目的とする変数（**質的変数**）についても同様に統計学の適用が可能である。しかし、本稿では、主に量的変数に特化した説明をしていく。

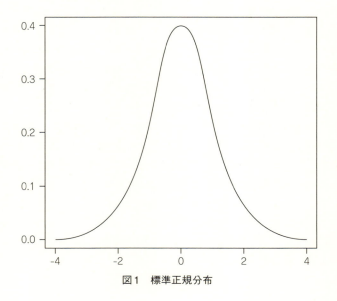

図1　標準正規分布

---

1) テストとは「ある目的を遂行するために、人間の特性を測定するための用具」（日本テスト学会, 2007）である。なお、同書では、テストについてより詳しい定義がなされている（pp.17-18）。

量的変数には、身長のように値が切れ目なく連続している変数（**連続変数**）と、テスト得点のようにとびとびの値であり切れ目のある変数（**離散変数**）とがあるが、統計学では、扱う対象が離散変数であっても、連続変数の分布をモデルとして考える。その代表格が正規分布である。正規分布の中でも、平均0、分散1（標準偏差1）の正規分布（$N(0,1)$ と表記する）、すなわち**標準正規分布**を図1に示した（分散、標準偏差の意味内容については後述）。

標準正規分布がいかに使用されるのか、以下で一例を示す。テストというものは、それまでの実施結果が蓄積されていることが多い。知能検査などもそうであり、正規分布に従うように作成されている。ここでは例として、ある100点満点の学力テストは、これまでの実施結果がデータとして蓄積されており、それが平均40、分散10の正規分布に従うことがわかっていたとする。つまり、これが母集団分布ということになる。今、10人のデータ30、40、60、30、40、40、50、50、40、40があるとして、これが母集団分布からの無作為標本といえるかどうかについて考えてみる。この10人の平均値は42点であり、**母平均**（母集団の平均）を少し上回っているわけだが、母平均は40であるといえるか、それとも40であるとはいえないのか、統計的検定（後述）という手法を用いて検討してみる。

ここでは、標準正規分布を用い、1つの平均値の検定（母分散が既知の場合）を実行することになるのだが、この場合 $Z = \dfrac{\bar{X} - \mu}{\sigma/\sqrt{n}}$ という値を計算する（$\bar{X}$：標本平均、μ：母平均、σ^2：母分散、n：サンプルサイズ）。上記の10人からなるデータについてこの Z を計算すると、分子が42−40=2、分母が $\sqrt{10}/\sqrt{10}=1$ なので、$Z=2$ になるが、母平均が40であるとした場合、Z が絶対値で2を上回る値になる確率は約4.6%しかないことが計算できる。この4.6%は、統計的検定で用いられる慣例である5%という基準（これを**有意水準**という）を下回るが、この状態を「**有意である**」といい、母平均が40であるという仮説（これを**帰無仮説**という）は棄却され、40ではないという仮説（これを対立仮説という）が採択される。つまり、この10人は平均40、分散10の正規母集団からの無作為標本ということはできない、ということである。このように、統計的観点から「母平均は40ではない」という結論が導出できるわけだが、以上のプロセスを統計的検定といい、上記の例以外にも様々な種類の統計的検定が存在し、研究で用いられている。[2]

[図2)] 以上ではテスト得点と正規分布を関連づけた説明をしたが、一般に流布している「テストは正規分布に従うべき」といった考えは必ずしも正しくないということを申し添えておく。テストの目的によって、正規分布のような左右対称な分布ではなく歪みをもった分布の方が望ましい場合もあるからである。

【3】変数の要約

 以上のように、母集団と標本を考え、標本から母集団について推測する統計、つまり手元のデータ（標本）を越え一般化に関心を寄せる統計を**推測統計**という。一方、目の前にいるこのクラスのテスト得点の散らばりの程度を知りたい、といったように、手元のデータを越えたところに関心がなく、標本だけに着目する場合もある。このように、手元のデータを記述することを目的とする統計を記述統計という。本稿では、通例（まず記述統計についての説明があり、それを受けて推測統計について説明されるという順序）とは説明の順序をあえて違えてあるが、以下に、1変数、2変数の順に、**記述統計**の説明をしていく（適宜、**推測統計**についての説明も加える）。

 データを集約するためには、まず図表化が必要となる。データを**度数分布表**（データの各値がいくつあるか、すなわち度数についてまとめた表）にしたり、棒グラフやヒストグラムにまとめるのである。その後、平均値などを算出するわけだが、データを1つの値にまとめることを数値要約といい、数値要約された値を要約統計量という。要約統計量には、**代表値**（データを代表する値）と**散布度**（データの散らばりの程度）がある。代表値として最もよく利用されるものが**平均値**であり、散布度として最もよく利用されるものが**分散**、およびその正の平方根である**標準偏差**である。分散は、

$$分散 = \frac{(データ1-平均)^2+(データ2-平均)^2+\cdots+(データn-平均)^2}{n}$$

で計算され（分母のnは、先ほどと同様、サンプルサイズを示す）、上記式の正の平方根が標準偏差である。なお、**偏差値**は、平均と標準偏差を用いて

$$偏差値 = \{(データの値-平均)\div 標準偏差\}\times 10 + 50$$

で計算されるものであり、平均50、標準偏差10になるように標準化されている。こうした式を知ることは、自身が成績表を受け取り偏差値を目にしたときの理解に寄与するだろう。例えば、テストで偏差値70であった場合、標準偏差で2つ分（1つ分が10なので）、平均よりも高かったと認識できることになる。

標準化
データの値から平均を引き標準偏差で割ることで、平均と標準偏差を特定の値に変換すること。標準化で得られた得点を標準得点というが、偏差値も標準得点の一つである。

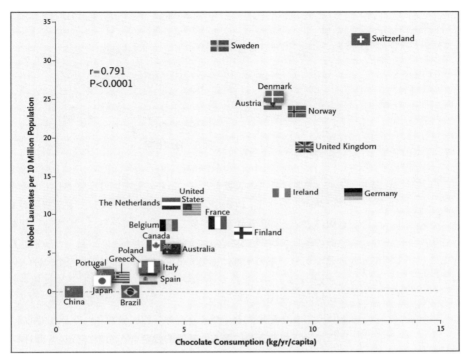

図2 国別に見た，チョコレート消費量（一人当たり・一年当たり）と，人口一千万人当たりのノーベル賞受賞者の人数との関連（Messerli, 2012）

【4】変数の関係

　以上は1変数に関する記述統計であるが、複数の変数が含まれるデータを分析する場合、1変数に関する分析の次の段階として、変数と変数の関係について検討することが多い。2変数の関係の指標としては、**相関係数**が知られている。相関係数は、2変数の分布の様子を数値として集約したものであるが、相関係数の算出に先立って**散布図**を描き、2変数の分布の様子を視覚的に確認する必要がある。

　第1の例として、国別に見た、チョコレート消費量とノーベル賞受賞者の人数との関連についての調査結果を紹介する（Messerli, 2012）。本稿執筆の時点では、2名の日本人研究者がノーベル賞を受賞して話題を呼んでいる。各国における教育の達成の程度がノーベル賞の獲得件数によってわかるというものではもちろんないが、国別に見たノーベル賞受賞者輩出の程度は、教育の質の一端を示すものともいえよう。図2では、横軸にチョコレート消費量を、縦軸に

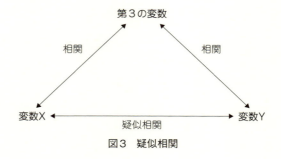

図3　疑似相関

ノーベル賞受賞者の人数をとってある。散布図は全体として右上がりの傾向にあり（これを正の相関という）、チョコレート消費量が多い国ほどノーベル賞受賞者が多く輩出されていることになる。相関係数の値は0.791とあるが、これは一般に「強い相関」と解釈される値である。その下部にある$p<0.0001$という表記は（図ではPという大文字であるが、通常、心理学では小文字のpを用いる）、今回得られた0.791は、母相関がもし0だったとしたら非常に珍しい値である、ということを意味する。つまり有意な相関係数ということである。ここでは、相関係数に関する**統計的検定**（無相関検定ともいわれる）が実行されているが、帰無仮説は「母相関は0である」、対立仮説は「母相関は0ではない」であり、この例では対立仮説が採択されたということである。

　さて、本結果を受け、「ノーベル賞獲得のため国を挙げてチョコレートを食べよう」という運動を起こすのは直感的に考えておかしいことは自明であろう。ではこの結果をどう解釈するべきか。例えば、チョコレートの消費とノーベル賞受賞者の人数との間には、両者に共通する第3の要因があり、それゆえに見かけ上相関が生じている可能性がある（これを疑似相関という。図3参照）。チョコレートを多く消費する国はそもそも経済的に豊かであり、経済的豊かさが教育水準の向上をもたらし、結果としてノーベル賞獲得につながっているのではないか、と考察したりすることが重要になってくる。経済的豊かさが、第3の変数として、チョコレート消費量とノーベル賞受賞者の人数の双方に関係しているという解釈である。このように、統計学を用いた分析結果について、（だまされずに）きちんと解釈することは重要である。つまり、統計学は批判的思考とも関わるのである。

　第2の例として、過去約100年のオリンピックの100m走の優勝

🖉批判的思考：critical thinking
何事も無批判に信じ込んでしまうのではなく、問題点を探し出して批評し、判断すること（道田他, 1999）。

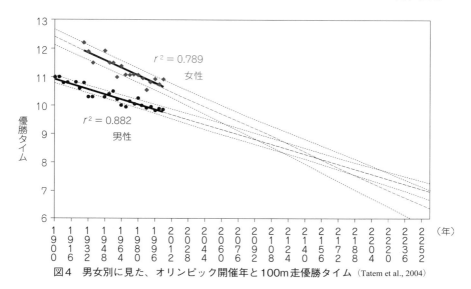

図4 男女別に見た、オリンピック開催年と100m走優勝タイム (Tatem et al., 2004)

タイムを男女別に分析した結果、2156年には女子が男子の記録を追い越すという予測が得られた、という論考を紹介する（Tatem et al., 2004）。これは、当時日本の新聞でも紹介され話題になったものであるが、図4の横軸にはオリンピック開催年、縦軸には優勝タイムがとってあり、図中の太い実線部分が実際のデータに基づいている部分である。このデータに基づき**回帰分析**を行ったところ、2156年に男女の直線（これを回帰直線という）が交わり、女性が男性を上回るという予測になっていることがわかる。しかしながら、実際のデータはあくまで約100年分の実線部分のみであり、その部分限定で最も誤差の小さい回帰直線を得ているのであって、それ以外の「未来」の部分の予測については保証できない（これを外挿という）。

この結果についても、先の例と同様、直感的に考えておかしいと思うだろう。しかし、この論考は、短いものとはいえNature誌に掲載されたものである。ここにおいても再び、統計学と批判的思考との関わりについて見て取れよう。

最後に、上記2例のように直感的におかしいと思えるケースはまだよいのだが、最も怖いのは、直感的にはおかしいと思えずいつの間にかだまされるケースである。いつの間にかだまされている、ということのないよう、分析結果を見る際には、どこかで疑いの目を携えていることが必要になってくるだろう。

📎回帰分析
ある変数（独立変数という。この場合「オリンピック開催年」）を一つまたは複数用いて、ある一つの変数（従属変数という。この場合「優勝タイム」）を予測するために用いられる分析。図4中の r^2 の値は重相関係数の2乗であり、従属変数の分散のうちどの程度説明できているか、を示している。

📖 山田剛史・林創 (2011)．大学生のためのリサーチリテラシー入門：研究のための8つの力　ミネルヴァ書房
📖 山田剛史・村井潤一郎 (2004)．よくわかる心理統計　ミネルヴァ書房

トピック 4-7　指名と発問

藤澤伸介

　発問とは、学習を動機づけたり、思考を深化させたり、評価する意図をもって、教師から学習者になされる質問のことである。応答者を指定する行為を指名とよぶが、一斉授業において発問の前に指名してしまうと、指名された者しか考えなくなるので、全体に考えさせたい場合は、指名より発問を先行させるのが原則である。

【1】機能別発問

[1]**学習動機づけ**　各教科、各単元、各授業には学習目標が存在するが、その目標を達成するための問題意識をもたせるための質問である。各教科、各単元、各授業はその問を解決するために存在しているので、問題意識持続の間は学習意欲も持続する。[1)]

[2]**思考深化**　学習内容の理解が浅いレベルにとどまらぬように誘導するための質問である。可能性を列挙後に問題解決をしたり、浅い理解に抵触事例を示し再考させる展開などがある。

[3]**形成的評価**　理解状態を授業途中で診断するための、全員対象の質問である。瞬時に正解確認ができるように、選択肢を用意するとよい。理解度の直接質問は好ましくない。[2)]

[4]**注意喚起**　注意が持続できていない生徒の思考を授業内容に向けさせるための質問である。

【2】発問のレベル[3)]

[1]**一問一答式**　単なる暗記確認の意味しかなく、思考の精緻化には役立たず、最低レベルである。授業がクイズ大会に変貌してしまうので、宿題点検などは別として極力避けるべきだろう。

[2]**類似パターンの羅列**　貴重な授業時間を使わなくても、反復練習が必要なら、学習者個人が授業外に行えば済むことである。

[3]**応答の精緻化**　教師の発問に対し、抽象的な表現や曖昧な応答しか得られなかったときに、その本人にさらに質問して、明確な回答に直させる質問である。適切な表現の練習になる。

[4]**思考の葛藤を引き起こす質問**　常識的判断や各自の経験と論理的帰結の矛盾、予想と現実との食い違い、誤概念と抵触事例、そういった思考の葛藤を起こさせる質問が、良い発問といえる。[4)]

訳1）原因や結果を予測させる質問をし、伏せておいた正解が次第に明らかになるように、授業を展開する等。

訳2）「わかりましたか？」という発問で、挙手させるような指示は様々な弊害がある。習得編4-[2]「目標・診断・評価」を参照のこと。

訳3）[5]のレベルの発問は熟達しないと難しいが、生徒の思考を活性化するには、発問のレベルを[4]くらいには維持したいものである。一問一答式のクイズ型・ゲーム型授業展開で授業を活性化させても、学力向上につながるわけではない。

訳4）[4]の問はMcTighe & Wiggins (2013)でessential questionsとよんでいる。良問は深い理解を促進する。教師の発する良問は、学習者がPQRST法で設定する「問い」に影響するので、質問生成（良問）のためのトレーニング法の開発が期待される。

［5］**根底からの反論**　学習者の信念に真っ向から反対し、その前提に再考を迫る質問。発問としては最もレベルが高く、これを乗り切った学習者は、新たに広い視野を獲得することになる。

【3】応答への対応

［1］**無答、誤答への対策を先に講じておく**　「誤答を述べたために、恥をかいた」という生徒がいると、応答意欲が減退し、無言で応酬したり、「わかりません」と言ってはぐらかす生徒が増え、授業が成立しなくなる。解答ごとに正誤を告げるのは、発問が低レベルなので、発問改善から始めないといけない。

［2］**応答の方針も一貫させる**　すべての応答を受容し、必ず根拠も尋ねる。反論、別解を募集し、次の議論へと発展させる。

［3］**待ち時間を長めにとる**　待ち時間を長くとると、じっくり考えて、根拠ある解答をするようになり、自発的発言や、質問も増加することがわかっている（Rowe, 2003）。

【4】指名の種類と運用法

指名にも色々な方法があるので、最適な方法選択が望ましい。

5) 斎藤喜博が「ゆさぶり」とよぶ上級技術。良好な人間関係が前提。詳しくは吉田（1974）を参照のこと。

6) 無計画に多用しすぎて全員参加型授業にならず、失敗する教育実習生が多い。

📖 小田勝己（2005）．学ぶに値すること：複雑な問いで授業を作る　東信堂

表1　指名法と最適場面

対象	回答	指名順	実例	特徴	適した場面・発問の例	
全員指名	継時的	教師による規則的指名	座席順番号順などの指名	回答者は心の準備ができる	・技能習得確認 ・宿題、復習点検 ・学習素材の列挙 ・実験データ収集	他の学習者の状況に関心があると、効果的
		教師による不規則指名	ランダム指名	教室内に緊張感	・知識習得確認 ・宿題点検	時間稼ぎの余裕を与えない方法
		生徒の希望順に指名	準備のできた者から指名	処理時間に個人差のある内容に向く	・技能習得確認 ・暗記確認 ・個人目標発表 ・研究テーマ発表	処理時間がかかる生徒に、待ち時間に練習の余裕を与える方法
	同時的		選択肢提示で挙手	短時間に全体像がつかめる	・実験結果の予測 ・理解確認 ・読解の可能性	個別聴取時間がなく、他者の影響を避けたいとき
代表者のみ指名	継時的	教師の選定	机間巡視中に選定	学習素材の発見	・代表的反応例の紹介（板書依頼） ・既習事項の再確認（前時の復習） ・集中を促す（今、何頁ですか？）	
		生徒の挙手の早い順	希望者の挙手	一部の生徒中心に偏りがち	・疑問や仮説の自発的提示 ・予習や博識化の奨励 ・集団思考を促す質問 ・誤りを報告させる	

トピック 4-8　黒板の活用

藤澤伸介

教室の必需品としての位置を占めてきた黒板であるが、ほとんど心理学の研究対象にはされてこなかった。板書指南本は数多く出版されてきているが、ほとんどは教員の個人的経験則を述べたものである。最近は、電子黒板やプレゼンソフトの授業と、板書授業の比較研究が若干なされているが、ICT化されているシステムは、黒板機能のほんの一部でしかない[1]。したがって、当分は黒板の重要性が失われることはないであろう。ここでは、黒板の特徴と、黒板のもつ無限ともいえる機能性について述べておくことにする。

【1】教具としての黒板

[1] 長所と短所

黒板は、①柔軟な活用が可能、②教師が書き込む、③チョークで記入、という3つの特徴をもつ。これを、①面積が広く内容の並置が可能で、修正も自由。②学習者の書写速度にあうので記録しやすい。③チョークは安価で筆圧調整可。のように捉えればこれらは長所になるし、①自己流になりがち。②記入時に学習者に背を向ける。消去後自動復元不可。③粉で手が汚れる。と捉えれば短所ともいえる。できるだけ、長所を生かして計画的に活用したい[2]。

[2] 板面更新

黒板は教師用の教具なので、記入済の板書内容を消すのは、教師の役割である。生徒に消させると、生徒用の道具との誤解が生じ、黒板へのイタズラ書きが頻発する。消すときに、垂直、または水平の消し跡を残すと、次に記入するときの罫線として活用できる。

[3] 記入上の注意

授業のテーマ（または目標）は、必ず記入する。そのまま書写する生徒が多いので、模倣学習が成立する。したがって、教師は自分が模倣されるという前提で、記入しなければならない。美筆重視なら、教師自身が美筆を実行し、知識構造がわかるようなノート記述を生徒に期待するなら、教師自身が図表化整理したものを板書する[3]。授業前に、単元理解を促進するようなレイアウトを考えたうえで臨み、すべての単元を記録しておいて、後の年度の指導案作成時にそれを改良すると、授業改善がしやすい。

---

1) 黒板は広い画面に学習内容を残しながら記録していけるので、反復確認、比較対照、全体像把握が可能である。単独の小スクリーンでは先行内容が消され新内容が同一場所に提示されるため、記憶も上書きされる可能性がある。このあたりの研究は十分に進んでいない。

2) 欠点を克服するための様々な工夫が存在する。①黒板一部に遮蔽カーテンを下げる。②黒板脇にミラーを設置する。③教卓にお手ふきを用意する。などのように。また長所を生かすために、特定教科用の教室に、黒板を前面だけでなく側面や後面にも設置している学校がある。

3) 概念を色で分類したり、種々の記号を活用したり、記入見本を多く示すようにする。追加書き込み用の余白を作る模範例を示す、良い機会でもある。

【2】黒板の機能
［1］授業記録見本提示機能
「授業内容の構造を理解するには、重要点がどのように整理可能か」を、見本として示す機能である。学習者は、これをそのまま写しておくだけで、要点が整理されたものとして活用できる[4]。

1時限終了後に、すべての内容がきれいに整理されているのが理想とされるので、全体構造が一目でわかるように配置することが望ましい。理科や社会科の概念理解の授業などに適している。

［2］作業台としての機能
①**問題解決思考促進機能** 図をかかずに図形の問題を考えることはできない。数学の文章題は線分図をかくことで解けることも多い。その他、視覚化することで思考が促進されるような授業内容でも、板書は活躍する。

②**答案添削例提示機能** 代表的答案を板書させ添削して見せると、誤答に陥らない工夫などが学習できる。教訓が得られる良い機会なので、失敗例を歓迎するような授業であることが、前提だ。

③**記憶用リスト点検機能** 記憶すべき内容を表の形で提示し、それを利用しながら、クラス内で点検するときに役立つ。

④**列挙機能** 疑問の列挙、実例の列挙、問題点の列挙、選択肢の列挙、などを行って、比較対照しながら発見学習を行ったり、宿題点検をしたり、形成的評価に利用したり、様々に活用できる。

［3］掲示板機能
生徒作品、ポスター、掛け図、フラッシュカード、写真等を磁石で留めるのに利用する。

［4］その他の機能
その他、優秀者氏名を飾る表彰台機能[5]、投射画面と併置する対比機能等、無限に活用が可能である。1授業1機能というわけではないので、板面の2/3が授業記録、1/3が作業台のような工夫も可能だ。

【3】板書の留意点
北尾（1986）によれば、板書の留意点は以下の通りである。
①情報が正しく、効果的に伝わるように板書すること。
②情報を整理し、精緻化しやすいように板書すること。
③こどもの反応を生かすように、板書を工夫すること。

これらに注意しながら、自由な発想で色々な工夫が生まれることを期待したい。

---

4) 板書はノート指導と連動させるとよい。ただし、教師にとって指導しやすいノートと、学習者が家庭で学習しやすいノートは同じではないので、配慮すべきことは多い（ノート指導はトピック3-11「ノートの活用」参照）。

また、学習者が板書の書写に集中すると、その間は教師の声が聞こえなくなったり、自分の思考が停止したりすることもあるので、授業中に記入の時間と思考の時間を分けて設定する必要が出てくる場合もある。

このあたりの研究も、十分に進んでいるわけではない。

5) 失敗者名を晒し者にするような活用は、やるべきではない。

北尾倫彦（1986）．わかる授業の指導技術 北尾倫彦・速水敏彦（著）わかる授業の心理学：教育心理学入門（pp.117-173） 有斐閣

トピック 4-9　教授の基本原理

藤澤伸介

教育心理学は価値を含んだ学問であるが、教授法の質的判断の根拠となる原理はどのようなものだろうか。これまで様々な「基本原理」が提案されてきているが、ここでは、学級における教授の基本原理10項目をまとめておく。唯一の正解ではないので、ぜひ批判的にお読みいただきたい。

【1】環境形成の原理
［1］望ましい学級風土を創造する[1]

　教師の態度は、学級の雰囲気や学力向上に影響する。民主的な学級運営で、各生徒をよく理解している熱心な教師の学級では、楽しい雰囲気の中で生徒が意欲的に学習に取り組むようになるが、支配的な教師の学級では、生徒は萎縮したり反抗的になったりするし、放任的な学級はバラバラになり、意欲も低下するからだ。

【2】生徒理解の原理
［2］年齢集団の特徴を理解する[2]

　年齢に応じて個人を尊重した対応を行わないと、話が通じなくなり指導が不可能になる。生徒の話をよく聴く姿勢こそ重要である。

【3】授業の構造化の原理
［3］教育目標を明確にする[3]

　卒業時点の到達目標、各学年最後の達成目標、そのための学期の目標、単元の目標をどうすべきかのような逆算的発想で、各授業の目標を決める。各目標は、授業ごとに達成度を確認する。

［4］学習の前提となる知識技能の習得状況を確認する[4]

　新しい内容の学習に入るときには、学習者の既有知識・既有技能を確認（必要に応じて補強）しないと、教育効果が期待できない。特に考えさせる課題のときは、前提知識の提示を忘れないようにする。

［5］完全習得学習を行う[5]

　知識が階層構造を成しているとき、基礎が不十分だとその上に知識構築ができない。だから、基礎は「10割達成」を目標にすべきである。さらに一斉指導の場合は「**全員参加**」が原則だ。教師が教

教授の基本原理: basic principles of teaching
ここでの原理は Lahey & Johnson (1978) をもとに構造化して配列した。

1) 学級風土については習得編5-3「学級風土と学級経営」参照。

2) 小中学生の年齢別行動については Wood (1997) を参照。

3) 目標を生徒に明示すると学習意欲の源泉になり、保護者に伝えると信頼が得られる。

4) 既有知識・既有技能は、行動主義心理学では「**初発行動**」とみなす (Lahey & Johnson, 1978)。

5) 完全習得を机上の空論でなくするには、学年当初に10割達成を体験させ、自発的達成を促す方法もある。

室内の一部の生徒だけを相手に授業を進めるという状態は避ける。
［6］**能動的な学習の場を与える**[6)]
　解説型、一方通行の授業でなく、生徒が自力で問題解決をする、実験をする、考えて文章を書くといった能動的な要素を、授業の中に組み込むべきである。
［7］**生徒に挫折感を形成しないようにする**[7)]
　教材を配置するときに難易度を**スモールステップ**にして、自然な習得を促す工夫は必要であるが、人は失敗から多くを学ぶので、授業中は「**誤答**」を歓迎し、原因や対策を教訓として引き出す教授法をとる必要がある。挫折でなく克服体験として記憶に残すのである。

【4】**学習個別化の原理**
［8］**学習を意味のあるものにする**[8)]
　機械的に学習されたものより、意味を理解したものの方が記憶されやすい。意味理解が進めば、自然、社会、自分に対しての視野が広がり、**学習の意義**が実感でき、学ぶ喜びがわかってくる。これを促進する手だてが各授業に入れられれば、生徒は自分の成長が実感できるので、授業満足度が一気に高まることになる。
［9］**教授法を個別化する**[9)]
　人の**学習スタイル**には個人差がある。教師にも好みの**教授スタイル**があるが、両者が適合するとは限らない。そこで、概念導入時には何通りかの説明を必ず並行させ、どの生徒もどこかで理解できるように配慮する。これにより、生徒は自分の学習スタイルが自覚でき、自分なりの学習法を見つけ出すようになる。つまり、これは学習者を自立させるための原則にもなっているのだ。

【5】**指導力向上の原理**
［10］**他からの協力を求める**
　指導力を向上させたい教師には、【1】〜【4】の原理が守るべき指導原則になる。ただ、教職課程の授業や様々な研修で必要なことがすべて教授されるわけではないので、困った問題が生じた場合は、同僚や先輩、教頭や校長、指導主事等に相談するとよい。様々な研究会や学会も積極的に利用すると、発想の転換の機会になる。さらに、教授対象である生徒に授業改善案などを相談してみるのも、意外に役立つヒントが得られるものだ。また、自分の授業を録画して見るのも授業力向上に役立つので、最後の項目に加えておく。[10)]

---

6) 空所補充ワークシートやグループワークなどが安易に導入されがちだが、本当に各人の思考が活性化される活動なのか注意が必要である。文科省のスローガンであるアクティブ・ラーニングは、教育心理学での「能動的な学習」をもとに考えられたスローガンである。

7) 克服体験は、生徒の自己効力感や教師への信頼感を高める。

8) 学習の意義は、教師には自明でも生徒には自明でない。例えば**読書**も、なぜ人生に読書が必要なのかの説得から始めないと、生徒は理解できない。

9) 自分の学習法が客観視可能になるのは、中学以降である。教師が同一の内容に対して複数の説明法を行えば、生徒は色々な理解法を体験することになり、方法への関心も高まる。（定義による理解、実例による理解、図解による理解、比喩による理解、体験による理解など）

10) どの原理も大切だが、教師初心者で一度に10個心がけるのが無理という場合は［8］だけでも達成すべきだろう。この原則を目標にし続ければ、他の面は多少不十分であっても自然にカバーされていくようになる。

📖 瀧澤真（2015）．まわりの先生から「あれっ、授業うまくなったね」と言われる本．学陽書房

トピック 4-10 集団思考と単独思考

釘原直樹

【1】ブレーンストーミングのルールと効果

「三人寄れば文殊の知恵」という言葉が示すように、一人で考えるより集団で考えるほうが、情報が共有され、また総体としての記憶容量も大きくなるので良いアイディアが生まれると思われている。こうした集団による会議において効果的とされる技法が「ブレーンストーミング（以下BS）」である。BSをする際の4つのルールが以下のように提案されている（Osborn, 1957）。

第1は「自由奔放」。頭に浮かんだことを内容のいかんにかかわらずそのまま口に出す。他者の顔色や反応を気にする必要はない。既成事実、固定観念に囚われずアイディアを出すことが歓迎される。第2は「批判や評価をしない」。より自由にアイディアを発想できるように、アイディアを創出する段階では評価を一切行わない。創出したアイディアが批判されると、新しいアイディアの発想が阻害されてしまうからである。第3は「質より量」。量が増えればその中に質が高いアイディアも含まれている可能性が高い。第4は「結合改善」。他者のアイディアを引き継ぎ、それを膨らませたり変形したりする。グループメンバーがお互いにアイディアを交換し合い、それらに工夫を加えたりアイディア同士を組み合わせたりして、より良いアイディアを創出する。

そして、BSは下記のような理由により有用とされる。①会議にゲーム的な面白さが加わり、成員間の絆が強くなる、②他人とのアイディアの結合、修正を促すことで組み合わせによる発想ができる③ルール、基本さえ理解できれば技術的にさほど難しくない。

BSの開発当初は、このように集団で発想したほうが個人で考えるより成果があがると考えられていた。現在でも一般的にはそのように信じられている。しかし、実際にはBSよりも、個人が単独で考えた成果を集めたほうが優れていることが多くの研究（例えば、Diehl & Stroebe, 1987）で確認されている[1]。つまり、BSは、単独での思考よりも、アイディアの量も質も低下させていることになる。

それにもかかわらず、どうしてBSのような対面での話し合いのほうが効果的と錯覚されやすいのか。理由の一つは**「自己高揚バイアス」**（自分は平均より優れていると思い込むこと）によって、集団中

1) Diehlらの研究では4人のBS集団のアイディア数の平均は28であったのに対して、4人が単独で考えたあと、アイディアを持ち寄った場合は74.5となった。また専門家によいアイディアと評価されたアイディアの割合は、BS集団では20.8%であったのに対して単独の場合は79.2%であった。

での自分のパフォーマンスを他者と比べて過大評価することにある（Paulus et al., 1993）。さらに話し合っているうちに他者の発想を自分の発想と思い込んでしまい、達成感を得ている可能性もある（Stroebe et al., 1992）。それに、一人で考えた場合はアイディアが出ず苦しい思いをするのに対し、他者の話を聞いたり、話しかけたりすることで主観的な充実感を感じることもあろう。つまり、BSはなんとなく成果があがったような気がして、主観的満足感をもたらすのである（Nijstad et al., 2006）。

【2】何が生産性を左右するのか

なぜBSの生産性が良くないのか。それは単独思考が優れているというのではなく、集団思考特有の要因が顕在化するためである。その一つは動機づけの低下である。BSでは、創出されたアイディアが集団全体の成果として蓄積されるため、個々の成員の集団への貢献度がはっきりせず、手抜き（社会的手抜き）が起きるのである（Wegge & Haslam, 2005）。第2は評価懸念である。これは自分のアイディアが他のメンバーから不当に評価されることを恐れて、奔放なアイディアの創出を抑制してしまうことである。対人不安の程度が高い人はこのような傾向が強くなる（Camacho & Paulus, 1995）。また、生産性の**ブロッキング**現象も起こる（Nijstad & Stroebe, 2006）。これはBSの最中、他者によって思考が中断されたり時間が制限されたりするために起きる。あるメンバーが発言しているときには他のメンバーはとっさに思いついたアイディアを披露することはできない。自分の発話の順番が回ってくるまでに、発想が阻害されたり、思いついたアイディアを忘れてしまったりすることも起こりうる。

近年、この発話ブロッキングを低減させる方法の一つとして、ネットワークを介してアイディアを交換することで、発話の順番を待つことなく、思いついたアイディアをすぐに集団内に披露できる電子BSシステムの開発が行われている。その他BSの効果を上げるために、議論の経過をきちんと記録する人を配置することが考えられる。そしてその記録はときどきホワイトボードやパワーポイントなどで全員にフィードバックするのである。第2はメンバー構成を工夫することである。似たような人ばかりを集めても多様な考えは創出されない。第3は集団サイズを大きくしすぎないことである。他にBSの問題点を考慮して開発されたブレーンライティング技法や逐次合流テクニックといったものもある。

逐次合流テクニック：
stepladder technique

釘原直樹（2015）．腐ったリンゴをどうするか？：手抜きを防ぐ方策はある　三五館

川喜田二郎（1984）．発想法：創造性開発のために　中央公論社（中公新書）

トピック4–11 教えて考えさせる授業
──中学の数学を中心に

市川伸一

【1】従来の授業の問題点と「教えて考えさせる授業」

これまで、学校の授業には主に3つのタイプがあったといえよう。第1は、教師主導の「**解説型**」であり、消化不良になって内容がわからなくなるという問題点が指摘されていた。第2は、こども自身の自力解決や協同解決で発見を促す「**問題解決型**」であるが、学力低位の子が参加しにくく、わからないまま授業が終わってしまうことも少なくない。第3は、教師と生徒の一問一答ですすめていく「**誘導型**」だが、解決過程全体が理解されにくく、生徒はわかった気がしても実は自力解決ができないという問題点がある。

「教えて考えさせる授業」は、学力差の大きな通常のクラスを念頭に置きながら、これらのどれにも陥らないように配慮した授業設計論である（市川伸一, 2008）。基本的な内容は教師がまず教えて、知識の共有をはかってから、クラス全体でより高いレベルの問題解決や討論を行う。つまり、受容学習と発見学習の接合を図ったもので、理解の診断と深まりを促す認知心理学的な配慮が、次のように随所に見られる。

- 「教える」の部分では、教材、教具、操作活動などを工夫したわかりやすい教え方をこころがける。また、教師主導で説明するにしても、こどもたちと対話したり、ときおり発言や挙手を通じて理解状態をモニターしたりする姿勢をもつ。
- 「考えさせる」の第1ステップとして、「教科書や教師の説明内容が理解できているか」を確認するため、こども同士の**相互説明**活動や教えあい活動を入れる。これは、問題を解いているわけではないが、考える活動として重視する。
- 「考えさせる」の第2ステップとして、多くのこどもが誤解していそうな問題や、教えられたことを使って考えさせる発展的な**理解深化課題**を用意する。小グループによる協同的問題解決により、参加意識を高め、コミュニケーションを促す。
- 「考えさせる」の第3ステップとして、「授業でわかったこと」「まだよくわからないこと」を記述したり、疑問を提出することを促す。こどものメタ認知を促すとともに、教師が授業をどう展開していくかを考えるのに活用する。

メタ認知
一言でいえば、「認知についての認知」だが、学習・教育場面でいえば、学習者が自分自身の理解状態や知的能力をどう自覚（診断）し、それをコントロールしていくかという働きをさしている。

【2】「教えて考えさせる授業」の実例と展開

こうしてみると、基本的特徴としては、「教師からの説明」「理解確認」「理解深化」「自己評価」という4つの段階が考慮されているという単純なものだが、けっしてどこでも見られる「ありふれた授業」とはいえない。予習の積極的導入、教科書の活用と教材・教具の工夫、理解確認における学習者の相互説明活動、理解深化課題の設定、小グループによる協同的問題解決、記述的な自己評価などがトータルにバランスよく組み込まれた授業は、むしろ珍しいともいえる。

実例として、中学校1年の数学「文字式で数量の関係を表す」で、「問題説明」という学習方略を取り入れた授業をあげよう（市川, 2015）。問題文から立式するのは、もともと、文字式でなくても難しいといわれてきた。小学校でよく見られる指導に、「問題文の大事なところに線を引く」というものがあるが、線を引いて断片的な情報に注目させるだけでは、問題状況全体を把握ができず、意味を考えた立式に至らないことが多い。

問題解決の認知モデルから見ると、問題理解の段階で重要なのは、「**状況モデル**」の構築である。そこでまず、教師が演示しながら、問題文を読んだら線分図を必ずかき、どんな状況かを言葉で説明することを示す。それができれば立式がかなり自然にできることを体験してもらう。理解確認は、生徒がペアになって類題で問題説明と立式を行う。理解深化としては、逆に、「与えられた線分図から問題作りと立式を行う」という協同解決課題を通して、問題文、図式、数式という3つの表現が相互につながるようにする。

こうした形式の授業によって、前半は学力低位のこどもたちにもまず基本的な知識を与えるとともに、授業全体では、理解を伴った高いレベルの習得に至るということをめざすのが「教えて考えさせる授業」ということになる。「教えて考えさせる」というフレーズが2008年1月の中教審答申で使われたこともあり、学校や自治体として取り入れるところが多くなっているが、学力向上に大きな成果が見られている学校がある一方、4つのステップを授業時間内にうまく組み入れることや、理解深化課題の設定に困難を感じる学校もあり、ワークショップ型の授業検討会（三面騒議法）などの導入で授業改善が図られている（市川・植阪, 2016）。

🖉**三面騒議法**
三色の付箋に、「工夫されて良いと思った点」「具体的な代替案を伴った改善点」「他の教科や学年でも活用できそうな点」を書いて、数人の小グループでポスターに貼りながら議論し、全体での発表と討論を行うという方法。「教えて考えさせる授業」の指導案検討や協議会で最近よく使われている。

📖 市川伸一（2008）.「教えて考えさせる授業」を創る：基礎基本の定着・深化・活用を促す「習得型」授業設計　図書文化社
📖 市川伸一（編）（2012）. 教えて考えさせる授業・中学校：新学習指導要領対応　図書文化社
📖 市川伸一（編著）（2013）.「教えて考えさせる授業」の挑戦：学ぶ意欲と深い理解を育む授業デザイン　明治図書出版
📖 市川伸一・植阪友理（編著）（2016）. 最新 教えて考えさせる授業・小学校：深い学びとメタ認知を促す授業プラン　図書文化社

トピック4−12 習得の基礎としての「読解力」の指導

犬塚美輪

【1】読むとはどういうことか

　学校の中だけでなく、仕事や生活の中でも新しい知識を身につけることは必要であり、そのために最も有効なのが「読む」ことである。読解力は**生きる力**として必要不可欠だといってよい。しかし、読むのが苦手だ、という学習者は少なくない。

　読むのが苦手な学習者に共通しているのは、読むための方略のレパートリーと方略の使用頻度が少ないことである。犬塚（2002）は、説明文に書かれた内容を理解するための方略を整理し、7つの方略カテゴリーを示している（表1）。7つの方略カテゴリーはさらに3つの因子で説明され、大きく3つの機能を果たしていると考えられた。つまり、単語や文それぞれの意味を明確にする方略から、内容全体を把握するための方略、構造や自分の知識の観点から関連を明確にするための方略、というように、理解の深さという観点から異なる種類の方略が用いられることがわかる。方略のカテゴリーによって機能が異なるため、よりよく理解するためには、こうした方略を適切に用いることが重要である。

【2】読解方略指導の現状

　読解方略を提案する研究は古くからあるものの、学校で十分に方略が指導されているとはいえないようだ。犬塚（2013）は、指導要領に、国語の指導目標として方略を用いた読解があげられているとしながらも、具体的に示されている方略が限定的であることを指摘している。国語の授業の目的はその内容を指導することに重点が置かれやすく、学習者が一人で読むときに学んだ方略が用いられるようになることに意識が払われにくいという問題があるといえるだろう。

【3】読解方略をいかに指導するか

　研究知見（例えば、National Reading Panel, 2000；Rosenshine & Meister, 1994など）から、読解方略を効果的に指導するためのポイントとして以下の3点を挙げる。

［1］**方略の明示**　方略を学ぶことを学習目標として明確に位置づ

🖉**方略**
記憶や理解、問題解決などの課題をよりよく達成するために選択するやり方や考え方のこと。

表1 読解方略のカテゴリーと機能 (犬塚, 2002, 2009をもとに作成)

機能	方略カテゴリー（例）
理解補償方略：部分的・要素的な理解のつまずきを補う	意味明確化（難しい文は自分で言いなおす） コントロール（わからないところはゆっくり読む）
内容理解方略：文章に明示的に書かれたことの理解や記憶を促進する	要点把握（大切なところに線を引く） 記憶（難しい言葉は丸暗記してしまう） 質問生成（自分の理解をチェックする質問を考える）
理解深化方略：文章に明示的には書かれていないことに着目し理解を深める	構造注目（接続詞に注目する） 既有知識活用（知っていることと結びつけようとする）

け、特定の目的のためにどのような方略を用いるとよいかを具体的に示す。そのうえで、読解活動の中で学習者自身が実際に方略を用いて読む練習をする。

[2] **組み合わせ** しばしば、単独の方略だけでは理解促進効果が十分に発揮されない。そのため、学習者の特徴（年齢や文章内容への興味、読解スキル）や課題の特徴（難度、文章構造の特徴）に応じて、必要な方略を組み合わせて指導するほうが効果的である。

[3] **協同** 他者に説明する、質問と応答を行う、といった他者とのやりとりを通じて方略を学ぶことが有効である。「**相互教授法**」はこうした指導法の代表的な例で、有効性が繰り返し確認されている。

上述した3点を学校での学習の文脈の中で実現する例として、CORIがよく知られている。CORIは、教科の学習の学習目標に沿ったテーマの資料やテキストを読む過程で方略指導を取り入れている。読解方略だけを取り上げたトレーニングではなく、特定の文脈に埋め込まれた学習活動の中で明示的に方略指導を行うことで、教科の内容と読解方略の指導を両立させ、それぞれの指導をより質の高いものにしていく試みである。

【4】これからの読解指導に向けて

学習者が学び続けるためには、読解方略の組み合わせをより明示的に示し、他者とのやりとりを通して身につけていくような指導が重要である。また、実際の学習場面では、例えば動画と文章が組み合わさったマルチメディアの理解や、広告など内容の信頼性を吟味する必要がある題材など、表1に示されていない方略が必要になることもあるだろう。多様な方略を視野に入れた読解指導を実現し、学習者の生涯学習の基盤を作ることが課題だといえる。

相互教授法
学習者が交代でリーダー役を担って、学んだ方略を用いながら読み進めていく。Palincsar & Brown (1984) により提案された。

CORI：Concept Oriented Reading Instruction
Guthrie et al. (2004) により提案された。

犬塚美輪・椿本弥生 (2014). 論理的読み書きの理論と実践：知識基盤社会を生きる力の育成に向けて　北大路書房

トピック 4-13 母語獲得と外国語学習の違いから見えてくる言語教育のあり方

大津由紀雄

【1】言語を身につける3つの形態

母語（第一言語：L1）の獲得がいつ完了するか（つまり、大人の心的状態が達成されるか）について明確な答えが得られているわけではない。統語については、その中核的部分は生後3年ほどで大人の状態になると考える研究者が多い。仮に、その説を採ると、（乳幼児が目覚めている時間を1日8時間と仮定して）母語となる個別言語に触れる総時間は8760時間程度になる。

生後すぐに触れ合いが始まるわけではないという点で母語とは異なるが、母語の場合と同じように当該言語が生活言語として使われている環境で身についた言語を「（狭義の）**第二言語（L2NS）**」とよぶ。

L1やL2NSに対して、生活言語として用いられていない環境で身につけようとする個別言語を「**外国語（FL）**」とよぶ。なお、L2NSとFLをあわせて「（広義の）**第二言語（L2BS）**」とよぶことがある。L2BSを単に「第二言語」とよぶことも稀ではないので、注意が必要である。

FLはL1およびL2NSと次のような相違点がある。

①FLを身につける過程は意図的教示と意識的学習による部分が多く含まれている。そこで、L1とL2NSを身につける過程について「**獲得**」とよぶことが普通であるのに対して、FLの場合には「**学習**」とよぶことが多い。

②FLの学習過程において当該言語と触れ合う時間はL1およびL2NSの場合と比べてかなり少ないのが普通である。なお、外国語の初歩的な運用能力を身につけるために必要な学習時間は約1500時間といわれている。それに対し、日本の現状において学校教育で外国語（ほとんどの場合、英語）の授業時間は約800時間程度である。

③FLの学習においては動機づけ、ことに内発的動機づけが重要であるといわれている（Dörnyei, 2001）。「英語が話せるようになったらいいなぁ！」というような単なるあこがれや大学入試を突破するためには英語を学ばなくてはならないといった外発的動機づけだけでは学習の持続が困難になりがちである。

統語：syntax
言語表現を構成する要素（例えば、語）の間の形式的関係

（狭義の）第二言語：second language (in the narrow sense)；L2NS

外国語：foreign language；FL

（広義の）第二言語：second language (in the broad sense)；L2BS

獲得：acquisition

学習：learning

動機づけ：motivation

内発的動機づけ：intrinsic motivation

外発的動機づけ：extrinsic motivation

④外国語学習についても**臨界期**¹⁾があることを示す証拠はない。

▷ 1) p.154参照。

【2】日本における英語教育の問題点

以上の相違点を認識したうえで、日本の英語教育の現状をみると、次の問題点が浮かび上がってくる。

⑤これまで学校英語教育の成果が上がっていないことから、小学校への英語活動・英語科教育の導入など、英語学習開始時期の早期化が図られているが、それが英語教育の成果向上につながることを示す証拠はない。

⑥文法学習が英語嫌いを生み出しているという誤った認識に基づき、文法教育を軽視する危険な傾向が見られる。ことに、**文法学習**に代わり、それが必要ない**定型表現学習**のみを重要視する傾向は創造的な言語使用という観点からすれば見過ごすことができない問題である。

⑦外国語である英語の文法を理解し、運用に供することができる状態を達成するためには、それに先立ち、そのための基盤として、母語の文法についてある程度の意識化が図られていることが望ましい。

⑧英語を運用できるために必要な触れ合いの時間は学校英語教育だけでは十分ではないので、運用できることを目標とするのであれば、それに見合った学校外学習が必要となる。

【3】英語教育の改善に向けて

これらの問題を解消し、学校英語教育を本来の姿にするためには以下の改善が必要である。

⑨国語教育と英語教育を言語教育として一体化することを目指す。そのために必要な予備的作業として、国語教育と英語教育の連携を図ることと、将来の一体化に向けて必要となる見識をもった教員養成プログラムを確立すること。

⑩英語教育のあり方については様々な立場から多くの人が意見を述べているが、ことばとその獲得・学習・教育についての基礎的な知識を得たうえで、学校教育の一環としての学校英語教育のあり方についての冷静な判断を下すこと。

📖 Gass, S. M. (2013). *Second language acquisition: An introductory course* (4th ed.). New York: Routledge.

📖 大津由紀雄・鳥飼玖美子（2002）．小学校でなぜ英語？：学校英語教育を考える　岩波書店（岩波ブックレット）

📖 大津由紀雄・窪薗晴夫（2008）．ことばの力を育む　慶應義塾大学出版会

トピック4-14 英語学習プロセスを探る
――中学生の英文主語把握

金谷 憲

【1】「どう教えるか」を考えるために

「教える」ということの典型的イメージは、「知識をことばによって伝える」というものだろう。学校教育に特化すれば、「教材のことばによる解説」が典型イメージになるだろう。

しかし、英語のように、「身につけて使えるようにする」ことが必要とされる教科では、生徒がどのように英語を「身につける」か、を知らなければ、うまく「導く」ことはできない。

生徒が頭の中に英語をどのように獲得していって、その結果、どのような英語をどの程度使えるようになっていくかを知らねばならない。

毎日英語を教えている英語教師が、生徒がどのくらい英語を獲得しているかを当然承知しているかというと、意外とわからないまま「教えている」という現実がある。

【2】英語の基礎力はどう獲得されるか

英語学習（習得）プロセスについて知らなければならないことはたくさんある。そのうち、英語の基礎基本とは何か、ということを考える研究プロジェクトを1991年にスタートした。[1]

このプロジェクトで注目したのは、英語の語順である。言語の語順によるタイプ分けによると、英語はSVO言語、日本語はSOV言語に分類される。英語は動詞を主語のすぐあとに置くが、日本語は文の最後に置く。母語と異なる語順を身につけることは簡単ではない。

話はここで終わらない。簡単な文では語順は見えやすい。例えば、I love youのような単語が3つしかない文であれば、他の順序（love you Iや、you I love）との違いがすぐわかる。

しかし、多くの場合、単語がいくつも連なってひとかたまりになり、そのかたまりがSであったり、Oであったりする。例えば、The book on the desk is yours. だと、the book on the deskで文の主語（主部）になっている。

この文を疑問文にするとなると、Is the book on the desk yours? と、be動詞と主語の順番を入れ替えなければならない。the bookまでが

> 1) 結果の詳細は金谷（1994）を参照。

かたまりだと思っていると、Is the book yours on the desk? という誤った文を作ってしまう。

　語順を理解するにあたっては、語順を構成するかたまりを正しく把握していることが大切であることがわかる。

　さらに、かたまりを把握する際、英語の修飾の仕方が日本人学習者にとって障害となる。日本語では、名詞の修飾は前から行われる。「大きなリンゴ」「机の上の本」「お父さんが買ってくれたパソコン」など、すべて下線部が前から「リンゴ」、「本」、「パソコン」をそれぞれ修飾している。

　これに対して、英語では、a big appleは前からだが、a book on the desk、the PC my father bought for meなどは後からの修飾である。この後からの修飾（後置修飾という）が基本的な語順を把握するのにネックになっている。

【3】Billy's Testによる研究から得られたもの

　われわれは、英語基礎力の中には、単語いくつかから成るかたまりを正しく把握する力があると結論づけた。そして、後置修飾を含めて、実際に中学生は、英文の主語（正確には主部）の名詞句をい

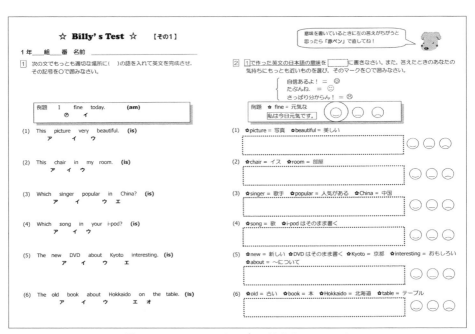

図1　Billy's Testのサンプル（金谷他, 2015, p.81）

つ頃、どのくらい、理解するようになるかを調査した。

[1] Billy's Test ができるまで

　研究プロジェクトは3期（2002年〜2005年、2006年〜2009年、2010年〜2013年）にわたって、異なる埼玉県の公立中学校3校で行われた。いずれも同じ生徒を入学時から卒業までを追う研究である。

　中1の2学期末から、各学期末に主語把握テストを計8回実施する。主語把握テストは研究をしながら改良していき、Billy's Test というテストに作り上げ、3校目（2010年〜2013年）で実施した。

[2] Billy's Test の方法

　このテストはbe動詞を抜いた文にbe動詞を戻し、その後、完成した文の意味を日本語で書かせるというものである（図1）。

　12問から18問のテストは2回に分けて行われる[2]。テスト用紙は右半分が折ってあり、剥がれるノリで糊付けされている。

　生徒たちは、まずテスト用紙左側のbe動詞挿入問題に取り組む。次のように、isを入れるのに適切だと思われる箇所を選ぶ。

　　This picture very nice.　（is）
　　　ア　　　イ　　ウ

　be動詞挿入箇所を選び終えた生徒は、テスト用紙の、折られて糊付けされている右側を剥がして、和訳に取り組む。糊付けされた部分を「ビリビリ」と剥がすのでBilly's Test と名づけたわけである（図2）。

　和訳は意味がわかっているかどうかを確かめるためにさせている。また、語彙がわからなかったために誤答を選んだ場合もチェックできるように、和訳解答欄には語義が提供されている。

　第1回（中1、第2学期末）、第5回（中2、第2学期末）、第8回（中3、第3学期末）の3回については全く同じ問題が含まれている。

【4】結果

　主な結果は以下の通りになった[3]。

①中学卒業時に英語の主語名詞句のかたまりが正しく把握できる生徒は、甘く見て半数程度、厳しく見ると3割程度である。

②中1、中2では把握の度合いは上がっていくが、3年になると変化はあまり見られなくなる（横ばい状態になる）。

③中1から中3にかけて中間層にのみ向上が見られる。

---

2) 実際のテストは、金谷他（2015）巻末に収録。三省堂ウェブサイト http://tb.sanseido.co.jp/english/books/class/en_billy.html から入手できる。

3) 詳細は前掲書、金谷他（2015）参照。

④英文の構造はわかっていても、その意味はわかっていないことがしばしばある。

結果はもちろん、「テストを実施した中学では」、ということで、どの中学でも同じ結果がでる保証は今のところない（引き続き、横浜市立の中学で調査中）。

甘く見た場合というのは、be動詞挿入のみ正解している場合、厳しく見た場合というのは、意味解釈も正確である場合である。構造がわかって、意味も正しく理解できている中学生が、卒業時に3割程度ということである。

ただし、このテストでは中学で導入される後置修飾5種類のうち、前半で習う2種類（前置詞句 ex. a girl from Canada、to不定詞 ex. something to eat）しか試されていない。現在分詞、過去分詞、関係詞によるものは含まれていない。したがって、5種類すべてを試した場合、正解率は大幅にダウンすることが想像できる。

【5】「教える」ことに活かす

この結果からいえる最も大切なことは、中学3年間の英語学習で、文の主語の成り立ちや作り方などを身につけて高校へ進学する生徒は、きわめて少数だということである。

3年生になって理解が進まないことを考えると、後置修飾を始め他の色々なことが導入されることによって、少しわかりかけたものが、またわからなくなっているように思える。

高校では、ここで示された中学生の現状を踏まえて、主語のかたまりについて理解が進むよう生徒の学習をモニターしながら指導を行う必要がある。

しかし、高校では、中学生の学習状況にはあまり配慮せず、また、新しいことを導入し続ける。「教える」ということが「学び」とかみ合っていない。主語把握以外にも、様々な英語の基礎が、どのように獲得されているかがわかっていない。英語の「学び」を理解する努力を続けて、英語教育を再構築する必要がある。

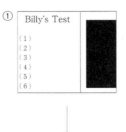
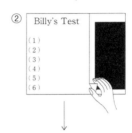
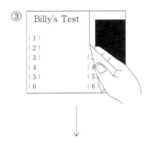

図2　Billy's Testをビリビリと剥がしている様子
（金谷他, 2015, p.83）

📖金谷憲・小林美音・告かおり・贄田悠・羽山恵（2015）．中学英語いつ卒業？：中学生の主語把握プロセス　三省堂

トピック 4−15 学習指導要領改訂と英語力経年変化

斉田智里

「英語コミュニケーション能力」育成の方針が学習指導要領で強調されたのが、平成元年（1989年）3月の改訂であった。平成十年度の改訂でもこの方針は踏襲されたが、一方でゆとり教育推進のため中学校での週当たり英語授業時数は4から3に削減された。平成元年度改訂学習指導要領が施行されたのが1993年度、それから20年余り経ち、コミュニケーション能力育成の目標は日本の学校英語教育に定着したが、この間生徒たちの英語力は向上してきたのだろうか？

【1】高校生の大規模英語学力調査

2014年7月〜9月に文部科学省が初の大規模英語力調査を行った。全国の国公立480校を無作為抽出し、高校3年生約7万人を対象に英語4技能型テストを実施した。測定する英語力を「実際の言語使用場面を前提とした英語コミュニケーション能力」と定義し、「聞くこと」「読むこと」は多肢選択式問題（計79問、68分）、「書くこと」は自由記述（2問、27分）、「話すこと」（対象者1.7万人）は教員とのインタビュー（音読1問、質疑応答1問、意見陳述1問、約10分）で測ることにした。結果を世界標準で解釈するために、各項目をCEFR（ヨーロッパ言語共通参照枠）と関連づけた。[1]

調査結果は、「聞くこと」「読むこと」では約75%の高校生がCEFRのA1レベル以下、「書くこと」と「話すこと」では約87%の高校生がA1レベル以下で、無回答者および0点は「書くこと」で約30%、「話すこと」で約13%と、日本の高校3年生の英語力は国際的に非常に低い水準にあること、特に発信能力（書くこと、話すこと）には大きな課題があることが浮き彫りとなった。

文部科学省の調査から遡ること20年、筆者は当時高校教員として高校入学時の英語力が年々低下していることを実感していた。自らも作成に加わった茨城県高等学校教育研究会（高教研）作問委員会による英語学力テストのデータを活用して、英語力の低下懸念を実証できないかと考えた。テストは学習指導要領と検定教科書に基づいて作成され、リスニング、会話文完成、文法、語彙、文の並び替え、読解の各領域から全46問の多肢選択式で構成される。毎年4

1) CEFRでは、外国語の熟達度を領域別にA1、A2、B1、B2、C1、C2の6つの段階で、それぞれ言語を使って「〜できる」という形式で表現している。A1レベルが最も低く、C2レベルが最も高い水準である。

月に県内の高校で大規模に実施された。そこでまず、各年度のテストデータに項目応答理論（IRT）を適用し、年度ごとに尺度化を行った。しかし日本の多くのテストがそうであるように、経年比較が可能となるようなテスト設計がなされていないために、各年度の尺度の原点と単位が異なり年度間で結果を相互に比較することができない。経年比較を行うためにはテストの難易度を調整する「等化」という作業が必要となる。そこで別途、既存のテスト項目を用いて等化用テストを13個作成し、計6000人以上の高校生に実施することで各年度の尺度の原点と単位を一致させる等化を事後的に行った。その結果、過去14年間に茨城県高教研の英語テストを受検した約20万人のスコアが比較可能となった。

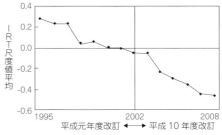

図1　高校生の英語力の経年変化
（斉田, 2014『英語学力経年変化に関する研究』風間書房 p.64の図を改変）

📖項目応答理論：item response theory；IRT

📖等化：equating

【2】英語力低下の実態

1995年度から2008年度までの経年変化をみると、このテストで測られる英語力が徐々に低下していたことは明らかである（図1）。特に成績上位層より中位層から下位層にかけての英語力の低下が顕著であった（斉田, 2014）。この期間は学習指導要領で英語コミュニケーション能力育成の方針が打ち出され、各学校で実施されていた時期と一致する。一つの県のデータではあるが、日本全体の高校生の現在の英語力水準を示す調査結果ともあわせて考えると、学習指導要領が目標とする英語コミュニケーション能力がこの20年間で十分に育成されてこなかったのではないかと懸念される。

問題はこの先である。否が応でも**グローバル化**する世界で日本が生き残っていくために、日本人の英語力をどう向上させていくのかは重要な社会的課題である。英語教員の英語力・授業力の向上、指導法の改善、外国語科教員養成課程の見直し、第二言語習得研究の知見を取り入れた小学校英語教育の実施、学習到達目標でつなぐ小中高大英語教育の連携、クラスサイズの縮小、授業外での英語学習時間の確保、英語4技能型入学試験の導入、自律的学習者の育成など、まさに英語教育研究の成果が試される時である。客観的なデータをもとに教育効果の検証を積み重ねながら時代の要請に応えていくことが、教育研究者に今一層強く求められていると思う。

📚野口裕之・大隅敦子（2014）．テスティングの基礎理論　研究社
（心理・教育測定や外国語教育の研究や実践場面でテストを用いる際に必要なテスティングの基本から最新理論までがわかりやすく解説されており、「テスト理論」と言語能力測定に関心のあるこれから教育心理学を学ぼうとする人たちにお勧めの一冊。）

📚加藤健太郎・山田剛史・川端一光（2014）．Rによる項目反応理論　オーム社
（教育テストを支える項目反応理論について、実践的かつわかりやすく解説されており、テストの開発から運用を考える際にも多くの示唆が得られる。）

📚熊谷龍一・荘島宏二郎（2015）．教育心理学のための統計学：テストでココロをはかる（心理学のための統計学4）　誠信書房

トピック 4–16　理科教育における動機づけの可能性

飯高晶子

　科学的現象への興味・関心はいかにして高められるのだろうか。幼いこどもを見ていると、月や蟻、だんご虫を観察したり、様々な色水を混ぜ合わせて実験をしたり、実に多くの生物や自然現象に興味をもっている。しかし、理科への学習意欲は学年に伴い低下する様子がいくつかの調査で示されている[1]。

　IEAによる2015年実施のTIMSS[2]では、教科に対する意識に関し、中学校2年生では「理科は楽しい」「将来、自分が望む仕事につくために、理科で良い成績をとる必要がある」「理科を勉強すると、日常生活に役立つ」などの項目で、わが国では依然としてOECDの参加国の国際平均を下回った。小学生より中学生で理科の学習意欲は低下傾向にあり、学習意義を自らの将来展望の中で捉える意識に課題が残ることがうかがえる。

【1】理科を学ぶ意義を伝達する

　学習意欲は、学ぶ内容が自分にとって必要、関係があるかどうかに影響を受ける。市川の**学習動機の2要因モデル**（市川, 2004）では、学習意欲には例えば、「理科を学ぶこと自体が楽しい」という充実志向以外に実用志向が分類される。「将来エンジニアになるのに必要だから理科を学ぶ」など、仕事や生活に生かそうという動機である。さらに、谷島・新井（1996）では理科の学習独自の動機を検討し、実験や観察への動機である活動志向動機を認めた。特定の理科の教材へ興味や関心をもつことで活動志向動機が高まるという因果関係もみられ、実験や観察に取り組む事前の動機づけが大切となる。

　教材への興味・関心を高め、理科を学ぶ意義を理解するためには、児童生徒が教材との関連性を内面に感じる必要がある。しかし、川村（2014）は日常生活にあるものと教材との間には乖離が生じ、日常品がブラックボックス化しているという今日的な問題点を指摘する。例えば、家庭で用いられるはかりを例にばねのイメージを喚起しようとしても、電子はかりにしか触れていない現代のこどもでは難しい。興味深い自然現象や科学関連のニュースを補助教材などで積極的に取り入れる試みも科学的な事象への興味を引き出す契機となる。理科を学ぶことで広がる日常の豊かさや、学んだ内容が将

---

[1] 平成27年度全国学力・学習状況調査の学習に対する関心・意欲・態度では、小学校より中学校で理科の肯定的回答が顕著に減少している。質問項目は、「教科の勉強が好き」「教科の勉強は大切」「教科の勉強が分かる」「教科の勉強は役に立つ」といったもの（国立教育政策研究所教育課程研究センター, 2015）。

[2] 国際数学・理科教育動向調査の略。国際教育到達度評価学会（IEA）が、児童生徒の算数・数学、理科の到達度を国際的な尺度によって測定し、児童生徒の学習環境等との関係を明らかにするために4年ごとに実施している。日本では小学校4年生と中学校2年生が参加している。TIMSS 2015については、国立教育政策研究所教育課程研究センター（2016）を参照。

来にどう生かされるのかを教師が伝えることは、科学的なものの見方の大切さや理科を学ぶ意義を見出し、動機づけを高めていくことにつながる。

【2】生徒の気づきを大切にする

理科教育では、それぞれの生徒の気づきを大切にする授業が望ましい。学習者自身が知識を発見し学習するのを発見学習というが、そこでは高度な仮説検証能力が必要とされる。川村（2014）は大発明や大発見は簡単でないが、授業の中の生徒による気づきこそがその生徒にとっての発明・発見とし、**ぷち発明**とよぶ。学習者自身が主体的に創意・工夫する時間を授業の中にちょこっと作るという。ちょっとした発見を大したことないなどと言わず、ささいな発見も大切にする。また、並行して、こういうことをすると良くないとか、これだけはしてはだめだという否定的な発見も行われていく。そうしてまた何か新しいことを見つけたいと思う。そんなサイクルが必要であろう。こうした学習を通して能動的な探究態度が形成され、発見の喜びや感動から内発的動機づけを高めることが期待できる。

【3】ICT機器の活用により動機づけを高める

観察・実験における思考活動では、こどもが観察事象から得た種々の情報を分類、比較しながら既有知識と関連づけ、新しい意味体系を創りだす体制化を促す学習活動の工夫が必須である。ICT機器の機能の効果的な活用は、思考過程の可視化と活発化を促す。理科の実験や観察は教室の中で再現が困難なことも多い。ICT機器活用による主体的な学習は学習意欲の増大にもつながる。

本来、現代科学においては、すべての現象は数少ないシンプルなルールに基づくものと理解・整理される。多種多様な膨大なものに囲まれ、その構造や仕組みが複雑で見えにくい現代では、こうした本質的なルールに目を向けることが難しくなっている。りんごが木から落ちるというのも、月が地球の周りを回るのも同じルールに基づいている、そういった世の中の生活の中のルールに気づいて、それを不思議だなと思えることが大切である。このような自然の神秘さや不思議さに目を見はる感性をカーソン（Carson, 1956）は**センス・オブ・ワンダー**とよんだ。自然に対する感性を呼び起こされるような小さな感動の積み重ねが学習意欲につながる。動機づけが理科教育において大きな役割を担っている。

3) 多くはこどもの主体的な問題解決過程として展開され、①問題発見、②仮説発想、③観察・実験方法の考案、④観察・実験の実行、⑤観察・実験結果の考察、⑥まとめという場面から構成される（角屋、2013）。

4) 例えば、生徒の立てた仮説をリアルタイムで見られるデジタルシートを用いて教師が電子黒板上に提示し、全体で情報を共有、比較検討する。また、今まで見せられなかった現象をタブレットPCのシミュレータで**仮想実験**を行い、結果を表やグラフにまとめ分析もできる。

無藤隆（編著）(2008). 理科大好き！の子どもを育てる：心理学・脳科学者からの提言　北大路書房

トピック 4–17　社会科における誤概念の修正

進藤聡彦

私たちは学校など、外から教えられて知識を獲得するだけでなく、日常経験などから、その経験を一般化した知識を自らつくり出すことがある。前者が受動的な知識の獲得の仕方だとすれば、後者は能動的な獲得の仕方といえる。ただし、個人の経験は限定的なため、自らつくり出した知識は、結果として不十分であったり、誤りであったりすることもある。そうした知識のことを誤概念という[1]。

社会科で見出されている誤概念はまだ少ないが、中学の学習内容に関連する例として、①銀行や放送局の企業活動の主目的を、それぞれ経済の発展や国民の教養の育成などと考える公民領域の「私企業の活動の目的は、業種によって異なる」や、②地理の「北海道はどこでも夏より冬の降水量が多い」、③歴史の「江戸時代の日本は中央集権国家であった」、などを挙げることができる[2]。

誤概念は自らが納得して獲得したものであるため、学習者にとっては確証度が高く、頑健な知識になっている。そのため、学校教育で適切な知識が教えられても、修正されにくい。この点で、誤概念は学習を妨害するものという見方もできる。

【1】誤概念の修正

頑健な知識となっている誤概念を修正するためには、それが誤りであることを学習者に納得させることが必要になる。そのための具体的方法を1つ挙げてみる。江戸時代の幕藩体制とは、中学の教科書に「幕府は藩に独自の統治を認めていた」（黒田他, 2012）と記されているように、地方分権的な性質をもっていた。しかし、多くの学習者は時代劇などからつくられたイメージによって、当該の内容の学習後でも「中央集権国家だった」とする誤概念をもち続ける。

一般に学校で教えられる知識は、「pならば（は）qだ」という**ルール命題**形式をもつ。このとき、前件pを具体化した事例は代入例、後件qを具体化した事例は**象徴事例**とよばれる。上の例を「幕府と各藩の関係は、中央集権的ではなかった」とルール命題化すれば、代入例は「幕府と加賀藩の関係は、中央集権的ではなかった」などとなり、象徴事例は「幕府は、各藩から年貢を徴収できなかった」、あるいは「幕府は各藩に対して捜査権がなかった（だから隠密

注1) 誤概念は理数教科を中心に数多く見出されており、誤概念の他に、前概念・素朴概念・rū（ル・バー）などの用語が用いられる。

注2) ①私企業の活動の主目的は、利潤の追求である、②北海道の日本海側は、夏よりも冬の降水量が多い、③江戸時代に各藩には一定程度の統治が認められていた、が正解となる。

を使った)」などとなる。象徴事例は、江戸時代の幕藩体制が中央集権的でなかったことを象徴的に示す事象なので、代入例に比べて学習者に納得を得させることができ、誤概念の修正に役立つ。

【2】社会科は暗記教科か

　大学生を対象に中学・高校時代の歴史学習の好悪とその理由を尋ねた調査では、嫌いだったとする者の9割がその理由として暗記を中心とする学習を挙げた（進藤, 2002）。歴史領域だけでなく、社会科全般に対して**暗記教科**だという学習者の考えは根強い。その原因として、社会科では個別的な人名や事象名などの暗記が求められるテストが課されることが多く、学習者は暗記に焦点化して学習をしなくてはならないことが考えられる。

　では、なぜ暗記中心のテストが課されるのか。この問題は社会科に関する認識の研究の難しさにも共通する。社会科で取り上げられる事象・現象は、様々な要因が複雑に絡み合っているため、単純にルール化（法則・原理化）するのが難しい。この点が条件の統制によってルールが明確に決められる自然科学と異なる。また、社会科の内容は何が正しくて何が間違いなのかが、立場により異なることがある[3]。こうした事情から、正誤が一意に決まる事象名などの暗記以外の問題は出しにくい。同様な事情で、教育心理学においても、正誤を決めにくい社会科に関する認識を取り上げた研究は少ない。

【3】暗記教科からの脱却

　暗記学習からの脱却を図るための方法の一つが、誤概念の利用である。教師は学習者の誤概念をあぶり出し、当該の誤概念にとっての反証例を学習者に提示する。そして、その矛盾を解消する作業を行わせることで、社会科は考える教科に転換できる[4]。

　また上述の通り、社会科の対象になる個々の事象には多要因が絡み合っているが、各事象の個別性を強調するのではなく、事象間に共通する重要な知識を単純なルールにしてみることも有効であろう。その際、例外の存在が気になるかもしれない[5]。しかし、最初は例外があっても大雑把な知識（ルール）を形成することで、学習者は社会的事象・現象に学習したルールを当てはめてみて、当たれば当たった喜びを感じられる。また、外れればなぜこれまでのルールが通用しないのかを考え、その疑問を解消するために新たな学習を行うといったように、より洗練された知識の獲得につながっていく。

3) 例えば、富士山頂の缶ジュースや高級ホテルのコーヒーが高い理由について、経済学ではコストから説明する立場や、個人の主観的効用判断による需要から説明する立場がある（佐藤, 2001）。

4) 多くの学習者が誤概念をもつ幕藩体制について、「加賀藩（前田家）の年貢は誰の手に渡ったか」という問題を出し、①幕府と前田家で折半、②すべて前田家のもの、といった選択肢を用意する。そして、正解（②）を示し、江戸時代の政治体制を考えさせるなどが、誤概念を利用した授業構成の例にあたる。

5) 例えば、幕府が年貢を取り立てられなかったことの例外として、「上米（あげまい）の制」がある。

麻柄啓一・進藤聡彦（2008）. 社会科領域における学習者の不十分な認識とその修正：教育心理学からのアプローチ　東北大学出版会

トピック4-18 学級はどう変化していくか

伊藤亜矢子

【1】「変化」はどのように生まれるか

　学級には、それぞれの学級にそれぞれの変化の経緯がある。

　例えば、小学校中学年のクラスに、少し発達に遅れがあって動きがゆっくりなA君と、思ったことをすぐに口にしてしまう衝動的なB君がいるとしよう。誰かがA君を冷やかしたり、馬鹿にしたりするような行動をとると、衝動的なB君は、つい面白くなって同調するかもしれない。そのようなときも、クラスに良識ある子が多ければ、「B君やめなよ」と周囲の子がたしなめてくれる。しかし、衝動的な子や、判断力に乏しい子が多ければ、周囲もB君に同調して全体が衝動的になり、追い詰められたA君も泣き出して、クラス全体が大騒ぎになってしまうかもしれない。

　前者のタイプのクラスでも、中には、だんだんに周囲のB君への態度がとげとげしくなってB君が立場を失ってしまう方向に進む場合もある。あるいは、A君は守られるべき人で、B君は注意が必要な人物であるが、B君も注意が必要という意味で守られるべき人だと大事にされ、みながお互いに配慮しあい注意しあい、尊重しながら成長しあうクラスもある。

　さらに、大騒ぎになる後者のタイプのクラスでも、大騒ぎが連日となり、A君が学校に来られなくなったり、少数派の良識ある子が心を痛めて、欠席してしまう場合もある。あるいは、騒ぎの中心人物となっていたB君が、あるとき、周囲が成長して、もはや同調してくれる子がいないと気づいて、B君自身が混乱してクラスで大暴れしてしまう場合もある。

　A君やB君はじめ、こどもたちにとって、クラスが上記のようなどの方向に進むかは、学校生活が毎日のことだけに影響が大きい。

【2】教師の役割

　もちろん、こうした変化の背後には、教師の指導がある。A君やB君とも関係づくりをしながら、周囲をしっかりと育てて、尊重し合えるクラスをつくっていく学級経営もあれば、指導が後手にまわったり、単純にB君だけを叱ってしまうことで、B君が立場を失ったり、教師自身がこどもたちの信頼を失って、結果としてこど

もたちだけがまとまり、A君やB君はなんとなく浮いた存在で終わる、ということもある。

　学級という空間の中では、何かが単独で生じることはない。A君がからかわれれば、B君が周囲にたしなめられる、そこでB君が反発するか何かに気づくか。周囲はA君やB君を大事にしていけるか。そうした動きを教師が導けるか。個々の行動や反応と集団の動きが相互作用しながら、学級の変化が生じていく。そこで学級をつくる動きに手綱を引いて、動きを調整したり、方向づけたりするのが教師の役割になる。スクールカウンセラーなどと変化を見定めながら、適切な関わりを学級全体に行うことが学級経営の要になる。

　しかも手綱を引く方法は、様々である。学活での投げかけや、席替え、行事のさせ方など、教師がこどもたちを方向づける機会は、毎日の学校生活に数多く埋め込まれている。

　さらにいえば、教師が暗黙のうちに発する**メッセージ**もある。もし教師が、A君やB君、そして周囲の立場や気持ちを尊重しながら、どうすればよいかをこどもたちが導きだせるように尽力すれば、「それぞれの気持ちや立場を大切にする方法がある」というメッセージがこどもたちに伝わる。しかし、教師が、A君の辛い立場に気づかなければ、「大人は鈍感で気づかないのだから面白いことをしてしまえばいい」というメッセージがこどもたちに伝わる。教師がA君をかばわなければ、「弱い子はいじめられても当然なのだ」というメッセージになる。「**隠れたカリキュラム**」といわれるように、教師の指導や言動は、意図したことを超えてこどもたちに何かを伝える。ひいては、「このクラスではA君はいじめてもいい」「このクラスでは、嫌な気持ちになる子がいないようにしよう」など、**暗黙のルール**が形成されていく。

　教師がA君だけをかばっても、こどもたちは納得しない。しかし、クラス全体が、B君に同調しやすいのか、良識ある子が多いのか、良識ある子がいても声を出せない雰囲気があるのか。学級集団全体の動きを理解しながら、周囲のこどもたちを育て、A君、B君も育てていくような指導が現場では求められる。個人と集団とをしっかりと理解し、こども同士が安心して関われるように、バランス良くこどもたちに関わっていく工夫が大切である。またそのためには、習得編5-③「学級風土と学級経営」で述べたような学級アセスメントによって、周囲の教師やスクールカウンセラーなどの協力も得ながら、しっかりと学級の動きを見定めることが欠かせない。

🖉隠れたカリキュラム：hidden curriculum

🖉暗黙のルール：implicit norms

📖伊藤亜矢子（編著）(2011)．エピソードでつかむ児童心理学　ミネルヴァ書房

トピック 4-19　習熟度別少人数学習集団編制

山森光陽

「教師一人当たりの児童生徒数を減らし教科学習の習熟度別に学習集団を編制することで、各々のレベルの児童生徒の学力を高めることができる」と考える向きは多いと思われる。ここでは、教師一人当たりの児童生徒数を減らすことと、少人数の習熟度別学習集団を編制することが児童生徒に与える影響を、先行研究に基づきながら検討するとともに、**習熟度別学習集団編制**と学力との関係について、筆者らが実施した分析結果をもとに議論したい。

【1】教師一人当たり児童生徒数

教師一人当たり児童生徒数（**PT比**）と学力との関係については、学級規模に関する研究で一定程度の知見の蓄積が見られる。日本で行われた研究のレビュー（杉江, 1996）、国内外の研究のレビュー（山森, 2013）では、学級が小規模である方が児童生徒の学力が高い傾向を示す研究が多いという指摘が見られる。しかし、PT比の高低と児童生徒の学力との関係を検討した研究群では、一貫した結果が得られているわけではない。例えば、PT比と学力との関係を検討した研究276本を再分析した結果では、PT比が低いほど学力が高いことを示したものと、その逆を示したものがそれぞれ14%であり、どちらともいえないものが72%であった（Hanushek, 1999）。

このような現象はクラスサイズパズルとよばれ、2000年代以降に議論がさかんとなっている（Bosworth & Caliendo, 2007；Lazear, 2001）。最近の研究で明らかとなっているのは、少なくとも、学級規模やPT比を減じることが、すべての児童生徒の学力を一様に高めるというわけではない、ということだといえよう。

【2】習熟度別学習集団編制

習熟度別学習集団編制と学力との関係を検討した研究をメタ分析した結果14本を、さらに統合して分析を行った結果によれば、統合効果量は $d = 0.12$ であったことが示されている（Hattie, 2008）。これは、習熟度別学習集団編制を受けた児童生徒とそうでないものの学力の違いは、約0.1標準偏差分くらいしか違いがなく、すべての児童生徒の学力を一様に高めるというわけではないということを示

📌教師一人当たり児童生徒数：pupil-teacher ratio；PT比

していると考えられる。

　習熟度別学習集団編制が児童生徒に与える影響の、過去の学力の程度による違いを検討したものとしては、以下のような研究が見られる。数学と理科の授業においてミドルスクールの7年生時に能力別学習集団編制を行うことが9年生時の成績に与える影響を、生徒の社会経済的地位（SES）と7年生時の成績で統制をとったうえで検討したところ、7年生時に高学力であった生徒では習熟度別学習集団編制を行った学校の生徒の方が成績が高かったが、低学力の生徒では習熟度別学習集団編制を実施した学校の生徒の方が成績が低かったことが示された（Hoffer, 1992）。

　自己概念については、習熟度別学習集団編制を受けた生徒の方が低い傾向が見られているほか（Mulkey et al., 2005）、習熟度別学習集団のうち低学力の集団に属した生徒の方が、他の生徒と比べて自己概念が低いといったことも明らかとなっている（Ireson & Hallam, 2009）。また、**学習行動**については、高学力の学習集団においては授業と関係のない行動を生徒がとることは少なく、授業中の議論も活発であった。一方、中・低学力の学習集団においては授業と関係のない行動が多く、授業中の議論が少ないことが示された（Gamoran et al., 1995）。

【3】習熟度別少人数学習集団編制

　ここまで検討したように、PT比が低いことや、習熟度別学習集団編制を行うことが、児童生徒の学力を高めるという傾向は見られないことがわかる。では、習熟度別に「少人数」の学習集団を編制すると、どのような傾向が見られるのだろうか。なお、ここでいう「少人数」とは、各々の学校において編制された学級の人数よりも少ない人数で学習集団を編制する場合を指す。例えば、ある学校・学年では30人の学級が編制されたものの、特定の教科の授業では一学級を2分割して15人ずつ、すなわち編制された学級の人数を下回る人数で学習集団を編制したといった場合である。

　全国学力・学習状況調査のデータを分析した結果では、算数・数学に関して、全国で第1四分位までの正答数だった児童生徒（下位約25%、以下「下位層」）について見ると、算数・数学が好きと回答した児童生徒の割合は、習熟の遅いグループに対する少人数指導を行っていない学校の場合小学校で44.2%、中学校で30.7%だったのに対し、年間の授業のうち3/4以上で習熟の遅いグループに対する

少人数指導を行った学校の場合、小学校で50.1％、中学校で33.9％であることが示された。また、出題された項目別に正答率を検討した結果、習熟度別少人数指導を受けた児童生徒の方が、受けなかった児童生徒よりも正答率が高い項目が多いことも示された（文部科学省、2009）。ただし、都道府県別に見ると、習熟度別学習集団編制を行っていない学校の方が正答率が高い県もあることも同時に示された。これらの結果に対しては、「それぞれの県ごとに、習熟度別少人数指導に対する考え方や、有形、無形のノウハウの蓄積が違うことを示す一例であると考えられる」と指摘している。言い換えると、習熟度別少人数学習集団編制を行うことが効果的である場合もあれば、そうとはいえない場合もあるといえるだろう。

このように、先に検討した先行研究の結果と日本における状況には違いが見られる。その背景には、日本では効果的な少人数指導の方法が学校レベルで研究され、その知見が蓄積されていることもあると考えられる。例えば、日本の学校の中には、単元内容の進行に合わせた一斉指導、習熟度によらない少人数指導、習熟度別学習集団編制の切り替え方を、教科の単元ごとに変える指針を整備しているところもある。そのような学校では、習熟度別学習集団編制を行うことで高い効果を得ることができるだろう。

【4】少人数学習集団編制と小規模学級

日本での習熟度別学習集団編制は、**加配教員**を活用する形で実施されている。各校の教員配置数は、一学級当たりの上限の児童生徒数の基準によって学年学級数を決め（学級編制基準が40人の場合学年児童数が80人で2学級、81人で3学級となる）、各学年の学級数の和（各学年3学級の小学校では18学級）に応じて決まる（この場合学級担任18人と担任外教員2〜3人）。加配教員とは、この配置数を上回る数の教員を配置することを指す。

加配教員を活用することで、編制された学級の人数よりも少ない人数での学習集団の編制や、**ティームティーチング**の実施、学級編制基準を下回る基準での学級の編制が可能となり、PT比の減につながる。では、PT比の減のための加配教員を習熟度別少人数学習集団編制、ティームティーチング、少人数学級に活用した場合および、加配教員のない場合とで、学力にどのような違いが見られるのだろうか。

山森・奥田（2014）は、平成25年度全国学力・学習状況調査の

> ティームティーチング：team teaching
> 複数の教師による協力体制を敷きながら、学級の枠にこだわらずに、もとの学級より規模の小さい学習集団を編制したり、1つの学級集団を2人以上の教師が担当したりして指導にあたる形式。

データのうち、小学校6年生の算数A・B問題の学校平均正答率と、加配教員の活用状況に関するデータを組み合わせ、以下のような分析を行った。まず、調査対象学年の児童数と就学援助を受けている児童の割合が似た学校として、①学年児童数が41〜80人、**就学援助**を受けている児童の割合があり〜10％未満、②学年児童数が41〜80人、就学援助を受けている児童の割合が10％以上20％未満の2つの学校群を抽出した。そのうえで、平成21、24の両年度において、5年生に対して同様のPT比縮減に取り組んだ、あるいはPT比縮減に加配を活用しなかった学校とに分け、学校群ごとに学校平均正答率を比較した。その結果、①、②のいずれの群においても学校平均正答率が最も高いのは少人数学級を実施した学校であることと、②の学校群の算数B問題以外においては、PT比縮減に加配を活用しなかった学校の平均正答率が他と比べて低いことが示された。この結果のうち、算数A問題の学年平均正答率の分布を示すと、図1の通りである。

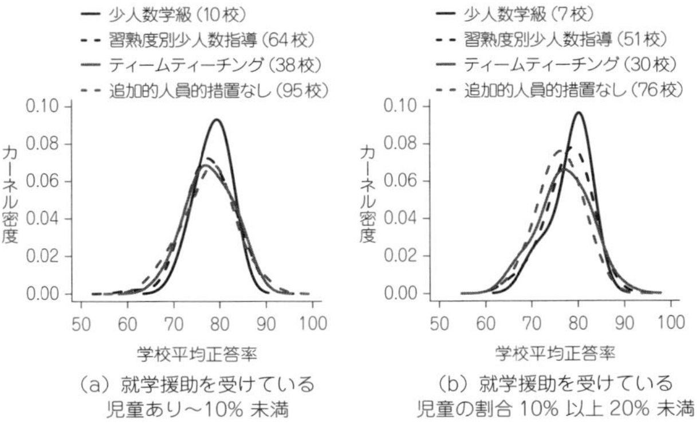

図1 PT比縮減のためにとられた方法ごとの学校別平均正答率の分布
（バンド幅3で推定したカーネル密度）

(a) 就学援助を受けている児童あり〜10％未満
(b) 就学援助を受けている児童の割合10％以上20％未満

【5】習熟度別少人数学習集団編制の効果

ここまでに検討した先行研究や学力調査データの分析結果から導ける暫定的な結論は、習熟度別少人数学習集団編制は、効果がある場合もあれば、ない場合もある、ということだろう。また、児童生徒の学力レベルによってもその効果が異なるということも示唆されている。したがって、習熟度別少人数学習集団編制を無批判に導入するのではなく、「どの内容で効果的なのか」「どうすると効果的なのか」「誰に効果的なのか」「別の効果的な方法はないのか」といったことを常に問い続ける必要があるといえよう。

ところで、習熟度別少人数学習集団編制は、数種類ある教科のうちの、特定の一教科にだけ導入されることが多い。しかし、その特定の教科だけでPT比を縮減させることの是非についても、議論の余地が多分にあるだろう。

久保齋（2005）．一斉授業の復権　子どもの未来社
（多様な個人差を持ち合わせた多数の児童生徒が集まった一つの教室で、「個としての学びを位置づけながら集団として学び合う」教師一名による一斉授業の意義を実践的に論じており、習熟度別少人数学習集団編制と対比させながら学習指導のあり方について考えを深めることができる一冊である。）

佐藤学（2004）．習熟度別指導の何が問題か　岩波書店（岩波ブックレット）
（習熟度別指導の普及の背景とその問題点を端的にまとめ、特に学習指導の「個人差への対応」について「適性」と「処遇」の関係を単純化しすぎているのではないかと警鐘を鳴らしている。）

トピック 4-20 応用行動分析学の教室での活用

平澤紀子

【1】なぜ、そのように行動するのか？

授業中におしゃべりをする、ちょっとしたことでキレル等、教室でこどもが示す**困った行動**は、学習や対人関係を阻害する。そこで、教師はこうした行動をやめさせようと注意し、反省を促す。しかし、その場限りで、まったく改善されない。あげくは、困ったこどもになってしまう。

こうした問題に対して、応用行動分析学では、「なぜ、そのように行動するのか？」を理解することから始める。どんな状況（A）で、どんな行動（B）をし、その結果（C）は何かを見てみよう（表1）。すると、こどもは困った行動によって、周囲の注目を得たり、欲しい物やしたい活動を得たり、嫌なかかわりや物、活動から逃れたりしていることが見えてくる（O'Neill et al., 1997）。困っているのは、こうした状況で、どうすればいいかわからず、うまくできないこども自身なのである。

【2】ABC から考える3つの支援方針

周囲が困る行動は、注意し、反省を促すことは大切であるが、それだけでは問題は解決しない。こどもが「こうすればいいね！」を

表1　困った行動の機能

機能		A（状況）	B（行動）	C（生じる結果）
注目	注目やかかわりが少ない状況で、その行動をすると、注目やかかわりが得られる	・授業中 ・特定の友達がいる時 ・誰にも注目されない時	・おしゃべりをする ・相手をからかう ・いたずらをする	・教師や友達が注意する ・相手が嫌がる、周囲が注意する ・教師が注意する
物や活動	欲しい物が得られない、したい活動ができない状況で、その行動をすると、それが得られる	・一番目にできない時 ・ゲームをやめるよう言われた時 ・スマホを買ってもらえない時	・文句を言う ・大声でどなる ・みんな持っていると嘘をつく	・一番目にできる ・ゲームを続けられる ・スマホを買ってもらえる
機能		A（状況）	B（行動）	C（なくなる結果）
注目	嫌な注目やかかわりがある状況で、その行動をすると、それがなくなる	・周りが騒がしい時 ・友達がしつこくする ・玄関で体が触れあう	・机を叩く ・大声でどなる ・相手を押す	・周りが静かになる ・友達がしつこくするのをやめる ・相手が離れる
物や活動	嫌な物や活動がある状況で、その行動をすると、それがなくなる	・難しい課題を促される時 ・暑い日に外活動をする時 ・わからない質問をされた時	・友達にちょっかいを出す ・具合が悪いと言う ・黙りこむ	・課題をしなくて済む ・外活動をしなくて済む ・質問が終わる

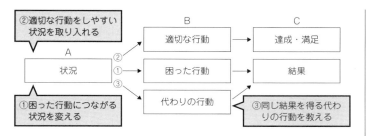

図1　ABCから考える3つの支援方針 (O'Neill et al., 1997)

学べるようにする支援が不可欠なのである。それによって、困った行動をする必要がなくなる。ABCから、3つの支援方針を考えてみよう（図1）。

[1] **問題をうまく避ける**　困った行動につながる状況（A）をなくしたり、変えたりすることによって問題を避けることができる。例えば、特定の友達がいるときに、相手をからかうと、相手が嫌がり、周囲が注意する。この場合、まずは、その友達と接触しないようにすることで、相手をからかう行動を避けることができる。また、その行動を強化している結果（C）が生じないように、からかっても、相手をしないように友達を指導することも有効である。ただし、これまで得ていたかかわりが得られなければ、一時的にからかいがエスカレートする。結果（C）を変えるだけでなく、そのこどもにかかわりを得る適切な行動を教える必要がある。

[2] **適切な行動を教える**　状況（A）を工夫して、適切な行動によって結果（C）が生じるようにすれば、困った行動をしにくくなる。例えば、授業中におしゃべりをして、周囲の注目を得ている。この場合、そのこどもがしている適切な行動に注目する。もし、計算等の課題には取り組んでいるならば、そうした課題を促し、こどもの取組に大いに注目すればよい。それによって、適切な取組は強化され、関係のないおしゃべりをする必要がなくなる。

[3] **代わりの行動を教える**　代わりの行動によって、困った行動で得ている結果と同じ結果（C）が得られれば、困った行動をする必要がなくなる。例えば、わからない質問をされるときに、黙りこむと、質問が終わる。その場合、こどもに「わかりません、もう一回言ってください」等と言うことを促し、教師がもう一回言う。それを言うとわからない状況を避けられれば、黙りこまなくて済むようになる。

📖 平澤紀子（2013）．応用行動分析学から学ぶ子ども観察力＆支援力養成ガイド　家庭支援編：発達障害のある子の「困り」を「育ち」につなげる！　学研教育出版

トピック 4-21 居眠り・私語・カンニング

釘原直樹

【1】居眠り、私語、カンニングの実態

　われわれは常時気を張り、いつも全力投球しているのではなく、日常の大半は弛緩した状態にある。授業中の学生の居眠りや私語もこの弛緩の延長上にあると考えられる。日本では仕事中や会議中に居眠りをしても、それほど厳しくとがめられないといわれるが、それは、その場に居ることにより義務が果たされたと解釈され、居眠りが容認される文化が存在するためだという主張もある（Steger, 2007）。ただし、諸外国でも居眠りはある。

　日本青少年研究所の国際比較調査（一ツ橋文芸教育振興会・日本青少年研究所, 2010）によれば授業中に居眠りをしたことがあると回答した高校生は日本が81％、米国53％、中国52％、韓国91％であった。日韓は居眠りの割合が高い。この結果の解釈として、第1は文化的要因、第2は受験システムの影響が考えられる。日韓は入試の受験競争が厳しく、教師も生徒の居眠りを容認している可能性がある。

　私語は授業中の行為としては居眠りより他者に及ぼす悪影響が大である。大学によっては、授業中に私語のみならず、スマホをしたり、中には教師の目の前で化粧をするといったこともあるという。私語についても日本青少年研究所の調査（一ツ橋文芸教育振興会・日本青少年研究所, 2010）がある。それによれば授業中に私語をしていると回答した高校生は日本が72％、米国92％、中国70％、韓国85％であった。高校生のレベルではわが国が突出しているとはいえない。

　また、大学の授業中の私語や成績と座席位置の関連についての研究によれば、教室後方ほど授業と無関係の私語の頻度が高く、また友人の数も多いことがわかった。一般に、教室の後方に着席している学生の成績や学習意欲は低く、学習意欲の低さの表れとして私語が生じたとも考えられる。

　カンニングは居眠りや私語より、反社会的行為の意味合いが強い。カンニングの方法はさまざまで、藤本他（2009）の調査によればカンニング・ペーパー（32％）、机や文具等への書き込み（24％）、わき見（23％）、答案の交換（6％）、携帯電話など電子機器の利用（5％）などであった。今でも結構、古典的方法が使用されている。

　カンニングの国際比較も日本青少年研究所（一ツ橋文芸教育振興

会・日本青少年研究所, 2010）によって行われている。それによれば、「それほどカンニングを悪いことだと思わない」高校生の割合は日本が3.3％、米国8.8％、中国4.8％、韓国2.2％であった。このように米国においてカンニングに対する罪悪感がやや低い傾向が見られた。

欧米における大学生のカンニング経験率に関するデータは研究によってかなり異なるが、米国とカナダの61の大学18000名を対象にした大規模調査（Stone et al., 2010）の結果では70％ほどであったことが明らかになっている。一方、わが国で行われた首都圏の偏差値50前後の一般的な大学生274名に対する調査（藤本ら, 2009）によれば36％であった。

いずれにしても大学ではかなりカンニングが蔓延しており、日本よりも米国のほうがカンニングに受容的のようである。またカンニングの性差については、1980年代初期までは女性の方が少ないことを明らかにした研究が多かったが、現代では性差がないとする研究が多数である。

【2】背景と対策

上記のような行動が発生する背景にはいくつかの要因が考えられる。その第1は評価可能性の低さである。大教室ではこのような行動をしても教師や監督者に見つかる恐れは少なく、成績に反映されないことが多い。第2は他者に対する同調である。他者がそのような行動を行っていれば、そこには暗黙の規範が成立し、大勢がその規範に従った行動をすることになる。第3は緊張感の低下である。大講義室で授業を受ける場合、多くの人が「自分は大勢の中の一人」であると思ってしまうだろう。そうすれば、私語やカンニングをしても責任が分散して良心の呵責を覚えなくなる。これらを社会的手抜きという。

このような教室での問題行動に対処するためには上記の要因を排除・低減する必要がある。そのためには学生や生徒を監視し、賞罰を使用することが手っ取り早い方法であるが、その効果は限定的である。やはり学生や生徒の自覚を高めることが必要である。あるアメリカの大学では、大学の倫理綱領（カンニング、剽窃などに関連した）を日頃から意識させる活動を行っている。例えば入学時に倫理綱領について詳しく説明したり、教師が授業や試験の前に倫理綱領を読み上げたりするのである。私語をなくすために、ほかにも様々な試みが行われている。[1]

1) 例えば、「私語反則切符」というものがある。そこでは私語をした学生に切符の半分を渡し、そこに日付と氏名を書かせ、あとの半分にも同じものを書かせ、半分を教師が受け取る。受講のルールは切符一枚につき、成績が10％カットされること、切符を切られた日には教室から出ることである。また授業中に「私語時間」を設けて、その時間だけは自由に私語ができるようにしたものもある。いずれにしても、動機づけが低い学生を授業につなぎ止めるためには、このような不自然な方法を使用せざるをえない。

📖 釘原直樹（2013）．人はなぜ集団になると怠けるのか：「社会的手抜き」の心理学 中央公論新社（中公新書）

📖 シテーガ, B. 畔上司（訳）（2013）．世界が認めたニッポンの居眠り：通勤電車のウトウトにも意味があった！阪急コミュニケーションズ

トピック 4-22 学級崩壊

小林正幸

【1】学級崩壊の背景

1950年代の「**暴力教室**」や80年代の「**校内暴力**」と、「学級崩壊」とは、質的に全く異なる。かつての「暴力教室」や「校内暴力」は、集団で大人に向かう形態をとり、「**反社会的**」であり、日常からの離脱であって、非行親和性があるものだった。しかし、「学級崩壊」は、こどもの「**非社会性**」の問題が背景要因の根本にあると考えられる。1980年代以降に地域での集団遊びが消え、その中でのこどもの人間関係の結べなさの課題が顕著になってきたこととの関連が指摘され、20世紀末に命名された。1992年から2002年までの10年間に急増した不登校についても、集団に適応できないこどもの急増との関連が指摘されている（小林，2001）。

【2】学級崩壊のメカニズム

学級崩壊の形成プロセスは、以下の通りである。
①こどもたち同士あるいは師弟関係で、良好な人間関係が結べていない場合が存在している。②その教室の中で、こどもたちの多くが高い不安と緊張を抱く。③そのようなときに、教師と一部のこどもとの師弟関係に不協和が生じる。④教師がその不協和をうまく収拾できない。⑤一挙に集団が無秩序な状態に陥ってしまう。

これが、学級崩壊の形成プロセスである。これは、社会心理学の**群集心理**で、群衆が**パニック**になっていくプロセスに似ている。

【3】学級崩壊の予防早期対応

上記の形成メカニズムから、学級崩壊の予防と早期対応では以下が基本になる。

[1] **学級内の人間関係を良好に保ち、こどもの社会性を育む** 学級内の人間関係が良好なものになるように、学級経営を工夫する。特に、教師が個々のこどもを尊重し、こども同士の関わりの中で、互いを尊重し、安心、安全で居心地の良い関係が作れるように工夫する。

[2] **学級内の緊張や不安が高まらないようにする** 緊張や不安が過度に高まらないように、教育活動の中で、ゆったりと過ごせる時

🔖**学級崩壊**
「学級がうまく機能しない状況」のことで、具体的には、「子どもたちが教室内で勝手な行動をして教師の指導に従わず、授業が成立しないなど、集団教育という学校の機能が成立しない学級の状態が一定期間継続し、学級担任による通常の手法では問題解決ができない状態に立至っている場合」とされている（国立教育研究所〔現在の国立教育政策研究所〕〔学級経営研究会，1999）による）。

間を保証することや、特別活動などを通して、過度な競争意識を高めず、安心していられる学級の雰囲気を作る。
［３］**崩壊の契機になりやすいこどもの行動に、教師が適切に関わる**　不平や不満、過去のつらい体験や様々なストレスから感情コントロールがうまくいかないこどもに適切に接する。不快な感情は否定せず、感情を言語化すること、また、不快感の背後にある要求を言葉にすることを手伝う。しかし、乱暴な行動は許容せず、是々非々で接することが大原則である（大河原, 2004）。
［４］**学級の雰囲気の悪化を快く思っていない多くのこどもたちの気持ちを受け止める**　授業を乱されることを快く思っていないこどもたちの努力と我慢を承認し、適切な行動については、個々のこどもを肯定的に公平に評価する。［３］の課題を示すこどもも、周囲にいるこどもも、存在そのものを同様に受け入れ、上記の関わり以外では、改善方向に向かう行動はほめるようにする。

【４】学級再生のコツ

［１］**仕切りなおしをする**　全体が崩壊しているような場合では、学級経営目標を再度、学級全員で作り直す。この際、学校関係者で当該学級の仕切り直しをどのようにするのかを十分に打ち合わせる。
［２］**騒然となった場合の周囲の援助方法を共有する**　小学校のような学級担任制の場合は、特に必要だが、学級でトラブルが起きた場合に、学校関係者に緊急に援助に入ってほしいことを伝えるシステムを考えると共に、そのような場合、どのような援助方法が適切であるのかについて話し合っておく。
［３］**保護者との関係を良好に保ち、協働して課題に取り組む**　保護者と教師が協働で事態の改善に対処せねばならない。しかし、現代では、学校へのクレーム問題のように、保護者との関係が冒頭から敵対関係になりやすい状況がある。保護者は、学級崩壊の悪化を食い止める重要な存在で、子育ての共同責任者であるので、そのことに心を痛めている保護者たちの力を借り、指導方針を共有し、学校と関わりの重要な応援者として学校教育を手伝っていただくようにお願いする。
［４］**望まれる指導方針の共有**　叱責を繰り返すだけでは、事態は悪化し続ける。そこで、学級の中で、多くのこどもが心から楽しめる活動を繰り返し行う。また、【３】の予防早期対応で触れた学校関係者の［３］［４］の関わり方の意義を保護者と共有する。

大河原美以（2004）. 怒りをコントロールできない子の理解と援助：教師と親のかかわり　金子書房

横藤雅人・武藤久慶（2014）. その指導、学級崩壊の原因です！「かくれたカリキュラム」発見・改善ガイド　明治図書出版

5 「ニーズ」と援助

トピック 5-1 認知カウンセリング

藤澤伸介

【1】認知カウンセリングとは

認知的な問題を抱えているクライエントに対して、個人的な交流を通じて原因を探り、解決のための支援を行う、教育臨床活動を認知カウンセリングという[1]。認知的な問題とは、何かがわからなくて困る（理解）とか、どうしたらよいかで悩む（方法）というようなつまずきを指す。また、ここでいう解決とは、単に意味がわかるとか、正解が出せるということにとどまらず、学習者の**認知システム**が健全に機能し、再び同様の困難が生じたときに自力で克服できるように修復することを意味する[2]。

教師がつまずいている学習者に正しい考え方を教えて、正解が出せるように指導する「補習指導」に似ているが、「なぜわからないか」とか「失敗を次に生かす」という点を重視するところが、大きく異なる点である。

【2】補習指導と認知カウンセリングの比較

次の表を見ると、教師の補習指導と認知カウンセリングの相違がおわかりいただけるであろう。

注1) 通常のカウンセリングは情意面で問題を抱えたクライエントを支援する。

注2) 同じ問題のつまずきでもクライエントによって原因や問題点は異なるので、カウンセリングのやり方は同一ではない。したがって、カウンセリングの上達のためには、カウンセラーどうしのケース検討会が必要になる。

注3) テストで×になった問題を素材にする

つまずきの実例（中1）	［問題］店で a 円と b 円の商品を1個ずつ買い、c 円払ったら d 円のお釣りが渡された。この状況を数式で表せ。　［テストの答案］$(a+b)-c=d$　　［採点結果］×
教師による補習指導の例	［実例タイプ］500円と100円の商品を買って1000円払ったときのお釣りを考えてみよう。$1000-(500+100)=400$ だね。だから $c-(a+b)=d$ が正解。 ［図解タイプ］下の線分図全体が c。∴ $a+b+d=c$　a, b を右辺に移項すると $d=c-a-b$ だから $d=c-(a+b)$ （線分図：c 全体、内訳 a, b, d）
認知カウンセリング実施例 Co：カウンセラー Cl：クライエント	Co: どう考えたの？ Cl: a と b の価値が収入で＋、c が支出で−、おつりは収入だから＋、取引成立のところをイコールでつないだ。 Co: なるほど。＋と−を時間順に並べたんだね。ところで、式に実例を代入するとどうなる？ Cl: $(500+100)-1000=-400$　あれ？　計算すると、お釣りがマイナスで変だ。 Co: 確かに。では実例に合わせて式を作ったら？ Cl: $1000-(500+100)=400$　これなら計算も合ってる。 Co: ということは、何がまずかったのかな？ Cl: 時間順に並べたところかな。それと、イコールは原因と結果の境目ではないんですか？ Co: そのように理解していたんだね。教科書には何て書いてある？ Cl: 「等号。a と b が等しいことを、$a=b$ と表す。」あ、そういう意味だったんですね。勘違いしてました。 Co: そうすると今回得られた教訓は何になりますか？ Cl: 「等号の左と右が等しくなるように式を作る」ということですね。あ、「式で表せ」と言われたら等しい関係を見つければいいんだ。よくわかりました。ありがとうございます。

【3】認知カウンセリングの流れ[3]

①Clは、自分が解決したい問題点を表明する。
②Clは自分がどう考えたかを振り返り、分析して、それのどこに問題があるかに自分で気づく。Coはこの自力発見を援助する。
③教科書を手がかりに、Clは正しい考え方にたどり着く。
④Clは誤答になった問題の解法を、納得する。[4]
⑤Clは失敗の原因から**教訓**を引き出し、必要な対策を講じる。
⑥Clは、教訓をテーマごとに記録してファイルする。[5]
⑦Coは必要に応じて、学習方略をClに教える。

【4】なぜカウンセリングとよぶか

　教育する側の習得させたい内容がまずあって、それを学習者に伝えていくのが「指導」である。その指導が順調にいかないためにつまずきが発生しているので、その原因（例えば、概念の誤解、記憶の欠落、思考順序の誤り、計算ミス、問確認不十分など）を学習者本人が自力で見つけられるようにしようというのが、基本的発想である。そのための支援としては、①**傾聴的態度**で本人の理解内容や考え方を確認する。②**協働的問題解決**を行う。③失敗から教訓（一般論）を引き出して、同じ誤りをしないよう**自立支援**の対処をすることが求められ、これこそまさにカウンセリングといえるのだ。情意面のカウンセリング同様、**共感性、尊敬的態度、促進的態度、具体化、直面化等の技法**も有効である。

【5】各立場から見た実践上の意義

［1］**学習者の学習の質が向上する**　自分の失敗の原因を分析し、その後の学習方法の改善に生かしていく習慣がある学習者は多くないので、学習者を自立させることができる。
［2］**教育の質が向上する**　カウンセラー役を経験した教師は、意外なつまずきの実態を知ることとなり、誤解を予防するような指導が可能になる。また、授業中の形成的評価の必要性が認識できる。
［3］**研究の質が向上する**　先行研究の中から研究テーマを見つけるだけでなく、カウンセラー役を経験すると研究者は学習者の学習過程に直接触れることになるので、教育の現状がよくわかるようになり、現実の世界に貢献する研究ができる。
［4］**親の子育て対応が向上する**　こどもが失敗経験を生かせれば学力は向上するので、試験の成績に一喜一憂する親にならずに済む。

とやりやすい。①の自己診断の内容は、本人が学習過程の理解度を反映しているので、援助方針策定に生かす。

4）③④のところで内容を理解したら、自分の言葉でCo相手に、教師になったつもりで説明してみるとよい。これを**仮想的教示**という。

5）⑤⑥のような方法を**教訓帰納**という。教訓とは、誤解していた点、解法上の着眼点など今後の失敗を防ぐための注意点のこと。

具体化の技法：
concreteness
抽象的な認識を具体化させる技法。「国語が苦手」より「漢字が苦手」の方が解決しやすい。

直面化の技法：
confrontation
誤概念保有者に**抵触事例**を示し、再考を迫る技法。固有名詞を「世界に唯一のものの名前」と誤解している人に、「地球」は一つだが普通名詞という事例を示す等。

藤澤伸介（2002）．ごまかし勉強〈上〉：学力低下を助長するシステム　新曜社
藤澤伸介（2002）．ごまかし勉強〈下〉：ほんものの学力を求めて　新曜社
（上記2冊は、認知カウンセリングで浮き彫りになった学習の質的低下の実態がまとめてある。）
市川伸一（編著）（1998）．認知カウンセリングから見た学習方法の相談と指導　ブレーン出版

トピック 5-2　TET（教師生徒関係訓練法）
―― 望ましい教師と生徒関係

市川千秋

🖉 TET：Teacher Effectiveness Training

👤 ゴードン
Gordon, Thomas: 1918-2002　アメリカの臨床心理学者。欲求の対立を解決するとき、双方が満足するようにウィン・ウィンの関係をつくる方法を開発した。

　TETは、ゴードンにより1974年に開発された教師研修プログラムである（Gordon, 1974）。その特徴は、教師や生徒が<u>欲求の問題</u>を抱えたとき、双方の間での望ましい関係作りを目的としている。そして、①生徒側が欲求の問題を抱えている場合、②生徒のせいで教師が欲求の問題を抱えている場合、さらに③双方の欲求が対立して問題を抱えている場合に、いかに解決するか、3つの観点からそれぞれの解決方法を提唱している。

【1】問題をもつ生徒に、能動的な聞き方を用いる

　生徒が問題を抱えているとき、教師はいかに対応するのか。TETでは以下のような手立てを用意している。①教師は生徒を観察する。顔の表情や身振りなどの微妙な動きを観察する。②教師が聞いているということを生徒にわかる言い方をする。「うんうん。そうなんだね」等である。③教師は、生徒が話すように仕向けることばを用いる。「そこのところをもっと聞きたいね。関心があるよ」等である。

　①②③の手立ては、生徒側から見て、本当に自分が理解されているかどうか、十分に確証がもてない。そこで、TETでは、④**能動的な聞き方**を重視する。この方法は生徒が考えていることの背後にある気持ち・感情に注目する。生徒の気持ち・感情を教師が推定し、それが確かであるかを生徒に聞き直すやり方である。この感情の明確化の過程を通して、生徒に**自己開示**を促すことで、問題が解消されると考える。

【2】問題をもつ教師が、私メッセージを送る

　教師が生徒のせいで問題を抱えるとき、通常、教師は生徒を非難・批判する。その場合、「あなたの振る舞いが良くない」等のように、主語に「あなた」をつけた「**あなたメッセージ**」となることが多い。受けた方は自分を未熟で非難されたように受け取る。責任を生徒に帰属させるような印象を与えてしまう。だが、TETでは、「**私メッセージ**」を提唱する。これは、教師側が抱える問題を教師が自己開示することを意味する。自己開示による私メッセージに

📝 1）教師による私メッセージの例をあげてみる。「あなたが授業中大きな声をあげていると（生徒の行動）、予定していた授業が進まなくなり（教師への影響）、いらいらする（教師の感情）」、という3要素からなる言い

は、怒り・不安のメッセージ、予防のメッセージ、肯定的メッセージ等がある。だが、最も重視されるのは、自分の内面を正直に生徒に訴える対決の私メッセージである。これを伝えると、生徒側に嫌な思いを抱かせないで、生徒が自らの行動を自主的に見直すように導くことができる。私メッセージには「行動、影響、感情」の3要素を込めて作ると説得力がある。この3要素を行動、影響、感情の順番にそって伝えるとより効果的である[2]。

自己の内面を生徒の前で自己開示、つまり自分の本音をさらすことは、教師の弱さを見せることにつながるため、本当の内面を生徒にさらす勇気と自信が教師側に求められる。

【3】生徒と教師の欲求が対立する場合の解決法

生徒と教師の欲求が対立する場合にどうするか。TETでは、生徒が自身の欲求を満たす解決策にこだわり、それに教師が押し切られる方法は負け法（ルーズ法）、教師が自分の欲求を満たす解決策を生徒に無理強いする方法は勝ち法（ウィン法）、話し合って双方が満足する解決策を見いだす方法が、勝負なし法（ウィン・ウィン法）[3]と考える。負け法では教師が生徒に不満をもち、勝ち法では生徒が教師に不満を残す。だが、勝負なし法では、双方ともに満足し、あとに不満を残さないと考える。

【4】勝負なし法の進め方

TETでは教師と生徒が欲求対立に至ったときの解決法として、勝負なし法が望ましいと考える。そして、デューイによる問題解決の6段階の過程を勝負なし法に適用した6段階プログラムを提案する[4]。

第三者の教師が6段階を進める進行役となり、対立する教師と生徒を同じ土俵にのせて、双方が満足のいく解決に導く。その過程で、能動的聞き方や私メッセージを適宜使用するとよい。

【5】学校での勝負なし法の有効性について

市川・山上（1987）は、小学生を対象に、担任教師を3つの指導類別に質問紙で類型化し、クラスのいじめ生起との関係を調べた。その結果、勝負なし法と、勝ち法の指導型でいじめが少なく、負け法の指導型でいじめが最も多く生起することが明らかになった。また、勝負なし法が、対教師態度、学級意識等で、他の2つの指導類型よりも有効であることが実証されている（市川・内山, 1990）。

方ができる。

📝2）能動的聞き方や私メッセージのスキルは、その場に応じて臨機応変に使えることにメリットがある。日頃から練習をしておき、即座に使えるように十分に慣れておくとよい。

📝3）勝負なし法（ウィン・ウィン法）は主に欲求の対立に適用されるもので、人生観や価値観などの対立には適用しにくいとされる。価値観が対立する場合は、教師がコンサルタントになったり、モデルを示したりして対応する。

👤デューイ
Dewey, John: 1859-1952 『民主主義と教育』の著者で、アメリカの教育哲学者。

📝4）勝負なし法の6段階
1段階は、問題の対立をはっきりさせ、2段階は、可能な解決策をたくさん出す。3段階は、解決策を実現できるかどうかを吟味する。4段階は、最も良い解決策を選ぶ。5段階は、解決策を実行する方法を決め、6段階は、解決策が問題をどの程度解決させたかを評価する。

📖菅沼憲治（2009）．セルフ・アサーション・トレーニング（改訂新版）東京図書
📖有門秀記（2008）．そうだ！ピアさんでいこう！：学級のトラブルを自分たちで解決するピア・リンク・メディエーション法の開発と実践　月刊生徒指導, 38(1), 32-38.

トピック 5-3　予防的援助に一般意味論の活用を

藤澤伸介

【1】学校教育における援助のあり方

　家具に足をぶつけて痛い思いをし、その家具に仕返しをしたことはないだろうか？　この瞬間、人は家具が意図的に自分を妨害したと思いこんでいる。こういう不合理な思考を我々は頻繁にしているのに、ほとんどの人はその問題点に気づかない。

　「一般意味論」は、コージブスキーが1933年に創始した理論である。人間独自の認知特性である**「意味づけ」**の様々な側面を研究し、人間が陥りやすい思考上の罠を明らかにしているので、学んでいくと自分の愚かさに気づくことができる。そして、愚かな反応を次第に減らすことができる。だから心の健康法ともいえるが、治療よりは予防向きの、有効な思考法を人々に提供する理論である。[1]

　従来の心理臨床活動は、問題が発生したあとに苦戦している個人に**「治療的」介入**を行うことが中心であった。しかしながら、学校教育における援助のあり方としては、「予防的」「成長促進的」援助も重要であると考えられる（石隈, 1999）。本稿では、**予防的援助**の選択肢として一般意味論的アプローチを紹介したい。これは、教師が学んでなるほどと思ったことを、授業中に小さな人生訓としてさりげなく紹介するだけでよい。それだけで、生徒には予防訓話になるのである。[2]

　人はしばしば不合理な思考をする。それが原因で、自分で自分を苦しめることもあるし、必要もない対立から争いをしたりしてしまうが、なぜそんなことが起きるのかを知っていれば回避が可能になり、人生を快適にしていけるのである。表1は、これまで明らかにされている誤認識と対策例の一部である。次節で活用例を紹介するので参照いただきたい。表からわかるように、内在的思考が激しい思いこみを発生させるので、一般意味論ではそれに陥らないために事実に基づく外在的思考を薦めているのである。

【2】予防訓話での一般意味論活用例

　予防訓話とは、困った事態の発生が予測されるとき、予防目的で授業中に挿入する5分程度の短い訓話のことで、多くの教師が実施していることである。[3]これに人間の特性の話を加えるのである。

一般意味論：
general semantics
名称から誤解されやすいが言語学の意味論の一領域ではない。

コージブスキー
Korzybsky, Alfred: 1879-1950　ポーランド生まれの学者。

1) 有名な**REBT**（理性感情行動療法とも論理情動行動療法とも訳す）は、エリス（Ellis, A.）が一般意味論をさらに心理療法にまで発展させたものである（トピック5-5「認知行動療法」参照）。現在では、REBTの方が一般意味論よりすっかり有名になってしまったが、一般意味論は学校における予防的援助に有効活用が可能なので、教室の予防訓練での活用が期待される。

2) 予防にも色々なレベルがあり、未然防止を1次予防、早期発見・対処を2次予防、再発防止を3次予防という。一般意味論は、1次予防に最も効果を発揮するといわれている。

内在的思考：
intensional orientation
単純な思いこみで、物事を決めつける考え方。

外在的思考：
extensional orientation
内在的意味や信念にとらわれずに、事実に基づいて、命題の正しさを確認していく考え

表1　認知特性に基づく誤認識と効果的な予防策

番号	誤認識のタイプ（例）	効果的な予防策
①	記号と指示対象の混同（不吉な4号車には乗らない）	抽象レベルの混同に注意
②	少数部分から全体を断定（群盲象を撫でる）	指標づけ（見出番号）具体化、個別化
③	一時的状況を不変と断定（今後も失敗は続くだろう）	指標づけ（日付け）具体化　個別化
④	投影（他人も欲しがるはずと、強欲な人は判断しがち）	断定に対しては評価錯誤を疑う
⑤	事実と推論の混同（報告と断定の混同）	報告文練習
⑥	二値的思考（敵か味方か？　すべてに白黒つけたい）	多値的思考
⑦	範疇の固定化（スイカは野菜か果物か？　答えがあるはず）	分類目的の確認、文脈や具体例の重視
⑧	即時反応（仕返しはすぐに、との思いこみ）	反応の遅延、語の感化的内包への注意

　数学教師Aは、試験結果に落胆し学習意欲をなくす生徒がいるので、これを何とか防ぎたいと考えていた。そういう生徒は、たった1回の試験結果が数学力全体を表すと考え（②）、同様の失敗は今後も続くと予測し（③）、失敗の原因は自分の能力の欠如にあるので、改善の対策はないと断定しがちである[4]（⑤）。

　そこで新年度から、従来行っていた問題の解法解説に**誤答原因分析**を加えると同時に5つの予防訓話を5回に分けて授業中に挿入した。その内容は、(a)一部の情報から全体を決めつけるのは愚か。(b)数学の学力は遺伝しない。[5] (c)試験準備段階でやるべきことは何かの説明と、ほとんどの生徒の失敗の原因は、能力不足でなく努力不足だという分析。(d)「人間は、数学向きの人と数学が向かない人の2種類」という考えは誤り。(e)複数の試験準備法の紹介と、準備方法をすべて試していない状態で諦めの即断は道を閉ざすという話。この対策の結果、その後は、数学の試験で悪い点数をとっても簡単に諦めてしまうような生徒は出なくなったという。

【3】成功例の分析と実施上の注意

　数学教師Aが成功したのは、唐突に一般意味論の話だけを入れ込むのでなく、普段の予防訓話の中にさりげなく人間の認識特性の話を入れていることと、誤答原因分析を授業内容に加えるというやり方をとったためであろう。何が原因で問題解決に失敗するのかを、生徒が具体的に把握できれば、自分の数学能力を抽象的なレベルで決めつける[6]ことが避けられる。一般意味論の話は説教臭くならないのも利点だ。また、予防訓話なら原則を現実に適用するのは生徒本人なので、自立を助けることにもなる。実践するには、まず一般意味論を学び、誤認識を頻発させていることに教師自身が気づいたところから始めるのが、最も自然で説得力がある。

方。習得編3-⑥「探究力と創造性の獲得」の批判的思考についても、併せて参照。

3) 予防訓話のためのエピソードは、教師自身が体験した話題が最も説得力をもつ。

4) 試験結果に落胆して意欲を喪失した、前年度までの生徒達の共通点の分析である。能力欠如については、習得編4-③「学習意欲」の原因帰属理論を参照。

5) (b)と(c)は一般意味論の話でなくA先生独自の話題である。

6) こういう決めつけが、まさに「内在的思考」である。前ページの家具にお仕置きをしたりする行為も、内在的思考による。詳しくは、次の書籍に解説がある。

📖 藤澤伸介（2011）．言語力：認知と意味の心理学　新曜社
（一般意味論の入門書。事例が豊富。）

トピック 5-4 ブリーフカウンセリング
——解決焦点化アプローチ

市川千秋

ブリーフカウンセリング
ブリーフカウンセリングとは、短期で、効果的、効率的なアプローチの総称をいう。

解決焦点化アプローチ：solution focused approach；SFA
ミルウォーキーのInsoo Kim BergとSteve de Shazerにより提唱された。

強み：strength

1) 解決焦点化アプローチの基本的な考えは、
①うまくいっているなら直すな。
②うまくいくとわかったら、もっとせよ。
③うまくいかないなら二度とするな。別の違ったことをせよ、である。

2) カウンセリングを実施する場は、多くの場合、治療構造といういわば感情処理の枠組みを設定することが求められる。そのため、相談室のようなプライバシーが保護される閉じた空間で行われるのが一般的である。

　ブリーフカウンセリングは、理論的立場からみれば、カリフォルニア、パロアルト派のMRI、ストラテジックモデル、オーストラリアのナラティブアプローチなどの流派がある。だが、近年特に注目されているブリーフカウンセリングとして、解決焦点化アプローチ（SFA）を取り上げる（Berg, 1994）。

【1】解決焦点化アプローチの特色

　SFAは、問題や不適応状態に焦点を当てて、それを分析し、原因を取り除く医療的治療モデルではない。最初からすでにあるうまくいっているところや解決に焦点を当てて、解決を広げていく、強みを引き出す教育成長モデルといえる。目的としては、終結時点で、来談者が問題状況を乗り切ることができるような、自信、有能感、達成感、自己効力感を育てることにある。その結果として主訴が取り除かれることになる。

[1] 来談者の原因帰属のタイプ　①解決の責任の一部は学校側や相手にあると考えるコンプレイナントタイプ。②解決の責任の一部は自分にあり、何とか解決に努力しようとするカスタマータイプ。③解決への取り組みにはっきりした態度を示さないウィンドウ・ショッパータイプ。こうしたタイプは来談者の解決への動機づけに密接に関わってくる。実際のカウンセリングでは、最初に①、③のタイプを、②のタイプに移行させて来談者の動機づけを高めておいてから、SFAを進めていくとよい。

[2] カウンセリング過程の定式化　教育成長モデルとしてのカウンセリング過程を定式化する。それには来談者による、目標の設定から終結までの過程をステップ化して組み立て、カウンセラー側がそのステップを来談者とともに協力して取り組む過程を、目に見えるように定式化することを目指す。

[3] 相談室以外の場でのカウンセリング　SFAでは、来談者の気持ちや感情に深入りしない。苦しみや悩みなどに触れず、個人の内面の感情処理を行わないため、個人単位だけでなく、生徒が複数いる教室や、クラスでの学習指導、進路指導、学級会活動においても活用できる（市川・宮崎, 2002）。

【2】解決焦点化アプローチで用いる特徴的な技法

[1] **4ステップを経て取り組む** 小さな解決を引き出し、それを膨らませて、正の強化をし、繰り返すといった、4ステップ[3] (E. A. R. S.) にそって段階的に進む (Sklare, 1997)。

[2] **質問技法** 質問技法を用いる。コーピング（サバイバル）質問は、「どのようにやってきたのですか」という聞き方で、来談者自身が自分で解決する力をもっているというメッセージを含んでおり、また間接的な賞賛をも含んでいる。スケーリング質問は自分の目標レベルを明確化し、解決への見通しをもたせる。ミラクル質問は、解決イメージを描く効果をもたらす。いずれも回答を求める質問ではなく、解決を導き、強化する働きをする。

[3] **称賛** 小さな解決を引き出すことや、解決への工夫・手立てを称賛する[4]。称賛には、取り組んで来たことをねぎらう意味がある。

【3】いじめ事例への適用

初回セッション（1回）と、追跡セッション（2回）の、計3回による進め方について概略を述べる（市川千秋, 2008）。

[1] **初回のセッション** ①いじめの場合、本人にどうなりたいかを聞く。この場合、来談者がすでにもっている小さな実現可能な目標を作る[5]。②スケーリング質問で、目標に関し、うまくいっている10点、うまくいっていない0点として自己評価をさせる。本事例では3点であり、0点から3点まで上がった解決への工夫・手立てを聞き出した。③工夫が「階段下に来たらいじめっ子がいるので見ないように目を伏せて歩く」であったため、さらに続行させた。4ステップを質問技法により進める。スケーリング質問で目標を1点上げて生活させ、次回までに違いを観察させる宿題をだす。

[2] **1回目追跡セッション** 前回からよかったことを聞きだし、繰り返させる。点数が上がったかをスケーリング質問で評定させる。本事例では5点に上がった。さらに工夫・手立てを引き出し、賞賛する。終結の目安は5点以上であり、いじめを乗り切る力がついてきたと判断された。いじめは消失していた。

[3] **2回目追跡セッション** 1回目と同様に進める。本事例では1回目追跡セッションで消失しているが、うまくいっていることの工夫・手立てをさらに引き出し、賞賛する。

---

3) 引き出す：eliciting
膨らませる：amplify
正の強化：reinforce
繰り返す：start over again

称賛：compliment

4) 「私は、思わずあなたのピアノ演奏に聴き惚れた」など。

5) 中学生のいじめ事例では、本人の目標が「いじめられてもよいから相手と仲良くなりたい」であった。

市川千秋（監修）宇田光・櫻井禎子・有門秀記（編）(2004). ブリーフ学校カウンセリング：解決焦点化アプローチ ナカニシヤ出版

デービス, T. E. & オズボーン, C. J. 市川千秋・宇田光（監訳）(2001). 学校を変えるカウンセリング：解決焦点化アプローチ 金剛出版

トピック 5-5　認知行動療法

神村栄一

📎**認知行動療法：cognitive behavior therapies**

📎**エビデンス**
ある症状・問題の治療や改善のために有効であることが多数の良質な実証研究によって確認されていること。

📎**行動療法：behavior therapy**
学習理論の応用として誕生した心理治療。「行動主義宣言」のワトソン（Watson, John B.: 1878-1958）、心理療法の効果の実証を強調したアイゼンク（Eysenck, Hans J.: 1916-1997）、行動分析学の祖であるスキナー（Skinner, Burrhus F.: 1904-1990）、系統的脱感作法を開発したウォルピ（Wolpe, Joseph: 1915-1998）などが初期の代表的な貢献者である。

📎**認知療法：cognitive therapy**
ベック（Beck, Aaron T.: 1921- ）により開発された。人の歪んだ受け止め（自動思考）が心の不調の維持に関与するという認知モデルを基礎に、その再構成を進める心理療法。

📎**REBT：rational emotive behavior therapy**
理性感情行動療法とも論理情動行動療法とも訳す。エリス（Ellis, Albert: 1913-2007）により開発された。人の非合理的な（根拠の

認知行動療法とは、「経験を通してふるまいや考え方、感覚の生じ方が変化していく」原理に関する行動科学的知見を応用した、対人援助法の総称である。数ある**心理療法**の中で、最も豊富なエビデンスが得られている（心理療法の多くは効果が十分に実証されない段階にある）。医療領域を中心に、優先的に選択されるべき介入方法と位置づけられている。

母体となる行動療法は、1950年前後に条件づけの原理と手法の心理的問題への応用として誕生した。1970年代後半ごろから、認知療法やREBTとの統合が進み、認知行動療法という名称で普及した。各種の精神症状や問題行動の軽減や解消に寄与する治療パッケージとして、精神科領域に限らず生活習慣や心理的特性が関わる身体疾患治療の領域、地域や団体でのメンタルヘルス支援、福祉や司法矯正、学校教育や療育の領域まで、多様な実践と研究開発が進んでいる。

【1】望ましくない行動や認知を調整し望ましい選択を増やす

幼児から成人・高齢者に至るまでの心のトラブルは、その原因は様々であれ、ある状況で望ましくない反応が過剰であり、妥当な反応が生じにくくなっている状態、として捉えられる。

例えば**不登校**の問題は、学校にある刺激課題からの回避反応が強固かつ高頻度であることから事例化する。したがって、本人にとっての生活の質の回復につながる接近反応の回復と維持が、支援の目標となる。むろんこれと関連して、他の児童生徒や教職員、家族との間に良好なやりとりが復帰すること、受け止め方や感じ方が適正化すること（本人だけでなく周囲の子、大人側のやりとりや受け止め方の課題でもある）、生活習慣や学校体制の調整（これも家族や学校側の課題でもある）が、介入のターゲットとなる。

問題や症状を、個人内面の抽象的な変数や性格特性に帰するのではなく、本人と環境との相互作用を具体的な認知や行動のつながり、認知や行動が及ぼす影響のあり方として捉え、具体的な問題解決を志向することが、認知行動療法に共通する特徴である。

【2】問題行動がその文脈で及ぼしている効果（機能）を分析する

授業の妨害となる行為、いじめ加害やルール破り、いわゆるリストカットなどの自傷癖やチックなどが繰り返されるということは、それらの行為が授業という状況において本人にメリットをもたらしていることの反映である。これを機能する、と表現する。

例えば授業妨害には、課題からの回避、教師や仲間から注目を集め彼／彼女らの感情を刺激できる（反応を引き出せる）という機能がある。自傷癖には多くの場合、本人内の不快な感覚や制御しにくい思考（自責あるいは悲観的内容の反芻）の循環をリセットできるという機能がある。いじめ加害行為にも、「ちくる」ことが困難そうな子を脅すことで実利を得る、反感を覚える相手に制裁を加え満足を得る、集団の盛り上がりの格好のネタとする、何より自分がいじめの被害側になる事態を回避できる、といった機能があるから繰り返される。

罰によるコントロールは用いられない。効果が一時的で、感情的な反発を強め、攻撃による他者支配を獲得させるマイナスが大きい。認知行動療法では、機能としては等価であるがトラブルの程度の小さい習慣へとシフトさせることをねらう。授業中の課題の回避は教師に静かにサインを送り課題を別にしてもらい、不快な思考や気分は他の手法で切り替える、いじめに加担しなくとも盛り上がるクラスにする、などである。

他者のふるまいを観察することで望ましい対処を学ぶ、強い刺激や状況に慣れていく、感情状態を自己調整するスキルを身につける、他人を受け入れ自己を主張しつつ交流するスキルを身につけることなども、必要に応じて段階的にすすめられる。

【3】より適切な心の働かせ方を獲得し自己調整力を高める

認知行動療法は、本人やその身近な支援者による自己調整力の向上が目的となる。つまり、「支援者が支える」のではなく、「本人が自らの生活の効果的な支え方を身につける」ことをねらう。

認知行動療法はしばしば、「考え方を変える」心理療法だと説明されるが、この理解は少々時代遅れである。不快な感情や感情的なふるまいに先立つ受け止め方（認知）も、主体的な活動であり習慣である。それらも含めて状況において具体的に捉え、その機能を評価し、「別の習慣」へとシフトさせていく。そのための具体的な工夫を創造しながら進めるのが認知行動療法である。

い思いこみによる）信念に気づき合理的な内容へと変容することによる心理療法。

🔖**漸次的接近：**
successive approximation
特定の行動の獲得をめざし、段階的に実行されやすい行動から始め、実行されにくい（困難な）行動を形成していく介入法。不登校の場合は特に、家庭から学校や教室への段階的接近を繰り返す手続きをさす。

🔖**観察学習：**
observational learning
本人は直接経験せずとも、他人の行動遂行を観察することによる行動パターンの獲得、あるいは行動生起頻度を変化させる学習のこと。モデリングともよばれる。

🔖**エクスポージャ：**
exposure
回避の衝動をまねく恐怖や嫌悪の刺激に繰り返しさらすことで、回避の衝動をやり過ごす訓練あるいはその原理のこと。

🔖**社会的スキル訓練：**
social skills training
他者との交流に関わる行動、情動や認知をより効果的にするための訓練。状況にふさわしいスキルを考案し、モデリングとロールプレイを反復し、実際場面への般化を進める。自らの権利を守る交流をねらいとしたものは、アサーティブ（主張）訓練ともいう。

📖 神村栄一 (2014). 学校でフル活用する認知行動療法　遠見書房

トピック 5-6 中1ギャップ

神村栄一

中1ギャップ
小中学校両者における課題である。中学校教師の出前授業、同じ中学校に進学する複数の小学校児童の合同行事などの企画が増えている。

1）新潟県義務教育課による。①小中学校間の密な連携、②社会的スキルの育成プログラム、③中1でのきめ細やかな対応、により解消されることを検証した。

2）中学1年で新規の不登校を「中1不登校」ともよぶ。「年間欠席が30日」の基準を満たしていなくとも、小6までのある学年で平均より多い欠席がある、遅刻や早退、保健室等で過ごす時期があった生徒が、中学校で「新規」とみなされている場合も多いことが多くの調査報告で明らかにされつつある。

3）不登校になりやすい要因として、過去の長期欠席の他、家庭内要因として「不登校やひきこもり」にある方の同居、学校がある日の日中に退屈せず過ごせる環境がある。その他、苦手への耐性不足、感覚過敏、不安傾向、体力のなさや病弱傾向などもリスクとなる。

　不登校やいじめ、暴力などのこどもの心の不調と荒れの問題は、中1において最も多発、あるいは大幅に増加する。近年のわが国で普遍的に認められるこの現象は、「中1ギャップ」とよばれるようになった。用語が誕生したきっかけは、2003年からの、新潟県教育委員会「中1ギャップ解消調査研究事業」である。中学校進学をいたずらに深刻な脅威とみなすことば、という批判もあるが、メディア等の関心は高く、重要な教育キーワードのひとつとなっている。

【1】不登校について

　不登校の発生数を学年ごとに比較すると、ある年度の小学校6年生の不登校発生数に対し、1年経過後の中1（同一の対象である）における不登校発生数は、2.5～3倍程度になる[2]。これは、文部科学省による全国調査の結果だけでなく、都道府県単位、あるいは一定数以上の児童生徒をかかえる地方自治体単位の統計でも同じである。不登校は学年進行で累積する指標なので、中1から中2でも相当な増加をみせる（おおむね1.5倍）。義務教育全体での不登校発生の抑止には、小学校から中1、中2での継続的な支援が必要となる[3]。

　具体的な解消目標としては、①小学校から中学校にかけ、仲間との適切なつきあい方、自己表現、ネガティブな感情の調整のコツなどを獲得発展する機会を学校教育として提供すること、②小学校低学年から不適応やそれへの周囲の対応の記録を中学校まで引き継ぐこと（過去の長期欠席は不登校の最大のリスク要因である）、③こどもの不調を効果的かつタイムラグなくモニターするシステムを、発達段階にあわせて継続すること、である。これらの主旨を各家庭にもできるだけ浸透させていくことが未然防止のために望まれる。小中一貫校の設置や6・3・3制の見直しなどについての議論は、上記①から③について実効が高まるものである限り期待できる。

【2】いじめについて

　いじめの指標は、その定義や学校現場に求められる調査のあり方の変動が大きく影響するため、年度間の比較が難しい。その中で一貫して、中1での発生ないし認知件数は最大となっている。中1の

こどもたちは最もいじめを必要としている。中学2、3年、高校において認知件数は減少していくが、深刻ないじめが執拗に継続することがあるので注意が必要である。いじめに関して、件数のみに目を奪われるのは危険である。

　いじめの加害の中心となる、あるいは聴衆としてはやしたてるような関わりが、受験勉強のためのストレス、学校や家庭での管理が緩和されれば収まるものとみなすのは、あまりにも楽観的すぎる。相手が苦痛を感じているのを把握したうえでも継続する集団での攻撃は、こどもだけでなく大人でも身近である事実にしっかり目を向けていく必要がある。中学への進学に伴い、小学校までの仲良し関係はいったん解体され再編成される。渦巻く人間関係の不安がもたらすエネルギーは強大で、様々なトラブルが引き起こされる。中学生に「いじめ加害側につい身を寄せてしまうのはなぜか」と尋ねれば、大半は「自らが被害に遭わないため」と答える。

【3】なぜ中1でこどもたちは不安定になるのか

　中1で急増する荒れを、単に「思春期だから」で説明するのは無理がある。思春期心性はベースにあるとして、さらに以下のような負荷が中1に集中するためである。

　まず、小から中への学校教育システムの変化である。教科担任制となり、教員との関係のあり方が変化する。人間関係は互いの個性を受容することで安定するものだが、部活動の顧問なども含めいきなり複数の教員との関係を構築しなければならない状況になることは、大人との関係づくりが不得手な生徒を混乱させる。教員側も、新入生の特徴を把握するまで不調のサインを見落としがちになる。

　次に、上述した「仲間関係の再編成」があげられる。小学校高学年まで、仲間を支える役割をとれていた生徒であっても、進学に伴う混乱と興奮で余裕をなくす。仲間や小学校教諭から特別な支援を受けていた生徒は、ただでさえ混乱する中で、急に支えを失う。そしてクラスや、部活動などでは、俗にスクールカーストとよばれる階層化がすすむ。階層化したクラスでは、ノリのよさ、つまりこの世代独自のコミュニケーションのスキルを発揮し続けることが求められる。階層の上位に位置するため、最悪でも下層に追いやられることを避けるため、相当なエネルギーを消費させられる。

　ギャップの存在を前提とし、中学校まで切れ目なく支援の資産を引き継ぐことが求められる。

4) いじめには普遍的な「機能」がある。①脅迫や無理強い、②心理的制裁、③盛り上がり、④保身、に整理できる。

スクールカースト
学級など、こどもたちの集団内で出来上がる階層のこと。上位でいるためには、コミュニケーションスキルや話題の豊富さ、場の空気を読みかつ支配できることなどが求められ、ノリの悪さは致命的である。

5) 発達障碍やその疑いがある子は一般に、興味関心の対象が独自で他人への配慮が後手になり、好き嫌いが極端で苦手意識の解消が難しい。これらの特性が、不登校やいじめ被害のリスク要因である事実は否定し難い。しかし当然ながら、これらは、本人や家庭の責めによるものではない。本人の特性や家族が問題の原因であるかのような議論になりかけていないか、注意が必要である。

神村栄一・上野昌弘（2015）．中1ギャップ：新潟から広まった教育の実践　新潟日報事業社

トピック 5-7 構成的エンカウンターグループ

野島一彦

【1】エンカウンターグループ

　ヒューマニスティック・アプローチは、**精神分析**、**行動主義**とともに対人援助の三大流派の一つである。その代表者のロジャースは、米国における1960年代の人間性回復運動の中でエンカウンターグループを提唱した（Rogers, 1970）。日本には1969年に畠瀬稔によって紹介された。1970年には人間関係研究会、福岡人間関係研究会が発足し、エンカウンターグループの実践と研究を今日に至るまで積極的に推進している。

　当初は非構成的エンカウンターグループ[1]が中心であったが、1980年前後から構成的エンカウンターグループ[2]も行われるようになった。筆者は、この2つのタイプの比較について論じている（野島, 1989）。ちなみに、筆者は構成的グループを構成的エンカウンターグループと呼ぶが、國分は構成的グループエンカウンターと呼んでいる（國分, 1981）。なお、2005年頃からは、第3のタイプとして、筆者らは半構成的グループを開発している（森園・野島, 2006）。

　エンカウンターグループの過程について、プロセス中心の非構成的エンカウンターグループについては、村山・野島の発展段階仮説（村山・野島, 1977）があるが、プログラム中心の構成的エンカウンターグループについては明確な理論はない。例えば2泊3日の研修では、次のようなエクササイズが行われる。①オリエンテーション＆ウォーミングアップ、②私の四つの窓、③価値の序列、④身体接触を伴うエクササイズ＆自己表現訓練、⑤墓碑銘、⑥言葉の花束。

　エンカウンターグループ実施後の変化としては、自己理解や他者理解が深まるとともに、自己と他者との深くて親密な人間関係の形成が生じる。そしてそのようなことを通して、家庭、仲間集団、学級集団等の信頼感が増し、良い雰囲気が生まれる。

【2】グループ・アプローチと個人アプローチ

　エンカウンターグループのようなグループ・アプローチとカウンセリングのような個人アプローチを比較してみよう。前者の特徴は、第1に現実状況への近さ、第2に経済性、第3に効果的要因の違いがあげられる。両者に共通する効果的要因は、①受容、②支持、

ヒューマニスティック・アプローチ
精神分析は「無意識」、行動主義は「行動」を重視するが、このアプローチは「意識」を重視する。

ロジャース
Rogers, Carl R.: 1902-1987　米国の臨床心理学者。来談者中心療法、パーソン・センタード・アプローチの創始者として有名。

[1] ファシリテーターと参加者が今、ここでやりたいこと、やれることを自発的にしていく形で進む。

[2] ファシリテーターが指示するエクササイズ、ゲームを参加者が体験する。

③感情転移、④知性化、⑤**カタルシス**、⑥自己理解、⑦ガイダンス、である。前者に特有の要因は、①愛他性、②観察効果、③普遍化、④現実吟味、⑤希望、⑥対人関係学習、⑦相互作用、⑧グループ凝集性、である。

📖カタルシス
感情や衝動を表出することで心が楽になること。

【3】学校教育での活用

構成的エンカウンターグループは学校教育ではかなり活用されている。その理由は、グループ設定がしやすいからである。一人あるいは数人のファシリテーター（リーダー）と数人～数百人のメンバーで、またスケジュール的には数時間～数日間で実施可能である。

学校教育では、次のような活用が行われている。第1にこどもに対しては、学級開きのときに人間関係づくりのために導入する、学級の凝集性を高め良い雰囲気をつくるために導入する、サークルやクラブの人間関係づくりのために導入する、入学式のときに新入生全員を対象に導入する等。第2に保護者に対しては、保護者会などで人間関係づくりのために導入する等。第3に教員に対しては、教員の自己理解、教員同士の人間関係づくりのために導入する等。

【4】ファシリテーター

構成的エンカウンターグループがうまくいくかどうかはファシリテーターによるところが大きい。その役割と機能は、①プログラム（エクササイズの組み合わせ）作成、②エクササイズの指示、③メンバーの参加態度（正直、率直、素直）の見守り、④フィードバック。

ファシリテーターの養成では、第1に講義、読書等を通して構成的グループについて基礎知識を学ぶことが勧められる。第2に体験的に学ぶことが勧められる。そのためには、まずは自分がメンバーとして構成的グループを体験することが大事である。そして、可能であれば、自分の仲間うちで、自分がファシリテーターを務めて構成的エンカウンターグループの練習をすることである。

ファシリテーターには、スキルとともに態度がより重要である。ファシリテーターの基本的態度は、ロジャースが教育論の中で強調している学習の促進者における態度（Rogers, 1968）がそのまま通用する。第1は真実さ、純粋さである。第2は学習者を大切にすること、つまり学習者の気持、意見、人物を大切にすることである。第3は感情移入的な理解である。

📖 國分康孝（編）(1992). 構成的グループ・エンカウンター 誠信書房

トピック 5-8 生理学的病態としての不登校理解

三池輝久

【1】不登校とは

　文科省は平成26年度、不登校のきっかけとして「朝起きできないなどの**生活リズム**の乱れ」が34％を占めると発表した。長期の生活リズムの乱れは生体リズム混乱を招くので、生活リズムと生体リズムは表裏一体である。したがって、この報告はこれまでの、いわゆる「こころ」を重視した不登校解釈から、**生体リズム**を視野に入れた医学・生理学的解釈への転換の必要性を示している。本稿では、著者らが25年以上にわたり情報を提供してきた不登校が脳機能としての「心」、すなわち医学・生理学的異常を伴う病態であることおよび予防可能であり重要であることを述べる。

　結論をいえば、おそらく不登校状態の80％以上は系統的（全身）生体リズム混乱に伴う、自律神経機能（三池, 2001）、中枢神経機能（認知機能）（Miike et al., 2004；吉川他, 1995）、体温調節機能（Tomoda et al., 1997；植田他, 1996）、ホルモン分泌機能（三池, 1997；Tomoda et al., 2001）、エネルギー生産機能（Iwatani et al., 1997）、免疫機能（Itoh et al., 1998）など生命維持機能をつかさどる脳の機能障害を中心とする明確な「**病態**[1]」によるものといえる。

　さらに、一旦この状態が固定すると現在の治療は医療を含めて非常に不十分であり、回復に長期を必要とするだけではなく完治に至らない場合も見られる難治性現代病との認識が必要となる。不登校とほぼ同義の診断名として「**小児慢性疲労症候群**[2]」がある。しかし、不登校に至る経過は日常生活の中で明らかに順を追っているため、こどもたちの生活のありようを詳細に観察すれば初期症状把握は容易で、初期対応により予防可能であり、最大の治療法となる。私たちが8年前から福井で取り組んできた「**睡眠教育**（眠育）[3]」により、不登校に陥ることを未然に防ぐことができることがほぼ実証された。これまでの対応のように、「不登校状態に至った学生・生徒をケアする」のではなく、不登校の予防にこそ全力を注ぐべきである。

【2】朝起きできない理由としての生体リズム混乱

　人類は何万年もかけて、おおよそ24時間の地球自転時間に合わせて「暗くなると眠り、明るくなると覚醒・活動する」概日リズム[4]と

🖋 **生活リズム**：実際の生活のありよう。

🖋 **生体リズム**：地球上に住む生物のほぼすべてが体内にもっている時計遺伝子の働きにより一定のリズムで繰り返される日常生活に必要な生理現象としてのリズム。

📝 1) 病態：健康体ではなく医学生理学的に病的状態であること。この場合、間脳・下垂体系を中心とする生命維持装置の障害が認められる。

📝 2) 小児慢性疲労症候群：3か月以上持続し、日常生活を困難にする疲労・疲労感、昼夜逆転傾向などの睡眠障害、全身の痛み、認知機能低下を主症状とし、自律神経症状、免疫異常、代謝異常、などの症状が加わる現代の難治性疾患。診断は2007年に制定された国際慢性疲労症候群学会の診断基準による。不登校児童生徒の約8割がこの診断に当てはまることがわかっている。

📝 3) 睡眠教育（眠育）は以下の5つの取り組みからなる。
1. 学生・生徒の2週間睡眠記録調査後に
a) 評価・コメント、を本人に返す。評価は4段階（A：問題なし〜D：直ちに改善が必要）であり、Dのこどもたちに対して、b) 三者面談（本人、保護

よばれる生体リズムを身につけて社会を構築してきた。この概日リズムこそが正確に24時間周期で営まれる学校社会生活を維持するために欠かせない大事な基盤となる。しかし、現代のこどもたちは、乳幼児期から夜型生活の中で育てられることが多く、概日リズムが数時間ずれて形成される傾向がある。[5]

暗くなると松果体から分泌される睡眠ホルモン（メラトニン）は光によって抑制される性質があり、深夜まで明るい環境はメラトニン分泌を抑え、分泌時間を後ろにずらすため眠気がなかなか現れず、入眠は朝方にずれ込んでしまう。逆に眠気は朝になっても消えず、起床時間を促す活動ホルモン分泌はさらに後方にずらされるため起床時間は昼近くになる（草川, 1988；三池, 1996；Tomoda et al., 1994）。本来の朝起き時間は彼らにとって真夜中となり、朝必要な活動ホルモン分泌は午後にずれこむため午後から元気になれる。活動に必要な体温は基本的に上昇し変動が小さく活動と休養のメリハリが消失する。ゆえに学校社会開始時間には彼らの心身は目覚めない。学校時間に合わせて目覚めさせようとする保護者の努力により、こどもたちの脳は半ば眠った状態で活動を開始する。睡眠不足でも起床しなければ学校社会生活から離脱しなければならない彼らは必死の思いで朝起きを続けるが、睡眠欠乏は蓄積し、脳の認知力を徐々にそして確実に低下させる。最終的に彼らの脳は自らの機能を守るために睡眠欠乏状態を悪化させ能力を低下させる無理な覚醒を拒否し始める。朝起きられず朝型学校生活から離脱する状態では、視交叉上核の時計機能はばらばらになり全身の機能を守る体内時計は統率力を失う（Ukai et al., 2007）。

この全身の時計機構の破綻は一挙に生じるものではなく、順を追って進行するためにその経過を確認できる。発端は、夜ふかし型生活に始まる睡眠不足の蓄積である。睡眠不足の蓄積は、平日に比べて休日の起床時間が90分以上遅いことや授業中の居眠り、帰宅後の入眠で知ることができる。初期段階では、頭痛・腹痛・気分の悪さなどの自律神経症状が現れ、次第に高次脳機能（認知機能）の低下、エネルギー生産システム機能不全が続くため信じられないような易疲労性が生じてくる。生きていくのがやっとの状態に陥るとともに学校生活どころではなくなる「不登校状態」は重症かつ難治性の病態であり、育て方云々あるいは心の持ち方などの視点では解決が図れない。

詳細については専門書を参照いただきたい（三池, 2009）。

者、医師または教師）を施行し、生活改善を促す。
2. 学生生徒への眠育授業（生活リズムの重要性についての授業）
3. 保護者への眠育広報・講演（生活リズムが心身の健康に及ぼす影響について）
4. 教師による生徒・学生の日常生活状況観察
5. 地域連携：夜8時以降はスポーツ活動停止。こどもが参加したスポーツ活動での大人たちの体育館使用も夜8時以降は禁止など、地域社会との連携を強化する。

📄4）概日リズム：生体リズムの中で地球の自転時間である約24時間周期で営まれるリズム。代表的なものとして睡眠・覚醒リズム、ホルモン分泌リズム、体温調節リズムなどがある。新生児期には、概日リズムの中枢時計は未完成なので概日リズムは出現しない。

📄5）昔のようにこどもたちが夜9時に入眠して朝7時までに目を覚ました時代ではなく、夜0時に入眠して朝10時に起床するリズムを身につけてしまう背景がある。中高生になっても、塾、スポーツクラブ、TVゲーム、PC、LINE、など夜遅くまで明るい光を目にしながら続けられる夜型生活は、彼らの体内時計を狂わせ、脳の認知機能を低下させる（Ukai et al., 2007）。

📖三池輝久（2014）．子どもの夜ふかし脳への脅威　集英社（集英社新書）

トピック 5-9 モンスターペアレント

小野田正利

【1】増える親からの無理難題要求

　こどもを学校・園や各種の教育機関（民間の学習塾やスポーツクラブを含む）に通わせる親が、ときとして過剰なまでの要望や理不尽ともいえるような無理難題要求（イチャモン）を教職員側に求める傾向が、1990年代半ばから増え始めた。その親の心理状態には、こどもへの過干渉という段階を超えて、わが子にとって障害物になるものをできるだけ遠ざけたいという気持ちや、こどもへの非難≒親である自分（の育て方）への批判という受け止め方が強くなり、教育サービス提供者への非難を繰り返したり、あるいは自子中心主義ともいえるような状況がある。

　筆者は、個別事例を検討するほか、校長・教頭への質問紙調査で、8割が解決困難か不条理な無理難題が増えたと回答し、その対応に9割が困難を感じていることを明らかにした。これらの研究が2005年6月26日の朝日新聞で取り上げられると、またたく間に多くのマスコミが注目するところとなった。2007年に向山洋一氏が「モンスターペアレント」のことばを使ったことで、さらに広がりを見せ、翌年には同名でのテレビドラマも放映された。

　このモンスターという用語は誤用で、もともとはアメリカの一部の地域で虐待を受けているこどもから、その親を見た場合に使用するものであった。日本のいわゆる「モンスターペアレント」は、アメリカでは「ヘリコプターペアレント」と形容される。筆者は「指摘」「要望」「苦情」「イチャモン」という要求の中身や行動形態を判断基準とし、そのような親の怒りや理不尽なように思われる要求の源あるいは背後に何があるのかの見定めが、受け手側にとっては重要であると一貫して主張し続けてきた。

　教職員等は、これを「保護者対応」という言葉で総称し、不幸なことに退職や病気休職に入るケースの多くに、保護者対応の困難さが関係しているという指摘もある。ただ確実な統計があるわけではなく、親の要求を受け取る側の主観に依るところが大きく「無理難題が増えていると感じる教職員が増えている」と捉えるべきである。とはいえ、この現象が学校等にとっては、最も辛い現代的課題の一つになっていることは間違いない。

---

1)「学校へのイチャモンの急増と保護者対応の現状～関西地区の試行的アンケートから見えるもの」（日本教育経営学会第45回大会での発表、2005年6月5日）。なおこの全文は「学校現場における保護者対応の現状に関するアンケート調査」として『教育アンケート年鑑』2005年下巻、創学社に掲載。

2) 向山洋一：教育技術法則化運動団体（TOSS）を主宰。雑誌『教室ツーウエイ』（明治図書、2007年8月号）

3) 文部科学省による「教職員のメンタルヘルス対策会議」の最終報告（2013年3月29日）では委託調査結果が示され、校長が感じる強いストレス要因として「学校経営」（74％）に続く第2位に「保護者への対応」（65％）が挙がっている。

【2】保護者対応トラブルの困難さと解決方法

　その背景には、子育てそのものが私事化の傾向を高め、社会全体が閉塞的になり、孤立化や生きづらさを抱える状況が進み、雇用不安や安定的な家計のゆらぎも重なる中で、貧困層も富裕層もイラダチ感が高まっていることがある。加えてあらゆる領域で「費用対効果」論が叫ばれ、教育活動も「商品」として扱われる意識が浸透する中で、満足基準が急上昇していることも関係する。一般企業はコールセンターや危機管理室を整備して、顧客からの苦情やクレームを適切に処理する体制を整えてきているが、学校などの教育機関は規模が小さく、同時に「親との連携」や「地域とともに共存する」ことを使命としているがゆえに、対応に苦慮することが多い。

　そもそも同じ商品といっても教育活動は、消費者が親とこどもという二重構造になっており、同時にこども自身の主体的な関わりという、受け身ではなく能動的な行為があってはじめて、支払った金額以上の価値を生み出すことができるものである。対人援助職と総称される「人が人相手に行う労働」の中でも、教育職がきわめて困難を抱えやすいのは、担任という制度がある以上は責任のバトンリレーができず、名指しで非難されることも多く、成長発達過程にある複数のこどもが介在することで多数の親が関係するという、トラブル解決の複雑さがあるからである。

　話し合いを重ねても解決困難な事案が、希ではあるが確かに存在する。その特徴は3つに整理することができる。①親自身が何らかの生きづらさや葛藤（精神疾患やメンタル面での不調など）を抱えていて、普通のコミュニケーションが取りづらい場合、②暴行・恐喝・脅迫・業務妨害などの違法行為や、損害賠償の域を超えた法外な請求などの不当要求がなされる場合、③目の前の渦中のトラブルが核心ではなく、親自身の過去の体験からくるトラウマや現在のストレス状況があり、目の前の言いやすい教職員に批判や攻撃という形で向かう場合である。むろんこれらが重複することもある（小野田, 2015）。

　③は担任だけでなく複数の教職員が、傾聴と共感の姿勢で臨むことによってトラブルを小さくすることが可能であるが、①と②については学校のもつ人的資源だけでは解決不可能なことが多い。このためにいくつかの教育委員会などでは「学校問題解決支援チーム」が組織され、構成メンバーとして弁護士、精神科医、カウンセラー、ソーシャルワーカーなどが加わっている（小野田, 2015）。

📖 小野田正利（2013）. 普通の教師が普通に生きる学校：モンスター・ペアレント論を超えて　時事通信出版局

6 これからの教育を考える

トピック 6-1 日本の特別支援教育

山口豊一

まず、先進的取り組みをしている海外の状況について概観し、日本の特別支援教育の現状と課題について述べる。

【1】海外の特別支援教育

1994年、UNESCOの「特別ニーズ教育に関する世界大会」がスペインのサラマンカで開催され、「**サラマンカ宣言**」が採択された。その中で、「個人の差異や困難によらず、すべてのこどもを包含する教育システム」に向けて、**インクルーシブ教育**を原則とすることが確認された（上田・金, 2014）。この宣言を受けて、インクルーシブ教育は世界的に、教育政策の中心課題となったのである（韓他, 2013）。海外においては、インクルーシブ教育の理念のもと、国によって様々な特別支援教育の取り組みがなされている。ここでは、イタリア、アメリカ、イギリスの順に、その取り組みを紹介する。

イタリアは、1992年に制定された法律第104号により、障碍児は幼稚園から大学卒業まで学習の権利が保障され、障碍児をもつ保護者への経済行政支援、学校における支援教師の配属などが義務づけられ、公立の特別支援学校および特別支援学級の存在しない完全なインクルーシブ教育を実現している（藤原, 2010）。次に、アメリカは、高等学校にも特別支援学級や通級指導教室に類似したものがあり、特別支援学級の正規の教員は修士や博士の学位をもったものが多く、さらにIEPの制度や法的位置づけが、明確化されている（柘植, 2013）。IEPに基づいた教育が適切に行われなかったと判断された場合、法廷で争う場合もある（Wright et al., 2010）。最後に、イギリスについては、筆者が参加した「教育心理士」に関する視察（2003, 2005）の経験から述べる（山口, 2005）。イギリスでは、特別な教育的ニーズのある児童生徒は、教育を受けている児童生徒全体のおよそ20%に当たる。その児童生徒への教育的援助は、3段階に分かれている[1]。また、イギリスでは、SENCOが各学校に配置され、特別支援教育のコーディネートを行っている。さらに、教育心理士は地方教育局に常勤で勤務してアセスメントサービスを主な職務としている。以上、3か国の特別支援教育の現状について述べたが、どの国もインクルーシブ教育の実現に向けて法的に整備され、障碍

インクルーシブ教育
人間の多様性の尊重等の強化、障碍者が精神的および身体的な能力等を可能な最大限度まで発達させ、自由な社会に効果的に参加することを可能とするとの目的の下、障碍のある者と障碍のない者が共に学ぶ仕組み。

IEP：Individualized Education Program, または Individual Education Plan
個別教育計画。

教育心理士
イギリスの学校における、心理の専門家。学校内のすべての子どもを対象に支援を行うほか、教師や保護者のカウンセリング、特別支援を必要とする児童生徒の証明文書の作成を行う。

1) すなわち、①スクールアクション（校内の支援委員会による援助）、②スクールアクションプラス（校内の支援委員会と他機関の専門家による援助）、③ステイトメント（教育心理士によるアセスメントレポートを基に、公文書を出す）の3段階である。

SENCO：special educational needs coodinator
イギリスにおける、特別支援教育コーディネータ。修士の学位をもっていることが多い。

児に対する援助サービスの充実が目指されていると理解できる。

【2】日本の特別支援教育の現状と課題

文部科学省（2012b）の調査によれば、現在通常学級に通う発達障碍の疑いのある小・中学校の児童生徒は6.5%にのぼることが明らかとなった。インクルーシブ教育が世界的に教育政策の中心となったと述べたが、日本でもその理念の実現が目指されている。例えば、**特別支援教育コーディネータ**の育成と各学校への配置が進められている（文部科学省，2007b）。また、平成7年度から、**スクールカウンセラー**が心の専門家として、中学校を中心に配置されつつある（文部省，2007a）。しかし、日本において、人的、物理的な整備はいまだ十分に行われていない現状がある（韓他，2013）。もちろん、各自治体レベルでの工夫はなされているが（例えば、東京都日野市の授業における**ユニバーサルデザイン**〔東京都日野市公立小中学校全教師他，2010〕）、自治体レベルでとどまっており、国レベルでの実践はいまだ発展途上である。柘植（2013）は、日本の特別支援教育の課題として、①発達障碍児への本格的な対応、②インクルーシブ教育に向けた改革、③大学・大学院における教員養成と教育センターにおける現職教員研修のあり方、④**ギフティッド教育**の問題、⑤費用対効果の問題などを挙げ、それらの解決に向けた、戦略的な取り組みと、その途中での随時の評価が必要であると述べている。今後は、効果的な実践の積み重ねと、それに基づくシステムの構築が望まれる。

【3】特別支援教育のこれから

現在、日本は多様性という大きなテーマを抱えており、多様な**ニーズ**への対応の挑戦が求められている（柘植，2013）。法的、物理的整備が整っていない現状において、児童生徒は学校教育の中で苦戦し、学びにくさや居心地の悪さを感じている。ところで、2016年4月から「**障害者差別解消法**」が施行された（内閣府，2013）。この法律の施行により、不当な差別的取り扱いと合理的配慮の不提供が禁止され、すべての国民が障碍の有無によって分け隔てられることなく相互に人格と個性を尊重し合いながら共生する社会の実現が目指される。今後は、このような法的整備の後押しを受け、多様なニーズをもつ児童生徒に対する特別支援教育の充実がより一層望まれる。

📌**ユニバーサルデザイン**
発達障碍の有無にかかわらず、クラスの中のすべてのこどもにとってわかりやすい対応を工夫すること。

📌**ギフティッド教育**
障碍があるものの、突出した能力をもつことや知的能力が高いこどもに対する教育。

📌**障害者差別解消法**
障碍を理由とする差別の解消の推進に関する基本的な事項や、国の行政機関、地方公共団体等および民間事業者における障碍を理由とする差別を解消するための措置などについて定めたもの。

📖 柘植雅義（2013）．特別支援教育：多様なニーズへの挑戦　中央公論新社（中公新書）

トピック 6-2 フィンランドの教育からの知見

福田誠治

【1】なぜフィンランドか

OECD（経済協力開発機構）は、義務教育修了時点にあたる15歳児を対象にこれまでとはまったく違った視点から国際学力調査PISA（ピザ）を開発し、2000年から実施している。予想外にフィンランドがトップに躍り出た。先進諸国の経済機構であるOECDの注目は、少ない公的教育費で高い成果を出すというコストパフォーマンスにあった。しかも、テストが明らかにしたことは、皮肉なことに、テスト対策をしない国がトップだったということだ。ドイツでは2001年に、また日本では2003年のテスト結果が公表された2004年12月に、PISAショックに見舞われることになる。日本の文科省は、2006年1月になって、こどもたちの言語活動がすべての教科の学力を支えるとしてPISA型読解力を取り入れることに決めた。だが、フィンランド教育からの知見は、どの国でも全くといってよいほどに無視された。

フィンランドでは義務教育期間（16歳まで）は他人と比べるテストがない。勉強は授業だけで、学習塾はない。授業時間は世界最低クラスで宿題が出ても1日30分以内。なのに、成績は世界トップクラスだ。にわかに信じがたい話だ。授業中のこどもたちはさぞかし勉強に没頭しているだろうと思いきや、訪問してみるとボッとしていた。夏休みは70日あって、たいてい夏小屋という自然の中の別荘でアウトドアライフを楽しむ。

小学校のうちは評点はなくてもよいが、中学校になると各教科10点満点の評価が下され、高校進学は、この内申点で決まる。だったら競争ではないかと思いきや、その気配はない。現在では、男子生徒は普通科高校よりも専門学校（職業高校相当）への進学率が高い。テストらしいテストは、普通科高校の生徒が2年生と3年生に受ける大学入学資格試験が最初だ。こどもたちはテストのための勉強から遠く離されている。これこそが、フィンランド教育の知見である。

【2】本物の教育学（ペダゴジー）と本物の教師

学校で何を教えるか、それは概念（コンセプト）、例えば「重さ」

「速さ」「質量」「速度」「エネルギー」「環境」「自由」「権利」「愛」「平等」「民族自決」「異文化理解」「平和」

表1 PISA2003における読解力の習熟度レベル別生徒割合（数字はパーセント）

順位	国名	レベル1未満	レベル1	レベル2	レベル3	レベル4	レベル5	1以下	3以上
1	フィンランド	1.1	4.6	14.6	31.7	33.4	14.7	5.7	79.8
2	韓国	1.4	5.4	16.8	33.5	30.8	12.2	6.8	76.5
3	カナダ	2.3	7.3	18.3	31.0	28.6	12.6	9.6	72.2
14	日本	7.4	11.6	20.9	27.2	23.2	9.7	19.0	60.1
18	アメリカ	6.5	12.9	22.7	27.8	20.8	9.3	19.4	57.9
	OECD平均	6.7	12.4	22.8	28.7	21.3	8.3	19.1	58.3

（福田, 2005, p.57）

といったようなもので提示される。それを教師が、個々の知識や技能（コンテンツ）をどう配列し、どのような教材を用いて授業を作り出していくか、目の前にいるこどもたちが最も理解しやすいように判断していく。広く深い学問的教養を背景として知識と教材を選択し、足りなかったら創造し、相手に合わせてうまく配列し、上手に理解させる専門性が**ペダゴジー**である。一人ひとりの教師がこのペダゴジーをもっているので、授業では教科書に書いてある知識を教えなくても、教科書に書いてないことを教えてもよい。こども一人ひとりの違いを考慮した教育が教師の仕事なので、授業に関する判断は現場に任され、公的な教員評価はない。

フィンランドで、こどもを主体とするという教育は、男女共学の6・3・3制とともに、1972年に成立する。フィンランドはその後、政府が変わろうともこの姿勢を一貫している。当時、国家カリキュラム（学習指導要領相当）は700ページあった。1985年の国家カリキュラムは、300ページに削減され、地域の教材を個々の教師の判断で取り入れることが奨励されるようになった。1994年の国家カリキュラムはついに100ページ余りに削減され、コンテンツ・ベースからコンセプト・ベースへ、学校別カリキュラムへと徹底されたのである。

授業では、何ができて何ができないかを具体的に問われる。長期にできない児童・生徒は、小数について理解するとか、電流について理解するといったスポットで補習のプロが学校にやってきて特別指導する。補習クラスという発想もなく、理科の成績とか、教科の総合点という発想もない。こうして学力の底上げが行われている（表1参照）。全国学力テストも5％の抽出式で行われ、その結果を用いて、各学校の責任で校内評価と全国評価とのずれが調整される。進学率や点数を競う文化はない。それを、「信頼の文化」とフィンランドの人たちはよんでいる。だから、教師を尊敬し、教師に協力するのだということらしい。

映画『マイケル・ムーアの世界侵略のススメ』（2016年公開）

トピック 6-3　ニュージーランドの教育からの知見

植阪友理

【1】授業観察等からみえる教育の特徴

ニュージーランドの教育では、近年日本でも話題を集めている「キーコンピテンシー」、「21世紀型スキル」、「育成すべき資質・能力」といった内容がナショナルカリキュラムにふんだんに盛り込まれている。この結果、国際学力調査PISAにおいても、ニュージーランドは一貫して高い成績を上げている。

ニュージーランドの教育には、具体的にどのような特徴が見られるのだろうか。筆者が行った授業観察の中から、特徴的な点をいくつか挙げてみたい。1つ目の特徴は、学び方（学習方略）の指導が、多くの教室において意識されている点である。例えば、ある公立高校では、新聞を素材にして言語教育が行われており、その中で全体像をつかむためにタイトルを利用する必要があることが明示的に伝えられるなど、「読み方」が意識的に指導されていた。[1)]

2つ目の特徴は、**クロスカリキュラム**の授業が多い点である。例えば、筆者が観察した小学校では、理科、算数、言語のクロスカリキュラムの授業として小グループに分かれて自分の理想の家を作る課題に取り組んでいた。この授業は、1/100の縮尺計算（算数）、太陽高度の知識（理科）を活用して、日当たりの良い家を設計し、模型作り（図工）までを行うというものであった。

3つ目の特徴は、コミュニケーションスキルの向上が、各教科の様々な場面で意識されている点である。上記の家作りの授業では、実物大の家を校庭にチョークで描き、提案する家のよさや問題点をグループで相談していた。単元の終末にはプレゼンテーションソフトを使って、他のグループの人たちに自分の設計した家のおすすめポイントを紹介したり、質疑を受ける時間が設けられているとのことだった。

1つ目の特徴である活発な方略指導については、筆者たちの調査からも明らかとなっている（Uesaka et al., 2007）。この調査では、「図表を活用しながら考える」という学習方法に着目している。文章題と質問紙を両国で実施した結果、ニュージーランドのほうが、日本のこどもよりも図表をよりよく活用できていることが明らかとなった。また、ニュージーランドの教師は問題解決の道具として図表を

PISA：Programme for International Student Assessment OECD（Organisation for Economic Co-operation and Development：経済協力開発機構）が2000年から3年に一度実施している国際学力調査。15歳が対象。

1) この授業を担当していた教師は、「移民や難民が多い国なので、学習の方法を教えなければ、新聞から求人情報を取ることすらできず、こども自身が困ってしまうという認識で教えている」と述べていた。

クロスカリキュラム：cross curriculum 特定のテーマにとって複数の教科の内容をお互いに関連づけて学習する授業のこと。日本の「総合的な学習の時間」は、クロスカリキュラムなどを実現するために設定されている。

活用するよう、より積極的に促していることも示唆されている。

【2】特徴の背景と日本への示唆

　こどもの学習行動や教師の指導法に上述したような特徴が見られる背景には、ナショナルカリキュラムがある。ニュージーランドでは、教科の内容を教えるのみならず、社会に出てから活用できるような力も育成するという発想から構成されている。この点は、まさにキーコンピテンシーの発想である。ニュージーランドでは、カリキュラムにキーコンピテンシーが明示的に書かれるようになった2007年以前から、この特徴が見てとれる。例えば、筆者らの調査で取り上げた図表利用について、数学のナショナル・カリキュラムでは「抽象的に考える能力や、数学的な関係や概念、一般性を表現したりコミュニケーションするために記号・数字・グラフ・図を使う能力を高める機会を提供することを重視する。」(New Zealand Minisry of Education, 1992, p.10) と書かれていた。つまり、指導すべき学習内容のみならず、図表を思考やコミュニケーションのツールとして利用する力を育むことが明記されている。

　さらに、評価の仕組みも、カリキュラムにかかれた内容の浸透を後押ししている。ニュージーランドでは、全国資格認定試験（NCEA）が存在する。NCEAでは、学力に関するものだけでなく、キーコンピテンシーに関するものも評価対象とされる。こうした評価には、ペーパーテストのみならず、ポートフォリオなどが活用される。つまり、通常授業における学習の過程がポートフォリオなどを活用して評価される仕組みになっており、学習方法の変容などについても教師は見守ることが期待されている。また、各学校は半年に一度、それらの達成状況を保護者に対して説明する責任を負っている。このシステムについて高橋（2014）は、教師が自分の実践を振り返る機会となっていることや、おおむね学校現場からも評判が良いことなどを報告している。

　近年の日本では、次期指導要領の改訂に向けた議論をはじめとして、社会に出てから生きる学力・学習力も育てるということが話題となっている。しかし、評価にこうした視点が盛り込まれていないなど、学校現場ではまだまだ学習内容を教えるという発想が中心である（植阪他, 2012）。学習方略の指導をはじめとして、新たな視点を取り込んでいくためにも、ニュージーランドの教育は参考になるのではないだろうか。

2) 学び方やコミュニケーションスキルも含まれる。

キーコンピテンシー：key competency
「主要能力」 OECDが1999年から2002年に行った「能力の定義と選択プロジェクト」の成果で、学力の国際標準。単なる知識技能だけでなく、実生活で活用でき、複雑な課題解決ができるような学力。

ポートフォリオ：portfolio
学習過程の記録などを綴じ込んだファイルのこと。

青木麻衣子・佐藤博志（編著）（2014）新版 オーストラリア・ニュージーランドの教育：グローバル社会を生き抜く力の育成に向けて　東信堂

トピック 6-4 21世紀型教育

森　敏昭

　従来の学校では、「学習とは知識を習得すること、教育とは知識を伝えること」という前提に立って、「**知識伝達モデル**」の授業がなされてきた。これに対し21世紀型教育は、**キーコンピテンシー**や21世紀型スキルなど、21世紀型の資質・能力の育成につながる教育といえるだろう。そして、そうした21世紀型教育を実践するためには、次の3つの条件を備えた授業を行うことが重要である。第1は、「問いが生まれる」授業を行うことである。従来の知識伝達モデルの授業では、問いは教師から与えられるもので、学習者の側から問いが生まれることはなかった。これに対し21世紀型教育では、学習者の側から問いが生まれるような授業を行うことが重要になるだろう。第2は、「問いが共有される」授業を行うことである。問いが共有されることによって、学習者一人ひとりの学びがつながり、学び合いが成立するのである。第3は「問いが深まる」授業を行うことである。問いが深まることによって、さらなる問いが生まれ、学びが持続するのである。以上を要約すれば、問いが「生まれ」「共有され」「深まる」ことによって、学びが「始まり」「つながり」「持続する」授業を行うために、21世紀型教育では次の3点に留意するべきである。

【1】学習者中心の授業

　学習者の側から「問いが生まれ」「学びが始まる」ためには、「学習者中心」の授業がなされるべきである。ところが従来の授業は、「学習者中心」ではなく「教師中心」であった。そのため、教師の都合に合わせて授業が設計され、学習者の都合はあまり考慮されないのが通例であった。そのことを旅行にたとえれば、従来の授業は「パックツアー型」であったといえる。パックツアーと同様に授業の場合も、もし「この単元をもっと追求したい」と探究心に燃える児童・生徒がいたとしても、その単元が終われば次の単元に移ってしまう。これでは自分の学びを自分で舵取りできる自律した学習者が育つはずがない。したがって21世紀型の授業では、学習者自身が「何をいかに学ぶか」を決める「マイプラン型」の学習課題をもっと積極的に組み入れるべきである。

🖋 **キーコンピテンシー**
OECD（経済協力開発機構）によって2000年に開始された（以後3年ごとに実施）PISA調査（OECD生徒の学習到達度調査）は、習得した知識・技能の量を測ることに主眼が置かれた旧来の学力調査とは異なり、「知識・技能を活用する能力」の測定を目指している。このPISA調査に根拠を与える試みとしてDeSeCo（デセコ）プロジェクトが同じくOECDによって1997年に開始され、その成果が2003年に「対話に向けた道具（知識・情報・道具）の活用能力」「異質な集団内における人間関係形成能力」「自律的な省察能力」「自律的な行動能力」から成る「キーコンピテンシー」としてまとめられた。

🖋 **21世紀型スキル**
2009年にマイクロソフトやアップルなどのIT企業のサポートを受け、米国が中心となって「21世紀型スキルの学びと評価プロジェクト」が組織され、21世紀のグローバル社会において必要となる「21世紀型スキル」は、下記の4領域10種のスキルとして定義された。
1. 思考方法に関するスキル：①創造力とイノベーション、②批判的思考・問題解決・意思決定、③学び方の学習とメタ認知（認知プロセスに関する知識）

【2】協同的問題解決の授業

「問いが共有され」「学びがつながる」ためには、学習者同士が互いに意見を出し合い、話し合いを通して考えを練り上げていくことが重要であり、そのための有効な方法は協同的問題解決の授業を増やすことである。協同的問題解決に取り組むことで児童・生徒の学びがつながり、学習コミュニティが形成される。この学習コミュニティの中で、児童・生徒は互いに啓発し合い、共感し合い、それぞれの個性がさらに豊かに磨かれるのである。したがって、21世紀型教育では協同学習が重視されるべきである。ただし、学習の進んだ子どもが遅れた子どもにわからないところを教える形式のグループ学習は協同学習とはみなせない。なぜならこの場合、学習の進んだ子どもから遅れた子どもへの一方向の知識伝達しかなされないからである。つまり、学習者間で双方向の知識伝達がなされること、すなわち「**教え合い**」ではなく「**学び合い**」がなされることが重要なのである。

【3】真正な授業

「問いが深まり」「学びが持続する」ためには、**真正な学習**を授業に組み入れることが重要である。すなわち、日常生活での問題解決につながる現実感（リアリティ）のある学習課題を授業に組み入れるのである。学習課題が日常生活から遊離したものであれば、児童・生徒は「これは教室の中だけの話で、世の中の問題や自分自身の問題とは関係がない」と考えて、真剣に学習に取り組む気持ちにはならないであろう。もちろん、真正な学習の場合、必ずしも問題解決が達成されるとは限らない。むしろ問題が未解決のままに終わることの方が多いであろう。なぜなら、日常生活で遭遇する問題の多くは、何が正解なのかわからない「不良定義問題」だからである。この点が従来の授業でなされてきた「良定義問題」の解決とは本質的に異なっている。良定義問題の場合は、問題が解けることが重要である。なぜなら、その種の問題解決のねらいは、問題を解くことを通して知識を習得することにあるからである。これに対し真正な問題解決の場合、知識の習得はあくまで結果であり、問題解決への取り組みを通して問いが深まり、生涯学習へとつながるオープンエンドでゴールフリーな学びが創発することに本来のねらいがあるのである。

2．仕事に関するスキル：④情報リテラシー，⑤ICTリテラシー
3．職業生活に関するスキル：⑥コミュニケーション力，⑦コラボレーション（チームワーク）
4．社会生活に関するスキル：⑧地域と国際社会での市民性，⑨人生とキャリア設計力，⑩個人と社会における責任（文化的差異の認識および受容能力）

🖉真正な学習：authentic learning

📖グリフィン, P., マクゴー, B., & ケア, E.（編）三宅なほみ（監訳）益川弘如・望月俊男（編訳）(2014). 21世紀型スキル：学びと評価の新たなかたち　北大路書房

あとがき

大編成の交響曲

　「教育心理学のテキスト」の編集の機会をいただき、類書が多い中で本当に欲しい本はなかなかないという現状から考えて理想実現の好機ととらえ、かねてより筆者がその研究に魅せられて是非教えを乞いたいと考えていた方々を執筆者に選び、御快諾、御協力を得て完成の運びとなりました。

　本書で目指したのは、理論を紹介するだけでなく、現実の問題、実践上の課題など必要な内容を網羅し、さらには学問上の複数視点の紹介もすることです。全体を通して読むと、大編成の交響曲を鑑賞できた充実感に浸ることができます。

　独奏曲や協奏曲であれば演奏家が最適と考える奏法で演奏可能ですが、交響曲ともなると全体の調和が重視されるので、指揮者がそれをうまくまとめていかねばなりません。そのために、編集段階で色々と要望を出させていただきました。

　用語に関しては、テキストとしての必要性により、複数箇所に散在する同一概念にはすべて索引から辿り着けなければならないため、統一せざるをえません。執筆者の方々には日頃慣れ親しんでいる用語を不本意な表現に変えていただくようなお願いをすることにもなり心苦しい限りでしたが、編者の判断で決めさせていただきました。特にカタカナ表記については学界全体として無原則状態で、各研究者任せになっていますので、できる限り日本語訳にしました。

　執筆者の先生方は編者の要請に、大変快く御協力下さいました。お蔭様で完成度の高いテキストに仕上がったのではないかと思います。この場を借りて、執筆者の皆様に深く感謝申し上げたいと思います。

教育心理学の現状と限界

　本書では、教育心理学がいかに多くの問題を明らかにしてきたか、読者が自身の学習を改善したり、教師が教育改善を模索するのにあたり、いかに役立つ学問であるかをお伝えするようにしました。これは、教育心理学がとるその方法論のお蔭であり、その確実性により様々な知見が蓄積されてきたといえます。

　しかしながら、まだまだ未知のことがたくさんあります。特に教育心理学では実験や調査などによる実証を重んじますから、データをとりにくい内容になると、研究もなかなか進みません。にもかかわらず、現実には解決を迫られる問題がたえず発生しますから、現実の問題解決のためには、教育心理学だけでなく、隣接領域の研究成果にも常に目配りしておく必要があるでしょう。

　例を挙げておきましょう。学校で生徒が問題を起こしたとします。加害の程度

が大きければ罰を与えざるをえないでしょうが、その生徒の成長にプラスになる形で復帰させ、再発を防止するにはどうしたらよいでしょうか。多くは、当人に反省文を書かせて謝罪させ、改悛の情が見られれば許すというような対処をしていますが、これが最適であるという保証はありません。問題の予防なら教育心理学から助言ができますが、起きてしまった事例への対処となるとデータがとりにくい分、研究が進んでいません。しかし臨床教育学では、複数の事例検討からの一般化により、反省文を書かせたりすることは、真の反省を妨害するばかりでなく、再発も促進してしまうという知見が得られています（岡本, 2013）。これは、教育心理学的にも十分納得のいく主張です。

　これからの教育心理学者は、心理学の方法論にきちんと従ったやり方による研究を進めていくと同時に、その方法論に乗りにくいテーマに関しても、積極的に学際的な研究を進めていくべきでしょうし、読者の方々をはじめとして公認心理師など教育心理学のユーザーの方も、これからは心理学の情報だけに満足せず、隣接分野まで含めて、広くアンテナを張っておく必要があるでしょう。

最後に

　今回の出版にあたっては、新曜社の社長塩浦暲氏には編者の至らない点を全面的にバックアップいただき、さらに編集部の田中由美子氏には抜群の校閲力を発揮して全体をうまくおまとめいただきました。お蔭様で、名手達による交響曲が最高の音響効果をもつ会場で演奏できたことになります。ここに執筆者の皆様に対すると同様、心からの敬意と謝意を表し、しめくくりとさせていただきます。

編者　藤　澤　伸　介

引用文献

Ainsworth, M. D. S., Blehar, M. C., Waters, E., & Wall, S. (1978). *Patterns of attachment: A psychological study of the strange situation*. Hillsdale, NJ: Lawrence Erlbaum Associates.

赤沢早人 (2005). 通知表　田中耕治（編）よくわかる教育評価 (pp.152-153) ミネルヴァ書房

秋田喜代美・ルイス, C.（編著）(2008). 授業の研究・教師の学習：レッスンスタディへのいざない　明石書店

Alfieri, L., Brooks, P. J., Aldrich, N. J., & Tenenbaum, H. R. (2011). Does discovery-based instruction enhance learning? *Journal of Educational Psychology, 103*, 1-18.

Allport, G. W. (1961). *Pattern and growth in personality*. New York: Holt, Rinehart & Winston.

American Psychiatric Association (2013). *DSM-5: Diagnostic and statistical manual of mental disorders* (5th ed.).（American Psychiatric Association（編）日本精神神経学会（監修）(2014). DSM-5精神疾患の診断・統計マニュアル　医学書院）

Ames, C., & Archer, J. (1988). Achievement goals in the classroom: Students' learning strategies and motivation processes. *Journal of Educational Psychology, 80*, 260-267.

Anderson, D. R., & Kirkorian, H. L. (2015). Media and cognitive development. In R. M. Lerner (Ed.), *Handbook of child psychology and developmental science* (7th ed., pp.949-994). Hoboken, NJ: Wiley.

Ando, J. (1992). The effects of two EFL (English as a foreign language) teaching approaches studied by the cotwin control method: A comparative study of the communicative and grammatical approaches. *Acta Geneticae Medicae et Gemellologiae, 41*, 335-352.

安藤寿康 (2007). 行動遺伝学からみた学力　耳塚寛明・牧野カツコ（編著）学力とトランジッションの危機：閉ざされた大人への道 (pp.85-101) 金子書房

安藤寿康 (2014). 遺伝と環境の心理学：人間行動遺伝学入門　培風館

安藤清志 (2008). 社会行動　鹿取廣人・杉本敏夫・鳥居修晃（編）心理学（第3版, pp.267-290）東京大学出版会

安藤徹 (2015). 教師支援を目的とした学級アセスメントの活用に関する研究：提案のあり方とニーズを引き出すプロセスに着目して　臨床心理学, 15, 233-242.

青木多寿子（編）(2011). もう一つの教育：よい行為の習慣をつくる品格教育の提案　ナカニシヤ出版

Aries, P. (1960). *L'enfant et la vie familiale sous l' Ancien Régime*. Plon.（アリエス, P. 杉山光信・杉山恵美子（訳）(1980).〈子供〉の誕生：アンシァン・レジーム期の子供と家族生活　みすず書房）

有光興記・藤澤文（編著）(2015). モラルの心理学：理論・研究・道徳教育の実践　北大路書房

Arkes, H. R., Schumacher, G. M., & Gardner, E. T. (1976). Effects of orienting tasks on the retention of prose material. *Journal of Educational Psychology, 68*, 536-545.

Atkinson, R. C., & Shiffrin, R. M. (1971). The control of short-term memory. *Scientific American, 225*(2), 82-90.

Ausubel, D. P. (1960). The use of advance organizers in the learning and retention of meaningful verbal material. *Journal of Educational Psychology, 51*, 267-272.

Ausubel, D. P., & Robinson, F. G. (1969). *School learning: An introduction to educational psychology*. New York: Holt, Rinehart & Winston.（オースベル, D. P.・ロビンソン, F. G. 吉田章宏・松田彌生（訳）(1984). 教室学習の心理学　黎明書房）

鮎川潤 (2001). 少年犯罪：ほんとうに多発化・凶悪化しているのか　平凡社（平凡社新書）

馬場雅史・山本利一 (2013). グループ活動における学びあい　森山潤・山本利一・中村隆敏・永田智子（編著）iPadで拓く学びのイノベーション：タブレット端末ではじめるICT授業活用 (pp.92-93) 高陵社書店

Baddeley, D. A. (2000). The episodic buffer: A new component of working memory? *Trends in Cognitive Sciences, 4*, 417-423.

Baddeley, D. A. (2015). Learning. In A. Baddeley, M. W. Eysenck, & M. C. Anderson, *Memory* (2nd ed., pp.107-135). East Sussex: Psychology Press.

Baillargeon, R. (1987). Object permanence in 3 1/2 and 4 1/2 month-old infants. *Developmental Psychology, 23*, 655-664.

Bandura, A. (1969). *Principles of behavior modification*. New York: Holt, Rinehart and Winston.

Bandura, A. (1977a). Self-efficacy: Toward a unifying theory of behavioral change. *Psychological Review, 84*, 191-215.

Bandura, A. (1977b). *Social learning theory*. Englewood Cliffs, NJ: Prentice-Hall.（バンデュラ, A. 原野広太郎（監訳）(1979). 社会的学習理論　金子書房）

Bandura, A. (1986). *Social foundations of thought and action: A social cognitive theory*. Englewood Cliffs, NJ: Prentice-Hall.

Bandura, A., Ross, D., & Ross, S. A. (1961). Transmission of aggression through imitation of aggressive models. *Journal of Abnormal and Social Psychology, 63*, 575-582.

Bangert-Drowns, R. L., Kulik, C. C., Kulik, J. A., & Morgen, M. (1991). The instructional effect of feedback in test-like events. *Review of Educational Research, 61*, 213-238.

Bartels, M., Rietveld, M. J., Van Baal, G. C., & Boomsma, D. I. (2002). Heritability of educational achievement in 12-year-olds and the overlap with cognitive ability. *Twin Research, 5*, 544-553.

Batson, C. D. (2011). *Altruism in humans*. Oxford: Oxford University Press.（バトソン, C. D. 菊池章夫・二宮克美（訳）(2012). 利他性の人間学：実験社会心理学からの回答　新曜社）

ベネッセ教育総合研究所 (2015). 第5回学習基本調査報告書（中学生版）研究所報.

ベネッセ教育総合研究所 (2016). 第5回学習基本調査・国内調査報告書

Benyamin, B., Pourcain, B., Davis, O. S., Davies, G., Hansell, N. K., Brion, M. J., ...Visscher, P. M. (2014). Childhood intelligence is heritable, highly polygenic and associated with FNBP1L. *Molecular Psychiatry, 19*, 253-258.

Berg, I. K. (1994). *Family based services: A solution-focused approach*. New York: W.W. Norton.（バーグ, I. K. 磯貝希久子（監訳）(1997). 家族支援ハンドブック：ソリューション・フォーカスト・アプローチ　金剛出版）

Bjorklund, D. F., & Pellegrini, A. D. (2002). *The origins of human nature: Evolutionary developmental psychology. Washington, D.C.: American Psychological Association.（ビョークランド, D. F.・ペレグリーニ, A. D. 無藤隆（監訳）(2008). 進化発達心理学 新曜社）

Bosworth, R., & Caliendo, F. (2007). Educational production and teacher preferences. *Economics of Education Review, 26*, 487-500.

Bower, G. H., Black, J. B., & Turner, T. J. (1979). Scripts in memory for text. *Cognitive Psychology, 11*, 177-220.

Bower, G. H., Clark, M. C., Lesgold, A. M., & Winzenz, D. (1969). Hierarchical retrieval schemes in recall of categorized word lists. *Journal of Verbal Learning and Verbal Behavior, 8*, 323-343.

Bowlby, J. (1951). *Maternal care and mental health*. Monograph series, No.2. Geneva: WHO.

Bowlby, J. (1969). *Attachment and loss, Vol.1: Attachment*. The Hogarth Press.

Bruner, J. S. (1960). *The process of education*. Cambridge, MA: Harvard University Press.（ブルーナー, J. S. 鈴木祥蔵・佐藤三郎（訳）(1963). 教育の過程 岩波書店）

Bruner, J. S. (1961). The act of discovery. *Harvard Educational Review, 31*, 21-32.

Bruner, J. S., Goodnow, J. J., & Austin, G. A. (1956). *A study of thinking*. Oxford, England: John Wiley and Sons.

Bulfinch, T. (1855). *The age of fable*.（ブルフィンチ, T. 野上弥生子（訳）(1978). ギリシア・ローマ神話（改版）岩波書店（岩波文庫））

Camacho, L. M., & Paulus, P. B. (1995). The role of social anxiousness in group brainstorming. *Journal of Personality and Social Psychology, 68*, 1071-1080.

Carson, R. (1956). *The sense of wonder*. New York: Harper & Row.（カーソン, R. 上遠恵子（訳）(1996). センス・オブ・ワンダー 新潮社）

Case, R. (1978). Intellectual development from birth to adulthood: A neo-Piagetian interpretation. In R. S. Siegler (Ed.), *Children's thinking: What develops?* (pp.37-71). Hillsdale, NJ: LEA.

Caspi, A., McClay, J., Moffitt, T. E., Mill, J., Martin, J., Craig, I. W., Taylor, A., & Poulton, R. (2002). Role of genotype in the cycle of violence in maltreated children. *Science, 297*, 851–854.

Cattell, R. B., & Horn, J. L. (1966). Refinement and test of the theory of fluid and crystallized general intelligences. *Journal of Educational Psychology, 57*(5), 253-270.

Chi, M. T. H. (1978). Knowledge structure and memory development. In R. S. Siegler (Ed.), *Children's thinking: What develops?* (pp.73-96). Hillsdale, NJ: LEA.

Chi, M. T. H., & Koeske, R. D. (1983). Network representation of a child's dinosaur knowledge. *Developmental Psychology, 19*, 29-39.

Chomsky, N. (1972). *Language and mind* (Enl. ed.). New York: H. B. Jovanovich.（チョムスキー, N. 川本茂雄（訳）(1974). 言語と精神 河出書房新社）

Cizek, G. J. (2003). *Detecting and preventing classroom cheating: Promoting integrity in assessment*. Thousand Oaks, CA: Corwin Press.

Cohen, G. (1989). *Memory in the real world*. London: Lawrence Erlbaum Associates.（コーエン, G. 川口潤・浮田潤・井上毅・清水寛之・山祐嗣（共訳）(1992). 日常記憶の心理学 サイエンス社）

Collins, A. M., & Loftus, E. F. (1975). A spreading-activation theory of semantic processing. *Psychological Review, 82*, 407-428.

Collins, A. M., & Quillian, M. R. (1969). Retrieval time from semantic memory. *Journal of Verbal Learning and Verbal Behavior, 8*, 240-247.

Costa, R. M. (1982, March 6). Latin and Greek are good for you. *The New York Times*, p.23.

Craik, F. I. M., & Tulving, E. (1975). Depth of processing and the retention of words in episodic memory. *Journal of Experimental Psychology: General, 104*, 268-294.

Cronbach, L. J. (1957). The two diciplines of scientific psychology. *American Psychologist, 12*, 671-684.

Csikszentmihalyi, M. (1990). *Flow: The psychology of optimal experience*. New York: Harper & Row.（チクセントミハイ, M. 今村浩明（訳）(1996). フロー体験 喜びの現象学 世界思想社）

Deary, I. J. (2001). *Intelligence: A very short introduction*. Oxford: Oxford University Press.（ディアリ, I. 繁桝算男（訳）(2004). 1冊でわかる知能 岩波書店）

Deci, E. L., & Ryan, R. M. (2002). *Handbook of self-determination research*. Rochester, N.Y.: The University of Rochester Press.

DeVries, R., & Kohlberg, L. (1987). *Programs of early education: The constructivist view*. New York: Longman.（デブリーズ, R.・コールバーグ, L. 加藤泰彦（監訳）大伴栄子他（訳）(1992). ピアジェ理論と幼児教育の実践：モンテッソーリ、自由保育との比較研究（下巻）北大路書房）

Diehl, M., & Stroebe, W. (1987). Productivity loss in brainstorming groups: Toward the solution of a riddle. *Journal of Personality and Social Psychology, 53*, 497-509.

Dörnyei, Z. (2001). *Motivational strategies in the language classroom*. Cambridge, UK: Cambridge University Press.（ドルニェイ, Z. 米山朝二・関昭典（訳）(2005). 動機づけを高める英語指導ストラテジー35 大修館書店）

道城裕貴・松見淳子 (2007). 通常学級において「めあて＆フィードバックカード」による目標設定とフィードバックが着席行動に及ぼす効果 行動分析学研究, 20, 118-128.

Ebbinghaus, H. (1885). *Über das Gedächtnis*. Leipzig: Dunker.

Eisenberg, N. (1986). *Altruistic emotion, cognition, and behavior*. Hillsdale, NJ: Lawrence Erlbaum.

Eisenberg, N., Spinrad, T. L., & Knafo-Noam, A. (2015). Prosocial development. In M. E. Lamb (Vol. Ed.), R. M. Lerner (Editor-in-Chief), *Handbook of child psychology and developmental science: Vol.3. Socioemotional processes* (7th ed., pp.610-656). New York: John Wiley & Sons.

Eisner, E. W. (1985). *The educational imagination: On the design and evaluation of school programs* (2nd ed.). N.Y.: Macmillan.

Elliot, A. J., & McGregor, H. A. (2001). A 2 x 2 achievement goal framework. *Journal of Personality and Social Psychology, 80*, 501-519.

Elliot, A. J., McGregor, H. A., & Gable, S. (1999). Achievement goals, study strategies, and exam performance: A mediational analysis. *Journal of Educational Psychology, 91*, 549-563.

遠城寺宗徳・合屋長英 (1977). 遠城寺式乳幼児分析的発達検査法（九大小児科改訂版）慶応通信

Erikson, E. H. (1950). *Childhood and society*. New York: Norton.

（エリクソン，E. H. 仁科弥生（訳）(1977). 幼児期と社会 みすず書房）

Erikson, E. H. (1963). *Childhood and society* (2nd ed.). New York: Norton.（エリクソン，E. H. 仁科弥生（訳）(1977). 幼児期と社会 みすず書房）

Erikson, E. H. (1964). *Insight and responsibility*. New York: Norton（エリクソン，E. H. 鑪幹八郎（訳）(1971). 洞察と責任 誠信書房）

Erikson, E. H. (1982). *The life cycle completed*. New York: Norton.（エリクソン，E. H. 村瀬孝雄・近藤邦夫（訳）(1989). ライフサイクル，その完結 みすず書房）

Fisher, J. L. & Harris, M. B. (1973). Effect of note taking and review on recall. *Journal of Educational Psychology, 65*, 321-325.

Flynn, J. (2012). *Are we getting smarter? : Rising IQ in the twenty-first century*. Cambridge University Press.（フリン，J. 水田賢政（訳）(2015). なぜ人類のIQは上がり続けているのか？：人種、性別、老化と知能指数 太田出版）

Freiberg, H. J. (1999). *School climate: Measuring, improving and sustaining healthy learning environments*. Oxon: RoutledgeFalmer.

Freud, S. (1905). *Drei Abhandlungen zur Sexualtheorie*. Wien: Deuticke.（フロイト 懸田克躬・吉村博次（訳）(1969). 性欲論三篇 フロイト著作集5 性欲論・症例研究 (pp.7-94) 人文書院）

Freud, S. (1917). *Vorlesungen zur Einführung in die Psychoanalyse*. Leipzig: H. Heller.（フロイト，S. 懸田克躬・高橋義孝（訳）(1971). フロイト著作集1 精神分析入門（正・続）人文書院）

Fuchs, L. S., Fuchs, D., Prentice, K., Burch, M., Hamlett, C. L., Owen, R., & Schroeter, K. (2003). Enhancing third-grade student' mathematical problem solving with self-regulated learning strategies. *Journal of Educational Psychology, 95*, 306-315.

藤本学 (2004). ソシオプロフィール法：関係性の親密さから見る小集団の構造. 対人社会心理学研究, *4*, 77-85.

藤本貴之・川井博之・志村敦史 (2009). 大学生のカンニング／不正行為の傾向分析とその抑止のシステムの提案 研究報告情報システムと社会環境, *2009*(32(2009-IS-107)), 17-22.

藤村敦・越良子 (2010). 中学生における個性の類似性・異質性認知と学級集団凝集性認知との関連 北海道教育大学紀要 教育科学編, *61*(1), 63-74.

藤村宣之 (2012). 学力をどう高めるか 田中耕治・鶴田清司・橋本美保・藤村宣之（著）新しい時代の教育方法 (pp.143-163) 有斐閣

藤岡完治 (2000). 関わることへの意志：教育の根源 国土社

藤澤伸介 (2002a). ごまかし勉強（上）：学力低下を助長するシステム 新曜社

藤澤伸介 (2002b). ごまかし勉強（下）：ほんものの学力を求めて 新曜社

藤澤伸介 (2004).「反省的実践家」としての教師の学習指導力の形成過程 風間書房

藤澤伸介 (2005). 学習ふりかえりシートの活用 指導と評価, *51*, 54-57.

藤澤伸介 (2007). 学力と教育評価 杉江修治（編）教育心理学 (pp.124-135) 学文社

藤田哲也 (2007a). 記憶の分類 藤田哲也（編著）絶対役立つ教育心理学：実践の理論、理論を実践 (pp.57-70) ミネルヴァ書房

藤田哲也 (2007b). 記憶の理論を活かす：効果的な「覚え方＝思い出し方」 藤田哲也（編著）絶対役立つ教育心理学 (pp.71-84) ミネルヴァ書房

藤原紀子 (2010). イタリアにおけるインクルージョンの変遷と1992年第104法 世界の特別支援教育, *24*, 67-77.

深谷達史 (2016). メタ認知の促進と育成：概念的理解のメカニズムと支援 北大路書房

福田誠治 (2005). 競争しなくても世界一：フィンランドの教育 アドバンテージサーバー

伏見陽児 (1995).「概念」教授の心理学：提示事例の有効性 川島書店

Gagné, R.M.(1970). *The conditions of learning* (2nd ed.). Holt, Rinehart and Winston.

Gagné, R. M. (1985). *The conditions of learning*. New York: Holt, Rinehart and Winston.

Gagné, R. M., Wagner, W. W., Golas, K. C., & Keller, J. M. (2005). *Principles of instructional design* (5th ed.). Belmont, CA: Thomson/Wadsworth.（ガニェ，R. M. 鈴木克明・岩崎信（監訳）(2007). インストラクショナルデザインの原理 北大路書房）

学級経営研究会（編）(1999). 学級経営をめぐる問題の現状とその対応：関係者間の信頼と連携による魅力ある学級づくり 学級経営研究会

Gamoran, A., Nystrand, M., Berends, M., & LePore, P. C. (1995). An organizational analysis of the effects of ability grouping. *American Educational Research Journal, 32*, 687-715.

Gardner, H. (1993). *Frames of mind: The theory of multiple intelligence*. NY: Basic Books.

Gesell, A., & Thompson, H. (1929). Learning and growth in identical infants: An experimental stuffy by the method of co-twin control. *Genetic Psychology Monographs, 6*, 1-124.

Gick, M., & Holyoak, K. J. (1980). Analogical problem solving. *Cognitive Psychology, 12*, 306-355.

Gilligan, C. (1982). *In a different voice: Psychological theory and womens' development*. Cambridge: Harvard University Press.（ギリガン，C. 岩男寿美子（監訳）(1986). もうひとつの声：男女の道徳観のちがいと女性のアイデンティティ 川島書店）

Gordon, T. (1974). *T. E. T., teacher effectiveness training*. New York: David McKay.（ゴードン，T. 奥沢良雄・市川千秋・近藤千恵（訳）(1985). 教師学：効果的な教師＝生徒関係の確立 小学館）

御領謙・菊地正・江草浩幸 (1993). 最新認知心理学への招待：心の働きとしくみを探る サイエンス社

後藤和智 (2008).「若者論」を疑え！ 宝島社（宝島社新書）

Griffin, P., McGaw, B., & Care, E. (Eds.) (2012). *Assessment and teaching of 21st century skills*. Dordrecht: Springer.（グリフィン，P.・マクゴー，B.・ケア，E.（編）益川弘如・望月俊男（編訳）(2014). 21世紀型スキル：学びと評価の新たなかたち 北大路書房）

Guthrie, J. T., Wigfield, A., Barbosa, P., Perencevich, K. C., Taboada, A., Davis, M. H., ...Tonks, S. (2004). Increasing reading comprehension and engagement through conceptoriented readinginstruction. *Journal of Educational Psychology, 96*, 403-423.

刑部育子 (1998).「ちょっと気になる子ども」の集団への参加過程に関する関係論的分析　発達心理学研究, 9, 1-11.

Haidt, J. (2001). The emotional dog and its rational tail: A social intuitionist approach to moral judgment. *Psychological Review, 108*, 814-834.

Haidt, J. (2012). *The righteous mind: Why good people are divided by politics and religion*. New York: Pantheon.（ハイト, J. 高橋洋（訳）(2014). 社会はなぜ左と右にわかれるのか：対立を超えるための道徳心理学　紀伊國屋書店）

Haidt, J., & Bjorklund, F. (2008). Social intuitionists answer six questions about morality. In W. Sinnott-Armstrong (Ed.), *Moral psychology, vol.2: The cognitive science of morality* (pp.181-217). Cambridge, MA: MIT Press.

浜島幸司 (2006). 若者の道徳意識は衰退したのか　浅野智彦（編）検証・若者の変貌：失われた10年の後に (pp.191-232) 勁草書房

韓昌完・小原愛子・矢野夏樹・青木真理恵 (2013). 日本の特別支援教育におけるインクルーシブ教育の現状と今後の課題に関する文献的考察：現状分析と国際比較分析を通して　琉球大学教育学部紀要, 83, 113-120.

Hanscombe, K. B., Haworth, C. M. A., Davis, O. S. P., Jaffee, S. R., & Plomin, R. (2011). Chaotic homes and school achievement: A twin study. *Journal of Child Psychology and Psychiatry, 52*, 1212-1220.

繁多進・青柳肇・田島信元・矢澤圭介（編）(1991). 社会性の発達心理学　福村出版

Hanushek, E. A. (1999). Some findings from an independent investigation of the tennessee star experiment and from other investigations of class size effects. *Educational Evaluation and Policy Analysis, 21*, 143-163.

Hart, D. (1994). *Authentic assessment: A handbook for educators*. Person Education Inc.（ハート, D. 田中耕治（監訳）(2012). パフォーマンス評価入門：「真正の評価」論からの提案　ミネルヴァ書房）

波多野誼余夫（編）(1980). 自己学習能力を育てる：学校の新しい役割　東京大学出版会

Hatano, G., & Inagaki, K. (1986). Two courses of expertise. In H. A. H. Stevenson & K. Hakuta (Eds.), *Child development and education in Japan* (pp.262-272). New York: Freeman.

Hattie, J. (2008). *Visible learning: A synthesis of over 800 meta-analyses relating to achievement*. London: Routledge.

林秀次 (2011). 顕微鏡観察のデータをみんなで共有　中川一史（監修）ICT教育：100の実践・事例集 (pp.60-61) フォーラム・A

Heckman, J. J. (2013). *Giving kids a fair chance*. Cambridge, MA: MIT Press.（ヘックマン, J. J. 古草秀子（訳）(2015). 幼児教育の経済学　東洋経済新報社）

広田照幸 (2001). 教育言説の歴史社会学　名古屋大学出版会

広田照幸・伊藤茂樹 (2010). 教育問題はなぜまちがって語られるのか？：「わかったつもり」からの脱却　日本図書センター

一ツ橋文芸教育振興会・日本青少年研究所（編）(2010). 高校生の勉強に関する調査報告書：日本・米国・中国・韓国の比較　日本青少年研究所

Hoffer, T. B. (1992). Middle school ability grouping and student achievement in science and mathematics. *Educational Evaluation and Policy Analysis, 14*, 205-227.

Hoffman, M. L. (2000). *Empathy and moral development: Implications for caring and justice*. Cambridge: Cambridge University Press.（ホフマン, M. L. 菊池章夫・二宮克美（訳）(2001). 共感と道徳性の発達心理学：思いやりと正義とのかかわりで　川島書店）

堀野緑・市川伸一 (1997). 高校生の英語学習における学習動機と学習方略　教育心理学研究, 45, 140-147.

Howell, A. J., & Watson, D. C. (2007). Procrastination: Associations with achievement goal orientation and learning strategies. *Personality and Individual Differences, 43*, 167-178.

Hughes, M., & Donaldson, M. (1979). The use of hiding games for studying coordination of viewpoints. *Educational Review, 31*, 122-140.

Hunt, J. McV. (1971). Psychological assessment, developmental plasticity, and heredity; with implications for early education.（ハント, J. McV. 秋山道彦（訳）(1976). 心理学的測定・発達の可塑性・遺伝：その乳幼児教育への示唆. 波多野誼余夫（監訳）乳幼児の知的発達と教育(pp.41-70)　金子書房）

市川千秋 (2008). 解決焦点化アプローチ　八並光俊・國分康孝（編）新生徒指導ガイド：開発・予防・解決的な教育モデルによる発達援助 (pp.96-97)　図書文化社

市川千秋・宮崎洋子 (2002). 解決焦点化アプローチが中学生の英語学習における悩み改善に及ぼす効果　学校カウンセリング研究, 5, 13-18.

市川千秋・内山亮 (1990) 勝負なし法の効果に関する研究(1)：教師の指導性について　三重大学教育学部研究紀要, 41, 1-17.

市川千秋・山上克俊 (1987). 教師の勝負なし型指導類型の効果に関する研究1　三重大学教育学部付属教育工学センター研究報告, 7, 11-17.

市川伸一 (1995). 現代心理学入門3　学習と教育の心理学　岩波書店

市川伸一 (1998). 開かれた学びへの出発：21世紀の学校の役割　金子書房

市川伸一 (2000). 勉強法が変わる本：心理学からのアドバイス　岩波書店（岩波ジュニア新書）

市川伸一 (2004). 学ぶ意欲とスキルを育てる：いま求められる学力向上策　小学館

市川伸一 (2008).「教えて考えさせる授業」を創る：基礎基本の定着・深化・活用を促す「習得型」授業設計　図書文化社

市川伸一 (2015). 教えて考えさせる算数・数学：深い理解と学びあいを促す新・問題解決学習26事例　図書文化社

市川伸一・堀野緑・久保信子 (1998). 学習方法を支える学習観と学習動機　市川伸一（編著）学習方法の相談と指導 (pp.186-203)　ブレーン出版

市川伸一・植768友理（編著）(2016). 最新　教えて考えさせる授業・小学校：深い学びとメタ認知を促す授業プラン　図書文化社

池内慈朗 (2000). 美術かポートフォリオ評価における認知的基礎理論：ハーバード・プロジェクト・ゼロによるポートフォリオの開発　大学美術教育学会誌, 33, 31-38.

池内慈朗 (2014). ハーバード・プロジェクト・ゼロの芸術認知理論とその実践：内なる知性とクリエイティビティを育むハワード・ガードナーの教育戦略　東信堂

今津孝次郎・樋田大二郎（編）(1997). 教育言説をどう読む

か：教育を語ることばのしくみとはたらき　新曜社
稲垣忠・鈴木克明（編著）(2015). 授業設計マニュアル(ver.2)　北大路書房
井上尚美・尾木和英・河野庸介・安芸高田市立向原小学校（編）(2008). 思考力を育てる「論理科」の試み　明治図書出版
井上毅 (1997). 記憶　北尾倫彦・中島実・井上毅・石王敦子（共著）グラフィック心理学 (pp.37-62)　サイエンス社
犬塚美輪 (2002). 説明文読解方略の構造　教育心理学研究, 50, 152-162.
犬塚美輪 (2009). メタ記憶と教育　清水寛之（編著）メタ記憶：記憶のモニタリングとコントロール (pp.153-172) 北大路書房
犬塚美輪 (2013). 読解方略の指導　教育心理学年報, 52, 162-172.
Ireson, J., & Hallam, S. (2009). Academic self-concepts in adolescence: Relations with achievement and ability grouping in schools. *Learning and Instruction, 19*, 201-213.
石田潤・桐木建始・岡直樹・森敏昭 (1982). 文章理解における要約作業の機能　教育心理学研究, 30, 322-327.
石井英真（監修・著）太田洋子・山下貴志（編著）(2015). 中学校「荒れ」克服10の戦略：本丸は授業改革にあった！ 学事出版
石隈利紀 (1999). 学校心理学：教師・スクールカウンセラー・保護者のチームによる心理教育的援助サービス　誠信書房
伊藤亜矢子 (2009). 小学生用短縮版学級風土質問紙の作成と活用　コミュニティ心理学研究, 12(2), 155-169.
伊藤亜矢子 (2012). こども達の教育環境とソーシャル・キャピタル：ソーシャル・キャピタルを促進する学級・学校 文部科学省生涯学習政策局（編集協力）生涯学習政策研究：生涯学習をとらえなおす：ソーシャル・キャピタルの視点から (pp.15-20)　悠光堂
伊藤亜矢子・松井仁 (1998). 学級風土研究の意義　コミュニティ心理学研究, 2(1), 56-66.
伊藤亜矢子・松井仁 (2001). 学級風土質問紙の作成　教育心理学研究, 49, 449-457.
伊藤亜矢子・宇佐美慧 (2017). 新版中学生用学級風土尺度 (Classroom Climate Inventory; CCI) の作成　教育心理学研究, 65（印刷中）
伊藤順子 (2013). 社会性の形成　二宮克美・浮谷秀一・堀毛一也・安藤寿康・藤田主一・小塩真司・渡邊芳之（編）パーソナリティ心理学ハンドブック (pp.188-194) 福村出版
伊藤崇達 (2012). 自己調整学習方略とメタ認知　自己調整学習研究会（編）自己調整学習：理論と実践の新たな展開へ (pp.31-53)　北大路書房
伊東裕司 (2011). 長期記憶 I：エピソード記憶と展望記憶　太田信夫・厳島行雄（編）現代の認知心理学2　記憶と日常 (pp.44-68)　北大路書房
Itoh, Y., Fukunaga, Y., Igarashi, T., Imai, T., Yoshida, J., Tsuchiya, M., ...Yamamoto, M. (1998). Autoimmunity in chronic fatigue syndrome in children. *Japanese Journal of Rheumatology, 8*, 429-437.
岩崎有朋 (2011).「20デジタルカメラでマット運動を撮影」「実物投影機で彫刻の手元を動画撮影」中川一史（監修）ICT教育：100の実践・事例集 (pp.50-53)　フォーラム・A
Iwatani, N., Miike, T., Kai, Y., Kodama, M., Mabe, H., Tomoda, A., ...Jyodoi, T. (1997). Glucoregulatory disorders in school-refusal students. *Clinical Endocrinology, 47*, 273-278.
Jenkins, J. G., & Dallenbach, K. M. (1924). Obliviscence during sleep and waking. *American Journal of Psychology, 35*, 605-612.
Jeynes, W. H. (2005). A meta-analysis of the relation of parental involvement to urban elementary school student academic achievement. *Urban Education, 40*, 237-269.
Jeynes, W. H. (2007). The relationship between parental involvement and urban secondary school student academic achievement: A meta-analysis. *Urban Education, 42*, 82-110.
Johnson, W., McGue, M., & Iacono, W. G. (2006). Genetic and environmental influences on academic achievement trajectories during adolescence. *Developmental Psychology, 42*, 514-532.
角屋重樹 (2013). なぜ、理科を教えるのか：理科教育がわかる教科書　文溪堂
鹿毛雅治 (2000). 学びの場で経験される評価：豊かな学びが生まれるために　長尾彰夫・浜田寿美男（編）教育評価を考える：抜本的改革への提言 (pp.75-115)　ミネルヴァ書房
鹿毛雅治 (2007). 子どもの姿に学ぶ教師：「学ぶ意欲」と「教育的瞬間」　教育出版
鹿毛雅治 (2013). 学習意欲の理論：動機づけの教育心理学　金子書房
Kamii, C., & DeVries, R. (1977). Piaget for early education. In C. Day & R. K. Parker (Eds.), *Preschool in action: Exploring early childhood program*. Boston: Allyn & Bacon.（カミイ，C.・デブリーズ，R. 稲垣佳世子（訳）(1980). ピアジェ理論と幼児教育　チャイルド本社）
金谷憲（編著）(1994). 定着重視の英語テスト法：長期的視野に立った中学校英語評価　河源社
金谷憲・小林美音・告かおり・贄田悠・羽山恵 (2015). 中学英語いつ卒業？：中学生の主語把握プロセス　三省堂
金子隆芳（監修）(1992). 心理学フロンティア：心の不思議にせまる　教育出版
金子保 (1994). ホスピタリズムの研究：乳児院保育における日本の実態と克服の歴史　川島書店
Kardash, C. M., & Howell, K. L. (2000). Effects of epistemological beliefs and topic-specific beliefs on undergraduates' cognitive and strategic processing of dual-positional text. *Journal of Educational Psychology, 92*, 524-535.
河村茂雄（編）(2000). Q-U 学級満足度尺度による学級経営コンサルテーション・ガイド　図書文化社
川村康文 (2014). 理科教育法：独創力を伸ばす理科授業　講談社
Khantzian, E. J., & Albanese, M. J. (2008). *Understanding addiction as self medication*. Chicago: Rowman & Littlefield Publishers.（松本俊彦（訳）(2013). 人はなぜ依存症になるのか　星和書店）
北尾倫彦 (1986). 板書とノート指導の技術　北尾倫彦・速水敏彦（著）わかる授業の心理学 (pp.149-160)　有斐閣
北尾倫彦 (1991). 学習指導の心理学　有斐閣
小林正幸 (2001). 学級再生　講談社（講談社現代新書）
小林正幸・相川充 (1999). ソーシャルスキル教育で子どもが変わる：楽しく身につく学級生活の基礎・基本　図書文化社
Koepp, M. J., Gunn, R. N., Lawrence, A. D., Cunningham, V. J., Dagher, A., Jones, T., Brooks, D. J., Bench, C. J., & Grasby, P. M. (1998). Evidence for striatal dopamine release during a video

game. *Nature, 393*, 266-268.

Kohlberg, L. (1969). Stage and sequence: The cognitive-developmental approach to socialization. In D. A. Goslin (Ed.), *Handbook of socialization theory and research*. Chicago: Rand McNally. （コールバーグ, L. 永野重史（監訳）(1987). 道徳性の形成：認知発達的アプローチ　新曜社）

小池幸司・神谷加代 (2013). iPad教育活用7つの秘訣：先駆者に聞く教育現場での実践とアプリ選びのコツ (pp.30-37) ウイネット出版

國分康孝 (1981). エンカウンター：心とこころのふれあい　誠信書房

國眼厚志 (2013). 学級担任のための普通教室ICT活用術：今日からすぐに取り組める！　明治図書出版

国立教育政策研究所（編）(2013). 算数・数学教育の国際比較：国際数学・理科教育動向調査の2011年調査報告書　明石書店

国立教育政策研究所（編）(2014). 教員環境の国際比較：OECD国際教員指導環境調査（TALIS）2013年調査結果報告書　明石書店

国立教育政策研究所教育課程研究センター (2015). 平成27年度全国学力・学習状況調査結果資料　http://www.nier.go.jp/15chousakekkahoukoku/index.html

国立教育政策研究所教育課程研究センター (2016). 国際数学・理科教育動向調査（TIMSS2015）のポイント　http://www.nier.go.jp/timss/2015/point.pdf（2016年12月8日参照）

国立保健医療科学院 (2012). 乳幼児身体発育評価マニュアル　https://www.niph.go.jp/soshiki/07shougai/hatsuiku/index.files/katsuyou_130805.pdf（2016.3.16閲覧）

近藤邦夫 (1994). 教師と子どもの関係づくり：学校の臨床心理学　東京大学出版会

厚生労働省 (2011). 平成22年乳幼児身体発育調査報告書　厚生労働省雇用均等・児童家庭局　http://www.mhlw.go.jp/stf/houdou/2r9852000001t3so-att/2r9852000001t7dg.pdf

Kovas, Y., Garon-Carrier, G., Boivin, M., Petrill, S. A., Plomin, R., Malykh, S. B., ...Vitaro, F. (2015). Why children differ in motivation to learn: Insights from over 13,000 twins from 6 countries. *Personality and Individual Differences, 80*, 51-63.

Kovas, Y., Voronin, I., Kaydalov, A., Malykh, S. B., Dale, P. S., & Plomin, R. (2013). Literacy and numeracy are more heritable than intelligence in primary school. *Psychological Science, 24*, 2048-2056.

Kowalski, R. M., Giumetti, G. W., Schroeder, A. N., & Lattanner, M. R. (2014). Bullying in the digital age. *Psychological Bulletin, 140*, 1073-1137.

Krapohl, E., Rimfelda, K., Shakeshafta, N. G., Trzaskowskia, M., McMillana, A., Pingaulta, J-B., ...Plomin, R. (2014). The high heritability of educational achievement reflects many genetically influenced traits, not just intelligence. *PNAS, 111*, 15273-15278.

Krueger, W. C. F. (1929). The effect of overlearning on retention. *Journal of Experimental Psychology, 12*, 71-78.

工藤与志文 (2001). 縮小過剰型誤概念における「概念受容学習モデル」の検証：「光合成概念」を例として　東北教育心理学研究, 8, 15-27.

工藤与志文 (2002). 概念受容学習における事例の問題：直接的な学習ソースとしての事例　札幌学院大学人文学会紀要, 71, 77-93.

工藤与志文 (2003). 概念受容学習における知識の一般化可能性に及ぼす教示情報解釈の影響：「事例にもとづく帰納学習」の可能性の検討　教育心理学研究, 51, 281-287.

Kulhavy, R. W., & Stock, W. A. (1989). Feedback in written instruction: The place of response certitude. *Educational Psychology Review, 1*, 279-308.

熊崎あゆち・鈴木佳苗・桂瑠以・坂元章・橿淵めぐみ (2012). 子どものインターネット利用といじめ (9) 日本社会心理学会第53回大会（つくば国際会議場）

栗原慎二・井上弥（編著）(2010). アセス〈学級全体と児童生徒個人のアセスメントソフト〉の使い方・活かし方　ほんの森出版

黒田日出男ほか (2012). 社会科 中学生の歴史：日本の歩みと世界の動き　帝国書院

草川三治 (1988). 登校拒否を生体リズムの面から考える　日本小児科学会雑誌, 92, 1-4.

楠見孝 (2014). 科学コミュニケーションにおける批判的思考　鈴木真理子・楠見孝・都築章子・鳩野逸生・松下佳代（編著）科学リテラシーを育むサイエンス・コミュニケーション：学校と社会をつなぐ教育のデザイン (pp.163-170)　北大路書房

Lahey, B. B., Gendrich, J. G., Gendrich, S. I., Schnelle, J. F., Gant, D. S., & McNees, M. P. (1977). An evaluation of daily report cards with minimal teacher and parent contacts as an efficient method of classroom intervention. *Behavior Modification, 1*, 381-394.

Lahey, B. B., & Johnson, M. S. (1978). *Psychology and instruction: A practical approach to educational psychology*. Glenview, IL: Scott Foresman & Co. （レイヒ, B. B.・ジョンソン, M. S. 宮原英種（監訳）(1983). 教室で生きる教育心理学　新曜社）

Lave, J., & Wenger, E. (1991). *Situated learning: Legitimate peripheral participation*. New York: Cambridge University Press. （レイヴ, J.・ウェンガー, E. 佐伯胖（訳）(1993). 状況に埋め込まれた学習：正統的周辺参加　産業図書）

Lazear, P. E. (2001). Educational production. *The Quarterly Journal of Economics, 116*, 777-803.

Lehman, D. R., Lempert, R. O., & Nisbett, R. E. (1988). The effects of graduate training on reasoning: Formal discipline and thinking about everyday-life events. *American Psychologist, 43*, 431-442.

Lepper, M. R., & Hodell, M. (1989). Intrinsic motivation in the classroom. In C. Ames & R. Ames (Eds.), *Research on motivation in education (Vol.3): Goals and cognitions* (pp.73-105). San Diego, CA: Academic Press.

Lewin, K., Lippitt, R., & White, R. K. (1939). Patterns of aggressive behavior in experimentally created "social climates." *Journal of Social Psychology, 10*, 271-299.

Lickona, T. (1992). *Educating for character: How our schools can teach respect and responsibility*. New York: Bantam Book. （リコーナ, T. 三浦正（訳）(1997). リコーナ博士のこころの教育論：〈尊重〉と〈責任〉を育む学校環境の創造　慶應義塾大学出版会）

Lin, L., & Bigenho, C. (2011). Note-taking and memory in different media environments. *Computers in the Schools, 28*, 200-216.

Loehlin, J. C., & Nichols, R. C. (1976). *Heredity, environment and personality*. Austin: University of Texas Press.

Loftus, G. R., & Loftus, E. F. (1976). *Human memory: The processing of information*. Hillsdale, N.J.: Lawrence Erlbaum Associates.（ロフタス，G. R.・ロフタス，E. F. 大村彰道（訳）(1980). 人間の記憶：認知心理学入門　東京大学出版会）

麻柄啓一 (2002). じょうずな勉強法：こうすれば好きになる　北大路書房

Malone, J. W., & Lepper, M. R. (1987). Making learning fun: A taxonomy of intrinsic motivations for learning. In R. E. Show & M. J. Farr (Eds.), *Aptitude, learning, and instruction (Vol.3): Conative and affective process analyses* (pp.223-253). Hillsdale, NJ: Lawrence Erlbaum Associates.

松尾保（編）(1996). 新版小児保健医学（第5版）　日本小児医事出版社

McGrew, K. S. (2005). The Cattell-Horn-Carroll theory of cognitive abilities: Past, present, and future. In D. P. Flanagan, J. L. Genshaft, & P. L. Harrison (Eds.), *Contemporary intellectual assessment: Theories, tests, and issues* (pp.136-182). New York: Guilford.

McGuire, W. J. (1969). The nature of attitudes and attitude change. In G. Lindzey & E. Aronson (Eds.), *Handbook of social psychology*. Vol.3. Reading, MA: Addison-Wesley.

McGuire, W. J. (1973). Persuasion, resistance and attitude change. In I. Pool et al. (Eds.), *Handbook of communication* (pp.216-252). Skokie, IL: Rand McNally College Pub. Co.

McTighe, J., & Wiggins, G. (2013). *Essential questions: Opening doors to student understanding*. Alexandria: ASCD.

Messerli, F. H. (2012). Chocolate consumption, cognitive function, and Nobel laureates. *New England Journal of Medicine, 367*, 1562-1564.

道田泰司・宮元博章・秋月りす (1999). クリティカル進化（シンカー）論：「OL進化論」で学ぶ思考の技法　北大路書房

Midgley, C., & Urdan, T. (2001). Academic self-handicapping and achievement goals: A further examination. *Contemporary Educational Psychology, 26*, 61-75.

三池輝久 (1996). 不登校の考え方：生理学的立場から　小児内科, 28, 627-631.

三池輝久 (1997). 不登校とメラトニン　神経内科, 46, 466-471.

三池輝久 (2001). 自律神経から見た心身症と不登校の病態　日本小児科学会雑誌, 105, 1324-1331.

三池輝久（編著）(2009). 不登校外来：眠育から不登校病態を理解する　診断と治療社

Miike, T., Tomoda, A., Jhodoi, T., Iwatani, N., & Mabe, H. (2004). Learning and memorization impairment in childhood chronic fatigue syndrome manifesting as school phobia in Japan. *Brain and Development, 26*, 442-447.

Miller, G. A. (1956). The magical number seven, plus or minus two: Some limits of our capacity for processing information. *Psychological Review, 63*, 81-87.

三隅二不二 (1966). 新しいリーダーシップ：集団指導の行動科学　ダイヤモンド社

三隅二不二（編著）(1972). 現代経営学全集第7巻　リーダーシップ　ダイヤモンド社

三隅二不二・矢守克也 (1989). 中学校における学級担任教師のリーダーシップ行動測定尺度の作成とその妥当性に関する研究　教育心理学研究, 37, 46-54.

三隅二不二・吉崎静夫・篠原しのぶ (1977). 教師のリーダーシップ行動測定尺度の作成とその妥当性の研究　教育心理学研究, 25, 157-166.

Mithen, S. (1996). *The prehistory of the mind*. London: Thames and Hudson.（ミズン，S. 松浦俊輔・牧野美佐緒（訳）(1998). 心の先史時代　青土社）

宮原英種・宮原和子 (2004). 人間発達論　ナカニシヤ出版

文部科学省 (1999). 学習障害に対する指導について（報告）学習障害及びこれに類似する学習上の困難を有する児童生徒の指導方法に関する調査研究協力者会議　http://www.mext.go.jp/a_menu/shotou/tokubetu/material/002.htm

文部科学省 (2003). 今後の特別支援教育の在り方について（最終報告）特別支援教育の在り方に関する調査研究協力者会議　http://www.mext.go.jp/b_menu/shingi/chousa/shotou/054/shiryo/attach/1361204.htm

文部科学省 (2005). 特別支援教育を推進するための制度の在り方について（答申）中央教育審議会　http://www.mext.go.jp/b_menu/shingi/chukyo/chukyo0/toushin/05120801.htm

文部科学省 (2007a). 児童生徒の教育相談の充実について：生き生きとした子どもを育てる相談体制づくり（報告）文部科学省初等中等教育局児童生徒課　http://www.mext.go.jp/b_menu/shotou/shoutou/066/gaiyou/1369810.htm

文部科学省 (2007b). 特別支援教育の推進について（通知）文部科学省初等中等教育局特別支援教育課　http://www.mext.go.jp/b_menu/hakusho/nc/07050101.htm

文部科学省 (2009). 習熟度別少人数指導の低学力層に対する学習意欲や学力への効果　http://www.mext.go.jp/b_menu/houdou/21/03/__icsFiles/afieldfile/2009/04/01/1259912_1_1.pdf

文部科学省 (2010). 小学校、中学校、高等学校及び特別支援学校等における児童生徒の学習評価及び指導要録の改善等について（通知）http://www.mext.go.jp/b_menu/hakusho/nc/1292898.htm

文部科学省 (2012a). 共生社会の形成に向けたインクルーシブ教育システム構築のための特別支援教育の推進（報告）中央教育審議会初等中等教育分科会　http://www.mext.go.jp/b_menu/shingi/chukyo/chukyo3/044/attach/1321669.htm

文部科学省 (2012b). 通常の学級に在籍する発達障害の可能性のある特別な教育的支援を必要とする児童生徒に関する調査結果について　文部科学省初等中等教育局特別支援教育課　http://www.mext.go.jp/a_menu/shotou/tokubetu/material/1328729.htm

文部科学省 (2015). 情報教育に関連する資料　教育課程部会情報ワーキンググループ　http://www.mext.go.jp/b_menu/shingi/chukyo/chukyo3/059/siryo/__icsFiles/afieldfile/2016/02/10/1364829_03.pdf

文部科学省 (2016). 学校保健統計調査－平成27年度（確定値）の結果の概要　http://www.mext.go.jp/b_menu/toukei/chousa05/hoken/kekka/k_detail/1365985.htm

Moreno, J. L., Jennings, H. H., & Stockton, R. (1943). Sociometry in the classroom. *Sociometry, 6*(4), 425-428.

森敏昭 (1995). 情報の検索と忘却　森敏昭・井上毅・松井孝雄（共著）グラフィック認知心理学 (pp.35-56)　サイエンス社

森園絵里奈・野島一彦 (2006).「半構成方式」による研修型エンカウンター・グループの試み　心理臨床学研究, 24(3), 257-268.

本岡朋 (2011).「39　動画の提示では途中で止める」「41/42

黒板と電子黒板の使い分け①、②」　中川一史（監修）ICT教育：100の実践・事例集（pp.88-89, 92-95）　フォーラム・A

Mueller, P. A., & Oppenheimer, D. M. (2014). The pen is mightier than the keyboard. *Psychological Science, 25*, 1159-1168.

Mulkey, L. M., Catsambis, S., Steelman, L. C., & Crain, R. L. (2005). The long-term effects of ability grouping in mathematics: A national investigation. *Social Psychology of Education, 8*, 137-177.

村瀬公胤 (2006). 反省的実践家としての教師　森敏昭・秋田喜代美（編）教育心理学キーワード (pp.184-185)　有斐閣

村山航 (2003). 学習方略の使用と短期的・長期的な有効性の認知との関係　教育心理学研究, *51*, 130-140.

村山航 (2007). 学習方略：子どもの自律的な学習を目指して　藤田哲也（編著）絶対役立つ教育心理学：実践の理論、理論を実践 (pp.85-100) ミネルヴァ書房

村山正治・野島一彦 (1977). エンカウンターグループ・プロセスの発展段階　九州大学教育学紀要（教育心理学部門）, *21*(2), 77-84.

長尾彰夫 (1985). 通信簿と教育評価：教師も親も考えなおそう　有斐閣（有斐閣新書）

名古屋恒彦 (2011). 知的障害教育におけるインクルーシブ教育の在り方：どの子にも最も適した教育　特別支援教育研究, *650*, 24.

内閣府 (2013). 障害を理由とする差別の解消の推進に関する法律（平成25年法律第65号）http://www8.cao.go.jp/shougai/suishin/pdf/law_h25-65_ruby.pdf

中川一史 (2016). 学びを拡張するICT：タブレット端末の導入を受けて　中等教育資料, *957*, 18-23.

中邑賢龍・近藤武夫（監修）(2012). 発達障害の子を育てる本：ケータイ・パソコン活用編　講談社

中澤潤 (1992). 社会的学習理論　東洋・繁桝進・田島信元（編）発達心理学ハンドブック (pp.214-230) 福村出版

Narvaez, D. (2006). Integrative ethical education. In M. Killen & J. Smetana (Eds.), *Handbook of moral development* (pp.703-732). Mahwah, NJ: Lawrence Erlbaum Associates.

National Reading Panel (2000). *Teaching children to read: An evidence-based assessment of the scientific research literature on reading and its implications for reading instruction.* Bethesda, MD: National Institute of Child Health and Human Development.

Nelson, T. O., Metzler, J., & Reed, D. A. (1974). Role of details in the long-term recognition of pictures and verbal descriptions. *Journal of Experimental Psychology, 102*, 184-186.

Nelson, T. O., & Narens, L. (1994). Why investigate metacognition? In J. Metcalfe & A. P. Shimamura (Eds.), *Metacognition: Knowing about knowing* (pp.1-25). Cambridge, MA: MIT Press.

根本橘夫 (1983). 学級集団の構造と学級雰囲気およびモラールとの関係　教育心理学研究, *31*, 211.

根本橘夫 (1989). 学級集団における社会心理学的風土の多次元的研究：問題点と主要な知見　千葉大学教育学部研究紀要第1部, *37*, 39-54.

New Zealand Ministry of Education (1992). *Mathematics in the New Zealand curriculum.* Wellington, New Zealand: Learning Media.

日本教育心理学会（編）(2003). 教育心理学ハンドブック　有斐閣

日本テスト学会（編）(2007). テスト・スタンダード：日本のテストの将来に向けて　金子書房

Nijstad, B. A., & Stroebe, W. (2006). How the group affects the mind: A cognitive model of idea generation in groups. *Personality and Social Psychology Review, 10*, 186-213.

Nijstad, B. A., Stroebe, W., & Lodewijkx, H. F. M. (2006). The illusion of group productivity: A reduction of failures explanation. *European Journal of Social Psychology, 36*, 31-48.

二宮克美 (2016). 道徳性・向社会性　田島信元・岩立志津夫・長崎勤（編）新・発達心理学ハンドブック (pp.397-406) 福村出版

西林克彦 (1994). 間違いだらけの学習論：なぜ勉強が身につかないか　新曜社

西林克彦 (2009). あなたの勉強法はどこがいけないのか？　筑摩書房（ちくまプリマー新書）

西岡加名恵 (2003). 教科と総合に活かすポートフォリオ評価法：新たな評価基準の創出に向けて　図書文化社

野島一彦 (1989). 構成的エンカウンター・グループと非構成的エンカウンター・グループにおけるファシリテーター体験の比較　心理臨床学研究, *6*(2), 40-49.

Nolen, S. B., & Haladyna, T. M. (1990). Personal and environmental influences on students' beliefs about effective study strategies. *Contemporary Educational Psychology, 15*, 116-130.

OECD (2013). *PISA 2012 assessment and analytical framework: Mathematics, reading, science, problem solving and financial literacy.* Paris: OECD Publishing.

岡直樹 (2013). 発見学習　内田伸子・繁桝算男・杉山憲司（責任編集）最新心理学事典 (p.610)　平凡社

岡本夏木 (1986). ピアジェ, J.　村井潤一（編）別冊発達4 発達の理論をきずく (pp.127-161) ミネルヴァ書房

岡本茂樹 (2013). 反省させると犯罪者になります　新潮社（新潮新書）

O'Neill, R. E., Horner, R. H., Albin, R. W., Sprague, J. R., Storey, K., & Newton, J. S. (1997). *Functional assessment and program development for problem behavior: A practical handbook* (2nd ed.). Pacific Grove, CA: Brooks/Cole.（オニール, R.E.・ホーナー, R.H.・アルビン, R.W.・スプラギュー, J.R.・ストーレイ, K.・ニュートン, J.S. 茨木俊夫（監修）三田地昭典・三田地真実（翻訳）(2003). 子どもの視点で考える問題行動解決支援ハンドブック　学苑社）

小野淳・斎藤富由紀・吉森丹衣子・飯島博之 (2011). 中学校におけるサイバーいじめの予防と心理的回復を目的としたソーシャルスキル教育プログラム開発の試み　その1　千里金蘭大学紀要, *8*, 40-50.

小野田正利 (2015). それでも親はモンスターじゃない！：保護者との向き合い方は新たなステージへ　学事出版

小野寺正巳・河村茂雄 (2002). 中学生の学級内における自己開示が学級への適応に及ぼす効果に関する研究　カウンセリング研究, *35*(1), 47-56.

小野寺正巳・河村茂雄 (2003).「K-13法」による学級づくりコンサルテーション　カウンセリング研究, *36*(1), 91-101.

大河原美以 (2004). 怒りをコントロールできない子の理解と援助：教師と親のかかわり　金子書房

大久保智生 (2010). 青年の学校適応に関する研究：関係論的

アプローチによる検討　ナカニシヤ出版
大久保智生・澤邉潤・赤塚祐果 (2014).「子どものコミュニケーション能力低下」言説の検証：小学生と大学生を対象とした調査から　香川大学教育実践総合研究, 29, 93-105.
太田信夫 (1992) 手続記憶　箱田裕司（編）認知科学のフロンティアⅡ (pp.92-119)　サイエンス社
大津由紀雄 (1989). 言語心理学　柴谷方良・大津由紀雄・津田葵（著）英語学の関連分野 (pp.181-182)　大修館書店
Ormrod, J. E. (1990). *Human learning: Principles, theories, and educational applications*. New York: Merrill.
Ormrod, J. E. (2006). *Essentials of educational psychology*. Upper Saddle River, NJ: Pearson/Merrill Prentice Hall.
Ormrod, J. E. (2010). *Essentials of educational psychology: Big ideas to guide effective teaching* (3rd Rev. ed.). Upper Saddle River, NJ: Prentice Hall.
苧阪満里子 (2002). 脳のメモ帳 ワーキングメモリ　新曜社
苧阪満里子 (2011). ワーキングメモリ　太田信夫・厳島行雄（編）現代の認知心理学2　記憶と日常 (pp.26-43)　北大路書房
Osborn, A. F. (1957). *Applied imagination: Principles and procedures of creative thinking* (rev. ed.). New York: Scribners.
Paivio, A. (1971). *Imagery and verbal processes*. New York: Holt, Rinehart, & Winston.
Paivio, A. (1986). *Mental representations: A dual coding approach*. New York: Oxford University Press.
Palincsar, A. S., & Brown, A. L. (1984). Reciprocal teaching of comprehension-fostering and comprehension-monitoring activities. *Cognition and Instruction, 1*, 117-175.
Palmer, D. J., & Goetz, E. T. (1988). Selection and use of strategies: The role of the studier's beliefs about self and strategies. In C. E. Weinstein, E. T. Goetz, & P. Alexander (Eds.), *Learning and study strategies: Issues in assessment, instruction, and evaluation* (pp.77-100). Orlando, FL: Academic Press.
Parten, M. B. (1932). Social participation among preschool children. *Journal of Abnormal and Social Psychology, 27*, 243-269.
Paulus, P. B., Dzindolet, M. T., Poletes, G., & Camacho, L. M. (1993). Perception of performance in group brainstorming: The illusion of productivity. *Personality and Social Psychology Bulletin, 19*, 78-89.
Pavlov, I. P. (1927). *Conditioned reflexes*. New York: Oxford University Press.
Petrill, S. A., Hart, S. A., Harlaar, N., Logan, J., Justice, L. M., Schatschneider, C., ...Cutting, L. (2010). Genetic and environmental influences on the growth of early reading skills. *Journal of Child Psychology and Psychiatry, 51*, 660-667.
Piaget, J. (1932). *The moral judgment of the child*. London: Routledge & Kegan Paul.（Piaget, J. 大伴茂（訳）(1957). 臨床児童心理学Ⅲ　児童道徳判断の発達　同文書院）
Piaget, J. (1952). *La psychologie de l'intelligence*. Paris: Librairie Armand Colin.（ピアジェ, J. 波多野完治・滝沢武久（訳）(1967). 知能の心理学　みすず書房）
Piaget, J. (1970). Piaget's theory. In P. H. Mussen (Ed.), *Carmichael's manual of child psychology*. Vol.1.(3rd ed., pp.703-732). NY: John Wiley.（ピアジェ, J. 中垣啓（訳）(2007). ピアジェに学ぶ認知発達の科学　北大路書房）
Piaget, J., & Inhelder, B. (1956). *The child's conception of space*. London: Routledge & Kagan Paul.
Pintrich, P. R. (2000). The role of goal orientation in self-regulated learning. In M. Boekaerts, P. R. Pintrich, & M. Zeidner (Eds.), *Handbook of self-regulation* (pp.451-502). San Diego, CA: Academic Press.
Pintrich, P. R., & De Groot, E. V. (1990). Motivational and self-regulated learning components of classroom academic performance. *Journal of Educational Psychology, 82*, 33-40.
Plomin, R., DeFries, J. C., Knopik, V., & Neiderhiser, J. (2016). Top 10 replicated findings from behavioral genetics. *Perspectives on Psychological Science, 11*(1), 3-23.
Polya, G. (1957). *How to solve it: A new aspect of mathematical method* (2nd ed.). New York: Doubleday.（ポリア, G. 柿内賢信（訳）(1975). いかにして問題をとくか　丸善）
Potter, M. C., & Levy, E. I. (1969). Recognition memory for a rapid sequence of pictures. *Journal of Experimental Psychology, 81*, 10-15.
Reed, S. K., Dempster, A., & Ettinger, M. (1985). Usefulness of analogous solutions for solving algebra word problems. *Journal of Experimental Psychology: Learning, Memory and Cognition, 11*, 106-125.
Rescorla, R. A. (1966). Predictability and number of pairings in Pavlovian fear conditioning. *Psychonomic Science, 4*, 383-384.
Robinson, F. P. (1978). *Effective study* (6th ed.). NY: Harper & Row.
Rogers, C. R. (1968). *Freedom to learn: A view of what education might become*. Columbus, Ohio: Charles E. Merrill Publishing Company.（ロージャズ, C. R. 友田不二男（編）伊東博ほか（訳）(1972). 創造への教育（上）：学習心理への挑戦　岩崎学術出版社）
Rogers, C. R. (1970). *Carl Rogers on encounter groups*. New York: Harper & Row.（畠瀬稔・畠瀬直子（訳）(1982). エンカウンター・グループ：人間信頼の原点を求めて　創元社）
Rosenshine, B., & Meister, C. (1994). Reciprocal teaching: A review of nineteen experimental studies. *Review of Educational Research, 64*, 479-530.
Rowe, M. B. (2003). Wait-time and rewards as instructional variables, their influence on language, logic, and fate control: Part one--Wait-time. *Journal of Research in Science Teaching, 40*(Suppl), S19-S32.
Rumelhart, D. E. (1980). Schemata: The building blocks of cognition. In R. J. Spiro, B. C. Bruce, & W. F. Brewer (Eds.), *Theoretical issues in reading comprehension* (pp.33-58). Hillsdale, NJ: Lawrence Erlbaum Associates.
Rumelhart, D. E., & Ortony, A. (1977). The representation of knowledge in memory. In R. C. Anderson, R. J. Spiro, & W. E. Montague (Eds.), *Schooling and the acquisition of knowledge* (pp.99-136). Hillsdale, NJ: Lawrence Erlbaum Associates.
Rundus, D. (1971). Analysis of rehearsal processes in free recall. *Journal of Experimental Psychology, 89*, 63-77.
斉田智里 (2014). 英語学力の経年変化に関する研究：項目応答理論を用いた事後的等化法による共通尺度化　風間書房
埼玉大学教育学部附属小学校（監修）(2013). 学校探検の振り返りの場面で　子どもの思考力向上のためのデジタル機器を生かした授業実践 (pp.114-115)　小学館

佐藤純 (1998). 学習方略の有効性の認知・コストの認知・好みが学習方略の使用に及ぼす影響　教育心理学研究, 46, 367-376.

佐藤淳 (2001). 提示事例の特質が商品の価格規定因に対する学習者の判断に及ぼす影響について　北海学園大学経済論集, 49(1), 103-117.

佐藤康司 (2002). 目標にとらわれない評価活動：目標自由評価　宇野忍（編）授業に学び授業を創る教育心理学（第2版, pp.303-307)　中央法規出版

佐藤静一・松原恵治 (1992). 中学校学級担任教師の PM 式指導行動類型とその変化が生徒の学校モラールに及ぼす効果　熊本大学教育実践研究, 9, 59-65.

Sato, T., Namiki, H., Ando, J., & Hatano, G. (2004). Japanese conception of and research on human intelligence. In R. J. Sternberg (Ed.), *International handbook of intelligence* (pp.302-324). Cambridge: Cambridge University Press.

Schön, D. A. (1983). *The reflective practitioner: How professionals think in action*. NY: Basic Books.

Schunk, D. H., & Zimmerman, B. J. (1997). Social origins of self-regulatory competence. *Educational Psychologist, 32*, 195-208.

Schunk, D. H., & Zimmerman, B. J. (Eds.) (1998). *Self-regulated learning : From teaching to self-reflective practice*. New York: Guilford Press.（シャンク, D. H.・ジマーマン, B. J.（編著）塚野州一（編訳）(2007). 自己調整学習の実践　北大路書房）

Schwartz, D. L., & Martin, T. (2004). Inventing to prepare for future learning: The hidden efficiency of encouraging original student production in statistics instruction. *Cognition and Instruction, 22*, 129-184.

生徒指導・進路指導研究センター (2014).「中1ギャップ」の真実　国立教育政策研究所

瀬尾美紀子・植阪友理・市川伸一 (2008). 学習方略とメタ認知　三宮真智子（編著）メタ認知：学習力を支える高次認知機能 (pp.55-73). 北大路書房

Shepard, R. N. (1967). Recognition memory for words, sentences, and pictures. *Journal of Verbal Learning and Verbal Behavior, 6*, 156-163.

進藤聡彦 (2002). メタ認知的な学習方略が知識の有意味化に及ぼす影響　教育方法学研究, 28, 95-105.

篠ヶ谷圭太 (2008). 予習が授業理解に与える影響とそのプロセスの検討：学習観の個人差に注目して　教育心理学研究, 56, 256-267.

篠ヶ谷圭太 (2011). 学習を方向づける予習活動の検討：質問に対する解答作成と自信度評定に着目して　教育心理学研究, 59, 355-366.

篠ヶ谷圭太 (2013). 予習時の質問生成への介入および解答作成が授業理科に及ぼす影響とそのプロセスの検討　教育心理学研究, 61, 351-361.

Shirley, M. M. (1933). Locomotor & visual-manual functions in the first two years. In C. Murchison (Ed.), *A handbook of child psychology* (p.247). New York: J. Wiley.

首藤敏元・二宮克美 (2003). 子どもの道徳的自律の発達　風間書房

Skinner, B. F. (1938). *The behavior of organism*. New York: Appleton-Century-Crofts.

Skinner, B. F. (1990). Can psychology be a science of mind?. *American Psychologist, 45*, 1206-1210.

Sklare, G. B. (1997). *Brief counseling that works: A solution-focused approach for school counselors*. Thousand Oaks, CA: Corwin Press.（スクレア, G. B. 市川千秋・宇田光（編訳）(2000). ブリーフ学校カウンセリング　二瓶社）

Sparrow, B., Liu, J., & Wegner, D. M. (2011). Google effects on memory. *Science, 333*, 776-778.

Spearman, C. E. (1904). 'General intelligence', objectively determined and measured. *American Journal of Psychology, 15*, 201-293.

Steger, B. (2007). *Inemuri : Wie die Japaner schlafen und was wir von ihnen lernen können*. Reinbek bei Hamburg: Rowohlt Taschenbuch Verlag.（シーガ, B. 畔上司（訳）(2013). 世界が認めたニッポンの居眠り：通勤電車のウトウトにも意味があった！　阪急コミュニケーションズ）

Sternberg, R. J. (1997). *Thinking styles*. New York: Cambidge Universiry Press.（スターンバーグ, R. J. 松村暢隆・比留間太白（訳）(2000). 思考スタイル：能力を生かすもの　新曜社）

Stone, T. H., Jawahar, I. M., & Kisamore, J. L. (2010). Predicting academic misconduct intentions and behavior using the theory of planned behavior and personality. *Basic and Applied Social Psychology, 32*, 35-45.

Stratz, C. H. (1922). *Der Körper des Kindes und seine Pflege: Für Eltern, Erzieher, Ärzte und Künstler*. Stuttgart: Ferdinand Enke.（ストラッツ, C. H. 森德治（訳）(1952). 子供のからだ　創元社）

Stroebe, W., Diehl, M., & Abakoumkin, G. (1992). The illusion of group effectivity. *Personality and Social Psychology Bulletin, 18*, 643-650.

杉江修治 (1996).　学級規模と教育効果　中京大学教養論叢, 37, 147-190.

杉江修治・梶田正巳 (1989). 子供の教授活動の効果　教育心理学研究, 37, 381-385.

鈴木雅之 (2011). ルーブリックの提示による評価基準・評価目的の教示が学習者に及ぼす影響：テスト観・動機づけ・学習方略に着目して　教育心理学研究, 59, 131-143.

Sykes, G. M., & Matza, D. (1957). Techniques of neutralization: A theory of delinquency. *American Sociological Review, 22*, 664-670.

高橋望 (2014). カリキュラムと学力　青木麻衣子・佐藤博志（編著）新版 オーストラリア・ニュージーランドの教育：グローバル社会を生き抜く力の育成に向けて (pp.109-123) 東信堂

高比良美詠子・安藤玲子・坂元章 (2008). インターネット使用と子どもの能力　無藤隆（編著）理科大好き！の子どもを育てる (pp.128-150)　北大路書房

田中耕治 (2008). 教育評価　岩波書店

田中俊也（編著）(1996). コンピュータがひらく豊かな教育：情報化時代の教育環境と教師　北大路書房

田中俊也 (2015). 教室での ICT 活用　子安増生・田中俊也・南風原朝和・伊東裕司（著）教育心理学 (第3版, pp.153-175)　有斐閣

田中靖浩 (2011). 理科観察記録をフォトムービーで表現する　中川一史（監修）ICT 教育：100の実践・事例集 (pp.34-35) フォーラム・A

田﨑敏昭・狩野素朗 (1985). 学級集団における大局的構造特性と児童のモラール　教育心理学研究, 33, 177-182.

Tatem, A. J., Guerrera, C. A., Atkinson, P. M., & Hay, S. I. (2004). Momentous sprint at the 2156 Olympics? *Nature, 431*, 525.

Taylor, J., Roehrig, A. D., Hensler, B. S., Connor, C. M., & Schatschneider, C. (2010). Teacher quality moderates the genetic effects on early reading. *Science, 328*, 512-514.

TenBrink, T. D. (2006). Assessment. In J. M. Cooper (Gen. Ed.), *Classroom learning skills* (8th ed., pp.330-374). Boston, MA: Houghton Mifflin Company.

Tennyson, R. D., & Park, O. C. (1980). The teaching of concepts: A review of instructional design research literature. *Review of Educational Research, 50*, 55-70.

Thompson, L. A., Detterman, D. K., & Plomin, R. (1991). Associations between cognitive abilities and scholastic achievement: Genetic overlap but environmental differences. *Psychological Science, 2*, 158-165.

Thorndike, E. L., & Woodworth, R. S. (1901). The influence of improvement in one mental function upon the efficiency of the other functions. (I.) *Psychological Review, 8*, 247-261.

Thurstone, L. L. (1928). The absolute zero in intelligence measurement. *Psychological Review, 35*, 175-197.

栃木県総合教育センター (2011). 栃木の子どもの規範意識調査（小・中・高）：本県児童生徒の規範意識の把握と望ましい指導の在り方 http://www.tochigi-edu.ed.jp/center/cyosa/cyosakenkyu/kihan_ishiki_h22/

東京都日野市公立小中学校全教師・教育委員会・小貫悟（編）(2010). 通常学級での特別支援教育のスタンダード：自己チェックとユニバーサルデザイン環境の作り方 東京書籍

Tomoda, A., Jhodoi, T., & Miike, T. (2001). Chronic fatigue syndrome and abnormal biological rhythms in school children. *Journal of Chronic Fatigue Syndrome, 8*(2), 29-37.

Tomoda, A., Miike, T., Uezono, K., & Kawasaki, T. (1994). A school refusal case with biological rhythm disturbance and melatonin therapy. *Brain and Development, 16*, 71-76.

Tomoda, A., Miike, T., Yonamine, K., Adachi, K., & Shiraishi, S. (1997). Disturbed circadian core body temperature rhythm and sleep disturbance in school refusal children and adolescents. *Biological Pshychiatry, 41*, 810-813.

津田栄・箭内顯彦・稲井田次郎・山下元・箭内美智子・清水誠一・奥田良治 (1996). S3-5 ファジィ理論を応用したソシオグラム解析Ⅶ：ファジィシャプレイ値を用いたソシオグラム分析 日本行動計量学会大会発表論文抄録集, 24, 72-75.

柘植雅義 (2013). 特別支援教育：多様なニーズへの挑戦 中央公論新社（中公新書）

鶴田清司・河野順子（編著）(2014a). 論理的思考力・表現力を育てる言語活動のデザイン 小学校編 明治図書出版

鶴田清司・河野順子（編著）(2014b). 論理的思考力・表現力を育てる言語活動のデザイン 中学校編 明治図書出版

都筑学 (2011). 発達論から見た小中一貫教育 山本由美・藤本文朗・佐貫浩（編）これでいいのか小中一貫校：その理論と実態 (pp.52-67) 新日本出版社

都筑学 (2016). 全国アンケート調査から見た小中一貫教育 山本由美・藤本文朗・佐貫浩（編）「小中一貫」で学校が消える：子どもの発達が危ない (pp.54-70) 新日本出版社

Tucker-Drob, E. M., & Harden, K. P. (2012). Learning motivation mediates gene-by-socioeconomic status interaction on mathematics achievement in early childhood. *Learning and Individual Differences, 22*, 37-45.

Tulving, E. (1972). Episodic and semantic memory. In E. Tulving & W. Donaldson (Eds.), *Organization of memory* (pp.381-403). New York: Academic Press.

Turiel, E. (1983). *The development of social knowledge: Morality and convention*. Cambridge: Cambridge University Press.

Turkheimer, E. (2000). Three laws of behavior genetics and what they mean. *Current Directions in Psychological Science, 9*, 160-164.

内田伸子 (1985). 幼児における事象の因果的統合と産出 教育心理学研究, 33, 124-134.

内田伸子 (1990). 子どもの文章：書くこと・考えること 東京大学出版会

内田伸子 (1999a). 第2言語学習における成熟的制約：子どもの英語習得の過程 桐谷滋（編）ことばの獲得 (pp.195-228) ミネルヴァ書房

内田伸子 (1999b). 発達心理学：ことばの獲得と教育 岩波書店

内田伸子 (2008). 幼児心理学への招待：子どもの世界づくり〈改訂版〉サイエンス社

内田伸子 (2012). ことばの力に培う「みんなで伸びる授業デザイン」：「論理科」カリキュラムの開発と実践の効果 ことばの力に培う「みんなで伸びる授業デザイン」：平成21年〜23年度文部科学省指定研究開発学校紀要第61集, pp.208-213.

内田伸子 (2016). 考える力を育むことばの教育：メタ認知を活かした授業デザイン「論理科」の開発と実践効果の検証 読書科学, 58(3), 109-121.

内田伸子 (2017). 発達の心理：ことばの獲得と教育 サイエンス社

内田伸子・鹿毛雅治・河野順子・熊本大学教育学部附属小学校 (2012).「対話」で広がる子どもの学び：授業で論理力を育てる試み 明治図書出版

内田伸子・坂元章（編著）(2007). リスク社会を生き抜くコミュニケーション力 金子書房

内田樹 (2005). 先生はえらい 筑摩書房（ちくまプリマー新書）

内田樹 (2011). 最終講義：生き延びるための六講 技術評論社

上田礼子（日本版者）・Frankenburg, W. K. (原著)(1983). 日本版デンバー式発達スクリーニング検査：JDDST と JPDQ（増補版） 医歯薬出版

植田陽子・小川奈津代・嶋津貴子・豊村舞・友田明美・服部新三郎・三池輝久 (1996). 不登校児の深部体温日内リズム異常について 日本小児科学会雑誌, 100, 1499-1503.

上田征三・金政玉 (2014). 障害者の権利条約とこれからのインクルーシブ教育 東京未来大学研究紀要, 7, 19-29.

上野一彦 (2001). LD の概念・定義 上野一彦・牟田悦子・小貫悟（編著）LD の教育：学校における LD の判断と指導 (pp.5-15) 日本文化科学社

植阪友理 (2010a). 学習方略は教科間でいかに転移するか：「教訓帰納」の自発的利用を促す事例研究から 教育心理学研究, 58, 80-94.

植阪友理 (2010b). メタ認知・学習観・学習方略 市川伸一（編）現代の認知心理学5：発達と学習 (pp.172-200) 北大路書房

Uesaka, Y., Manalo, E., & Ichikawa, S. (2007). What kinds of perceptions and daily learning behaviors promote students' use of diagrams in mathematical problem solving? *Learning and*

Instruction, 17, 322-335.

植阪友理・瀬尾美紀子・市川伸一 (2012). 日本の小中学校の現場における学習法指導のあり方とその課題　植阪友理・Manalo, E.（編）学び方の上手な学習者を育てるために：学習方略プロジェクトH23年度の研究成果 (pp.22-26) http://hdl.handle.net/2261/54925

Ukai, H., Kobayashi, T. J., Nagano, M., Masumoto, K., Sujino, M., Kondo, T., ...Ueda, H. R. (2007). Melanopsin-dependent photo-perturbation reveals desynchronization underlying the singularity of mammalian circadian clocks. *Nature Cell Biology*, 9, 1327-1334.

梅棹忠夫 (1969). 知的生産の技術　岩波書店（岩波新書）

魚崎祐三 (2016). テキスト読解場面における下線ひき行動に関する研究：役割と有効性の検討　風間書房

Užgiris, I. Č., & Hunt, J. McV. (1975). *Assesment in infancy: Ordinal scales of psychological development*. Champaign, IL: University of Illinois Press.（ウズギリス，I. C.・ハント，J. McV. 白滝貞昭・黒田健次（訳）(1983). 乳幼児の精神発達と評価　日本文化科学社）

Van Manen, M. (1991). Reflectivity and the pedagogical moment: The normativity of pedagogical thinking and acting. *Journal of Curriculum Studies*, 23(6), 507-536.

Vansteenkiste, M., Simons, J., Lens, W., Sheldon, K. M., & Deci, E. L. (2004). Motivating learning, performance, and persistence: The synergistic effects of intrinsic goal contents and autonomy-supportive contexts. *Journal of Personality and Social Psychology*, 87, 246-260.

Vygotsky, L. S. (1934). *Thought and language*（ヴィゴツキー，L. S. 柴田義松（訳）(1962). 思考と言語　明治図書出版）

和田実・久世敏雄 (1990). 現代青年の規範意識と私生活主義：パーソナリティ特性との関連について　名古屋大学教育学部紀要, 37, 23-30.

Wainwright, M. A., Wright, M. J., Luciano, M., Geffen, G. M., & Martin, N. G. (2005). Multivariate genetic analysis of academic skills of the Queensland Core Skills Test and IQ highlight the importance of genetic g. *Twin Research and Human Genetics*, 8, 602-608.

Waison, P. C. (1968). Reasoning about a rule. *Quarterly Journal of Experimental Psychology*, 20, 279-281.

Walker, S. O., Petrill, S. A., Spinath, F. M., & Plomin, R. (2004). Nature, nurture and academic achievement: A twin study of teacher assessments of 7-year-old. *British Journal of Educational Psychology*, 74, 323-342.

Wallas, G. (1926). *The art of thought*. J. Cape: London.

渡辺雅子 (2004). 納得の構造：日米初等教育に見る思考表現のスタイル　東洋館出版社

Watson, J. B. (1930). *Behaviorism* (Rev. Ed.). New York: Norton.

Wegge, J., & Haslam, S. A. (2005). Improving work motivation and performance in brainstorming groups: Effects of three group goal setting strategies. *European Journal of Work and Organizational Psychology*, 14, 400-430.

Weinstein, C. E., & Mayer, R. E. (1986). The teaching of learning strategies. In M. C. Wittrock (Ed.), *Handbook of research on teaching* (3rd ed., pp.315-327). New York: Macmillan.

Wigfield, A., & Eccles, J. S. (2000). Expectancy-value theory of achievement motivation. *Contemporary Educational Psychology*, 25, 68-81.

Wolf, D. (1989). Portfolio assessment: Sampling student work. *Educational Leadership*, 48(5), 35-36.

Wolters, C. A. (2004). Advancing achievement goal theory: Using goal structures and goal orientations to predict students' motivation, cognition, and achievement. *Journal of Educational Psychology*, 96, 236-250.

Wolters, C. A, Yu, S. L., & Pintrich, P. R. (1996). The relation between goal orientation and students' motivational beliefs and self-regulated learning. *Learning and Individual Differences*, 8, 211-238.

Wood, C. (1997). *Yardsticks: Children in the classroom ages 4-14*. Greenfield, MA: Northeast Foundation for Children.（ウッド，C. 安彦忠彦・無藤隆（訳）(2008). 成長のものさし　図書文化社）

Wood, D., Bruner, J. S., & Ross, G. (1976). The role of tutoring in problem solving. *Journal of Child Psychology & Psychiatry*, 17, 89-100.

Wright, P. W. D., Wright, P. D., & O'Connor, S. W. (2010). *All about IEPs: Answers to frequently asked questions about IEPs*. Hartfield, VA: Harbor House Law Press.（ライト，P.・ライト，P.・オコナー，S. 柘植雅義・緒方明子・佐藤克敏（監訳）(2012). アメリカのIEP（個別の教育支援プログラム）：障害のある子ども・親・学校・行政をつなぐツール　中央法規出版）

谷島弘仁・新井邦二郎 (1996). 理科の動機づけの因果モデルの検討：生物教材を通して　教育心理学研究, 44, 1-10.

山岸明子 (2002). 現代青年の規範意識の希薄性の発達的意味　順天堂大学医療短期大学紀要, 13, 49-58.

山口豊一 (2005). 学校心理士と特別支援教育を考える：英国の教育心理士に学ぶ　日本学校心理士会ニューズレター第27号，日本学校心理士会

山森光陽 (2013). 学級規模，学習集団規模，児童生徒－教師比に関する教育心理学的研究の展望　教育心理学研究, 61, 206-219.

山森光陽・奥田麻衣 (2014).　児童生徒－教師比の縮減を目的とした追加的教員配置の有無による小学校算数学力調査正答率の学校平均の比較：全国学力・学習状況調査データを用いて　国立教育政策研究所紀要, 143, 197-207.

山本和郎 (1986). コミュニティ心理学：地域臨床の理論と実践　東京大学出版会

吉田章宏 (1974). ゆさぶりと視点　教授学研究, 4, 54-95.

吉田寿夫・村山航 (2013). なぜ学習者は専門家が学習に有効だと考えている方略を必ずしも使用しないのか：各学習者内での方略間変動に着目した検討　教育心理学研究, 61, 32-43.

吉田寿夫・村山航・天根哲治・久井英輔 (2007). 学習方略の問題を中心にした教科教育のあり方に関する研究（報告書）兵庫教育大学教育・社会調査研究センター

吉川裕子・永田純代・興梠文美・村上恵美子・木村泰子・友田明美…三池輝久 (1995). 不登校児の現状：前頭葉機能との関連について　日本小児科学会雑誌, 99, 2109-2115.

Zimmerman, B. J., & Martinez-Pons, M. (1990). Student differences in self-regulated learning: Relating grade, sex, and giftedness to self-efficacy and strategy use. *Journal of Educational Psychology*, 82, 51-59.

索引

【アルファベット】
ADHD　114, 120
ASD　117, 121
Billy's Test　227
CAI　127
CCI　111
DSM-5　117, 119, 133
Gf-Gc 理論　98
ICD　117
ICF　116
ICT　127, 128
ICT 機器　233
IEP　266
LAD　155
LD　114, 118
OHP　126
PDCA サイクル　62
PDD　117
PISA　141, 201, 268, 270
PM 理論　109, 113
PT 比　238
QOL　103
Q-U 学級満足度尺度　112
REBT　252, 256
TALIS　162
TET　250
TIMSS　160, 232
UG　29, 155

【あ行】
愛情　151
愛着　34
アイデンティティ　150, 152, 153
アクティブ・ラーニング　127, 141, 188, 217
足場かけ　139
アスペルガー障碍・アスペルガー症候群　117, 121
アセスメント　95, 110
あなたメッセージ　250
暗記教科　235
暗黙のルール　237

生きる力　125, 140, 222
異校種間連携　85
意志　151
意識　147
いじめ　4, 133, 140, 255, 257, 258
一問一答式発問　212
一夜漬け　67
一斉指導　95
一斉学習　100
一般意味論　252
一般化　63, 234

一般概念　63
一般知能　98, 158
遺伝　10
居眠り　244
意味記憶　48, 52, 138, 174
意味づけ　252
意味理解　183
イメージ・画像的記憶　46, 50, 142
因果律・因果関係　31, 56, 63
　　結論先行の因果律　30
　　時系列因果　30
インクルーシブ教育　118, 124, 266
インクルージョン　123
因子分析　98
インテグレーション　122
インベントリー　158

ウェクスラー式知能検査　158
ウェルビーイング　103
運動技能　43, 67, 196
運動能力　26

英語　13, 62, 63, 84, 185, 201, 225, 226, 230
英語談話　30
英知　151
エクスポージャ　257
エス　147
エディプス期　146, 151
エディプス・コンプレックス　146
エピジェネティックス　16
エピソード記憶　48, 52, 138, 174
エビデンス　256
エレクトラ・コンプレックス　147
演繹　63, 69
延滞模倣　143

横断的研究法　22
応答　213
応用行動分析学　76, 242
教え合い　273
おどし　85
オペラント行動　78, 79, 83, 172
親子関係　35

【か行】
快　90
回帰直線　100
回帰分析　211
外言　29
外国語　224
外在的思考　252
解決焦点化アプローチ　254

階層構造　63, 195
階層的ネットワークモデル　52
外的事象　76
概念　43
　　概念化　143
　　概念学習　186
　　概念獲得　145
　　概念教授　187
　　概念形成　71
　　概念受容学習　187
　　概念図表　195
　　概念発見学習　187
外発的調整方略　193
外発的動機づけ　88, 224
回避行動　90
カウンセリング　104, 254
　　――マインド　104
可逆的操作　31
学業　43, 102
学業成績　10
学参　61
学習　42, 224
学習意欲　77, 82, 88, 165, 232
学習観　42, 93, 165, 170
　　行動主義的学習観　42
　　認知主義的学習観　42
学習規律　106, 180
学習ケア行動　199
学習行動　239
学習材料　61, 166
学習指導案　95
学習指導要領　84, 125, 127, 140, 196, 200, 230
学習習慣　172, 181
学習障碍　114, 118
学習スタイル　98, 217
学習性　78
学習動機　11, 179
学習動機の2要因モデル　165, 179, 232
学習の意義　166, 217
学習の質　167
学習方略　59, 62, 168, 173, 179, 190, 205, 221, 249, 270
　　PQRST法　191
　　SQ3R法　191
　　暗記マーカー　65
　　暗唱　64
　　アンダーライン　65, 192
　　イメージ化　47, 62, 194
　　色分け方略　63
　　エピソード化　62
　　概念形成方略　184
　　概要図解まとめ法　192
　　学習進度記録　67
　　学習目標の確認　65
　　過剰学習　66
　　教訓帰納　66, 195, 249
　　記録　173
　　具体化方略　173
　　掲示　65
　　視覚化　66
　　集中学習　67
　　情意的学習方略　193
　　焦点化　66, 192
　　書写　64
　　処理水準効果　63
　　図表化　195, 214
　　生成効果　63, 191
　　精緻化方略　62
　　整理方略　193
　　全体学習　67
　　相互説明　64, 220
　　想像方略　193
　　体制化　63, 191, 194, 195
　　探索制御　66
　　注意持続　66
　　定理　63
　　点検　173
　　独学　64
　　読解方略　222
　　内発的調整方略　193
　　内容方略　193
　　内容理解方略　223
　　ノート作成　191
　　負担軽減方略　193
　　部分学習　67
　　分散学習　67
　　報酬方略　193
　　メタ認知方略　65
　　めりはり方略　193
　　ランダム化　66
　　理解監視　66
　　理解深化方略　223
　　理解補償方略　223
　　リハーサル方略　64, 192
学習目標　197, 223
学習理論　17
学童期　151
獲得　224
確立操作　80
学力　84, 166
　　新しい学力観　140
　　学力向上　141
　　学力低下論争　141
　　確かな学力　141, 166
　　できる学力　84, 166
　　わかる学力　84, 167
隠れたカリキュラム　237
仮想実験　233
画像的記憶・イメージ　46, 50, 142
仮想的教示　249
課題関与　92
課題選択（設定）学習　101
カタルシス　261

価値　92, 179
　獲得価値　179
　課題外生的価値　92
　課題内生的価値　92
　興味的価値　179
　利用的価値　179
学級　236
　学級経営　108
　学級の雰囲気　247
　学級風土　93, 108, 216
　学級崩壊　246
学校教育　6, 7, 57, 183, 186, 224
学校現場　141, 200, 271
学校生活　102
学校制度　4
学校不適応行動　140
学校へのクレーム　247
活性化拡散モデル　53
活動の周期　149
家庭学習　60, 181
加配教員　240
感覚運動期　142
感覚記憶　44
環境移行　36
環境　11, 82, 92
　課題環境　93
　コントロール環境　93
　目標－評価環境　93
関係志向　165, 179
関係論　37
観察　233
観察学習　257
感受(性)期　154
干渉　49
完全習得学習　66, 216
寛大効果　87
カンニング　203, 244
完璧期待効果　87

キーコンピテンシー　141, 270, 272
記憶カード法　191
記憶過程　44
記憶痕跡　49
機械的学習　62
技術的熟達者　198
記述統計　208
基準／規準　86, 93, 131, 205
期待　163
既知感　65
帰納　63, 69
技能　43, 99, 141, 164, 201
規範意識　156
ギフティッド教育　267
希望　151
基本的信頼　150, 151
帰無仮説　207

記銘　44, 65
逆順方略　30
客観性　86
逆向干渉・逆向抑制　50
キャリア教育　85
ギャング・エイジ　35
既有技能　216
既有知識　43, 54, 71, 95, 99, 164, 216, 233
キュピドとサイキ　146
教育　4
教育観　5, 13, 166
　商取引的教育観　5, 166
教育実践　6, 81, 148
教育振興基本計画　128
教育心理学　2, 6
教育制度　4
教育的かかわり　96
教育評価　85
教育目標　72, 82, 216
強化　18, 80, 106, 137, 166
教科学習　186
教科書　61, 172, 249
教科書準拠ワーク　61, 74, 166, 172, 194
共感性　249, 265
教具　96, 129, 148, 214
教材　61, 74, 82, 96, 100, 232, 269
　過保護な教材　166, 194, 195
　教材研究　95
教師期待効果　87, 113
教師の態度　109
教師の力量　97, 198, 200
教授スタイル　98, 217
教授方略　190
教授目標　3, 84
競争　88, 247, 268
協調　59
協働　69, 105, 249
共同体の変容　37
共同的な学び合い　139
局在論　147
極小主義　155
均衡化　144

空所補充ワークシート　217
具体化の技法　249
具体的操作期　144
クライエント　113, 248
グループ学習　100
グループワーク　217
クレーム　265
グローバル化　231
クロスカリキュラム　270
クワイエット・コーナー　106
群集心理　246
訓練志向　165, 179

計画　178
計画的学習　173
計画立案（指導）　60, 61
経験論　77
形式的操作期　144
形式陶冶　56
傾聴的態度　249, 265
系列位置曲線　47
結果期待　91
結晶性知能　98, 159
原因帰属　91, 254
研究授業　97
限局性学習症　119
言語　28, 142, 224, 252
健康　103
言語獲得　28, 155
言語技術　31
言語教育　224
言語的情報　43, 67, 192, 196, 201
言語的符号化　63
減衰　49
検定教科書　200
減点主義効果　87

高1クライシス　36
高機能自閉症　114, 118, 121
公共職業安定所　115
向社会的行動　40
口唇期　20, 146, 151
構成主義　15, 72, 137, 142
構成素　155
構成的エンカウンターグループ　260
構造化　52, 216
行動遺伝学　10
行動形成　82, 172
行動主義　76, 136, 172, 260
行動随伴性　80
行動療法　256
校内暴力　140, 246
光背効果　87
広汎性発達障碍　117
肛門期　20, 146, 151
合理的配慮　114, 124, 131
効力期待　91
誤概念　2, 71, 176, 212, 234, 249
国語　63, 184, 200, 201, 222, 225
国際疾病分類　117
国際障碍分類　116
国際生活機能分類　116
黒人解放運動　122
黒板　214
後光効果　87
個人差　10
コスト感　169, 183
個性　98
個性記述の方法　23

ごっこ遊び　143
誤答　217, 249, 253
孤独な科学者モデル　145
コピペ　132
個別学習　100
個別教育計画　266
個別言語　154
個別の教育支援計画　115, 124
個別の指導計画　115, 124
ごまかし勉強　164, 202
ごまかし勉強生成システム　167
困った行動・問題行動　106, 242
コミュニケーション　29
コミュニケーションスキル　270
コミュニケーション能力　156
　　英語──　230
コミュニティ・アプローチ　104
孤立　151
コンサルテーション　105
コントロール（制御）　65
コンピテンス　90
コンピュータリテラシー　126

【さ行】
罪悪感　41, 151
再構造化　71
最終行動　82
再生法　48
再認法　48
削減　83
作動記憶　45, 138, 145
サラマンカ宣言　123, 266
三者面談　203
散布図　209
散布度　208

シェマ　137, 142
自我　21, 147
　　自我関与　92
　　自我同一性　152
　　自我発達　150
ジグソー学習　95
試験監督　203
試験問題　87, 167
私語　244
試行錯誤　143, 195
思考スタイル　98
思考の葛藤　212
思考力・判断力・表現力　141
自己開示　110, 250
自己概念　239
自己教育力　140
自己決定理論　90
自己高揚バイアス　218
自己効力　26, 91, 179, 184, 254
自己実現欲求　89

自己中心語　29
自己中心性　143
自己調整学習　73, 172, 178
自己調整力　257
自己内省　178
思春期　25, 151
施設病　34
自尊感情　26
自尊志向　165, 179
自尊欲求　90
視聴覚教育　51, 126
視聴覚教材　100
しつけ　106
実験　3, 8, 22, 233
実質陶冶　56
実証的　3, 8
叱責　81, 247
実践　3, 9
実体論　37
質的変数　206
失敗の活用　167, 249
実物投影機　130
質問紙法　23
質問生成　182, 191, 212
実用志向　165, 179, 232
児童期　34
児童相談所　115
指導と評価の一体化　97
指導要録　204
自閉スペクトラム症　117, 121
指名　212
社会科　31, 62, 63, 82, 200, 201, 234
社会性　34, 156
社会的慣習　39
社会的構成主義　16, 144
社会的スキル　37, 156, 157, 257
社会的手抜き　219, 245
社会的認知理論　17
社会的方略　193
社会的領域理論　38
弱化　80, 106
自由　149
就学援助　241
就学前期　34
自由記述　230
充実志向　165, 179, 232
習熟度別学習集団編制　238
修正　83
集団凝集性　110
集団思考　218
縦断的研究法　22
習得　42, 164
習得・活用・探究　141
習得目標　92, 165, 179
授業　7
　教えて考えさせる授業　220

解説型授業　220
授業改善　214
授業計画　96
授業研究　97
授業実践　97
授業指導力　198
授業づくり（設計）　94, 106, 196, 197, 220, 272
授業の構想　94
授業の魅力　199
授業評価　97
授業への参加　161
授業妨害　257
授業力　197
問題解決型授業　220
誘導型授業　220
授業外学習　173
宿題　60, 163, 215
熟達化　194
熟慮型　98
受験産業　140
樹状構造　63
主体的学習　60, 95, 165, 194, 233
受容学習　99, 184, 187, 220
受容的な教授法　188
循環反応　143
順向干渉・順向抑制　50
順向方略　30
準備期　71
小1プロブレム　36
障害者差別解消法　267
障害者就業・生活支援センター　115
障碍の分類　116
状況モデル　221
状況論　139
消極的態度　149
条件づけ　256
　オペラント条件づけ　18, 79, 137
　古典的条件づけ　137
　レスポンデント条件づけ　79
条件反応　137
賞賛　81
象徴事例　234
象徴的思考期　143
情緒の発達　34
衝動型　98
小児慢性疲労症候群　262
少人数指導　240
勝負なし法　251
情報化　126
情報科　127
情報処理　138
情報処理モデル　44
情報通信技術　127, 128
書画カメラ　130
初期成人期　151
処遇　100

処遇適合的　100, 101
初発行動　82, 216
調べ学習　85, 203
自律　151
自立支援　249
自律性支援　93, 180
自律的な学び　149
事例研究法　23
深化・深化学習　43, 62, 93, 164, 212, 221
進化論　76
神経発達症群　118
人権意識　122
人生周期　150
真正な学習　165, 273
真正な学力　84, 128
真正の教育　5
身体発達　25
身体発達段階　19
親密性　151
信頼性　86
心理学用語　146
心理・社会的危機　150
心理性的発達段階　20
心理療法　256

遂行　178
遂行目標　92, 165, 179
推測統計　208
随伴性　80, 91, 93
睡眠　67
睡眠教育　262
推論　69
数学　63, 160, 185, 188, 200, 201, 220, 248, 253
スキーマ　42, 53, 54, 61, 142, 191
スクールカースト　259
スクールカウンセラー　104, 112, 237, 267
スクリーニングテスト　158
ストレス　259, 265
スペクトラム　153
スモールステップ　82, 217

性格類型論　147
生活科　142
生活リズム　262
正義　39
性器期　21, 146, 151
正規分布　86, 206
性差　27
省察　96, 198
　振り返り的省察　96
　見通し的省察　96
生産性　151
成熟論　14, 136
生殖性　151, 153
成人期　151
精神分析　260

生成文法　28, 154
生体リズム　262
精緻化　165, 192, 195, 212, 215
正統の周辺参加　139
正統派の学習　164
生得性　78
生得的反射　137
生徒理解　199
青年　18
青年期　35, 150, 151, 152
世界保健機構　103, 116
世代継承性　153
積極性　151
接近行動　90
絶望　151
説明活動　64
説明責任　85
世話　151
前意識　147
全員参加　216
前概念　143
宣言の記憶　48, 56, 174
宣言の知識　55, 138
先行オーガナイザ　55, 61, 100, 182
潜在学習　67
潜在期　151
漸次的接近　257
センス・オブ・ワンダー　233
前操作期　20, 143
宣伝　4, 5
潜伏期　21, 146, 151

相関関係　56
相関係数　209
想起　44, 65
総合的な学習　94, 101, 140
相互教授法　223
相互作用説　15
相互性　153
操作期　20, 143
双生児法　11, 23
創造性　71
促進の態度　249
ソシオグラム　111
ソシオプロフィール法　111
ソシオメトリー　111
素朴概念　176
尊敬的態度　249

【た行】
第一言語　154
態度　43, 72, 160, 196
態度の変容　74
第二言語　28, 224
対比関係　63
代表値　208

多因子説　98
多重知能　158
達成感　164, 254
達成目標理論　92
脱中心化　144
妥当性　86
段階説　145
短期記憶　44, 138, 194
探究　42, 68, 71
男根期　20
単独思考　218
談話文法　28

地域障害者職業センター　115
逐次接近法　82
知識　43, 54, 83, 99, 141, 164
知識注入　140
知識伝達モデル　272
知的技能　43, 67, 70, 93, 107, 171, 173, 196
知的発達理論　15
知能　10, 98
知能検査　98, 158, 207
知能指数　158
チャンク　46
注意欠陥／多動性障碍　114, 120
中1ギャップ　36, 258
中央教育審議会　125
抽象的な思考　144
中心化　143
中心化傾向　87
忠誠心　151
中和化の技術　36
長期記憶　44, 47, 138
調査　3, 160
調査書　204
超自我　147
調節　144
直面化の技法　249
直観的思考期　143
治療的介入　252

通級　114
通常学級　123
通知表　86, 204
つまずき　95, 107, 249
詰め込み教育　140

ティームティーチング　240
定期試験　165
定型表現学習　225
抵触事例　212, 249
停滞　151
定着作業　43, 165
データベース構築　195
適応的エキスパート　32
適性　100, 159

適性形成的　100
適性検査　158
適性処遇交互作用　33, 100
テクノロジープッシュ　126
テスト　202
　客観テスト　202, 166
　教師自作テスト　202
　再生テスト　203
　再認テスト　203
　実力テスト　165
　集団準拠テスト　202
　多肢選択式テスト　202, 230
　標準学力テスト　202
　目標準拠テスト　202
　問題場面テスト　202
　論文体テスト　202
テスト期待効果　87
テスト不安　93
手続の記憶・手続的知識　48, 56, 55, 138
手抜き　219
デマンドプル　126
転移　56, 59, 165
　垂直転移　58
　水平転移　56
展開　96
展開説　14
転校　103
天井効果　87

答案添削　215
答案分析　203
同一性　151, 152
同一性拡散　151, 152
透過原稿投影装置　126
動機づけ　85, 88, 178, 206, 212, 219, 233
統計の検定　23, 210
統合　151, 153
洞察　143
洞察期　71
統制の指導　180
到達目標　205
同調行動　110
道徳性　38
道徳的直観モデル　39
特殊因子　98
読書　217
特別支援学級　114
特別支援学校　114, 123, 124
特別支援学校免許状　115
特別支援教育　83, 114, 122, 266
特別支援教育コーディネータ　115, 267
度数分布表　208
読解指導　223
読解法　191
特恵な教育　101
トラウマ　265

努力　91

【な行】
内言　29
内在的思考　252
内申書　204
内的構成概念　81
内的事象　76
内発的動機づけ　88, 188, 205, 224, 233
内容関与的動機　164
内容分離的動機　164
仲間関係　35
ながら勉強　66

ニーズ　102, 114, 267
2因子説　98
21世紀型教育　272
21世紀型スキル　59, 270
二重符号化説　51
日常的エキスパート　32
日本語談話　29
入学試験　165
乳児期　151
人間力　140
認知　137
認知カウンセリング　107, 248
認知革命　32
認知行動療法　256
認知システム　248
認知心理学　137
認知スタイル　98
認知的葛藤　137, 144
認知的特性　145
認知的方略　43, 73, 196
認知的枠組み　32
認知能力　159
認知発達　19, 142
認知発達水準　137
認知療法　256

ネットいじめ　133
ネット依存　133
ネットゲーム　133
ネットワークモデル　52
年齢集団　22, 216

能動的学習・能動的な学び　17, 74, 128, 149, 217
能動的な聞き方　250
能動的な探究　233
脳の発達　26
能力　91
ノード　53
ノート指導　195
ノート取り　194
ノーマライゼーション　122

【は行】
場依存型　98
配慮と責任性の道徳性　39
恥・疑惑　151
バズ学習　95
パターン認知　44
罰　81, 148
発見学習　99, 184, 186, 215, 220, 233
発見的教授法　188
発達　14, 18
　　発達加速現象　27
　　発達課題　21, 150
　　発達曲線　24
　　発達障碍　118, 123
　　発達障害者支援センター　115
　　発達段階　18
　　発達の最近接領域　138, 144
発展学習　43, 61, 164
発問　212
場独立型　98
パニック　246
パラサイトシングル　152
反社会的　152, 246
板書　195, 202
反省的実践家　198
判断　119
範疇化　63, 86
板面更新　214

ピグマリオン効果　87, 113, 146
非実験的方法　22
非社会性　246
非宣言的記憶　174
ビデオ教材　130
批判的思考　68, 201, 210
批判の罠　106
ヒューマニスティック・アプローチ　260
評価　84
　　観点別評価　86, 204
　　形成的評価　82, 85, 97, 202, 212, 215
　　個人間評価　86
　　個人内評価　86
　　集団準拠評価　86
　　真正の力の評価　131
　　診断的評価　85, 95, 97, 202
　　絶対評価　86
　　総括的評価　85, 97, 202
　　総合評価　86
　　相対評価　86
　　パフォーマンス評価　131
　　ポートフォリオ評価　84, 131, 271
　　目標準拠評価　86
標準化　208
標準正規分布　207
標準偏差　202, 208
表象的思考期　142

病態　262
評定尺度法　23
評定法　86
開かれた学び　140
敏感期　149

ファシリテーター　261
フィードバック　163, 206
不快　90
深い処理（学び／理解）　42, 62, 84, 128, 181, 192
福祉事務所　115
復習　60
不信　151
ぷち発明　233
不適応　106
不登校　105, 140, 256, 258, 262
普遍文法　29, 155
ブラックボックス　172
ブリーフカウンセリング　254
振り返り　71
フリン効果　159
ブレーンストーミング　71, 218
フロー　90
プロジェクトベース学習　71
ブロッキング　219
分散　208
文法学習　225
文法規則　28

平均　202, 208
ペダゴジー　269
ヘッドスタート計画　15, 16
偏差値　86, 202, 208
偏差値教育　140
弁別刺激　80

防衛機制　151
包含関係　63
忘却曲線　49
報告カード　106
報酬　148
報酬志向　165, 179
法則　63
法則定立的方法　23
暴力教室　246
母語獲得　154, 224
保護者面談　87
保持　44, 65
ポジティブ感情　90
補習指導　248
保存　143
母平均　207

【ま行】
学び合い　273
学び方　58

3つ山問題　144
未来の学習　59

無意識　147
無条件反応　137

命題　63
メインストリーミング　122
メタ認知　29, 65, 85, 106, 138, 178
メタ認知技能　70
メタ分析　133
メッセージ　237
メディアリテラシー教育　133
面接法　23
メンタルヘルス　256

目的　151
目標　84, 92
目標構造　180
目標志向性　179
目標設定　82, 84, 199
モジュール性　29
モデリング　75, 137
モニタリング（監視）　65
物の永続性　143
模倣学習　214
モラール　111, 113
モラトリアム　150, 152
モラルの低下　156
モンスターペアレント　264
問題解決　128, 138, 215, 220, 270, 273
問題集　61, 172
問題発見・解決能力　70
モンテッソーリ教育　148

【や行】
役割意識　198
役割実験　152

有意　207
有意水準　207
有意味学習　62, 192
有意味受容学習　99
誘因　99
遊戯期　151
有効性の認知　169, 183
有能感　93, 151, 170, 254
有能さへの欲求　90
床効果　87
ゆさぶり　213
ゆとり教育　140
ユニバーサルデザイン　267

幼児期初期　151
抑制　83

予見　178
予習　60, 182
欲求階層説　89
予防　262
予防訓話　252
予防的援助　252
4枚カード課題　145

【ら行】
リーダーシップ　109
理科　2, 31, 63, 161, 201, 232
理解　54
理解深化課題　220
離散変数　207
リストカット　257
理性感情行動療法　252, 256
リソース　59
利他性　40
利他的動機づけ理論　41
リテラシー　69, 133
リハーサル　45, 138
　維持リハーサル　45
　精緻化リハーサル　47, 73
　無精緻化リハーサル　73
リビドー　146
流動性知能　98, 159

領域固有　11, 17, 58, 145, 159
量的変数　206
臨界期　154, 225

類概念　63
ルーブリック　84, 86, 131, 205
ルール命題　234

レスポンデント行動　78
レッスンスタディ　97
劣等感　151
レディネス　136
レミニッセンス　67
連想　47
連続変数　207

労役・苦役　165, 166
老年期　151
論述法　86
論理科　32
論理情動行動療法　252, 256
論理操作　143

【わ行】
ワークブック　⇒「教科書準拠ワーク」参照
私メッセージ　250

付録

索引活用ガイド

藤澤伸介

　索引は用語が登場するページを検索するためのものですが、それだけでなくもっと積極的な活用が可能です。以下にそれを紹介します。

1) **索引だけ眺めて、興味ある語のページを読む。**
　　索引を眺めると、予想外の単語が見つかることがあります。「こんなことまで話題になっている」という驚きから本文を読んでみると、新しい視野が開けることがあります。
　　小学生の頃、初めて博物館に行ったときのことを覚えていますか？ あちこちに面白そうな展示があり、わくわくしながら館内を走り回って注意された方もあるのではないでしょうか？ 順路に従った見方をしたほうが、他の人に迷惑がかからず、頭の中が整理されてわかりやすいのですが、そうすると、残念ながらわくわく感は一気に消えてしまいます。
　　書籍の場合は、目次に従った読み方をしなければならないという決まりがあるわけではありません。どこから拾い読みをしてもかまわないので、博物館の中を走り回っているつもりになって、あるいはネットサーフィンのつもりで、是非色々なページをお読み下さい。

2) **リンク先をつなげてみる。**
　　一つの所に複数のページが列挙されている単語があります。複数箇所で話題になっているということです。本書の場合は約50名の執筆者が書いていますから、同じ概念でも人によって書き方が異なるでしょう。同じ人が書いていても、文脈によって同一概念が異なった様相を見せているかもしれません。つまり、リンクされた内容を読むと、一つの概念がより多面的に理解できることになります。これも楽しく読むコツの一つです。

3) **索引の階層を見る。**
　　本書の索引は普通の本の索引と異なり、「階層設定型索引」になっています。基本的には50音索引なのですが、ところどころ同類の単語を集めてあるのです。例えば「授業」という語の下には、16個の用語が集まっています。これを見ると、よく知っているつもりの「授業」でも、色々な角度から見られることがわかります。また、「学習方略」という語の下には何と52個の方略が集まっています。学習方略とは学習がうまくいくためのコツのことですが、これを見ると、この本がたくさんの方略を集めて紹介している本だということがわかります。実は、索引を見ると本の特徴がわかるのですが、これも索引活用法の一つです。

4) **自分でテーマを決めて、別の読み方をする。**
　　文学書は作家の提示順の読み方でしか読めません。その点、学術書は自分の決めたテーマに従って読むことができます。これが学術書を読む醍醐味です。それを読者の方々に体験いただけるように、その一例として次のページで、「自分の学習を教育心理学的に改善する」というテーマを設定するとどうなるかを、紹介しておきます。
　　「学問に王道なし」とは言い古された言葉で、その通り唯一の正しい学習方法があるわけではありませんが、陥りやすい落とし穴があったり、目的から遠ざかる横道があることも事実です。教育心理学から自身の学習を再点検するのも、よいかもしれません。

テーマ設定例　「学習改善」

　中学生から大学生まで、自分の学習がうまくいかずに悩んでいる人がたくさんいます。専門家に相談して解決しようとする人もいますが、教育心理学の知識があれば、自力で学習改善が可能です。
　多くの人は、学習がうまくいかないとまず学習時間を増やしますが、たいていはうまくいきません。次には、テストの出題箇所を調べてそこだけ暗記して乗り切ろうとしますが、良い点だけとれてもすぐに忘れてしまい、内容は身につきません。無意味な労役で意欲も湧きません。ここで諦める人が大半です。うまくいかないのは、学習のメカニズムがわからずに無理をしていたり、そもそも学習とは何なのかに誤解があるのではないでしょうか？　人は学びたいことしか学びません。だから、学習をつらい労役にしてしまうと必ず失敗します。やってつらければ、やり方または考え方が間違っているのです。
　まずは、どこに原因があるのかをつきとめる必要があります。下の表は、順序よく点検できるように点検項目を並べました。キーワードに従って、索引から該当ページを見つけリンク先をお読み下さい。色々と新しい発見があると思います。1では、学習の考え方に問題がないかどうかをまず点検します。2では、学習のメカニズムを知り、人間の特性に合った方法が考えられるようにします。3では、自分の現状を詳しく見ていきます。4で、たくさんの方略を見て、効果がありそうなものを色々試してみましょう。学習方略は魔法ではないので、瞬時にトップクラスになったりするわけではなく、学習法が上達するのに何年もかかると思いますが、それはスポーツや楽器の技能と同じです。あせらず少しずつの熟達化を実感することが大切です。5は、中学生高校生用に5科目の例が出してありますが、大学の科目でも応用可能な内容ですので、どれにも目を通して御活用下さい。

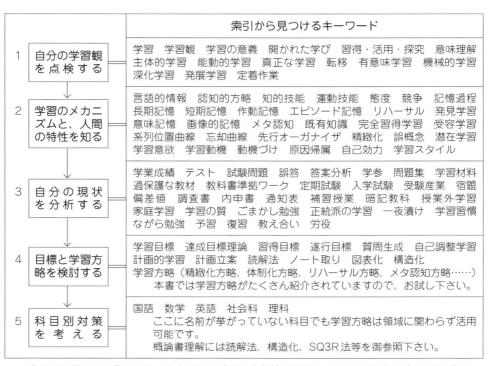

　◎用語は単なる記号でなく、命名に由来がある場合があります。それを知ると概念の理解が深まり、用語を記憶しやすくなります。キーワード「心理学用語」のリンク先もお読み下さい。

著者一覧
(アルファベット順 *は編著者)

安藤寿康 Juko ANDO 慶應義塾大学
行動遺伝学、進化教育学

藤澤伸介* Shinsuke FUJISAWA 跡見学園女子大学
教育心理学（教授学習過程、教師の成長、一般意味論）

福田誠治 Seiji FUKUTA 都留文科大学
教育哲学、比較文化論

平澤紀子 Noriko HIRASAWA 岐阜大学
特別支援教育、発達障害、応用行動分析学、PBS

市川千秋 Chiaki ICHIKAWA 京都大学
教育心理学（家族療法によるいじめ・不登校への対策）

市川伸一 Shin'ichi ICHIKAWA 東京大学
教育心理学（理解過程、個別学習支援、授業設計論）

飯高晶子 Shoko IITAKA 東京理科大学
教育心理学（動機づけ）、発達心理学（経済概念の発達）

井上 毅 Takeshi INOUE 滋賀大学
認知心理学（記憶・知識）、教育心理学（教授学習）

犬塚美輪 Miwa INUZUKA 大正大学
教育心理学（読解と作文の認知プロセス、指導法開発）

伊藤亜矢子 Ayako ITO お茶の水女子大学
臨床心理学（スクールカウンセリング）

鹿毛雅治 Masaharu KAGE 慶應義塾大学
教育心理学（動機づけ、授業論、教育評価論）

神村栄一 Eiichi KAMIMURA 新潟大学
教育相談（不適応や習癖）、臨床心理学（認知行動療法）

金谷 憲 Ken KANATANI 元東京学芸大学
英語教育学（教室内英語習得、高校英語授業デザイン）

小林寛子 Hiroko KOBAYASHI 東京未来大学
教育心理学（教授学習）、認知心理学（思考）

小林正幸 Masayuki KOBAYASHI 東京学芸大学
教育心理学、臨床心理学、発達心理学

小貫 悟 Satoru KONUKI 明星大学
臨床心理学、特別支援教育（発達障害児・者への支援）

小沼 豊 Yutaka KONUMA 東京純心大学
教育心理学（発達・測定）、学校心理学（被援助志向性）

工藤与志文 Yoshifumi KUDO 東北大学
教育心理学（教科学習における教授学習過程）

釘原直樹 Naoki KUGIHARA 大阪大学
社会心理学（集団パフォーマンス、集合・群集行動）

楠見 孝 Takashi KUSUMI 京都大学
認知心理学（思考、言語）、教育心理学（教授学習）

前野隆司 Takashi MAENO 慶應義塾大学
ロボティクス、イノベーション、幸福学

松田信夫 Nobuo MATSUDA 山口大学
特別支援教育（知的障害児、発達障害児への教育学）

松嵜くみ子 Kumiko MATSUZAKI 跡見学園女子大学
臨床心理学（小児医療、学校）、発達心理学（QOL）

三池輝久 Teruhisa MIIKE 熊本大学
小児科学、小児神経科学

森　敏昭　Toshiaki MORI　岡山理科大学
教育心理学（教授学習）、認知心理学（記憶）

村井潤一郎　Jun'ichiro MURAI　文京学院大学
社会心理学・言語心理学（欺瞞的コミュニケーション）

無藤　隆　Takashi MUTO　白梅学園大学
発達心理学、教育心理学、幼児教育

中澤　潤　Jun NAKAZAWA　千葉大学
発達心理学（社会化、仲間関係、認知制御と情動制御）

二宮克美　Katsumi NINOMIYA　愛知学院大学
発達心理学（パーソナリティ、社会性・道徳性の発達）

野島一彦　Kazuhiko NOJIMA　跡見学園女子大学
臨床心理学（個人心理療法、集団心理療法）

小川俊樹　Toshiki OGAWA　放送大学
臨床心理学（心理アセスメント、力動的心理療法）

大久保智生　Tomoo OKUBO　香川大学
教育心理学（学校適応）、犯罪心理学（防犯）

小野浩一　Koichi ONO　駒澤大学
行動分析学（実験的行動分析）、学習心理学

小野田正利　Masatoshi ONODA　大阪大学
教育学（教育制度学、学校経営学）

大津由紀雄　Yukio OTSU　明海大学
認知科学（第一言語獲得、統語解析）、言語教育

斉田智里　Chisato SAIDA　横浜国立大学
英語教育学（言語能力測定論、第二言語習得論）

進藤聡彦　Toshihiko SHINDO　山梨大学
教育心理学（知識の獲得過程、教授ストラテジー）

篠ヶ谷圭太　Keita SHINOGAYA　日本大学
教育心理学（教授学習過程、動機づけ）

鈴木克明　Katsuaki SUZUKI　熊本大学
教育工学（教授設計学、教育メディア学）

鈴木雅之　Masayuki SUZUKI　横浜国立大学
教育心理学（教授学習、教育評価）

高比良美詠子　Mieko TAKAHIRA　中部大学
社会心理学（対人コミュニケーション）

田中俊也　Toshiya TANAKA　関西大学
教育心理学（ICT活用）、認知心理学（問題解決）

寺尾　敦　Atsushi TERAO　青山学院大学
認知科学（思考、問題解決）、教育心理学（数学教育）

内田伸子　Nobuko UCHIDA　十文字学園女子大学
発達心理学、認知科学（言語と認識の諸問題）

植阪友理　Yuri UESAKA　東京大学
教育心理学（学習時の認知過程、指導法開発）

山岸明子　Akiko YAMAGISHI　元順天堂大学
教育・発達心理学（人格・自我・道徳性の発達と教育）

山口豊一　Toyokazu YAMAGUCHI　跡見学園女子大学
学校心理学（アセスメント、チーム援助、マネジメント）

山森光陽　Koyo YAMAMORI　国立教育政策研究所
教育心理学（教授学習過程、学級規模、学習評価）

吉田寿夫　Toshio YOSHIDA　関西学院大学
社会心理学・教育心理学（対人認知）、心理学研究法

編者紹介

藤澤伸介（ふじさわ　しんすけ）

東京都生まれ。慶應義塾大学大学院社会学研究科心理学専攻博士課程単位修得満期退学。博士（心理学）（名古屋大学）。学校心理士、応用心理士。現在、跡見学園女子大学教授。著書に、『ごまかし勉強〈上・下〉』（新曜社）、『「反省的実践家」としての教師の学習指導力の形成過程』（風間書房）、『言語力：認知と意味の心理学』（新曜社）ほかがある。

　探究！　教育心理学の世界

初版第１刷発行　2017年３月７日

編　者	藤澤伸介
発行者	塩浦　暲
発行所	株式会社　新曜社
	101-0051　東京都千代田区神田神保町３－９
	電話（03）3264-4973（代）・FAX（03）3239-2958
	e-mail：info@shin-yo-sha.co.jp
	URL：http://www.shin-yo-sha.co.jp
組版所	Katzen House
印　刷	星野精版印刷
製　本	イマヰ製本所

Ⓒ Shinsuke Fujisawa, editor, 2017 Printed in Japan
ISBN978-4-7885-1511-6 C1011